中国社会科学院创新工程学术出版资助项目

中国特色社会主义的创建者

——纪念邓小平同志诞辰110周年

王伟光 主编

中国社会科学出版社

图书在版编目(CIP)数据

中国特色社会主义的创建者：纪念邓小平同志诞辰110周年/王伟光主编.
—北京：中国社会科学出版社，2015.9
ISBN 978-7-5161-6342-9

Ⅰ.①中… Ⅱ.①王… Ⅲ.①邓小平(1904~1997)—纪念文集②中国特色社会主义—社会主义建设模式—文集　Ⅳ.①A762-53②D616-53

中国版本图书馆CIP数据核字(2015)第142862号

出 版 人	赵剑英
责任编辑	赵　丽
责任校对	张爱华
责任印制	王　超

出　　　版	中国社会科学出版社
社　　　址	北京鼓楼西大街甲158号
邮　　　编	100720
网　　　址	http://www.cssjw.cn
发 行 部	010-84083685
门 市 部	010-84029450
经　　　销	新华书店及其他书店

印　　　刷	北京君升印刷有限公司
装　　　订	廊坊市广阳区广增装订厂
版　　　次	2015年9月第1版
印　　　次	2015年9月第1次印刷

开　　　本	710×1000　1/16
印　　　张	37
插　　　页	2
字　　　数	498千字
定　　　价	129.00元

凡购买中国社会科学出版社图书，如有质量问题请与本社营销中心联系调换
电话：010-84083683
版权所有　侵权必究

《中国特色社会主义的创建者》
编 委 会

主　　编　王伟光
副 主 编　李培林　荆惠民
编　　委　（按姓氏笔画排序）
　　　　　马　援　吕　政　李崇富　李景源
　　　　　张国春　张海鹏　武　力　周　弘
　　　　　房　宁　赵剑英　朝戈金

目　录

邓小平是中国特色社会主义的创建者 ………………… 王伟光（1）
中国近代以来第三次伟大历史变革的发起者和
　　领导者 …………………………………………… 王伟光（19）
邓小平政治改革思想的战略构架 ……………………… 周少来（39）
大胆启动与稳健推进：邓小平与80年代中国政治
　　体制改革 ………………………………………… 左玉河（52）
邓小平关于党和国家领导制度的改革思想 …………… 孙应帅（69）
邓小平与干部"四化"方针的提出 ……………………… 王　蕾（78）
邓小平维护稳定思想与实践初探 ……………………… 王灵桂（90）
邓小平基层民主思想的生成逻辑与精神内核 ………… 赵秀玲（115）
工业化与集中力量办大事 ……………………………… 彭才栋（140）
邓小平关于"不折腾"的主要文献和基本思想 ………… 冷兆松（156）
论邓小平对毛泽东中华民族复兴思想的继承和
　　发展 ……………………………………………… 郑大华（164）
邓小平理论对毛泽东关于中国社会主义建设思想的
　　创新发展 ………………………………………… 钟　瑛（181）
从"小康社会"到"中国梦"
　　——邓小平"小康社会"理论对中国社会发展的
　　　　影响 ………………………………………… 张　翼（194）
邓小平对"如何认识和发展马克思主义"的科学回答及
　　现实意义 ………………………………………… 姜　辉（211）

邓小平的用人艺术 …………………………… 王瑞芳（225）
学习运用邓小平"两个飞跃"思想，促进我国农业
　　现代化 ……………………………………… 李崇富（242）
论改革开放初期邓小平对经济发展目标的调整 …… 武　力（248）
邓小平的经济思想与中国特色社会主义经济发展
　　道路 ………………………………………… 郑有贵（267）
深化改革基于市场经济共识 …………………… 金　碚（279）
重温邓小平关于共同富裕的思想 ……………… 张　琦（298）
邓小平共同富裕思想的重心转换及实践拓展 …… 金民卿（307）
论邓小平共同富裕思想 ………………………… 何　伟（328）
邓小平"三步走"发展战略与中国的发展道路 …… 刘霞辉（333）
邓小平的经济理论与中国的经济体制改革 …… 常　欣（337）
邓小平经济体制改革理论与实践初探 ………… 姜长青（351）
邓小平"三个有利于"思想及其对全面深化改革的
　　启示 ………………………………………… 田改伟（368）
同资本主义长期合作与斗争 …………………… 陈众议（380）
重温"摸着石头过河"思想 ……………………… 欧阳英（389）
社会主义本质及其实现 ………………………… 杨新铭（406）
邓小平"三农"思想的历史内涵与现实
　　意义 ………………………………… 魏明孔　马国英（419）
邓小平的科技思想及对实现中国梦的影响 …… 王　瑶（426）
邓小平论社会主义精神文明建设的战略地位 …… 刘　仓（435）
邓小平与中国特色社会主义文化 ……………… 欧阳雪梅（453）
邓小平文艺理论的历史意义 …………………… 张　炯（467）
略论邓小平对列宁文艺思想的继承与发展 …… 吴晓都（474）
邓小平的宗教观述论 …………………………… 曾传辉（481）

邓小平"三个面向"重要思想与现代语言学
　　　研究 ………………………………… 张伯江（499）
试论邓小平新中国历史评价的理论价值与现实
　　　意义 ………………………………… 曹守亮（506）
邓小平与1957年整风反右 ………………… 张金才（530）
邓小平论苏东剧变 ………………………… 张树华（542）
邓小平与1979—1982年的中国对美外交 ……… 王巧荣（555）
邓小平探索和开创中国特色精兵之路的历史贡献 …… 张星星（569）

邓小平是中国特色社会主义的创建者

王伟光

20世纪70年代末,"文化大革命"刚刚结束,神州大地,百废待兴,中国正面临着向何处去的历史关头。在这关键的历史时刻,邓小平高瞻远瞩,推动并领导了中国历史上又一次伟大变革,实现了马克思主义与中国实践相结合的第二次历史飞跃。他在总结新中国成立以来正反两方面经验、研究世界形势和其他国家经验教训的基础上,吹响走自己的路、建设中国特色社会主义的时代号角,作出把党和国家工作中心转移到经济建设上来、实行改革开放的历史性决策,成功地开创了中国特色社会主义。不论从历史发展、实践探索还是从理论创新、制度变迁上说,邓小平都不愧为改革开放和现代化建设的总设计师,不愧为中国特色社会主义道路、理论体系、制度的创建者。

一 开辟中国特色社会主义道路,找到当代中国发展进步的根本方向和实现途径

十一届三中全会是新中国成立以来我党历史上的伟大转折。在邓小平的领导下,全会高度评价关于真理标准问题的讨论,批评"两个凡是"的错误方针;毅然抛弃"以阶级斗争为纲",把党和国家的工作中心转移到经济建设上来,并作出改革开放的战略决策;开始形成以邓小平为核心的党的第二代中央领导集体,由此重新确

立了马克思主义的思想路线、政治路线和组织路线,开启了新的伟大革命。邓小平以巨大的理论勇气和卓越的政治智慧,在全会前召开的中央工作会议上发表《解放思想,实事求是,团结一致向前看》的重要讲话,发出了打破禁锢、开辟新路的宣言书。

十一届三中全会以后,邓小平领导改革开放和社会主义现代化建设逐步展开。农村迅速推广家庭联产承包责任制和统分结合的双层经营体制;城市则逐渐扩大企业自主权,放宽发展集体经济、个体经济和私营经济,允许开办"三资"企业;开始创办深圳、珠海、汕头、厦门四个经济特区,打开了对外开放的大门。邓小平把特区看作了解世界的一个"窗口",是技术的窗口,管理的窗口,知识的窗口,也是对外政策的窗口;同时又看作一个"基地",是现代经济发展的基地,人才培养的基地。针对拨乱反正过程中出现的错误思潮,邓小平在党的理论工作务虚会上强调必须坚持社会主义道路、坚持无产阶级专政、坚持共产党的领导、坚持马列主义、毛泽东思想。这四项基本原则是实现"四个现代化的根本前提"[①]。邓小平主持起草的、十一届六中全会通过的《关于建国以来党的若干历史问题的决议》,对"文化大革命"作出正确的总结,肯定十一届三中全会以来逐步确立的"适合我国情况的社会主义现代化建设的正确道路"[②],指明了我国社会主义事业和党的工作继续前进的方向。

1982年9月,党的十二大胜利召开。邓小平在大会开幕词中联系革命和建设的经验教训深刻指出:"我们的现代化建设,必须从中国的实际出发。无论是革命还是建设,都要注意学习和借鉴外国经验。但是,照抄照搬别国经验、别国模式,从来不能得到成功。这方面我们有过不少教训。把马克思主义的普遍真理同我国的具体实际结合起来,走自己的道路,建设有中国特色的社会主义,这就是

---

① 《邓小平文选》第2卷,人民出版社1994年版,第164页。
② 《三中全会以来重要文献选编》(下),人民出版社1982年版,第839页。

我们总结长期历史经验得出的基本结论。"① 这一重要论述不仅提出了"建设有中国特色社会主义"的新范畴，而且确定了改革开放新时期党的实践和理论探索的主题，标志着"我们打开了一条一心一意搞建设的新路"②。

十二大以后，在邓小平的领导和推动下，我国改革开放和社会主义现代化建设全面展开，从农村改革到城市改革，从经济体制改革到各方面体制的改革，从对内搞活到对外开放，有力推动了我国经济发展和社会进步。1984年2月，邓小平视察了深圳、珠海、厦门等经济特区，并题词："深圳的发展和经验证明，我们建立经济特区的政策是正确的。"同年5月，中央决定开放大连、天津等14个沿海港口。翌年2月，中央决定再将长江三角洲、珠江三角洲、闽东南地区和环渤海地区开辟为沿海经济开发区。这样，就形成了多层次、有重点、逐步推进的对外开放格局。1984年10月，党的十二届三中全会通过了关于经济体制改革的决定，提出我国社会主义经济是公有制基础上的有计划商品经济，开始突破把计划经济与商品经济对立起来的观念与做法。邓小平认为："这次经济体制改革的文件好，就是解释了什么是社会主义，有些是我们老祖宗没有说过的话，有些新话。""我们用自己的实践回答了新情况下出现的一些新问题。"③ 为保证现代化建设顺利推进，邓小平还制定"三步走"发展战略，即第一步实现国民生产总值比1980年翻一番，解决人民的温饱问题；第二步到20世纪末，使国民生产总值再增长一倍，人民生活达到小康水平；第三步到21世纪中叶，人均国民生产总值达到中等发达国家水平，人民生活比较富裕，基本实现现代化，然后在这个基础上继续前进。这就使中国社会主义建设和中华民族的复兴大业第一次有了明朗清晰和切实可行的时间表和路线图。

---

① 《邓小平文选》第3卷，人民出版社1993年版，第2—3页。
② 同上书，第11页。
③ 同上书，第91页。

1987年10月，党的十三大根据邓小平的思想，第一次比较系统地论述了社会主义初级阶段的理论，制定了党的"一个中心、两个基本点"的基本路线，强调中国特色社会主义道路是马克思主义与中国实践相结合的过程中，继找到中国新民主主义革命道路、实现第一次历史性飞跃之后的第二次历史性飞跃。在苏东社会主义出现挫折、国内发生严重政治风波的复杂形势下，邓小平力挽狂澜，领导党和人民稳定局势，实施治理经济环境、整顿经济秩序、推进改革开放的方针政策，牢牢驾驶中国特色社会主义这艘巨轮乘风破浪、勇往直前。1992年初，邓小平在武昌、深圳、珠海、上海等地视察时，发表了著名的"南方谈话"，明确回答了长期困扰和束缚人们的一系列重大问题，强调"不坚持社会主义，不改革开放，不发展经济，不改善人民生活，只能是死路一条。基本路线要管一百年，动摇不得"[①]。他要求我们思想更解放一点，改革开放的胆子更大一点，建设的步子更快一点，千万不可丧失时机。这是坚持和拓展中国特色社会主义道路，把改革开放和现代化建设推进到新阶段的又一个解放思想、实事求是的宣言书。

邓小平领导党和人民进行拨乱反正，探索中国特色社会主义新路的伟大历史创造，逐步实现从"以阶级斗争为纲"到以经济建设为中心，从固守成规到全面改革，从封闭半封闭到对外开放等一系列重大转变，带领我们走上了既适合中国国情又体现时代特征、既坚持科学社会主义基本原则又凸显中国特色的"人间正道"。这条道路，得到以江泽民、胡锦涛、习近平为主要代表的中国共产党人的坚持和拓展。党的十八大将这条道路概括为：在中国共产党领导下，立足基本国情，以经济建设为中心，坚持四项基本原则，坚持改革开放，解放和发展社会生产力，建设社会主义市场经济、社会主义民主政治、社会主义先进文化、社会主义和谐社会、社会主义生态

[①]《邓小平文选》第3卷，人民出版社1993年版，第370页。

文明、促进人的全面发展，逐步实现全体人民共同富裕，建设富强民主文明和谐的社会主义现代化国家。① 以邓小平为核心的第二代中央领导集体披荆斩棘、艰辛探索，赋予中国特色社会主义道路以下本质内涵和鲜明特点：

第一，既坚持以经济建设为中心，又推动社会全面进步。邓小平主张，现代化建设的任务是多方面的，各个方面需要综合平衡，不能单打一。但是说到最后，还是要把经济建设当作中心。离开了经济建设这个中心，就有丧失物质基础的危险。其他一切任务都要服从这个中心，围绕这个中心，决不能干扰它，冲击它。社会主义又是全面进步、协调发展的社会，要实行"两手抓、两手都要硬"的战略方针，包括一手抓改革开放，一手抓打击犯罪；一手抓经济建设，一手抓民主法制；一手抓物质文明，一手抓精神文明；等等。只有物质文明和精神文明建设都搞好，经济政治文化协调发展，才是有中国特色的社会主义。坚持重点论和两点论的统一，体现了中国特色社会主义的本质规律，遵循了社会主义建设的唯物论和辩证法。

第二，既坚持四项基本原则，又坚持改革开放。邓小平强调：搞现代化建设使中国兴旺发达起来，必须实行改革开放政策，必须坚持四项基本原则，反对资产阶级自由化，反对走资本主义道路。"这两个基本点是相互依存的。"② 改革开放政策的基础，就是四项基本原则，否则，"我们的社会就将是一个乱的社会，就谈不上安定团结，什么建设改革、振兴中华，都将成为空话"③。四项基本原则又要在改革开放中不断获得新的内容，否则，就会变成空洞的口号、僵化的教条，就会失去政治保障作用。我们的改革开放之所以取得

---

① 《中国共产党第十八次全国代表大会文件汇编》，人民出版社2012年版，第11页。
② 《邓小平文选》第3卷，人民出版社1993年版，第248页。
③ 同上书，第146页。

成功，就在于它是坚持四项基本原则、有利于巩固和发展社会主义的改革开放。中国特色社会主义之所以具有蓬勃的生命力，就在于它是实行改革开放、能够实现自我完善和发展的社会主义。

第三，既坚持不断解放和发展社会生产力，又追求全体人民共同富裕。邓小平认为：社会主义阶段的根本任务就是发展生产力。过去只讲在社会主义条件下发展生产力，没有讲还要通过改革解放生产力，"应该把解放生产力和发展生产力两个讲全了"①。贫穷不是社会主义，少数人富裕也不是社会主义。"社会主义与资本主义不同的特点就是共同富裕，不搞两极分化。"② "走社会主义道路，就是要逐步实现共同富裕。"③ 不断解放和发展生产力、实现共同富裕，是邓小平开创的中国特色社会主义道路的价值目标和战略选择，是我们坚持和发展中国特色社会主义的本质要求和中心课题。

第四，既坚持独立自主、自力更生，又促进世界和平、共同发展。邓小平强调，中国的事情要按照中国的情况来办，要依靠中国人自己的力量来办。"独立自主，自力更生，无论过去、现在和将来，都是我们的立足点。"④ 和平与发展是当代世界两个带有全球性、战略性的问题。我们实行独立自主的和平外交政策，反对霸权主义，维护世界和平，在平等互利的基础上发展同世界各国的交流与合作。这与西方发达国家对内剥削、对外侵略的资本主义道路具有本质的区别。

邓小平说过：到 20 世纪末中国实现小康的目标，"也就是社会主义的一个成功"；到 21 世纪再用 50 年，我们基本实现现代化，

---

① 《邓小平文选》第 3 卷，人民出版社 1993 年版，第 370 页。
② 同上书，第 123 页。
③ 同上书，第 373 页。
④ 同上书，第 3 页。

"那就可以进一步断言社会主义成功"①。中国特色社会主义道路不仅得到全国各族人民的高度认同，而且受到世界进步人士的广泛关注。西方一些学者认为，中国的发展道路提供了一种新的启示，正在颠覆西方资本主义的发展模式，探索"中国成功之谜"很有意义。在诺贝尔经济学奖获得者斯彭斯看来，许多亚洲国家和地区曾有过高速且持续的经济增长，但从未见过像中国这样规模庞大的经济体，在一段长时间内如此强劲增长，其发展规模和重要性之大，影响人口之多，都是空前的，中国经济发展模式独一无二。② 实践已经并将继续证明，中国特色社会主义道路，是实现国家富强、民族振兴的唯一正确道路，是创造人民美好生活的必由之路。

二 创立邓小平理论，为中国特色社会主义奠定理论基础和行动指南

党的十一届三中全会以后，以邓小平为主要代表的中国共产党人，把马克思主义基本原理同当代中国实际和时代特征结合起来，第一次比较系统地初步回答了中国这样经济文化比较落后的国家如何建设社会主义、如何巩固和发展社会主义的一系列基本问题，形成了新的建设有中国特色社会主义理论的科学体系，奠定了中国特色社会主义理论体系的基础，标志着马克思主义在中国发展的新阶段。党的十三大概括建设中国特色社会主义理论的十二个思想观点，指出这些观点构成了理论的轮廓。党的十四大从九个方面阐述了这一理论的主要内容，把它称为"邓小平同志建设有中国特色社会主义理论"。党的十五大对邓小平的这一理论又作了进一步概括和阐述，将其命名为"邓小平理论"，并作为我们党的指导思想写入党

---

① 《邓小平文选》第 3 卷，人民出版社 1993 年版，第 320 页。
② [美] 迈克尔·斯彭斯：《中国经济发展模式独一无二》，香港《信报》2005 年 2 月 3 日。

章。这一理论内容丰富、博大精深，以一系列独创性的思想观点，坚持和发展了马克思列宁主义、毛泽东思想。

第一，关于社会主义本质论。什么是社会主义、怎样建设社会主义，是邓小平在领导改革开放和社会主义现代化建设过程中，不断提出和长期思考的首要问题。而搞清楚这个问题，关键是要在正确总结历史经验和实践成果的基础上，深刻揭示社会主义的本质。他认为：社会主义是一个很好的名词，但是如果搞不好，不能正确理解，不能采取正确的政策，那就体现不出社会主义的本质。"社会主义的本质，是解放生产力，发展生产力，消灭剥削，消除两极分化，最终达到共同富裕。"① 这一科学概括，从生产力、生产关系、最终目的三个层面揭示了社会主义的本质规定性，体现了人民群众的根本利益和时代进步的必然要求，从而把对社会主义的认识提高到新的科学水平，把对中国特色社会主义发展规律的认识提高到新的科学水平。

第二，关于社会主义发展阶段论。社会主义替代资本主义必然经历一个漫长的历史过程，社会主义的根本任务和发展目标是分阶段实现的。正确分析社会发展阶段和基本国情，是我们党制定路线、方针、政策的根本依据。邓小平指出："社会主义本身是共产主义的初级阶段，而我们中国又处在社会主义的初级阶段，就是不发达的阶段。一切都要从这个实际出发，根据这个实际来制订规划。"② 这个科学判断，使我们对社会主义建设的长期性、艰巨性、复杂性有了清醒的认识，把我们的路线、方针、政策置于现实的、科学的基础上，避免犯"左"和右的错误。

第三，关于社会主义改革开放论。改革开放是党领导人民在新的时代条件下进行的新的伟大革命。邓小平强调，"改革是中国的第

---

① 《邓小平文选》第 3 卷，人民出版社 1993 年版，第 373 页。
② 同上书，第 252 页。

二次革命"①，是解放和发展生产力、完成社会主义现代化的必由之路，僵化停滞没有出路。中国长期处于停滞和落后状态的一个重要原因是闭关自守。"关起门来搞建设是不能成功的，中国的发展离不开世界"②，对外开放是建设中国特色社会主义的一项基本国策。社会主义要赢得与资本主义相比较的优势，就必须大胆吸取和借鉴人类社会创造的一切文明成果，吸取和借鉴当今世界各国包括资本主义发达国家的一切反映现代社会化生产规律的先进经营方式、管理方法。改革是社会主义发展的直接动力，开放是社会主义建设的必要条件，改革开放是决定当代中国命运的关键抉择。

第四，关于社会主义市场经济论。很长一个时期，国内外的学者和政要大多把市场经济视为资本主义的专利品和社会主义的异己物。邓小平却提出："我们必须从理论上搞懂，资本主义与社会主义的区分不在于是计划还是市场这样的问题。社会主义也有市场经济，资本主义也有计划控制……不要以为搞点市场经济就是资本主义道路，没有那么回事。计划和市场都得要。不搞市场，连世界上的信息都不知道，是自甘落后。"③ "计划经济不等于社会主义，资本主义也有计划；市场经济不等于资本主义，社会主义也有市场。计划和市场都是经济手段。"④ 社会主义也可以搞市场经济，把计划与市场结合起来，更能解放生产力，加速经济发展。这些重要论断是对马克思主义的政治经济学和科学社会主义的重大创新，极大地解放了全党全国人民的思想。党的十四大以来在社会主义市场经济理论问题上的突破，在建立和完善社会主义市场经济体制方面所取得的进展，在社会主义现代化建设上所取得的成就，都是以邓小平的这些重要论断为理论指导的。

---

① 《邓小平文选》第3卷，人民出版社1993年版，第113页。
② 同上书，第78页。
③ 同上书，第364页。
④ 同上书，第373页。

第五，关于社会主义精神文明论。社会主义精神文明是社会主义社会的重要特征，是现代化建设的重要目标和重要保证。邓小平主张：在社会主义国家，一个真正的马克思主义政党在执政以后，一定要致力于发展生产力，并在这个基础上逐步提高人民的生活水平。这就是建设物质文明。"与此同时，还要建设社会主义的精神文明，最根本的是要使广大人民有共产主义的理想，有道德，有文化，守纪律。国际主义、爱国主义都属于精神文明的范畴。"[①] 只要我们的生产力发展，保持一定的经济增长速度，坚持两手抓，社会主义精神文明建设就可以搞上去。抓精神文明建设，抓党风、社会风气好转，必须狠狠地抓，一天不放松地抓，从具体事件抓起。思想政治工作必须加强而不能削弱，思想文化战线上的同志都应该是人类灵魂的工程师。要继承和发扬民族的优秀文化和党的优良传统，吸收和借鉴世界各国的一切文明成果，树立对马克思主义的坚定信仰和共产主义的远大理想，培育有理想、有道德、有文化、有纪律的社会主义新人。

第六，关于社会主义领导核心论。办好中国的事情，关键在党。中国共产党是社会主义事业的领导核心。邓小平在改革开放之初就提出"要进一步明确党在四个现代化建设中的地位和作用。执政党应该是一个什么样的党，执政党的党员应该怎样才合格，党怎样才叫善于领导"[②] 的问题，强调要切实加强党的建设，把我们党建设成为有战斗力的马克思主义政党，成为领导人民进行社会主义现代化建设的坚强核心。他在视察南方发表的重要谈话中明确地说："中国要出问题，还是出在共产党内部。"对这个问题要清醒，要注意培养人，要按照"革命化、年轻化、知识化、专业化"的标准，选拔德才兼备的人进班子。"我们说党的基本路线要管一百年，要长治久安，就要靠这一条。""说到底，关键是我们共产党内部要搞好，不

---

① 《邓小平文选》第 3 卷，人民出版社 1993 年版，第 28 页。
② 《邓小平文选》第 2 卷，人民出版社 1994 年版，第 276 页。

出事，就可以放心睡大觉。"① 以邓小平为核心的党的第二代中央领导集体，对在改革开放和发展市场经济的新的历史条件下加强执政党的建设，改善党的领导，推进党的建设新的伟大工程提出了一系列新思想、新观点，深化了对共产党执政规律和马克思主义政党建设规律的认识。

除了上述六个方面外，邓小平理论体系中还包括社会主义民主政治建设、统一战线、军队和国防建设、祖国统一、外交战略等理论。邓小平理论贯通马克思主义哲学、政治经济学、科学社会主义等领域，涵盖治党治国治军、内政外交国防、改革稳定发展等方面，形成了一个新的比较完备的建设中国特色社会主义的科学体系，又是一个需要从各方面进一步丰富发展的科学体系。

十三届四中全会以来，以江泽民为核心的党的第三代中央领导集体，创造性地提出了"三个代表"重要思想，把中国特色社会主义事业成功推向21世纪。十六大以来，以胡锦涛为总书记的党中央在全面建设小康社会新的伟大实践中，树立和落实科学发展观，成功地坚持和发展了中国特色社会主义。十八大以来，习近平总书记发表一系列重要讲话，提出了许多富有创见的新思想新观点新论断新要求，进一步升华了我们党对中国特色社会主义规律和马克思主义执政党建设规律的认识，是坚持和发展中国特色社会主义的最新理论成果，为我们在新的历史起点上实现国家富强、民族振兴、人民幸福的中国梦提供了科学指南和基本遵循。正因为我们坚持和发展了邓小平理论，以中国特色社会主义理论体系武装全党、教育人民，才经受住了各种风险考验，实现经济发展、政治昌明、文化繁荣、民族团结，社会全面进步，国际地位空前提高。

如果说马克思、恩格斯使社会主义从空想变成科学，列宁、毛泽东使社会主义从理论变成现实，那么，从邓小平到习近平，使社

---

① 《邓小平文选》第3卷，人民出版社1993年版，第380—381页。

会主义焕发新的生机，富有中国特色和时代特征。正如胡锦涛所指出的那样："没有毛泽东思想的正确指引，就没有中国革命的胜利和社会主义制度的确立。没有邓小平理论的正确指引，就没有改革开放和建设中国特色社会主义新道路的开辟。"① 俄罗斯科学院院士季塔连科发表长篇论文，说明中国现代化过程中克服落后的经验，不但赢得了全世界的尊重，也为弱小国家及其人民从"金元帝国"的政治附庸变成平等主体和合作伙伴树立了榜样；在社会主义处于深刻危机和战略撤退的情况下，邓小平提出的"建设有中国特色社会主义理论"避免了社会主义被撤出历史舞台的危险。他还强调：挖掘中国现代化、改革开放经验的国际意义，"对预见世界未来是极其重要的"②。国内外有代表性的舆论表明，邓小平理论不仅对当代中国的发展进步具有深远的指导意义，而且对世界社会主义运动和人类文明进步事业产生了巨大的影响。

三 坚持和完善中国特色社会主义制度，为中国特色社会主义提供制度基础和根本保障

中国特色社会主义道路、理论、制度是有机结合、高度统一的。邓小平领导党和人民，既把建设中国特色社会主义的实践经验上升为理论，又以正确的理论指导新的实践，还把实践中行之有效的方针政策及时确立为党和国家的制度。在中国特色社会主义的三种形态中，制度的确立，意义重大、影响深远，是中国特色社会主义走向成熟稳定的标志。邓小平对创建中国特色社会主义制度，推动社会主义制度的自我完善和发展作出了巨大的、历史性的贡献。

第一，科学总结社会主义建设的经验教训，把社会主义制度建

---

① 《十六大以来重要文献选编》（上），中央文献出版社2005年版，第366页。
② ［俄］季塔连科：《中国现代化经验的国际意义》，《远东问题》2004年第5期，载《参考消息》2004年11月2日。

设摆在更加突出的位置。旧中国留下来的封建专制传统比较多,民主法制传统很少。新中国成立以后,我们没有自觉地、系统地建立保障人民民主权利的各项制度,法制不完备,也不受重视,以至于发生反右扩大化、"文化大革命"等问题,给党、国家和人民都造成很大灾难。早在 1980 年 8 月召开的中央政治局扩大会议上,邓小平就明确提出:"我们过去发生的各种错误,固然与某些领导人的思想、作风有关,但是组织制度、工作制度方面的问题更重要。"[1] 他深刻指出,这些方面的制度好可以使坏人无法任意横行,制度不好可以使好人无法充分做好事,甚至会走向反面。即使像毛泽东这样伟大的人物,也受到一些不好的制度的影响,以致对党对国家对他个人都造成了很大的不幸。这个教训是极其深刻的。不是说个人没有责任,而是说领导制度、组织制度问题更带有根本性、全局性、稳定性和长期性。"这种制度问题,关系到党和国家是否改变颜色,必须引起全党的高度重视。"[2] 正是在邓小平的倡导和推动下,我们才走上了注重制度建设,依靠制度的完善和改革推动社会主义事业发展的新路子。

第二,在坚持和完善社会主义基本制度的前提下,全面推进社会主义体制改革。中国特色社会主义制度体系既包括基本的政治经济制度,又包括各种具体体制,前者具有稳定性、连续性,后者则是灵活的、变动的。邓小平在改革开放之初就提出:"过去行之有效的东西,我们必须坚持,特别是根本制度,社会主义制度,社会主义公有制,那是不能动摇的。"[3] 针对一些人认为我们改革是搞资本主义的疑虑,邓小平强调:"我们建立的社会主义制度是个好制度,

---

[1] 《邓小平文选》第 2 卷,人民出版社 1994 年版,第 333 页。
[2] 同上。
[3] 同上书,第 133 页。

必须坚持。"①"改革是社会主义制度的自我完善"②，不能照搬西方资本主义制度。资本主义社会讲的民主，实际上是资产阶级的民主、垄断资本的民主，"无非是多党竞选、三权鼎立、两院制。我们的制度是人民代表大会制度，共产党领导下的人民民主制度，不能搞西方那一套"③。他在审阅十四大报告时说：民主集中制，这个问题不要丢。民主集中制我们讲得太少。这个制度是最便利的制度，最合理的制度，是我们的根本制度。不管怎么样，要树立一个观念，就是我们党和国家的根本制度是民主集中制。另一方面，邓小平告诫我们，"社会主义基本制度确立以后，还要从根本上改变束缚生产力发展的经济体制，建立起充满生机和活力的社会主义经济体制，促进生产力的发展"④。他在谈到政治体制改革与经济体制改革的关系时指出，不改革政治体制，就不能保障经济体制改革的成果，不能使经济体制改革继续前进，就会阻碍生产力的发展，阻碍四个现代化的实现。政治体制改革总的目标是：巩固社会主义制度；发展社会主义社会的生产力；发扬社会主义民主，调动广大人民的积极性。⑤ 由于政治体制改革很复杂，涉及千千万万人的利益，"政治体制改革要分步骤、有领导、有秩序地进行"。"我们的经济体制改革，也是有领导有秩序地进行，不能搞无政府主义。"⑥ 这样，邓小平就阐明了推进改革的原因、内容和目标、界限，为坚持和完善中国特色社会主义制度确定了正确的方法、途径和必须遵循的原则，对于我们今天全面深化改革仍然具有指导作用。

第三，切实加强社会主义法制建设，加快构建中国特色社会主义法律体系。 作为中国特色社会主义制度的重要组成部分，法律体

---

① 《邓小平文选》第 3 卷，人民出版社 1993 年版，第 116 页。
② 同上书，第 142 页。
③ 同上书，第 240 页。
④ 同上书，第 370 页。
⑤ 同上书，第 178 页。
⑥ 同上书，第 252 页。

系与邓小平领导的改革开放相伴而生,将国家各项事务和经济社会发展纳入法制化轨道。邓小平在十一届三中全会之前召开的中央工作会议上,就将发展社会主义民主、健全社会主义法制确定为党和国家坚定不移的基本方针,明确指出:"为了保障人民民主,必须加强法制。必须使民主制度化、法律化,使这种制度和法律不因领导人的改变而改变,不因领导人的看法和注意力的改变而改变。"① 要集中力量制定刑法、民法、诉讼法和其他各种必要的法律,加强检察机关和司法机关,做到有法可依,有法必依,执法必严,违法必究。在他看来,"没有民主就没有社会主义,就没有社会主义的现代化"②。他亲自领导了对 1978 年宪法的修改工作,主张"要使我们的宪法更加完备、周密、准确,能够切实保证人民真正享有管理国家各级组织和各项企业事业的权力,享有充分的公民权利,要使各少数民族聚居的地方真正实行民族区域自治,要改善人民代表大会制度,等等。关于不允许权力过分集中的原则,也将在宪法上表现出来"③。这些重要论述为制定 1982 年现行宪法确立了指导思想。《宪法》第一条规定:"中华人民共和国是工人阶级领导的、以工农联盟为基础的人民民主专政的社会主义国家。"这就准确地表达了我国政权的性质和特点。为避免"文化大革命"之类悲剧的重演,1982 年宪法确认人民代表大会制度是我国的根本政治制度,规定"人民行使国家权力的机关是全国人民代表大会和地方各级人民代表大会",并规定人民代表大会的基本原则、组成方式和运作程序,扩大了全国人大常委会的职权,增设了全国人大专门委员会。宪法还确立了我国基本的经济制度、基层群众自治制度以及社会主义法制原则、民主集中制原则,等等,表明中国特色社会主义经济政治制度日益完善。宪法还吸收民族工作拨乱反正的主要成果,继承和发

---

① 《邓小平文选》第 2 卷,人民出版社 1994 年版,第 146 页。
② 同上书,第 168 页。
③ 同上书,第 339 页。

展了 1954 年宪法确立的民族区域自治制度，规定"各少数民族聚居的地方实行区域自治，设立自治机关，行使自治权"。1984 年，邓小平又指导制定了《中华人民共和国民族区域自治法》，标志着我国民族区域自治进一步得到法制化、规范化。习近平同志对 1982 年宪法的重大意义作了这样的评价："我国宪法以国家根本法的形式，确立了中国特色社会主义道路、中国特色社会主义理论体系、中国特色社会主义制度的发展成果，反映了我国各族人民的共同意志和根本利益，成为历史新时期党和国家的中心工作、基本原则、重大方针、重要政策在国家法制上的最高体现。"[①]

第四，带头废除领导职务终身制，为改革和完善党和国家领导制度创造条件。我国政治体制改革是从改革党和国家的领导制度起步的。早在 1980 年中央政治局扩大会议上，邓小平就指出："从党和国家的领导制度、干部制度方面来说，主要的弊端就是官僚主义现象，权力过分集中的现象，家长制现象，干部领导职务终身制现象和形形色色的特权现象。"[②] 只有对这些弊端进行有计划、有步骤而又坚决彻底的改革，人民才会信任我们的领导，才会信任党和社会主义，我们的事业才有无限的希望。从 1980 年 9 月起，他本人就带头不兼任国务院副总理职务。在他的坚定支持下，1982 年 2 月中央作出了《关于建立老干部退休制度的决定》，强调："建立老干部离休退休和退居二线的制度，妥善解决新老干部适当交替的问题，这是一场干部制度方面的深刻革命，是关系我们党兴旺发达，国家长治久安，社会主义现代化建设宏伟事业能够顺利实现的具有战略意义的重大决策。"1986 年 10 月，党的十二届六中全会前后，邓小平、陈云等同志主动退出了党的中央委员会。1989 年 6 月，党的十三届四中全会选举江泽民担任中央委员会总书记，标志着以江泽民

[①] 习近平：《在首都各界纪念现行宪法公布施行 30 周年大会上的讲话》，《人民日报》2012 年 12 月 5 日。

[②] 《邓小平文选》第 2 卷，人民出版社 1994 年版，第 327 页。

为核心的党的第三代中央领导集体正式形成。9月4日,邓小平给中央政治局写信,请求辞去中央军事委员会主席职务,实现退休夙愿。正像他自己说的那样,他最后的作用是带头建立退休制度,体现了一个共产党领袖的宽广胸怀和战略眼光。党的十四大高度赞扬邓小平等老同志为废除领导职务终身制,保证党和国家的事业继往开来、万古长青所作出的重大贡献。

美国学者耶金和斯坦尼斯罗认为:"正是具有献身精神的革命者邓小平在信奉马克思主义的同时,果断地使中国这个世界上最大的国家从旧体制中解脱出来,并融入世界经济。"① 邓小平通过总结中国特色社会主义制度的产生、发展的历史经验,满怀信心地预言:"我们的制度将一天天完善起来,它将吸收我们可以从世界各国吸收的进步因素,成为世界上最好的制度。"② 我们一定要坚定这样的制度自信,使各方面制度更加成熟更加定型,为夺取中国特色社会主义新胜利提供更加有效的制度保障。

邓小平曾经说过:如果没有毛泽东,中国人民至少还要在黑暗中摸索更长的时间。我们今天同样应当说,如果没有邓小平,中国人民就不能有今天的新生活,中国就不可能有改革开放的新局面和社会主义现代化的光明前景。伟人虽逝,精神永存。邓小平留给我们的最可宝贵的财富,就是他创立的邓小平理论和在这个理论指导下制定的党在社会主义初级阶段的基本路线。他的光辉业绩和科学理论,已经并将继续改变和影响中国和世界。习近平总书记指出:"坚持和发展中国特色社会主义是一篇大文章,邓小平同志为它确定了基本思路和基本原则,以江泽民同志为核心的党的第三代中央领导集体、以胡锦涛同志为总书记的党中央在这篇大文章上都写下了精彩的篇章。现在,我们这一代共产党人的任务,就是继续把这篇

---

① [美]丹·耶金、约·斯坦尼斯罗:《制高点——重建现代世界的政府与市场之争》,段宏等译,外文出版社2000年版,第11页。
② 《邓小平文选》第2卷,人民出版社1994年版,第337页。

大文章写下去。"① 让我们更加紧密地团结在以习近平同志为总书记的党中央周围，高举中国特色社会主义伟大旗帜，坚定道路自信、理论自信、制度自信，谱写改革开放伟大事业新篇章，为实现"两个一百年"奋斗目标和中华民族伟大复兴的中国梦而努力奋斗！

（作者单位：中国社会科学院）

---

① 中共中央宣传部：《习近平总书记系列重要讲话读本》，学习出版社、人民出版社 2014 年版，第 20—21 页。

中国近代以来第三次伟大历史变革的发起者和领导者

王伟光

自1840年鸦片战争中国沦为半殖民地半封建社会以来，中国人民发动了三次伟大的历史变革。第一次是以孙中山为代表的民族资产阶级发动和领导的资产阶级民主主义革命，推翻了统治中国几千年的封建专制。第二次是以毛泽东同志为代表的中国共产党人发动和领导的中国新民主主义革命和社会主义革命，建立了社会主义新中国，为中国特色社会主义提供了制度基础、物质条件、经验积累和理论准备。第三次是以邓小平同志为代表的当代中国共产党人发动和领导的社会主义改革开放，掀起了中国共产党领导的第二次革命，开辟了中国特色社会主义道路，形成了中国特色社会主义制度和理论体系，开创了中国特色社会主义伟大事业的新局面。三次伟大历史变革推动了中国社会巨大进步，使中国从来没有像今天这样日益接近实现中华民族伟大复兴的中国梦。作为党的第一代中央领导集体的重要成员，邓小平同志对第二次伟大历史变革做出了重要贡献，是这次伟大历史变革的亲自参加者和领导人之一。邓小平同志是党的第二代中央领导集体的核心，作为中国特色社会主义的伟大开创者，中国社会主义改革开放和现代化建设的总设计师，中国特色社会主义理论体系的开篇人，邓小平同志对第三次伟大历史变革作出了历史性的重大贡献，是这次伟大历史变革的发起者和领导者。站在这样一个历史高度和时空跨度上，我们就能够更加科学更加全面地评价邓小平同志作为一个伟大历史人物的伟大历史作用。

一 中国特色社会主义的伟大开创者

开创中国特色社会主义，邓小平同志要领头一功。"文化大革命"之后，中国面临着重大的历史关头，摆在面前有三条道路：一是走邪路，放弃社会主义制度倒向资本主义；二是走老路，继续坚持"文化大革命"的理论和实践；三是走新路，探索有中国特色的社会主义道路。邓小平同志以一个伟大的马克思主义者的坚定信念和勇气智慧，领导全党全国人民，既不走改旗易帜的邪路，也不走封闭僵化的老路，找到了在改革开放中实现社会主义现代化的新道路——中国特色社会主义道路，成功地开创了中国特色社会主义的伟大事业，实现了中国近代历史上又一次伟大变革。

第一，全力完成拨乱反正的历史任务，恢复正确的思想路线、政治路线和组织路线，实现历史性的伟大转折，为开创中国特色社会主义提供了重要的思想、政治和组织准备。结束"文化大革命"是一个时代的终结，但并没有真正开启一个新的时代。当时，党和国家面临的局势相当严峻，任务非常艰巨，不仅需要从"文化大革命"灾难中摆脱出来，而且需要跟上急遽发展的世界形势，重新思考中国社会主义建设道路，奋起发展。面临重大历史关头，邓小平同志以巨大的政治和理论勇气领导全党全国人民，出色完成了拨乱反正的历史任务。他以深邃的远见卓识，丰富的政治经验，坚决抵制和反对"两个凡是"错误观点，支持和领导真理标准问题的讨论，推动全党全国人民思想大解放，重新确立了党的实事求是思想路线，实现思想路线上的拨乱反正。他领导全党毅然抛弃"以阶级斗争为纲"的错误方针，把党和国家的工作中心转移到经济建设上来，实现了政治路线上的拨乱反正。他领导全党重新评价历史，彻底纠正了一系列重大冤假错案，解放了一大批党的优秀干部，实现了组织路线上的拨乱反正。拨乱反正历史任务的顺利完成，为开创中国特色社会主义提供了重要的思想理论、政治路线和组织干部前提，实现了"我国历史上的一个伟大的转折"①，这个同遵义会议有同等重要意义的历史转折，开启了我国社会主义改革开放和现代化建设的历史新时期。

第二，深刻总结我国社会主义建设和国际共产主义运动正反两方面的经验教训，提出一切从实际出发，不照搬他国模式，走自己的路，找到中国特色社会主义的正确道路。在探索中国社会主义建设道路的历程中，我们党吃过照搬别国模式的大亏，走了不少弯路。为此，毛泽东同志在20世纪50年代就提出要探索适合中国国情的、具有中国特点的社会主义建设道路。邓小平同志在毛泽东同志初步探索的基础上，深刻总结国际共产主义运动和我国社会主义正反两方面的经验教训，及时总结中国特色社会主义实践的新鲜经验，着力探索中国特色社会主义的正确道路。他多次强调，必须从中国的特点出发，走出一条中国式的现代化道路，决不能脱离自己的特点照搬别国的现代化模式。经过长期思考，他在党的十二大上响亮地提出了一个具有重大历史意义的科学命题："把马克思主义的普遍真理同我国的具体实际结合起来，走自己的道路，建设有中国特色的社会主义。"②这个科学命题旗帜鲜明地告诉世人：中国要建设的社会主义就是中国特色的社会主义，走自己的路就是要走"建设有中国特色的社会主义的道路"③。这是总结长期历史经验得出的基本结论，确立了中国改革开放和社会主义现代化建设的根本主题和明确方向，是中国特色社会主义道路形成的重要标志，是中国特色社会主义发展史上的重要里程碑。

第三，科学判断世情国情，提出新的时代观，作出改革开放的

---

① 《邓小平文选》第2卷，人民出版社1994年版，第159页。
② 《邓小平文选》第3卷，人民出版社1993年版，第3页。
③ 同上书，第65页。

重大决策，领导制定党在社会主义初级阶段的基本路线，明确中国社会主义改革开放的根本方向和基本方针。邓小平同志深刻分析当今世界的总体格局，提出了和平与发展是当今世界两大主题的科学论断，揭示了当代世界发展的时代特征。他认为，虽然总的时代本质和发展趋势没有改变，仍然是马克思恩格斯所判断的资本主义与社会主义两种前途命运博弈的时代，但时代主题已经发生了阶段性变化，由战争与革命转变为和平与发展，新的世界大战打不起来，一定要抓住机遇，集中力量把经济建设搞上去。他深刻剖析了中国社会主义初级阶段的基本国情，提出了我国将长期处于社会主义初级阶段的科学论断，主张一切要从中国的实际国情出发，根本任务是发展生产力。在十一届三中全会上，他领导全党成功实现了党的工作重心的转移，做出了改革开放和社会主义现代化建设的重大决策，奠定了"一个中心、两个基本点"基本路线的基础。1979年3月，他针对改革开放新时期的形势和任务，旗帜鲜明地强调：必须坚持社会主义道路，坚持无产阶级专政，坚持共产党的领导，坚持马列主义、毛泽东思想，这四项基本原则是实现四个现代化的政治保障，在任何情况下都决不允许动摇，"如果动摇了这四项基本原则中的任何一项，那就动摇了整个社会主义事业，整个现代化建设事业"[①]。此后，以经济建设为中心，坚持四项基本原则，坚持改革开放，逐步在实践中得到贯彻，在全党全国人民中达成共识，并不同程度地写进了党的文献中。1987年，党的十三大报告对党的基本路线作出了完整表述："领导和团结全国各族人民，以经济建设为中心，坚持四项基本原则，坚持改革开放，自力更生，艰苦创业，为把我国建设成为富强、民主、文明的社会主义现代化国家而奋斗。"依据党的基本路线，邓小平同志带领全党制定了改革开放的路线方针政策，做出了一系列改革开放重大举措。基本路线是新时期社会

---

① 《邓小平文选》第2卷，人民出版社1994年版，第173页。

主义现代化建设的根本纲领，是开创和发展中国特色社会主义事业的生命线，必须毫不动摇地牢牢坚持。

第四，全面回答社会主义现代化的奋斗目标、战略步骤等重大问题，设计"三步走"的发展战略，规划我国社会主义现代化建设的时间表和路线图。历史已经证明并将继续证明，邓小平同志当之无愧的是我国改革开放和社会主义现代化建设的总设计师。十一届三中全会重申了四个现代化的奋斗目标后，邓小平同志就开始认真思考和规划社会主义现代化建设的发展战略。1979年，他提出必须走出一条中国式的现代化道路，建设小康社会。在他的指导下，党的十二大提出了两步走、翻两番的发展战略，即到20世纪末实现全国工农业年产值"翻两番"，实现这个目标要分"两步走"，前10年打基础，后10年大发展。1987年4月，他完整地提出了"三步走"的战略：第一步，到20世纪80年代末，实现国民生产总值比1980年翻一番，人均达到500美元，解决人民的温饱问题；第二步，到20世纪末，国民生产总值再翻一番，人均达到1000美元，人民生活达到小康水平，把贫困的中国变成小康的中国；第三步是到21世纪中叶，国民生产总值再翻两番，达到中等发达国家水平，人民生活比较富裕，基本实现社会主义现代化。[①] 党的十三大报告根据邓小平同志的思想，正式提出了社会主义现代化建设"三步走"的发展战略。这个战略系统回答了中国社会主义现代化建设的奋斗目标、战略步骤等关系全局的重大问题，集中体现了中国特色社会主义的重大原则和方针政策，是一面引导全国人民前进的伟大旗帜，对后来中国几十年的发展产生了极其深远影响。

第五，牢牢把握中国特色社会主义的发展方向，坚持发展才是硬道理，成功领导改革开放和社会主义现代化建设的伟大实践。邓小平同志是我国社会主义改革开放和现代化建设新时期的伟大开启

---

① 《邓小平文选》第3卷，人民出版社1993年版，第224页。

者和领导者。在他的直接领导下，我国的改革开放从十一届三中全会起步，十二大以后全面展开，从农村改革到城市改革，从经济体制的改革到各方面体制的改革，从对内搞活到对外开放，走过了波澜壮阔的伟大历史进程，生产力得到突飞猛进的增长，人民生活得到很大的提高，社会主义中国的面貌发生了历史性变化。20 世纪 80 年代末 90 年代初，国际国内发生政治风波，我们面临着又一个重大历史关头。邓小平同志领导党旗帜鲜明地坚持四项基本原则，维护国家的独立、尊严、安全和稳定，毫不动摇地坚持党的基本路线，坚持发展才是硬道理，推进经济建设和改革开放，使我们党和国家经受住了严峻考验，坚持了中国特色社会主义的正确方向，继续沿着中国特色社会主义道路蓬勃发展。1992 年初，他发表了南方谈话，斩钉截铁地强调："要坚持党的十一届三中全会以来的路线、方针、政策，关键是坚持'一个中心、两个基本点'。不坚持社会主义、不改革开放、不发展经济、不改善人民生活，只能是死路一条。基本路线要管一百年，动摇不得。"① 他深刻总结了改革开放以来的基本实践和重要经验，从理论上深刻回答了困扰和束缚人们思想的许多重大认识问题，提出了对整个社会主义现代化建设具有现实和长远指导意义的重要思想，指引了发展进步的航向，掀起了新一轮改革开放的高潮，推动社会主义现代化建设进入一个新的发展阶段。正如江泽民所指出的：如果没有邓小平同志，中国人民就不可能有今天的新生活，中国就不可能有今天改革开放的新局面和社会主义现代化的光明前景。②

二　中国特色社会主义理论体系的伟大开篇者

邓小平同志在领导改革开放和社会主义现代化建设新的伟大实践中，成功实现了马克思主义同中国实际第二次伟大结合，开始了

---

① 《邓小平文选》第 3 卷，人民出版社 1993 年版，第 370 页。
② 《十六大以来重要文献选编》（中），中央文献出版社 2006 年版，第 156 页。

马克思主义中国化第二次历史性飞跃的伟大征程，科学系统地回答了建设中国特色社会主义的一系列基本问题，创立了邓小平理论这一中国特色社会主义理论体系的第一个壮丽篇章，标志着中国特色社会主义理论体系的伟大开篇。

第一，正确解决科学评价毛泽东历史地位和毛泽东思想科学体系的重大历史课题，坚持和发展中国化马克思主义，为创立中国特色社会主义理论体系奠定了思想政治前提。十一届三中全会前后，如何正确看待毛泽东的历史地位和毛泽东思想的科学体系，成为一个关系党和国家前途命运的重大历史课题。当时，中国思想界出现了两种相反的思潮：一是神化毛泽东的"两个凡是"思潮，限制人们对"文化大革命"错误的反思，维护毛泽东晚年的错误，阻碍新道路的开辟；二是全面否定毛泽东的"非毛化"思潮，否定毛泽东的历史功绩，否定毛泽东思想的指导地位，进而否定中国革命和党的历史，否定马克思主义，否定社会主义，否定人民民主专政，否定党的领导。维护还是否定毛泽东，坚持还是丢掉毛泽东思想，成为党所面临的一个重要的理论选择和严峻的思想考验。面对这个重大政治问题，邓小平同志显示出一个伟大的马克思主义者在政治上的坚定性、理论上的彻底性和思想上的原则性。他高瞻远瞩，鲜明果断地指出：既要捍卫毛泽东的历史地位又必须纠正其晚年错误，既要毫不动摇地坚持毛泽东思想的指导地位又必须完整准确地把握其科学体系。他强调，对毛泽东的评价，对毛泽东思想的阐述，同我们党、我们国家的整个历史是分不开的；毛泽东思想这个旗帜丢不得，丢掉了这个旗帜，就是否定我们党的光辉历史。"毛泽东思想过去是中国革命的旗帜，今后将永远是中国社会主义事业和反霸权主义事业的旗帜，我们将永远高举毛泽东思想的旗帜前进。"[①] 在他的亲自领导和主持下，我们党作出了《关于建国以来党的若干历史问

---

① 《邓小平文选》第 2 卷，人民出版社 1994 年版，第 172 页。

题的决议》，根本否定了"文化大革命"的错误实践和理论，同时坚决顶住"非毛化"的错误思潮，科学评价了毛泽东同志的历史地位：毛泽东是伟大的马克思主义者，是伟大的无产阶级革命家、战略家和理论家，他虽然犯了严重错误，但就他的一生来看，他对中国革命和建设的功绩远远大于他的过失，他的功绩是第一位的，错误是第二位的。对毛泽东思想的科学理论体系进行了科学理论概括：毛泽东思想是马克思列宁主义的基本理论与中国革命具体实践相结合的产物，是被实践证明过的正确的理论思想和经验总结，包含着关于新民主主义革命、关于社会主义革命和社会主义建设、关于革命军队的建设和军事战略、关于政策和策略、关于思想政治工作和文化工作、关于党的建设等方面的思想内容。实事求是是毛泽东思想的精髓，实事求是、群众路线、独立自主是毛泽东思想的活的灵魂。这些重要论断高度概括了毛泽东思想这一中国化马克思主义的重大理论成果，奠定了中国特色社会主义理论体系形成发展的坚实理论基础。

第二，高度强调"解放思想、实事求是"，发展毛泽东关于实事求是的思想内涵，丰富和完善党的思想路线，奠定中国特色社会主义的哲学理论根据。思想路线是党的一切工作的保证，是党的全部理论的灵魂，是党的实践活动的思想方法和工作原则，是党制定政治路线、组织路线和各项方针政策的哲学依据，也是正确理解和贯彻执行党的路线方针、政策的理论基础，是党不断取得胜利的法宝。"文化大革命"结束之际，邓小平同志明确提出实事求是是马列主义、毛泽东思想的精髓的科学论断，学习和掌握毛泽东思想特别是要把握实事求是这个精髓。针对当时中国思想政治领域的情况，特别是"两个凡是"的严重思想障碍，邓小平同志高度强调解放思想的极端重要性，把解放思想作为重大问题提出来，指出"首先是解放思想"[①]。他领导和支持了关于实践是检验真理唯一标准的大讨

---

① 《邓小平文选》第 2 卷，人民出版社 1994 年版，第 141 页。

论，号召全党解放思想，实事求是，恢复和发展毛泽东同志提出的实事求是的思想路线。在《解放思想，实事求是，团结一致向前看》的重要讲话中指出："只有解放思想，坚持实事求是，一切从实际出发，理论联系实际，我们的社会主义现代化建设才能顺利进行，我们党的马列主义、毛泽东思想的理论也才能顺利发展。"他号召全党全国人民要"解放思想，开动脑筋，实事求是，团结一致向前看"①。关于解放思想和实事求是的关系，邓小平同志作出了科学的分析阐述："解放思想，就是使思想和实际相结合，使主观和客观相符合，就是实事求是。"② 极大地丰富和发展了党的思想路线，成为改革开放的思想引领。党的思想路线的重新确立和丰富发展，指导了拨乱反正的顺利完成，为改革开放廓清了思想领域的迷雾，为党和国家的发展确定了正确方向，是马克思主义认识论在马克思主义中国化实践中的成功运用、丰富和发展，为发展中国特色社会主义提供了思想理论基石，对发展中国特色社会主义具有极其重要的意义。在改革开放和现代化建设实践中，党始终坚持正确思想路线，并随着中国特色社会主义实践的日益深入而不断丰富完善。

第三，大力提倡并灵活运用马克思主义辩证法，深化和丰富关于社会主义建设的辩证法，为发展中国特色社会主义伟大事业提供科学方法论指南。在人类的认识史中，从来就有关于宇宙发展法则的两种见解，一种是形而上学的见解，一种是辩证法的见解，形成了两种相互对立的宇宙观。辩证法用联系的、发展的、全面的观点观察认识世界，形而上学用孤立的、静止的、片面的观点观察认识世界。在运用辩证思维、发展创新关于社会主义建设的辩证法方面，邓小平同志为我们树立了创造性的典范。早在20世纪50年代，他就提出要"照辩证法办事"。毛泽东同志说过："要照辩证法办事。

---

① 《邓小平文选》第2卷，人民出版社1994年版，第143页。

② 同上书，第364页。

这是邓小平同志讲的。"① 邓小平同志精于辩证法，他对辩证法的贡献不仅在一般辩证法的理论上，而且体现在领导活动、战略决策上，体现在对具体问题的处理上。在领导中国特色社会主义建设的实践中，他娴熟地运用唯物辩证法，形成了极其丰富的关于社会主义建设的辩证法思想。他科学把握一般与个别、共性与个性的辩证关系，坚持把马克思主义普遍真理同中国具体国情有机结合起来，坚持科学社会主义的基本原则，同时主张必须走自己的路，建设有中国特色的社会主义；他明确提出要树立全局观念，用宏观战略的眼光分析问题，要"着眼于大局，着眼于长远"，"一切从大局出发"，从长远、全局、根本出发看问题，形成了内涵丰富的大局观和战略观；他反复要求要坚持两点论和重点论的统一，反对形而上学的片面性，"两手抓两手都要硬"，任何时候都必须坚持"一个中心、两个基本点"，坚持以经济建设为中心扭住不放，坚持四项基本原则和改革开放这两个基本点绝不动摇；他始终坚持平衡性与不平衡性的统一，充分认识社会主义现代化建设中平衡与不平衡的辩证关系，提出要实现波浪式前进，"几年上一个台阶"，处理好先富与共富的关系，让一部分人一部分地区先富起来，带动其他人其他地区共同富裕起来；他突出强调必须正确处理改革发展稳定的关系，提出要追随日新月异的世界形势，抓住机遇，推进改革，发展自己，同时必须保持一个安定团结的政治局面，压倒一切的是稳定，没有稳定的环境，什么都搞不成，已经取得的成果也会失掉；他关于"两个文明"建设，一国两制，大国与小国，全局与局部，大道理与小道理，和平与发展，民主与法制，计划与市场，主体与补充，等等，都闪烁和体现着高超的矛盾分析方法的智慧。总之，邓小平同志在实践中，创造性地坚持、丰富和发展了唯物辩证法，实际地运用唯物辩证方法认识事物、推动事物发展，创造了许多灵活运用辩证法观点分析

---

① 《毛泽东文集》第8卷，人民出版社1999年版，第200页。

问题、指导实践并取得成功的鲜活范例，极大地深化和丰富了关于社会主义建设的辩证法思想，构成了指导中国特色社会主义实践的科学方法论。

第四，系统回答什么是社会主义、怎样建设社会主义这一首要的基本问题，创立社会主义本质理论，深刻揭示了中国特色社会主义的根本任务和最终目标。 邓小平同志是深刻揭示社会主义本质的第一人，是社会主义本质理论的首创者。他从改革开放一开始就反复追索"什么是社会主义和怎样建设社会主义"这个核心问题，明确提出要在"什么是社会主义"这个问题上解放思想，"要弄清楚什么是社会主义以及社会主义的主要任务是什么"。他在深刻总结国内外经验教训的基础上，明确提出"贫穷不是社会主义"、"发展太慢不是社会主义"、"不发展生产力不能叫社会主义"，破除了不正确的社会主义观念。他深刻总结中国特色社会主义的发展实践，提出"社会主义原则，第一是发展生产，第二是共同富裕"①，强调公有制和共同富裕是社会主义的本质要求，揭示了社会主义的根本特征和原则。经过长期探索，他在南方谈话中对社会主义本质作出了全面准确深刻的阐述："社会主义的本质，是解放生产力，发展生产力，消灭剥削，消除两极分化，最终达到共同富裕。"② 这个概括体现了生产力和生产关系、经济基础和上层建筑、根本任务和奋斗目标、发展过程和发展方向的辩证统一，从最高层次上阐明了什么是社会主义和怎样建设社会主义这一中国特色社会主义的首要的基本问题，从根本上揭示了中国特色社会主义的根本任务、发展进程和最终目标，把对社会主义的认识提升到了一个新的高度，为科学社会主义理论宝库增添了极其重要的新内容，在马克思主义发展史上具有开创性的意义。

第五，准确把握当代中国的具体实际和发展阶段，创立社会主

---

① 《邓小平文选》第 3 卷，人民出版社 1993 年版，第 172 页。
② 同上书，第 373 页。

义初级阶段理论，明示中国特色社会主义的总依据**。科学把握当代中国的具体实际和发展阶段，是取得社会主义改革开放和现代化建设伟大胜利的总依据，是正确制定路线方针政策的根本出发点。邓小平同志从改革开放之初就高度重视对我国现实实际和发展阶段的分析把握。他强调，一切从中国的实际出发，选择适合中国实际国情的独特道路。中国最大的实际是什么？中国正处于社会主义初级阶段就是中国最大的国情实际。一切从实际出发，就是从中国社会主义初级阶段的实际出发。在邓小平同志的直接领导下，党对我国社会主义发展阶段的认识逐步深入和明确，《关于建国以来党的若干历史问题的决议》中首次提出"我国的社会主义制度还是处于初级的阶段"；十二大报告提到"我国社会主义社会还在初级发展阶段"，"物质文明还不发达"是这个阶段的根本特征；十二届六中全会进一步指出，"我国还处在社会主义的初级阶段"，这是一个"相当长的时期"。随着认识的日益深入，邓小平同志关于社会主义初级阶段的理论已经成熟。1987年8月，他明确提出，中国的社会主义"是初级阶段的社会主义"，一切都要从这个实际出发[①]。党的十三大报告根据邓小平同志的思想，系统阐述了社会主义初级阶段理论：我国社会已经是社会主义社会，我们必须坚持而不能离开社会主义；我国的社会主义还处在初级阶段，我们必须从这个实际出发而不能超越这个阶段；这是一个相当长的历史时期，是中国社会主义社会发展必须经历的一个特殊历史阶段。社会主义初级阶段理论，深刻揭示了中国特色社会主义的总依据，为制定改革开放和社会主义现代化建设的各项路线方针政策提供了理论论据，是对马克思主义社会发展阶段理论和社会主义建设理论的重大创新。

**第六，深刻把握社会主义制度同市场经济的辩证关系，创立社会主义市场经济理论，指出中国特色社会主义优越性发挥的基本途

[①] 《邓小平文选》第3卷，人民出版社1993年版，第252页。

径。提出社会主义市场经济理论是以邓小平同志为代表的中国共产党人对马克思主义理论宝库的发展创新，建立社会主义市场经济体制是中国共产党的伟大创举，这个伟大创举正是建立在社会主义市场经济理论的科学基础之上的。我国经济体制改革的根本任务，就是要建立体现社会主义制度优越性、符合中国具体国情、促进经济发展的新经济体制，关键就是要正确把握好计划与市场的关系，把社会主义制度优越性同市场经济体制的优势有机结合起来。为此，邓小平同志对计划和市场的关系作了长期深入的探索，形成了科学的理论判断：市场经济不是资本主义的专属，社会主义也可以搞市场经济。"计划多一点还是市场多一点，不是社会主义与资本主义的本质区别。计划经济不等于社会主义，资本主义也有计划；市场经济不等于资本主义，社会主义也有市场。计划和市场都是经济手段。"① 正是在这些思想的引领下，中国共产党人以极大的智慧和勇气，冲破思想观念束缚，从高度集中的计划经济体制到计划经济为主、市场调节为辅，从有计划的商品经济到国家调节市场、市场引导企业的机制，直到确定建立社会主义市场经济体制，明确了经济体制改革的基本方向，找到了发挥社会主义制度优越性的有效途径，开辟了一条在社会主义条件下更好地解放和发展生产力的崭新道路。这是邓小平同志和中国共产党人对马克思主义经济理论的重大发展，对社会主义建设道路的重大创新，对马克思主义在新的历史条件下的丰富和发展作出了重大贡献。

第七，创造性地把生产力、国家综合实力和人民利益有机结合起来，提出"三个有利于"判断标准，为衡量改革开放和各项工作是非得失提供了根本准则。在中国特色社会主义建设实践中，如何看待工作的是非得失，如何评价各项政策的实际成效，如何判断改革开放的性质，需要有明确的标准。邓小平同志针对实践中的困惑

---

① 《邓小平文选》第3卷，人民出版社1993年版，第373页。

和理论上的争论，把马克思主义的实践标准、生产力标准理论具体化，提出了"三个有利于"标准。1979年3月，他讲道：政策是否有连续性，关键是看它对不对。如果这个政策对，符合国家的利益，有利于发展生产力，有利于提高人民生活水平，人民就欢迎，谁也变不了。[1] 同年10月，他又说道："对实现四个现代化是有利还是有害，应当成为衡量一切工作的最根本的是非标准。"[2] 1980年1月，他针对我国的经济政策提出：社会主义经济政策对不对，归根到底要看生产力是否发展，人民收入是否增加。这是压倒一切的标准。[3] 1983年1月，他围绕着中国特色社会主义这个根本主题提出："各项工作都要有助于建设有中国特色的社会主义，都要以是否有助于人民的富裕幸福，是否有助于国家的兴旺发达，作为衡量做得对或不对的标准。"[4] 在这些论述中，"三个有利于"标准已经基本形成。在南方谈话中，他针对当时党内外在改革开放问题上迈不开步子、不敢闯，以及理论界对"姓资姓社"和改革开放性质的争论，系统论述了"三个有利于"标准："判断的标准，应该主要看是否有利于发展社会主义社会的生产力，是否有利于增强社会主义国家的综合国力，是否有利于提高人民的生活水平。"[5] 这个标准帮助人们从抽象的固定思维模式中跳出来，为衡量改革开放和各项工作是非得失，提供了根本指南，指明了正确方向。它把历史唯物主义的基本原理运用于中国特色社会主义建设实践，把生产力标准、国家发展标准、人民利益标准有机结合起来，进一步丰富了社会主义本质的内涵，揭示了社会主义的根本目的和中心任务，在怎样建设社会主义的探索上达到了新的高度。

---

[1] 《邓小平文选》第3卷，人民出版社1993年版，第150页。
[2] 《邓小平文选》第2卷，人民出版社1994年版，第209页。
[3] 同上书，第314页。
[4] 《邓小平文选》第3卷，人民出版社1993年版，第23页。
[5] 同上书，第372页。

概括起来说，邓小平同志把马克思主义基本原理同当代中国的具体实际和时代特征有机结合起来，科学把握和平与发展的时代主题，总结我国社会主义胜利和挫折的历史经验，借鉴其他社会主义国家兴衰成败的经验教训，立足改革开放和现代化建设实践，从思想路线、科学方法、政治路线、发展道路、发展阶段、根本任务、发展动力、外部条件、政治保证、战略步骤、领导力量和依靠力量、祖国统一等方面，科学回答了中国这样的经济文化比较落后的国家如何建设社会主义、如何巩固和发展社会主义的一系列基本问题，用新的思想、观点，继承和发展了马克思主义、毛泽东思想，创立邓小平理论这一马克思主义中国化的又一重大理论创新成果，开拓了马克思主义的新境界，把对社会主义的认识提高到新的科学水平，创建了中国特色社会主义理论体系。

三 高举中国特色社会主义伟大旗帜奋勇前进

纵观邓小平同志的一生，他对中国革命、建设和改革事业都做出了重大贡献。其中，最伟大、最重要的贡献，就是高高地举起了中国特色社会主义伟大旗帜，勇敢地开创了中国特色社会主义伟大事业。邓小平同志在领导中国特色社会主义事业的进程中，立足现实，着眼未来，实践上开拓进取，理论上深入思考，对事关中国特色社会主义发展的重大问题，作出了理论创新和政治交代，为我们留下了重要的思想政治遗产。纪念邓小平同志，学习邓小平同志，说到底就是要继承他的事业，而最为重要的就是高举中国特色社会主义伟大旗帜，坚定不移地走中国特色社会主义道路，争取中国特色社会主义新的伟大胜利。

第一，必须坚定马克思主义的理想信念。邓小平同志对马克思主义和社会主义事业有着坚定的信念，始终不渝地遵循马克思主义的科学真理。他多次强调，对马克思主义的信仰，是中国革命、建设、改革胜利的强大精神动力,马克思主义是打不倒的,马克思主义真理是颠扑不破的。面对苏东剧变、世界社会主义运动跌入低谷的情况,他毫不动摇地坚信:"世界上赞成马克思主义的人会多起来的,因为马克思主义是科学。……一些国家出现严重曲折,社会主义好像被削弱了,但人民经受锻炼,从中吸收教训,将促使社会主义向着更加健康的方向发展。因此,不要惊慌失措,不要认为马克思主义就消失了,没用了,失败了。哪有这回事!"①

第二,必须坚持解放思想、实事求是的精神。实事求是是马克思主义、毛泽东思想的精髓,也是包括邓小平理论在内的中国特色社会主义理论体系的精髓。突出强调解放思想、实事求是,是邓小平同志科学世界观和工作作风最鲜明的特征,他曾自豪地宣称自己是"实事求是派"②,认为我们取得的一切胜利是"靠实事求是"③。他强调:一个党,一个国家,一个民族,如果一切从本本出发,思想僵化,迷信盛行,那它就不能前进,它的生机就停止了,就要亡党亡国。对于马克思主义,也必须坚持解放思想、实事求是的态度,必须把马克思主义同中国实际相结合,"只有结合中国实际的马克思主义,才是我们所需要的真正的马克思主义"④。

第三,必须坚持走中国特色社会主义道路。邓小平同志始终强调,只有社会主义才能救中国,只有中国特色社会主义才能发展中国。20 世纪 80 年代末 90 年代初,面对国际国内急剧变化的形势,他明确表示,中国搞社会主义,是谁也动摇不了的,中国的改革开放是社会主义的改革开放而不是资本主义的改革开放,中国不可能也绝不会改变自己的方向和道路,"中国肯定要沿着自己选择的社会

---

① 《邓小平文选》第 3 卷,人民出版社 1993 年版,第 382—383 页。
② 同上书,第 248 页。
③ 《邓小平文选》第 2 卷,人民出版社 1993 年版,第 143 页。
④ 《邓小平文选》第 3 卷,人民出版社 1993 年版,第 213 页。

主义道路走到底"①，全党全国人民"要在建设有中国特色的社会主义道路上继续前进"②，承担起捍卫和发展中国特色社会主义的重大历史责任。

第四，必须坚持和完善中国特色社会主义制度。邓小平同志指出，依靠无产阶级专政保卫社会主义制度，这是马克思主义的一个基本观点。巩固和发展社会主义制度，需要一个很长的历史阶段，需要几代人、十几代人、甚至几十代人坚持不懈地努力奋斗。我国已经初步形成了中国特色社会主义的经济、政治和各方面的制度和体制，但是还不够完善，要用30年左右的时间，"在各方面形成一整套更加成熟、更加定型的制度"③，并使在这个制度下形成并实施的方针、政策更加定型化。制度是管根本的、管长远的。加强中国特色社会主义制度建设，使中国特色社会主义制度配套化、完善化、固定化，更好地发挥作用，是我们党在新的历史起点上的重大政治任务。

第五，必须坚持和发展中国特色社会主义理论体系。邓小平同志给我们留下了中国特色社会主义理论体系的开篇之作——邓小平理论，这是贯通哲学、政治经济学、科学社会主义等领域，涵盖经济、政治、科技、教育、文化、民族、军事、外交、统一战线、党的建设等方面系统完备的科学体系，又是需要从各方面进一步丰富发展的科学体系。他从不固守已有的理论而是反复要求，必须要创造性地运用和发展马克思主义，不断把群众实践创造的新经验提升到理论高度，推进马克思主义在中国的新发展，强调"不以新的思想、观点去继承、发展马克思主义，不是真正的马克思主义者"。④

第六，必须毫不动摇地坚持党的基本路线。党在社会主义初级

---

① 《邓小平文选》第3卷，人民出版社1993年版，第321页。
② 同上书，第383页。
③ 同上书，第372页。
④ 同上书，第292页。

阶段的基本路线,是社会主义现代化建设的根本纲领,是开创和发展中国特色社会主义的灵魂,必须毫不动摇地坚持。邓小平同志果断地指出:党的基本路线"不能改变,谁改变谁垮台"①,"谁要改变三中全会以来的路线、方针、政策,老百姓不答应,谁就会被打倒"②。他指出,在整个改革开放的过程中,必须始终注意坚持四项基本原则,四项基本原则是中国特色社会主义最根本的政治保障。他同时强调,经济建设是一切问题的中心,一定要紧紧扭住不放;改革开放胆子要大一些,大胆地试,大胆地闯;正确处理好改革发展稳定的关系,牢牢记住发展才是硬道理,改革开放是决定中国命运的一招,压倒一切的是需要稳定。

第七,必须坚持社会主义市场经济的改革方向。改革开放以来,邓小平同志坚持社会主义市场经济的改革方向,致力于探索社会主义条件下发展市场经济。在南方谈话中,他系统阐述了社会主义同市场经济的辩证关系,使得建立社会主义市场经济体制逐步得到了全党全国人民的共识。1992年6月9日,江泽民明确提出了"社会主义市场经济体制"的概念,邓小平同志对此高度赞同,明确提出要把建立社会主义市场经济体制作为十四大的主题。从那时以来,建立和完善社会主义市场经济体制始终是我国经济体制的改革方向。

第八,必须坚持共同富裕的社会主义本质要求。邓小平同志对共同富裕高度重视,把它纳入社会主义根本原则和本质要求的高度。随着中国经济社会的发展,严重影响共同富裕的两极分化问题开始出现。他在1993年明确指出,一定要认真考虑分配这个大问题,"分配的问题大得很。我们讲要防止两极分化,实际上两极分化自然出现。要利用各种手段、各种方法、各种方案来解决这些问题。……少部分人获得那么多财富,大多数人没有,这样发展下去总有一天会出问题。分配不公,会导致两极分化,到一定时候问题

---

① 《邓小平文选》第3卷,人民出版社1993年版,第324页。
② 同上书,第371页。

就会出来。这个问题要解决"。①

第九，必须认真解决好发展中产生的新问题。邓小平同志认为，中国特色社会主义事业是在实践中不断向前发展的，不发展有不发展的问题，发展起来以后的问题并不比不发展时少，随着改革开放和社会主义现代化事业的推进，问题会越来越多，越来越复杂，随时都会出现新问题。对于这些问题丝毫不能掉以轻心，解决这些问题比解决发展起来的问题还困难。必须在实践中探索解决问题的方式方法，创造新的思想理论观点，推进实践创新和理论创新，用发展的方法，利用各种手段、各种方法、各种方案来解决发展中出现的问题。

第十，必须坚持和完善党的领导。中国共产党是中国特色社会主义事业的领导核心，中国的问题关键在党，必须聚精会神地抓党的建设。针对党内存在的一些严重问题，邓小平同志认为"这个党该抓了，不抓不行了"②加强党的领导，关键的一条就是要维护中央的权威，"没有这一条，就是乱哄哄，各行其是，……中央定了措施，各地各部门就要坚决执行，不但要迅速，而且要很有力"；③对于冲击中央权威的干部决不能手软："对于不听中央、国务院的话的，处理要坚决，可以先打招呼，不行就调人换头头。"④他特别强调，执政党的党风关系到党的生死存亡，反腐败工作关系到人心向背，必须一手抓改革开放，一手抓惩治腐败，两手抓两手都要硬，对于腐败的事情"要雷厉风行地抓，要公布于众，要按照法律办事。该受惩罚的，不管是谁，一律受惩罚"⑤。

总之，邓小平同志把毕生心血和精力都献给了中国人民，他不仅为中华民族的独立和解放、为中国特色社会主义事业建立了不朽

---

① 《邓小平年谱（一九七五——一九九七）》（下），中央文献出版社 2004 年版，第 1364 页。

② 《邓小平文选》第 3 卷，人民出版社 1993 年版，第 314 页。

③ 同上书，第 277 页。

④ 同上书，第 319 页。

⑤ 同上书，第 297 页。

的功勋，而且以其光辉的实践和睿智的思考留下了丰厚的精神财富和伟大的政治遗产，长期激励和指引着全党全国各族人民。

当代中国共产党人牢记邓小平同志的嘱托，坚定不移地发展中国特色社会主义事业。以江泽民为核心的第三代中央领导集体，创立了"三个代表"重要思想，进一步回答了什么是社会主义、怎样建设社会主义的问题，创造性地回答了建设什么样的党、怎样建设党的问题，成功把中国特色社会主义推向二十一世纪。以胡锦涛为总书记的党中央，创立了科学发展观，继承和发展了马克思主义关于发展的世界观和方法论，对新形势下实现什么样的发展、怎样发展等重大问题作出了新的科学回答，把对中国特色社会主义规律的认识提高到新的水平。

党的十八大以来，以习近平为总书记的党中央，高举中国特色社会主义伟大旗帜，大力解放思想，全面深化改革，推进社会主义经济、政治、文化、社会、生态文明建设和党的建设新的伟大工程，成功地在新的历史起点上坚持和发展了中国特色社会主义，中国特色社会主义事业取得了新进展。习近平总书记围绕改革发展稳定、内政外交国防、治党治国治军等方面，发表了一系列重要讲话，提出了许多富有创见的新思想、新观点、新论断、新要求，深刻回答了新的历史条件下党和国家发展的重大理论和现实问题，丰富和发展了党的科学理论，进一步深化了对中国特色社会主义规律和马克思主义执政党建设规律的认识。我们一定要紧密团结在以习近平同志为总书记的党中央周围，认真学习和贯彻落实习近平总书记系列讲话精神，沿着邓小平同志开创的中国特色社会主义道路开拓前进，不断发展中国特色社会主义理论体系，完善中国特色社会主义制度，增强中国特色社会主义的道路自信、理论自信、制度自信，为全面建成小康社会、实现中华民族伟大复兴的中国梦而努力奋斗。

（作者单位：中国社会科学院）

邓小平政治改革思想的战略构架

周少来

中国的改革开放事业是一场全方位深入的社会革命，它广泛而深刻地推动着经济、政治、文化及人本身的全面进步和发展。作为改革开放总设计师的邓小平同志始终关注着政治体制改革，他纵观历史，以马克思主义基本原理为指导，结合当代国际、国内现实，在不同时期、不同场合多次就政治体制改革问题作出重要论述，为我国政治体制改革的推进建构了战略性的总体构架，为政治体制改革具体政策措施的制定奠立了基本原则，也为中国特色的社会主义民主、法治的政治体制的建立描绘了全局性的宏伟蓝图。

一 政治体制改革的根本目的与原则

政治体制改革的根本目的，就是在坚持社会主义根本政治制度的前提下，推进具体的行政管理体制、机构设置、人员编制、职能关系、权力配置及运转、民主和法律制度等方面进步与建设，推进社会主义政治制度的自我发展和完善。这既与社会主义根本政治制度有关，也与政治体制改革的根本目的有关。

早在改革开放之初的1980年，邓小平同志就在《党和国家领导制度的改革》这篇新时期政治体制改革的宣言和指导性文件中，论述了政治体制改革的根本目的问题。他认为"改革党和国家领导制度及其他制度，是为了充分发挥社会主义制度的优越性，加速现代化建设事业的发展"。① 其后，随着经济改革的深入发展，政治体制日益暴露出不适应经济改革的缺陷和局限，政治体制改革的必要性和紧迫性日益强烈。1987年十三大召开前夕，邓小平同志再次重申，中国的政治体制改革，不是要走西方式的民主道路，而是要通过改革有利于巩固社会主义制度，有利于巩固党的领导，有利于在党的领导和社会主义制度下发展生产力。这是马克思主义经济基础决定上层建筑，上层建筑反作用于经济基础这一基本原理在中国当代现实中的具体运用，也是符合中国人民的历史选择和根本利益的。

依据一贯坚持的政治体制改革的根本目的，邓小平同志论述了政治体制改革的目标问题，他分为两个层次来谈，首先他认为政治体制改革的总体目标有三：第一，巩固社会主义制度；第二，发展社会主义社会的生产力；第三，发扬社会主义民主，调动广大人民的积极性。这一总体目标和他一再强调的政治体制改革的根本目的本质相通和内容相似，这也是贯穿邓小平同志政治体制改革思想的主线和根本宗旨。据此，他进一步认为，调动人民群众积极性的最中心环节，还是发展生产力，提高人民的生活水平。只要生产力发展了，人民生活富裕了，人民积极性就调动起来了，社会主义国家的力量就增强了，社会主义制度就巩固了。总之，邓小平同志认为，政治体制改革是社会主义制度的自我完善和发展，其根本目的和总体目标是服务于社会主义本质，服务于发展社会主义生产力，服务于人民生活水平的提高。

在这一根本目的和总体目标的思想指导下，邓小平同志论述了我国政治体制改革的现实目标。首先是始终保持党和国家的活力，并认为这里说的活力，主要是指领导干部的年轻化。其次是克服官僚主义，真正提高工作效率。最后是调动基层和工人、农民、知识分子的积极性。他着重指出："领导层有活力，克服了官僚主义，提

---

① 《邓小平文选（一九七五——一九八二年）》，人民出版社1983年版，第282页。

高了效率,调动了基层和人民的积极性,四个现代化才真正有希望。"① 这是邓小平同志关于政治体制改革现实目标的明确表述,也为我国政治体制改革的推进提供了具体指导思想。

关于政治体制改革,邓小平同志虽然在 1980 年就提出来了,但没有具体化,政治实践上也没有大的举措和行动。随着经济体制改革的深化,邓小平同志在 1986 年就清醒地意识到"不搞政治体制改革不能适应形势。改革,应该包括政治体制的改革,而且应该把它作为改革向前推进的一个标志"②。并进一步强调指出:政治体制改革同经济体制改革应该相互依赖,相互配合。只搞经济体制改革,不搞政治体制改革,经济体制改革也搞不通,因为首先遇到人的障碍。"我们所有的改革最终能不能成功,还是决定于政治体制的改革。"③ 这是邓小平同志对政治体制改革的必要性和紧迫性的深刻论述。

但是,在社会主义初级阶段现实国情下的中国,政治体制改革怎样进行?是不是讲政治体制就是要实行西方式的自由民主?政治体制改革有没有一个前提和条件?这就是政治体制改革和坚持四项基本原则的关系问题,也即政治体制改革必须坚持的原则问题。

与政治体制改革的根本目的相一致,邓小平同志坚持认为,"改革党和国家的领导制度,不是要削弱党的领导,涣散党的纪律,而正是为了坚持和加强党的领导,坚持和加强党的纪律"④。这就说明,政治体制改革是社会主义根本政治制度在具体操作层次上的自我完善和自我发展,是在坚持社会主义根本政治制度的前提下进行的,这就要求在整个政治体制改革过程中,都必须旗帜鲜明地坚持

---

① 《邓小平文选》第 3 卷,人民出版社 1993 年版,第 180 页。
② 同上书,第 160 页。
③ 同上书,第 164 页。
④ 《邓小平文选(一九七五——一九八二年)》,人民出版社 1983 年版,第 300 页。

四项基本原则,这是建设有中国特色社会主义现代化事业成功的根本政治保证,也是中国人民的历史选择。在中国这样一个历史悠久、人口众多、国情复杂的超大型社会,进行政治体制改革这种浩繁、敏感的系统工程,每一个改革举措都要触及千家万户亿万人的利益,都要影响改革的整体推进,所以中国的政治体制改革必须是坚持社会主义道路的改革,坚持共产党领导的改革,是在中国共产党领导下有步骤有秩序地进行,不是狂热地照搬资本主义国家的那一套,也不是任意地搞资产阶级自由民主化,更不是乱哄哄地重演"文化大革命"式的"大民主"。我们的改革必须服务于经济建设这个中心,必须服务于巩固社会主义这个根本目的,这是政治体制改革中必须明确和坚持的原则性问题。

邓小平同志在1989年10月31日同美国前总统尼克松的谈话中再次强调和告诫:中国的政治体制改革是有前提的,这就是必须坚持四项基本原则,这是丝毫不能动摇的根本原则。

二 如何协调改革、发展和稳定的关系

中国的政治体制改革是服务于巩固社会主义这个根本目的,服务于经济建设这个中心,服务于中国富强发展这个最高宗旨的,是在坚持四项基本原则的基础上有领导、有秩序地进行的,这就必须在一个安定团结的政治局势和稳定的社会环境下进行。

邓小平在1979年的《坚持四项基本原则》的讲话中,就明确强调:"在坚决发扬民主的同时大力稳定社会秩序,加强社会主义法制,确保安定团结。"① 以后邓小平同志又多次强调维护政治稳定、社会安定的重要性,1985年他重申:"总之,一个目标,就是要有一个安定的政治环境,不安定,政治动乱,就不可能从事社会主义

---

① 《邓小平文选(一九七五——一九八二年)》,人民出版社1983年版,第148页。

建设，一切都谈不上。治理国家，这是一个大道理，要管许多小道理，那些小道理或许有道理，但是没有这个大道理就不行。"① 1987年邓小平同志在会见喀麦隆总统比亚时谈到怎样评价一个国家的政治体制问题时，依据马克思主义政治学基本原理，创造性地提出评价一个国家政治体制、政治结构和政策是否正确，关键看三条：第一是看国家政局是否稳定；第二是看能否增进人民的团结，改善人民的生活；第三是看生产力能否得到持续发展。这里他把国家政局的稳定看成是评价一个国家政治体制成败得失的首要标准。这同样也可看成是评价我国政治体制改革成败得失的首要标准。

以后邓小平同志又把这一思想加以强调和引申，认为我们主张的稳定是两个稳定，一个是政局稳定，一个是政策稳定，这样就可以避免出现大的动乱、动荡及反复无常、民心不稳。这样，中国建设事业才能有领导、有秩序和坚持不断地进行。1989年2月鉴于当时国际、国内形势，邓小平同志在会见美国总统布什时强调：中国的问题，压倒一切的是需要保持稳定。没有稳定的环境，乱哄哄的各行其是，什么都搞不成，改革开放、社会发展都无从谈起，就是已经取得的成果也会丧失掉。并重申我国政治体制改革的目标是建设有中国特色的社会主义民主政治，但改革发展的基础和前提是国家必须保持稳定。1989年10月在会见美国前总统尼克松时，邓小平同志再次强调："我们不能容忍动乱……目的就是要稳定，稳定才能搞建设。道理很简单：中国人这么多，底子这么薄，没有安定团结的政治环境，没有稳定的社会秩序，什么事也干不成。稳定压倒一切。"②

邓小平同志还看到，改革开放是多层次、全方位的系统工程，不免出问题，总会有风险，要讲究稳定，但稳定变成停滞不前就变成坏事，经济发展就要落后，人民就有不满和意见，就不可能真正

---

① 《邓小平文选》第3卷，人民出版社1993年版，第124页。
② 同上书，第331页。

地和持久地稳定。在当前国际国内形势对改革、发展有利条件下，我们应该抓住时机、抓住机遇，发展自己。不坚持社会主义，不改革开放，不发展经济，不改善人民生活，就不可能真正稳定，只能是死路一条。中国要走向现代化，只靠稳定的政治环境、只靠加强思想政治工作，这些都不够，最根本的保证还是改革开放，还是社会发展，发展才是硬道理。只有经过改革开放，经济发展了，人民生活富裕了，人民看到稳定带来的实在好处，看到现行制度、政策的好处，这样才能真正持久地稳定下去。所以，我们在强调稳定压倒一切的时候，只是在强调一个改革、发展的最基础的前提条件，但是稳定不能自发带来现代化，低速度就等于停步，甚至等于后退。从长远来看，改革的步伐不能太慢。最关键、最根本的东西只能是改革开放和社会发展，是不断深化全面的改革开放，是步伐更大更快的社会发展。

总之，在中国整个现代化建设事业过程中，要正确认识和处理改革、发展和稳定的关系，发展是目的、是根本，改革是动力、是重心，稳定是保证、是前提。我们要在坚定不移地深化改革的过程中，促进经济、社会全面发展，强化政治安定和社会稳定的基础，同时以发展支持改革、以稳定保障改革。也只有深化改革，促进发展，才能从根本上、大局上实现和保证社会的稳定和国家长治久安。这要求我们在当前社会稳定、经济发展的有利条件下切实深入地推进政治体制的改革。

三　如何合理配置政治权力

社会主义中国的根本政治制度，决定了政党和政府，国家机构之间，中央和地方的权力关系不是西方式的权力分配关系，而是在坚持"议行合一"政治原则下，合理分工、有效配置，更有效地实现国家内外职能的关系。改革开放以来，邓小平同志始终关注着这方面的问题。

坚持中国共产党的领导，这是中国人民从自身的切身体验中做出的历史选择，是中国革命和社会主义建设事业取得成功的根本保证。但是，由于中国共产党成立之后长期处于战争的艰苦环境，加之新中国成立后社会主义建设又采取苏联式的高度集中的计划管理体制，这就造成政治权力高度集中、党包揽一切、管理一切的现象。这对于管理关系日益复杂的现代社会和改革开放进程都十分不利，造成了严重的束缚和障碍。

邓小平同志最早在《党和国家领导制度的改革》中提出了解决党政不分，以党代政，党政职责不明等关于党、政权力配置的问题。他认为中央一部分主要领导同志不兼任政府职务，可以集中精力管党，管路线、方针、政策。这样做，既有利于加强和改善中央的统一领导，有利于建立各级政府自上而下的强有力的工作系统，管好政府职权范围的工作。

1986年6月邓小平同志在《在全体人民中树立法制观念》的讲话中指出，纠正不正之风，打击犯罪活动中属于法律范围的问题，要用法制来解决，由党直接管理不合适。"党要管党内纪律的问题，法律范围的问题应该由国家和政府管。党干预太多，不利于在全体人民中树立法制观念。"[1] 并认为，我们要坚持党的领导，这是不能动摇的。党要善于领导，就不能对政府工作干预太多，这应该从中央做起。这样做不但不会削弱党的领导。反之，党对政府干预太多，搞不好倒会削弱党的领导。

1986年9月至11月邓小平同志在关于政治体制改革的几次谈话中，谈到改革的内容时，认为首先要党政分开，解决党如何善于领导的问题，并认为这是政治体制改革的关键，要放在第一位。还认为，官僚主义严重，政府机构工作效率不高同机构臃肿、人浮于事、

---

[1] 《邓小平文选》第3卷，人民出版社1993年版，第163页。

作风拖拉有关，但更主要的是涉及党政不分，在很多事情上党代替了政府工作，党和政府很多机构重复重叠。他再次强调我们要坚持党的领导，不能放弃这一条，但是要正确处理好党和政府的权力配置关系，要加强和改善党的领导。

我国过去高度集中的计划管理体制不但管理着经济的运转，而且管理着政治生活、社会生活的方方面面，随之而来的是权力的高度集中，集中于中央，集中于党内，而又往往是集中于党内领袖一人之身。邓小平认为，"权力过分集中，妨碍社会主义民主制度和党的民主集中制的实行，妨碍社会主义建设的发展，妨碍集体智慧的发挥，容易造成个人专断，破坏集体领导，也是在新的条件下产生官僚主义的一个重要原因"①。并认为，过去之所以造成权力过分集中的现象，是因为在加强党的一元化领导的口号下，不适当地、不加分析地把一切权力集中于党委，党委的权力又往往集中于几个书记，特别是集中于第一书记手中，什么事情都要第一书记领导拍板。这样党的一元化领导，往往因此变成了个人领导，造成权力集中于个人手里，多数人无权参与决定，而少数有权决定的人又因负担过重而不能很好决策，这样必然造成官僚主义，必然造成独断专行，必然损害各级党和政府的民主生活、集体领导、民主集中制、个人分工负责制等等。并认为这种现象的根源同我国历史上封建专制主义的影响有关，也同共产国际时期实行的各国党的工作中领导者个人高度集权的传统有关。并指出我们党的历史上多次过分强调党的集中统一领导，过分强调反对分散主义、闹独立性，很少强调必要的分权和自主权，很少反对一个人过分集权。

这时邓小平同志主要关注的问题还是组织内部个人和集体之间的职权配置关系，他是从自己的亲身经历和我党历史的经验教训出发，极力反对个人高度集权的。同时他也提到中央和地方之间的分

---

① 《邓小平文选（一九七五——一九八二年）》，人民出版社1983年版，第281页。

权,他认为过去历史上的几次分权,每次都没有涉及党同政府、经济组织、群众团体等等之间如何划分职权范围的问题。并认为权力过分集中的问题,在我党的历史上长期没有足够的认识,成为发生"文化大革命"的一个重要原因,现在这种状况越来越不能适应社会主义事业的发展,到了再也不能不解决的时候了。

1986年9月邓小平同志谈到关于政治体制改革的内容问题时,把权力下放作为政治体制改革的第二个主要内容,并着重提出解决中央和地方的权力配置关系,并认为只有下放权力,才能调动各级政府和广大工人、农民、知识分子的积极性、创造性,才能进一步发展和完善社会主义民主。

但是随着改革开放的全面深化、市场经济的不断发展,社会各集团、各阶层利益的不断分化和复杂,国家加强宏观管理和调控的职能要求不断增强,邓小平同志明确地认识到在下放权力调动地方积极性的同时,必须加强中央的权威,宏观管理的权力必须集中在中央,而且必须管理得力。1988年他在《中央要有权威》的谈话中指出,改革要成功,就必须在中央的统一领导下有秩序地进行。放权是为了增强活力,调动积极性,但不能各行其是,各自为政,"你有政策我有对策"。为此,党中央、国务院必须具有权威,必须加强宏观管理,宏观调控,但不是过去那种高度集权的直接计划管理,而是在地方、企业享有自主权和市场经济充分运行基础上的宏观管理,是综合运用财政、金融、产业等政策及法律、行政手段以间接调控为主的宏观管理,是在有关国计民生、社会发展方向等原则性大问题上加强管理,加强中央权威。这充分体现了邓小平同志在中央和地方权力配置关系问题上的辩证思想。

四 民主与法制建设更为根本

民主和法制问题,是政治理论与政治实践中的根本问题,民主程度和法律建设是政治体制改革深入发展与成败得失的标志。邓小平同志在《党和国家领导制度的改革》中就要求，政治上应该充分发扬人民民主，保证全体人民真正享有通过各种有效形式管理国家、特别是管理基层地方政权和各项企业、事业的权力，保障各项公民权利的实现、健全社会主义法制、充分调动人民群众的积极性。并深刻指出，旧中国留给我们的封建专制传统比较多，民主法制传统少。新中国成立后，我们也没有自觉地、系统地建立保障人民民主权利的各项制度，法制很不完备，而且长期不受重视。并指出过去我们发生的各种失误，固然与某些领导人的思想、作风有关，但更为根本、更为重要的是组织制度、工作制度、法制建设方面的问题。"这些方面的制度好可以使坏人无法任意横行，制度不好可以使好人无法充分做好事，甚至会走向反面。"① 这时邓小平同志主要是针对"文化大革命"的历史及其残余强调加强民主制度、组织制度及法律制度，并认为制度建设是更带有根本性、全局性、稳定性和长期性的问题。

邓小平认为，中国的民主政治只能是逐步地发展，不能照搬西方那一套，我们的社会主义民主与法制建设，必须在安定团结的条件下有领导、有秩序地进行。1987 年 3 月，邓小平指出，我们搞改革开放的同时，还必须使人民有更多的民主权利，特别是要给基层、企业、乡村中的农民和其他居民以更多的自主权，并认为把权力下放给基层和人民，调动人民的积极性就是最大的民主。我们搞社会主义民主建设，这就是一个重要内容。并强调指出，在发扬社会主义民主的同时，必须加强社会主义法制，做到既能调动人民的积极性，又能保证我们有领导有秩序地进行社会主义建设。民主与法制，必须相互协调、配套推进。1987 年 6 月在会见美国前总统卡特时，邓小平重申，政治体制改革包括民主和法制，我们的民主和法制是

---

① 《邓小平文选（一九七五——一九八二年）》，人民出版社 1983 年版，第 293 页。

相关联的，人们往往把民主同美国联系起来，认为美国的制度是最理想的民主制度，这种看法是不正确的。资本主义社会讲的民主是资产阶级的民主，实际上是垄断资本的民主，无非是多党竞选、三权鼎立、两院制，中国的根本制度是人民代表大会制度，是共产党领导下的人民民主制度。中国要建设社会主义民主，必须根据中国的实践、中国的国情来决定改革的内容和步骤。

中国的主要目标是发展，是摆脱落后，使国家的力量增强起来，使人民的生活水平得到改善，而这一切都必须有一个安定团结的政治环境。所以我们的民主建设、法制建设都必须围绕经济建设这个中心，服务于现代化事业这个大局。

五 坚决反对官僚主义和惩治腐败

官僚主义和腐败现象是邓小平同志一向深恶痛绝与坚决反对的，在《党和国家领导制度的改革》中，邓小平同志郑重告诫全党，在党和国家现行一些具体制度中，还存在不少弊端，妨碍甚至严重妨碍社会主义优越性的发挥，如不认真改革，就很难适应现代化建设的迫切需要，我们就要严重地脱离广大群众。并指出主要弊端就是官僚主义现象，权力过分集中现象，家长制现象，干部领导职务终身制和形形色色的特权现象。

邓小平指出，官僚主义是我们政治生活中广泛存在的一个大问题。它的主要表现和危害是：滥用权力，脱离实际，脱离群众，思想僵化，机构臃肿，人浮于事，不讲效率，不负责任，互相推诿，压制民主，徇私行贿，贪赃枉法等。这里邓小平同志把腐败现象作为官僚主义的一种表现进行研究，并严重警告全党，官僚主义已到了令人无法容忍的地步。

邓小平同志系统地分析了官僚主义产生的根源。一方面，官僚主义是一种长期存在的、复杂的历史现象。我们现在的官僚主义同我们长期认为社会主义制度的计划管理体制必须对经济、政治、文化、社会都实行中央高度集权的管理体制有密切关系。我们的各级领导机关，都管了很多不该管、管不好、管不了的事。而这些事情让地方基层组织自主管理本来可以办得很好。邓小平同志切中要害地指出，这是我们目前所特有的官僚主义的一个总病根；另一方面，我们的各级管理机构长期缺少严格的行政法规和个人负责制，缺少对于每个机关乃至每个人的职责权限的严格明确的规定，无章可循，还有干部缺少正常的录用、奖惩、退休、退职、淘汰制度。这些情况必然促成官僚主义的发作和蔓延。从官僚主义的危害及病根的诊断中，邓小平同志正确地指出，要根除官僚主义，必须从根本上改革这些制度。思想作风问题固然是一个因素，但制度问题更为根本更为重要，不解决制度问题，各项工作都不可能有效前进。这是邓小平同志用政治体制改革来根除官僚主义、腐败现象的重要思想，而我国公务员制度的实施，正是克服官僚主义、反对腐败现象、提高行政效率的重大举措。

随着改革开放的全方位深化，各种以权谋私、贪污受贿等腐败现象滋生和蔓延，并时有泛滥之势，造成党风、社会风气的败坏和民心的不稳。鉴于此，邓小平同志着重强调了惩治腐败的问题。他坚持1982年就提出的搞现代化建设要有两手的一贯思想，一手抓改革开放，一手抓打击犯罪。而打击犯罪和腐败现象一是靠教育，二是靠法律，要依法处理，加强法制观念。并着重指出：惩治腐败，要抓大案要案，透明度要高，处理要坚决迅速，雷厉风行，要公布于众，要按照法律办事。高层领导的腐败现象要更为重视，要依照法律处理，以取信于民。在整个改革开放和现代化建设事业过程中，都要坚持一手抓改革开放，一手抓住惩治腐败，两手要结合起来，两手都要硬，对大案要案更不能手软，要追查到底。而且惩治腐败不能一时紧、一时松，要依靠制度、法制作长期不懈的坚决斗争。

邓小平政治体制改革思想的总体构架，是从当代中国现实国情出发，运用马克思主义基本原理和政治学说解决当代中国实际问题的典范，它不仅在马克思主义政治学说的发展中具有重大的理论意义，也为中国全面现代化的推进和政治改革的实施提供了根本性的指导，必将在改革开放的全面深化和中国现代化事业全面发展的征程中，发挥历史性的重大现实意义。

（作者单位：中国社会科学院政治学研究所）

大胆启动与稳健推进：邓小平与 80年代中国政治体制改革

左玉河

作为中国改革开放的总设计师，邓小平针对中国政治制度存在的弊端，大胆启动并稳健推进了20世纪80年代的政治体制改革。他对政治体制改革的必要性、意义、方向、政策、目标、基本原则和实施步骤等问题作了深刻阐述，着力从制度入手解决根本问题，采取了诸如党政分开、下放权力、精简机构、健全集体领导制度、废除干部终身制、实行差额选举制等一系列有效措施，推进了中国政治体制改革的进程，为中国特色社会主义制度的完善提供了宝贵经验。

一 政治体制改革的启动

中共十一届三中全会后，邓小平为代表的第二代领导集体对中国政治制度作了深刻反思，认识到长期建立起来的高度集权的政治体制存在着很多弊端。其主要表现为：没有把党内民主和人民民主制度化、法律化，缺乏人民当家作主的必要形式，人民对于滥用权力的现象无可奈何；集中与民主的关系没有处理好，中央高度集权日益膨胀，权力过分集中于个人；党政不分，以党代政，政党国家化；重政策领导轻依法办事，重人治轻法治。正如邓小平指出的那样："旧的一套，经过几十年的试验不成功。过去搬弄外国的模式，再加上我们的一些错误，阻碍了生产力的发展，导致了思想上的僵化；并且妨碍了人民和基层发挥积极性。"① 因此，"我们要在大幅度提高社会生产力的同时，改革和完善社会主义经济制度和政治制度，发展高度的社会主义民主和完备的社会主义法制"②。他明确强调，"我们要改善党的领导，除了改善党的组织状况以外，还要改善党的领导工作状况，改善党的领导制度"③。

1980年8月18日，中央政治局扩大会议集中讨论了党和国家领导体制的改革问题。邓小平在题为《党和国家领导制度的改革》的讲话中，对政治体制改革的必要性、意义、方向、方针、政策、内容和步骤等一系列问题作了深刻论述。他明确提出，"党和国家现行的一些具体制度中，还存在不少的弊端，妨碍甚至严重妨碍社会主义优越性的发挥"④。"如果不坚决改革现行制度中的弊端，过去出现过的一些严重问题今后就有可能重新出现。只有对这些弊端进行有计划、有步骤而又坚决彻底的改革，人民才会信任我们的领导，才会信任党和社会主义，我们的事业才有无限的希望。"⑤

长期以来，人们把政治体制、领导体制这些政治制度外在表现形式的东西，等同于社会主义根本制度。因而，通常把政治实践的信息反馈中触及体制问题的批评或意见，看作对社会主义制度的否定，并当作阶级斗争的反映进行错误的批判。但实践表明，单靠思想作风建设，既不可能从根本上克服那些弊病，也不可能真正扩大党和国家的民主生活。针对这个问题，邓小平指出："我们过去发生的各种错误，固然与某些领导人的思想、作风有关，但是组织制度、工作制度方面的问题更重要。"与人的思想因素相比，"领导制度、组织制度问题更带有根本性、全局性、稳定性和长期性。这种制度

---

① 《人民日报》1987年6月13日第1版。
② 《三中全会以来重要文献选编》上册，人民出版社1982年版，第264页。
③ 《邓小平文选》第2卷，人民出版社1994年版，第269页。
④ 同上书，第327页。
⑤ 同上书，第333页。

问题，关系到党和国家是否改变颜色，必须引起全党的高度重视"①。只有通过改革领导体制，把民主制度化，才能切实推进党和国家政治生活的民主化、经济管理的民主化和整个社会生活的民主化。

邓小平分析了党和国家领导制度、干部制度存在的主要弊端，即官僚主义、权力过分集中、家长制、干部领导职务终身制和形形色色的特权现象。他指出，这些弊端多少都带有某些封建主义的色彩，因此必须重新提出在思想政治战线肃清封建主义残余影响的任务。肃清封建主义残余影响，重点是切实改革和完善党和国家的各项制度。为此，他指出国务院领导成员的变动，将是五届人大三次会议的主要议题之一。中央的正式建议将提交人大会议和政协会议讨论决定。中央做这样考虑的原因是：（1）权力不宜过分集中；（2）兼职、副职不宜过多；（3）着手解决党政不分、以党代政的问题；（4）从长远着想，解决好交接班的问题。②

邓小平的这个讲话，是党和国家领导制度改革的纲领，也是指导中国政治体制改革的纲领性文献。随后，邓小平在一些讲话和谈话中多次谈到政治体制改革问题，把精简机构改革提高到"一场革命"的高度，并领导进行了一次以精简机构和干部年轻化为主要内容的政府机构改革。1982年召开的中共十二大指出："我们一定要按照民主集中制的原则，继续改革和完善国家的政治体制和领导体制，使人民能够更好地行使国家权力，使国家机关能够更有效地领导和组织社会主义建设。"③ 同年通过的《中华人民共和国宪法》，将这些政治体制改革的初步成果，用法律形式固定下来。这样，在邓小平的积极推动下，新时期的政治体制改革正式启动并逐渐展开。

---

① 《邓小平文选》第2卷，人民出版社1994年版，第333页。
② 同上书，第321页。
③ 《中国共产党第十二次全国代表大会文件汇编》，人民出版社1982年版，第36—37页。

二　从制度入手根本解决问题

在较长时间内，中共党内实行民主集中制原则，坚持集体领导。这样的领导方式既保障了党和国家领导机制的有效、平稳的运转，又能够集思广益，发挥领导者的聪明才智，所以对促进社会主义革命和建设起了重大作用。但在毛泽东晚年，集体领导制度遭到破坏，爆发了像"文化大革命"那样的悲剧。对此，邓小平深有体会。1980年8月21日，他在回答意大利著名女记者法拉奇的问题时说："毛主席后期有些不健康的思想，就是说，有家长制这些封建主义性质的东西。他不容易听进不同的意见。毛主席批评的事不能说都是不对的。但有不少正确的意见，不仅是我的，其他同志的在内，他不大听得进了。民主集中制被破坏了，集体领导被破坏了。"[①]

在总结"文化大革命"的教训和评价毛泽东晚年的功过时，邓小平得出精辟结论："制度是决定的因素。"他明确指出："我们过去发生的各种错误，固然与某些领导人的思想、作风有关，但是组织制度、工作制度方面的问题更重要。这些方面的制度好可以使坏人无法任意横行，制度不好可以使好人无法充分做好事，甚至会走向反面。"[②] 邓小平看到了中国政治问题的症结所在：问题就出在政治体制上。把"文化大革命"悲剧归咎于"不好的制度"，不仅顺利解决了"总结过去"，而且足以引出对政治体制改革的新思路来。

邓小平政治体制改革的思路，首先是从改变现行不合理的政治和组织制度开始的。1980年，邓小平在分析中国政治现状时已认识到：政治生活中出现的主要弊端，其根子无一不在制度方面。要么是制度不好，要么没有好的制度，或者有了好的制度而不健全，要么有了健全的制度而又没有很好地贯彻执行。如领导干部的家长制

[①] 《邓小平文选》第2卷，人民出版社1994年版，第347—348页。
[②] 同上书，第333页。

和领导职务终身制，虽然没有明文规定，但事实上存在着这样两种不合理的制度。官僚主义和干部特权，过去只看作思想作风问题，邓小平则断定：最重要的是制度问题，特权不就是超出法律和制度之外的权利吗？为什么西方许多国家不存在如此严重的官僚主义呢？

从思想作风上解决问题只是治标，从制度上解决问题才是治本，因为制度问题是根本性、全局性、长期性的问题。所以，邓小平断言：如果不坚决改革现行制度中的弊端，过去出现过的一些严重问题今后就有可能重新出现，以致无法回答人们的疑问：为什么资本主义制度所能解决的一些问题，社会主义制度反而不能解决呢？

邓小平要从制度上根本解决问题的思路，与毛泽东从思想作风上解决问题的思路是有很大差别的。邓小平根据自己几十年政治生涯的经验和对现行中国政治状况的透彻分析，明确反对用政治运动和革命大批判的方法来解决制度和思想上的问题。用政治运动和大批判方法来解决，必然要伤害一部分人，人们忙于搞运动，不可能安心搞建设，历史经验已一再证明：用大搞群众运动的方法来解决现行制度的改革和建立新制度，从来都不会成功，制度上的弊病只能依靠对制度的改革来医治。

经过深思熟虑之后，邓小平在1980年8月18日把他的从制度上解决问题的思想公之于众了。这就是他在中央政治局扩大会议上作的著名讲话——《党和国家领导制度的改革》。邓小平在这篇讲话中对中国的政治机构状况作了系统分析，指出了五大弊端：一是党和国家政治生活中广泛存在，在国内事务和国际交往中均已达到令人无法容忍地步的官僚主义现象；二是个人决定重大问题，个人崇拜，个人凌驾于组织之上，而组织则成为个人的家长制作风；三是权力过分集中，一切权力又都集中于党委，党委的权力又集中于少数人甚至一个人，上面对下面管得过多，笼得太死；四是领导职务实际存在的终身制；五是形形色色的干部特权现象。他认为，这些弊端多少都带有封建主义色彩，而澄清封建主义影响的重点措施就是要切实改革并完善党和国家的各项制度,从制度上保证党和国家政治生活的民主化、经济管理的民主化,整个社会生活的民主化。

邓小平提出了将社会主义民主制度化、法律化的任务。他指出,"为了保障人民民主,必须加强法制。必须使民主制度化、法律化"。① 只有使民主制度化、法律化,才能使民主有所依托,有所保障,才能使民主思想真正深入持久,才能使民主扩展到社会生活的各个方面。邓小平指出:"民主化和现代化一样,也要一步一步地前进。社会主义愈发展,民主也愈发展。"② 他说:"实现民主和法制,同实现四个现代化一样,不能用大跃进的做法,不能用'大鸣大放'做法。就是说,一定要有步骤,有领导。否则,只能助长动乱,只能妨碍四个现代化,也只能妨碍民主和法制。'四大',即大鸣、大放、大字报、大辩论,这是载在宪法上的。现在把历史的经验总结一下,不能不承认,这个'四大'的做法,作为一个整体来看,从来没有产生积极的作用。应该让群众有充分的权利和机会,表达他们对领导的负责的批评和积极的建议,但是'大鸣大放'这些做法显然不适宜于达到这个目的。因此,宪法有关'四大'的条文,根据长期实践,根据大多数干部和群众的意见,党中央准备提请人大常委会和全国人大审议,把它取消。"③ 在他看来,中国社会主义民主制度是与社会主义法制建设密切相关的,是受法律制度限定和保护的民主。

随后,邓小平为核心的第二代领导集体,果断地采取了几项重大措施改革政治体制:废除党的主席一职,设立中央书记处;解决中央领导兼职、副职过多问题;设立中央纪律检查委员会和顾问委员会;建立干部离退休制度等。

---

① 《邓小平文选》第2卷,人民出版社1994年版,第146页。
② 同上书,第168页。
③ 同上书,第257页。

三 "党政分开"与"权力下放"

在确立政治体制改革目标的同时，邓小平一直在探寻政治体制改革的切入点。他在听取中央财经领导小组汇报时提出：政治体制"改革的内容，首先是党政要分开，解决党如何善于领导的问题。这是关键，要放在第一位。第二个内容是权力要下放，解决中央和地方的关系，同时地方各级也都有一个权力下放问题。第三个内容是精简机构，这和权力下放有关"①。在他看来，既然权力过分集中是政治体制的主要弊端之一，也是经济体制改革的主要障碍之一，那么政治体制改革的突破口，就必然是党政分开、权力下放。

邓小平认为：党政不分、政企不分是中国政治体制的重大弊端，并且是其他各种弊端的总根源。一方面，党的机关不适当地集中了国家行政、司法以及其他组织的职权，造成了党的机关专权局面，"往往因此变成个人领导"而形成个人集权；另一方面，党的机关不适当地集中了立法、行政、司法权力，不利于各级国家权力机关、政府行政和司法部门自主地行使宪法赋予它们的职权，不利于各级政府建立行使职权的行政法规体系和依法行政的工作制度，而且造成了国家行政机关在国家宪法和法律制度以外服从于党的机关以及党的机关变成一个超级权力机关，必然使国家机关难以从事有效的工作。正因如此，中国政治体制改革的关键首先是改革党的领导体制，实行党政分开。

邓小平及时抓住新时期"党政不分"和"以党代政"这个根本问题，作为政治体制改革的突破口。他提出的具体办法是："中央一部分主要领导同志不兼任政府职务，可以集中精力管党，管路线、

---

① 《邓小平文选》第3卷，人民出版社1993年版，第177页。

方针、政策。这样做，有利于加强和改善中央的统一领导，有利于建立各级政府自上而下的强有力的工作系统，管好政府职权范围的工作。"①他主张："今后凡属政府职权范围内的工作，都由国务院和地方各级政府讨论、决定和发布文件，不再由党中央和地方各级党委发指示、作决定"，以便"真正建立从国务院到地方各级政府从上到下的强有力的工作系统"②。

党为什么不能包办一切？为什么不能代替政府职权？这主要是因为：党和政府各有自己性质不同的运作程序和特点，外行不能领导内行。在一次党的干部会议上，邓小平直截了当地问道：共产党员中具有专业知识的人究竟有多少？特别是我们的领导干部中具有专业知识的有多少？据1982年国家统计局人口普查推算，近2200万干部中，大专程度占21%，高中占42%，高层领导中至少有一半文化水平偏低，广大中下层领导干部就更低。那么，到了党员干部的专业知识提高了，便可以代替全部政府吗？邓小平果断地回答：党员就是具有了专业知识，党也不能够代替一切，包办一切，现在尤其不能这样。因为党和政府毕竟各有各的职权范围。

党政关系怎样摆，完全取决于党。邓小平在"党政分开"上采取了一些组织体制上的措施，逐步地明确"党政"的职权范围。如从中央开始，党的主要干部不在政府中兼职；各级党委不设管政府工作的专职书记；撤销政府部门中的党组；撤销党委机构中与政府机构对口的经济管理部门；法律范围的事应由国家和政府来管。中共十二大通过的新党章规定：党必须在宪法和法律的范围内活动。中共十三大新组成的中央政治局第一次会议，制定了政治局、书记处、政治局常委的工作规则；第七届全国人大新选出的国务院在第一次全体会议上，也通过了国务院的工作规则。这两方面的工作规则，明确了党的中央机构和中央人民政府各自的职能、工作范围和

---

① 《邓小平文选》第2卷，人民出版社1994年版，第321页。
② 同上书，第339页。

工作方式，为使党和国家高层领导机构的关系按照"职能分开"的要求形成合理的格局和走向制度化，提供了新的条件。各省、市、自治区的党政领导机构按十三大党政职能分开的规定，相继制定了一些规则，并在具体的组织形式和工作方式上进行了一系列改革，原来党委下设的与政府重叠"对口"的职能部门和政府部门中所设的党组陆续撤销，各级政府的行政首长负责制有所加强。各级党委与人大及其常委会的关系也有所调整，党委直接干预人大工作的现象有所减少，宪法赋予人大及其常委会的各项职权开始落实。在基层单位，普遍实行党委领导下的厂长负责制、校长负责制或军队首长负责制，党委只管大的政治问题和原则问题。工厂里的生产、行政革命的管理工作，由厂长负责统一指挥，学校中教学、科研和行政事务，则由校长统一管理，党委不过多干预，处于政治的监督地位。

"党政分开"后，表面上是限制了党干预日常的政府工作和经济事务，是削弱了党的权力，即分割了党权，而实际上并非如此。党的领导并未因此而削弱。相反，由于党摆脱了日常事务的纠缠，更有精力考虑从思想上、原则上加强和改善党的领导问题，同时，党通过自己影响力始终保持着对政府的领导作用。党的主张通过法定程序变成国家意志和政府法令，然后，党通过政治思想、党员在群众中的模范带头作用保证其实行。这的确是一种比较高明的领导方法和行之有效的领导手段。

如果说"党政分开"是横向分权的话，权力下放则是纵向分权。权力过分集中，妨碍了社会主义民主制度和党的民主集中制的实施，妨碍了集体智慧的发挥，容易造成个人专断，破坏集体领导。邓小平认为，这是产生官僚主义的一个重要原因。权力过分集中，一方面造成"领导机关管了许多不该管、管不好、管不了的事，陷于事务主义而不能自拔"；另一方面，使"基层缺乏自主权，人民群众的积极性难以充分调动"。邓小平指出："权力要下放，解决中央和地方的关系，同时地方各级也都有一个权力下放问题。"① 他强调说："农村改革是权力下放，城市经济体制改革也要权力下放，下放给企业，下放给基层，同时广泛调动工人和知识分子的积极性，让他们参与管理，实现管理民主化。"②

邓小平"权力下放"的总原则是：凡是适宜于下面办的事情，都由下面决定和执行。地方的事情地方管，中央的责任只是提出大政方针和进行监督；经营管理权下放到企事业单位，各单位的事各单位自己管，政府的责任只是按照法规政策服务企业并进行监督；群众的事情由群众团体的基层自治组织依法自己去办。下放权力，是理顺中央政府与地方政府的关系、政府与基层企业的关系关键。在保证中央政令统一的前提下，划清中央和地方的职权范围，实行凡适宜地方办的事情都由地方去决定和执行的原则，中央不具体干预。政府机构以主要职能由直接管理向间接管理转变为关键，使政府机构能逐步通过法律、法令和经济杠杆来调节控制宏观经济生活。

"党政分开"是解决权力过于集中的有效措施，它基本上从横向上解决了同级机关中权力集中的弊端。而权力下放，则无疑是从纵向上解决权力过分集中于中央的弊端的措施。通过横向的"党政分开"及纵向的"权力下放"，邓小平初步解决了权力过于集中的弊端，调动了各级政府和地方干部群众的积极性。

四 健全集体领导制度与废除干部终身制

邓小平认真总结了毛泽东晚年党的集体领导遭受破坏的教训，坚持恢复和完善党的集体领导制度。他总结说："教训之一就是把党的一元化领导搞成了一个人领导，个人决定重大问题，个人凌驾于组织之上，组织成为个人的工具，搞家长制一言堂，集体领导被破

---

① 《邓小平文选》第3卷，人民出版社1993年版，第177页。
② 同上书，第180页。

坏。"邓小平的对策，便是恢复、重申和完善党的集体领导制度，废除干部终身制。他尖锐地指出，"不少地方和单位，都有家长式的人物，他们的权力不受限制，别人都要唯命是从，甚至形成对他们的人身依附关系。……不彻底消灭这种家长制作风，就根本上谈不上什么党内民主，什么社会主义民主"①。个人的认识和聪明才智是有限的，个人决策说了算，往往会违背认识规律，造成不必要的决策失误，带来沉痛的教训。

怎样实行集体领导？邓小平强调从制度上入手，健全集体领导制度。1980年2月召开的十一届五中全会，增加了政治局委员和常委的人数，以保证党的集体领导的长期稳定，并重设中央书记处作为中央政治局及其常委会领导下的处理日常工作的机构。邓小平强调："各级党委要真正实行集体领导和个人分工负责相结合的制度。要明确哪些问题应当由集体讨论，哪些问题应当由个人负责。重大问题一定要由集体讨论和决定。决定时，要严格实行少数服从多数，一人一票，每个书记只有一票的权利，不能由第一书记说了算。"②中共十二大修改了党章，决定不设党的主席、副主席，由总书记负责召集中央政治局及其常委会会议，由集体讨论作出重大决策，并从中央到地方形成了集体领导与个人分工负责相结合的制度。这些措施，初步克服了个人决定重大问题的弊端。

不仅如此，邓小平对中央决策机构和执行机构作了分工。总书记及其领导的书记处只是一个办事机构，主持中央日常事务，不处于决策地位，即没有决策权，只有执行权，它执行中央政治局常务委员会决策过的事情。党的最高决策机构是中央的政治局常委会，重大问题都由常委会集体讨论决定，然后交由书记处执行。总书记在书记处是一把手，但在常委会只有一票表决权，不再处于"主席"位置上，这就从制度上杜绝了一个人说了算的专断独裁现象。

---

① 《邓小平文选》第2卷，人民出版社1994年版，第331页。
② 同上书，第341页。

集体领导，集体负责，会造成责任不清的现象，个人会不会由此推诿责任？邓小平看到了集体领导存在的这个问题，故强调实行集体领导与个人分工负责相结合的制度。他指出：各级党委"不能由第一书记说了算。集体决定了的事情，就要分头去办，各负其责，决不能互相推诿。失职者要追究责任"①。这样，集体决策，个人分工负责，既克服了个人专断和家长制作风，又明确了个人责任，不至于责任不清。

但集体领导出了问题，即出现了失误，该由谁负责？由集体负责吗？邓小平明确规定："集体领导也要有个头，各级党委的第一书记，对日常工作要负起第一位的责任。在党委的其他成员中，都要强调个人分工负责。要提倡领导干部勇于负责，这同改变个人专断制度是两回事，不能混淆。"② 这样，集体领导成员之间职责程度，便区分开来了。中央的总书记和各级党委的第一书记，就起"头"作用，对日常工作负第一位的责任，负总责；党委领导成员各抓一摊，各负其责，防止了借口集体领导而无人负责的弊端。

由于封建主义的影响，加之国家没有妥善的退休离职办法，形成了干部职务终身制的现象。1979年11月，邓小平指出："要真正解决问题不能只靠顾问制度，重要的是要建立退休制度。"十一届五中全会在党章草案中明确提出废除领导干部职务终身制。1982年2月20日，中央作出《关于建立老干部退休制度的决定》，迈出了废除干部职务终身制的决定性一步。1980年，中央决定县以上单位设置顾问，党的十二大决定在中央和省级设置顾问委员会，作为废除高级领导干部职务终身制的过渡办法。1982年通过的宪法，还规定国家主席、副主席，全国人大常委会委员长、副委员长，国务院总理、副总理等国家领导人连续任职不得超过两届。这在取消实际上存在的领导职务的终身制方面，迈出了重要步伐。邓小平指出："干

---

① 《邓小平文选》第2卷，人民出版社1994年版，第341页。
② 同上。

部领导职务终身制现象的形成，同封建主义的影响有一定关系，同我们党一直没有妥善的退休解职办法也有关系。革命战争时期大家年纪都还轻，五十年代正值年富力强，不存在退休问题，但是后来没有及时解决，是一个失策。"[1] 他认为改革这一制度的关键，"是要健全干部的选举、招考、任免、考核、弹劾、轮换制度，对各级各类领导干部（包括选举产生、委任和聘用的）职务的任期，以及离休、退休，要按照不同情况，作出适当的、明确的规定。任何领导干部的任职都不能是无限期的"[2]。

废除干部终身制和改革干部人事制度，可以使"人尽其才，各展所长，大家都有奔头，增强党和国家机关以及全社会的生机和活力就有了希望"[3]。邓小平称之为"这是保持党和政府正确领导的连续性、稳定性的重大战略措施"[4]。1987年十三大上，邓小平决定退出中央委员会和顾问委员会，只保留军委主席。在他的带动下，陈云、李先念、彭真、邓颖超、徐向前、聂荣臻等老同志也退出中央委员会。1989年11月，中共十三届五中全会决定：同意邓小平辞去中央军委主席职务。至此，邓小平以实际行动实现了其倡导的领导干部退休制度，为废除领导干部终身制度树立了表率。

五 政治体制改革的基本原则和总体目标

由于80年代初中国改革的重点是经济体制改革，因此政治体制改革还难以有大的步骤。随着经济体制改革的深化及范围的扩大，政治体制改革必然成为与经济体制改革相适应的一项迫切的任务。下放权力、调动积极因素是经济体制改革的重要内容，但要下放权

---

[1] 《邓小平文选》第2卷，人民出版社1994年版，第331页。
[2] 同上书，第331—332页。
[3] 《十三大以来重要文献选编》（上），人民出版社1991年版，第43页。
[4] 《邓小平文选》第2卷，人民出版社1994年版，第321页。

力就必须精简机构，重新界定政府的权力并转换政府职能。因此，随着经济体制改革的深入，到80年代中后期，邓小平再次将关注的焦点集中于政治体制改革问题，积极推进政治体制改革，并对中国政治体制改革的基本原则和总体目标作了探索。

1986年5月20日，邓小平在会见霍克时说：城市改革首先要权力下放，没有权力下放，就调动不了每个企业和单位的积极性。国家发号施令少了，下面活动的余地就大，发展就会快。国家发号施令少了，就没有很多事情可干，上面就可以精简了，就可以按才能合理地使用人才，减少官僚主义。这段话一方面表明了权力下放对经济体制改革的作用，另一方面也辩证地阐述了权力下放与政治体制改革的关系。6月10日，邓小平一针见血地指出："现在机构不是减少了，而是增加了。设立许多公司，实际是官办机构，用公司的形式把放给下面的权又收了上来。机构多、人多，就找事情干，就抓住权不放，下边搞不活，企业没有积极性了。上半年经济发展速度比较低，就有这么一条原因。"据此，他指出："现在看，不搞政治体制改革不能适应形势。""1980年就提出政治体制改革，但没有具体化，现在应该提到日程上来。不然的话，机构庞大，人浮于事，官僚主义，拖拖拉拉，互相扯皮，你这边往下放权，他那边往上收权，必然会阻碍经济体制改革，拖经济发展的后腿。"① 他明确提出应该把政治体制改革作为中国改革向前推进的一个标志。

1986年6月28日，邓小平在中央政治局常委会上谈到政治体制改革时批评说：好多地方不是下放，而是在那里收，把基层单位的权又收回来了。我们的方针是继续下放，结果他们却在大量收回，搞得下面没有权了，企业没有积极性了。他提出："政治体制改革同经济体制改革应该相互依赖，相互配合。"他甚至将政治体制改革提到了关系整个改革成败的高度，他说："只搞经济体制改革，不搞政

---

① 《邓小平文选》第3卷，人民出版社1993年版，第160页。

治体制改革，经济体制改革也搞不通，因为首先遇到人的障碍。事情要人来做，你提倡放权，他那里收权，你有什么办法？从这个角度来讲，我们所有的改革最终能不能成功，还是决定于政治体制的改革。"① 可见，经济体制改革中所遇到的问题，使邓小平敏锐地认识到，经济体制改革的深入，对政治体制改革提出了紧迫要求，必须适时地进行政治体制改革。

1986年9月，中共十二届六中全会把坚定不移地进行政治体制改革，确定为中国社会主义现代化建设的总体布局的重要内容之一。同时，根据邓小平的建议和关于目标、内容的设想，中共中央成立中央政治体制改革研讨小组，组织有关方面的理论工作者和实际工作者进行专题研讨和论证工作。研讨小组在吸收各方意见的基础上，经过反复论证，形成了《政治体制改革总体设想》的初步方案。1987年10月召开的中共十三大，将政治体制改革问题列入议程，提出了政治体制改革的蓝图："进行政治体制改革，就是要兴利除弊，建设有中国特色的社会主义民主政治。改革的长远目标，是建立高度民主、法制完备、富有效率、充满活力的社会主义政治体制。""改革的近期目标，是建立有利于提高效率、增强活力和调动各方面积极性的领导体制。"②

邓小平为代表的党的第二代领导集体，对中国政治体制改革的总体目标、基本原则作了积极的理论探索。关于政治体制改革的总体目标，邓小平明确指出："进行政治体制改革的目的，总的来讲是要消除官僚主义，发展社会主义民主，调动人民和基层单位的积极性。"③ 1986年11月9日，邓小平在会见日本首相中曾根时，完整地概括了中国政治体制改革的三项具体目标："第一个目标是始终保持党和国家的活力"，主要是实现领导层干部队伍年轻化；"第二个

---

① 《邓小平文选》第3卷，人民出版社1993年版，第164页。
② 《人民日报》1987年11月4日第1版。
③ 《邓小平文选》第3卷，人民出版社1993年版，第177页。

目标是克服官僚主义，提高工作效率"，效率不高主要涉及党政不分；"第三个目标是调动基层和工人、农民、知识分子的积极性。"①在实现三个目标的过程中，只有保持党和国家的活力，实现领导干部的年轻化，才能克服官僚主义，提高工作效率。而克服了官僚主义，就有利于调动各方的积极性。故第一个目标尤为关键，它是提高效率和调动积极性的基础和保证。增强领导层的活力，实现干部队伍年轻化。由此可见，邓小平进行政治体制改革的主要内容就是改进党的领导、使领导干部年轻化、精简机构和调动全体人民的积极性，以此来更好地推进改革开放。

政治体制改革是一项异常复杂的系统工程。为了稳步推进中国政治体制改革，邓小平逐步形成了关于政治体制改革的基本原则。这些基本原则概括起来主要有三条：

首先，强调政治体制改革必须充分考虑社会承受能力和适应程度，保持安定团结的政治局面。政治体制改革要注意照顾到中国国情，要理顺各方面关系，不能太急，太急要出毛病，重要的是坚持改革，要重视政治稳定和政治秩序以及政治体制改革的轻重缓急。他说："中国的主要目标是发展，是摆脱落后，使国家的力量增强起来，人民的生活逐步得到改善。要做这样的事，必须有安定的政治环境。没有安定的政治环境，什么事情都干不成。"②

其次，政治制度变革要符合中国的实际和特点，坚持实行人民代表大会制度，而不能搞西方的两院制，他指出："资本主义社会讲的民主是资产阶级的民主，实际上是垄断资本的民主，无非是多党竞选、三权鼎立、两院制。我们的制度是人民代表大会制度，共产党领导下的人民民主制度，不能搞西方那一套。"③中国政治体制改革必须坚持和完善党的领导，而不能搞西方的多党制："我们不能照

---

① 《邓小平文选》第 3 卷，人民出版社 1993 年版，第 180 页。
② 同上书，第 244 页。
③ 同上书，第 240 页。

搬资本主义国家那一套，不能搞资产阶级自由化。比如共产党的领导，这个丢不得，一丢就是动乱局面，或者是不稳定状态。一旦不稳定甚至动乱，什么建设也搞不成。我们有过'大民主'的经验，就是'文化大革命'，那是一种灾难。"①

最后，强调坚持四项基本原则，尤其是坚持党的领导下的政治体制改革。中国政治体制改革不是要改变社会主义的根本政治制度，而是为了完善这个制度，因此，改革必须在共产党领导下，在稳定的政治环境中有计划、有秩序地进行。这是进行政治体制改革的根本原则和根本保证。针对自由化思潮中的错误言论和做法，邓小平指出："我们的改革不能离开社会主义道路，不能没有共产党的领导"②，共产党的领导丢不得，一丢就是动乱局面，或者是不稳定状态。他用"文化大革命"的惨痛教训作为佐证："'文化大革命'时搞'大民主'，以为把群众哄起来，就是民主，就能解决问题。实际上一哄起来就打内战。"③ 因此政治体制改革要分步骤、有领导、有秩序地进行。他强调："改革党和国家领导制度的方针必须坚持，但是，方法要细密，步骤要稳妥。"④

可见，邓小平所提出的政治体制改革总体目标和基本原则，为坚持和完善中国特色社会主义政治制度提供了理论保障，为中国政治体制改革的推进指明了前进方向。在改革开放逐渐深化的今天，邓小平提出的这些宝贵经验值得高度重视。

（作者单位：中国社会科学院近代史研究所）

---

① 《邓小平文选》第3卷，人民出版社1993年版，第252页。
② 同上书，第242页。
③ 同上书，第200页。
④ 《邓小平文选》第2卷，人民出版社1994年版，第359页。

邓小平关于党和国家领导制度的改革思想

孙应帅

一 改革党和国家的领导制度

中国共产党建党九十多年特别是改革开放以来，党的建设逐步加强，党的执政能力建设、先进性和纯洁性建设继续推进，党的建设改革创新迈出一个个重要步伐。同时，党的建设也曾经出现过艰难曲折的过程，在一段时期内出现过民主集中制未能有效执行，"家长制"、"一言堂"、"个人崇拜"、"领导职务终身制"等现象，直至出现"文化大革命"期间违反党的民主集中制原则、严重破坏党内民主的情况。这使得邓小平成为党的第二代领导集体的核心时，即在继承和发扬党的优良传统和作风的基础上，就开始及时总结党内曾经出现的违反民主集中制原则和制度的经验教训，从而在推进经济体制改革的过程中，也将党和国家领导制度和政治体制的改革迅速提上日程。

在党和国家领导制度的改革中，首要的是恢复和坚持党的民主集中制的领导原则和组织原则，大力发扬党内民主。在总结一个时期发扬民主和贯彻民主集中制不力的经验教训后，邓小平认为首先需要解决的就是"权力过分集中"的问题。在1980年那篇著名的《党和国家领导制度的改革》一文中，他即强调："权力过分集中，妨碍社会主义民主制度和党的民主集中制的实行，妨碍社会主义建设的发展，妨碍集体智慧的发挥，容易造成个人专断，破坏集体领导，也是在新的条件下产生官僚主义的一个重要原因。"① 为了克服权力过分集中的弊端，他提出，"要有步骤地和稳妥地实行干部离休、退休的制度，废除实际上存在的干部领导职务的终身制"②。退休、离休的干部，在政治待遇、生活待遇等各方面，都要逐个做出妥善安排。

在恢复和健全民主集中制方面，既要反对权力过分集中，也应当防止分散主义的错误倾向。"过度集中"和"分散主义"是偏离民主集中制和集体领导原则两种最易出现的倾向。这两种倾向也反复在党内出现过，并常常导致"一管就死、一放就乱"的局面。对此，邓小平认为，解决的办法，是必须大力发展党内民主、维护党员的党内平等地位。他指出："不论是担负领导工作的党员，或者是普通党员，都应以平等态度互相对待，都平等地享有一切应当享有的权利，履行一切应当履行的义务。上级对下级不能颐指气使，尤其不能让下级办违反党章国法的事情；下级也不应当对上级阿谀奉承，无原则地服从，'尽忠'。不应当把上下级之间的关系搞成毛泽东同志多次批评过的猫鼠关系，搞成旧社会那种君臣父子关系或帮派关系。"③ 只有这样，才能实现党员各项民主权利，调动广大党员参与党的生活和党的建设的热情和积极性，克服命令主义、官僚主义和分散主义、小团体主义，进行正确的集中，凝聚全党的意志和信念，促进全党的团结和统一，巩固和发展党的执政地位。

党的历史经验表明，党内民主的缺失和遭到破坏，很大程度上与制度建设没有跟上有关。邓小平也讲过，"我们过去发生的各种错误，固然与某些领导人的思想、作风有关，但是组织制度、工作制度方面的问题更重要"。"不是说个人没有责任，而是说领导制度、

---

① 《邓小平文选》第 2 卷，人民出版社 1994 年版，第 321 页。
② 同上书，第 360 页。
③ 同上书，第 331 页。

组织制度问题更带有根本性、全局性、稳定性和长期性。这种制度问题，关系到党和国家是否改变颜色，必须引起全党的高度重视。以加强和改善党的领导。"① 他认为，"从党和国家的领导制度、干部制度方面来说，主要的弊端就是官僚主义现象，权力过分集中的现象，家长制现象，干部领导职务终身制现象和形形色色的特权现象"②。他分析了"家长制"、"一言堂"等现象产生的原因，"家长制是历史非常悠久的一种陈旧社会现象，它的影响在党的历史上产生过很大危害。陈独秀、王明、张国焘等人都是搞家长制的。从遵义会议到社会主义改造时期，党中央和毛泽东同志一直比较注意实行集体领导，实行民主集中制，党内民主生活比较正常。可惜，这些好的传统没有坚持下来，也没有形成严格的完善的制度。例如，党内讨论重大问题，不少时候发扬民主、充分酝酿不够，由个人或少数人匆忙做出决定，很少按照少数服从多数的原则实行投票表决，这表明民主集中制还没有成为严格的制度"。③

因此恢复和健全党和国家的民主集中制，必须加强法律和制度建设，必须把民主集中制的内容、形式，以及党员的权利、义务，用法律和制度固定下来，使这种法律和制度不因领导人的改变而改变，不因领导人的看法和注意力的改变而改变。他强调，"我们的民主制度还有不完善的地方，要制定一系列的法律、法令和条例，使民主制度化、法律化。社会主义民主和社会主义法制是不可分的。不要社会主义法制的民主，不要党的领导的民主，不要纪律和秩序的民主，决不是社会主义民主"④。他提出，只有从体制上保证党的主要领导职务和权力的依法运行和新老合作交替，改变实际存在的"领导职务终身制"，才能保证党和革命事业的顺利发展。

---

① 《邓小平文选》第 2 卷，人民出版社 1994 年版，第 333 页。
② 同上书，第 327 页。
③ 同上书，第 330 页。
④ 同上书，第 359 页。

邓小平强调："干部领导职务终身制现象的形成，同封建主义的影响有一定关系，同我们党一直没有妥善的退休解职办法也有关系。革命战争时期大家年纪都还轻，五十年代正值年富力强，不存在退休问题，但是后来没有及时解决，是一个失策。"为此他要求，"应当要健全干部的选举、招考、任免、考核、弹劾、轮换制度，对各级各类领导干部（包括选举产生、委任和聘用的）职务的任期，以及离休、退休，要按照不同情况，作出适当的、明确的规定。任何领导干部的任职都不能是无限期的"[①]。现在，宪法已经规定了国家主席、人大常委会委员长以及国务院总理的任期不许超过两届。[②] 2006年，中共中央也颁布了《党政领导干部职务任期暂行规定》，"党政领导职务每个任期为5年"，"党政领导干部在同一职位上连续任职达到两个任期，不再推荐、提名或者任命担任同一职务"。通过这些举措，党有效解决了"领导职务终身制"问题。

二　转变党的领导方式

在长期的革命、建设和改革过程中，中国共产党逐步形成了一整套有效的领导方式。但是，随着改革开放和社会主义市场经济体制对社会经济结构带来巨大冲击和发展变化，以及经济全球化浪潮和互联网等高科技手段对人们交往方式和交流方式的发展变化等，对于党的领导方式的改进也提出了新的要求。

对于党的领导方式的转变，重点是认真对待"一把手现象"。对于中国共产党来说，"一把手"是指党委一班人的"班长"和第一负责人。"一把手"在实际工作中负总责，带领班子成员开展工作，并承担较多的工作，体现了党委集中高效的领导方式。但在实

[①] 《邓小平文选》第2卷，人民出版社1994年版，第331—332页。
[②] 《党政领导干部职务任期暂行规定》，《人民日报》2006年8月7日。

践中也因为集中之便，而容易造成党政不分、以党代政，权力高度集中于党委乃至第一书记的"一把手现象"。对此，邓小平认为，解决好"一把手现象"最根本的是要严格实行和健全"党委制"，确保党章所规定的"集体领导和个人分工负责原则相结合"的落实。他强调："日常的问题，总是要分工负责点头的。第一书记不点头是不行的呀。如果每一件事情都开委员会讨论，开书记处会议讨论，这样开会要开死人的呀。总是或者由第一书记，或者由第二书记，或者由其他书记，分工负责，该点头的还是要点头才行。"但是，重大的问题，或者是政策性质的、重大性质的问题，"就必须分别情况，提到委员会，提到常委会，或者提到书记处，加以讨论，大家取得共同的意见，作出共同的决定"。① 此外，他还强调加强责任制对于集体领导和分工负责原则的重要性："现在，各地的企业事业单位中，党和国家的各级机关中，一个很大的问题就是无人负责。名曰集体负责，实际上等于无人负责。一项工作布置之后，落实了没有，无人过问，结果好坏，谁也不管。所以急需建立严格的责任制。列宁说过：'借口集体领导而无人负责，是最危险的祸害'，'这种祸害无论如何要不顾一切地尽量迅速地予以根除'。"②

对于如何处理党委内部"班长"和"班子"的关系，邓小平指出，"班长"的作用很重要，"一定要树立核心。不建立核心，处于涣散的状况，这个党委的工作是做不好的"。而"班长"本人则应当学会"弹钢琴"、学会当乐队指挥，"既然知道不容易当，那就要照毛泽东同志在七届二中全会上所讲的，要学会'弹钢琴'。这是不容易学会的。我们恐怕是永远要学的"。③ 但他同时强调，党的各级主要领导人，特别是"班长"、"副班长"，要服从和团结多数，尊

---

① 《邓小平文选》第 1 卷，人民出版社 1994 年版，第 311 页。
② 《邓小平文选》第 2 卷，人民出版社 1994 年版，第 151 页。
③ 《邓小平文选》第 1 卷，人民出版社 1994 年版，第 311 页。

重少数。"做领导人的,总要取得大多数人的同意,事情才好办,绝不能一个人讲了就算数。对少数人要尊重,少数人的意见不一定就是错误的。即使是错误的,他们的意见也不会是孤立的,只有重视这些意见,才能很好地去加以纠正,帮助同志们改正错误。"① 可见,只有真正实行和健全"党委制",确保集体领导和个人分工负责原则的落实,才能有效防止"一把手现象"。

在邓小平这些改革思路的基础上,近年来,党对领导方式的改善从机制上进行不断地探索创新。如《中国共产党党内监督条例(试行)》就专门针对"一把手现象"从机制设计上进行了探索。为防止"一把手"个人专断情况,针对过去有的地方和部门民主生活会质量不高的情况,条例专门单列"民主生活会"一节,明确要求民主生活会情况和整改措施要及时在一定范围通报,党员有权了解本人所提意见和建议的处理结果。如果上级党组织认为下级领导班子民主生活会不符合规定要求,可以责令重新召开等。为避免以前经常出现的"一把手""决策一言堂、用人一句话、花钱一支笔"现象,十八大通过的《中国共产党章程》再次重申,"党禁止任何形式的个人崇拜","凡属重大问题都要按照集体领导、民主集中、个别酝酿、会议决定的原则,由党的委员会集体讨论,作出决定"。②

三 选好党的接班人

社会主义建设事业需要经历一个漫长的历史过程,需要一代又一代的社会主义建设事业的接班人。因此,选好党的领导干部乃至于领袖,对于党的事业和社会主义的前途命运至关重要。

邓小平十分强调这一问题的重要性,"我们一定要认识到,认真选好接班人,这是一个战略问题,是关系到我们党和国家长远利益

---

① 《邓小平文选》第 1 卷,人民出版社 1994 年版,第 309 页。
② 《中国共产党章程》,《人民日报》2012 年 11 月 19 日。

的大问题","这是个带根本性质的问题。我们有正确的思想路线,有正确的政治路线,如果组织问题不解决好,正确的政治路线的实行就无法保证,我们向党和人民就交不了帐"。① 在他1992年的"南方谈话",他仍然强调,"正确的政治路线要靠正确的组织路线来保证。中国的事情能不能办好,社会主义和改革开放能不能坚持,经济能不能快一点发展起来,国家能不能长治久安,从一定意义上说,关键在人"。②

他根据新的历史条件提出了选拔接班人的标准,"现在我们提出选拔接班人,有个好的条件,就是人们的政治面貌清楚了。叶剑英同志在国庆讲话里,提出了三条标准:一是坚决拥护党的政治路线和思想路线;二是大公无私,严守法纪,坚持党性,根绝派性;三是有强烈的革命事业心和政治责任心,有胜任工作的业务能力"。他要求,"我们的高级干部一定要亲自负责去选合乎上面讲的三个条件的干部做接班人"。③ 此后,他还进一步归结为"要按照'革命化、年轻化、知识化、专业化'的标准,选拔德才兼备的人进班子"④的标准,我们说党的基本路线要管一百年,要长治久安,就要靠这一条。真正关系到大局的是这个事。

为了防止领导干部在西方一些敌对势力的"西化"、"分化"面前丧失斗志、迷失方向。邓小平又针对新的情况反复强调"反对资产阶级自由化"的重要性。1992年,他在武昌、深圳、珠海、上海等地视察时即指出,正是在这一问题上,中国共产党的两位总书记栽了跟头,"我们发现靠我们这老一代解决不了长治久安的问题,于是我们推荐别的人,真正要找第三代。但是没有解决问题,两个人都失败了,而且不是在经济上出问题,都是在反对资产阶级自由化

---

① 《邓小平文选》第2卷,人民出版社1994年版,第222页。
② 《邓小平文选》第3卷,人民出版社1993年版,第380页。
③ 《邓小平文选》第2卷,人民出版社1994年版,第222—223页。
④ 《邓小平文选》第3卷,人民出版社1993年版,第380页。

的问题上栽跟头。这就不能让了"。他进而尖锐地指出:"帝国主义搞和平演变,把希望寄托在我们以后的几代人身上","中国要出问题,还是出在共产党内部"。因此,对"和平演变"这个问题要清醒,要注意培养人,"现在就是要选人民公认是坚持改革开放路线并有政绩的人,大胆地放进新的领导机构里,使人民感到我们真心诚意搞改革开放。人民,是看实践。人民一看,还是社会主义好,还是改革开放好,我们的事业就会万古长青!"①

总体上看,邓小平提出党和国家领导制度的改革,是从国家长治久安和社会主义建设事业的长远利益考量的。他认为,社会主义制度的优越性,在政治上的一个重要体现,就是"充分发扬人民民主,保证全体人民真正享有通过各种有效形式管理国家、特别是管理基层地方政权和各项企业事业的权力,享有各项公民权利,健全革命法制,正确处理人民内部矛盾,打击一切敌对力量和犯罪活动,调动人民群众的积极性,巩固和发展安定团结、生动活泼的政治局面"②。改革开放以来,正是在邓小平这些改革思路的指引下,党和国家领导制度的民主化、法制化、规范化建设取得了长足进展。如通过《中国共产党党员权利保障条例》等,建立和完善了"集体讨论"、"决策征询"、"申诉和控告"、"保护揭发、检举人权益"等机制,进一步发展了党内民主,增强了党的生机活力。通过《党政领导干部选拔任用工作条例》等,建立和完善了"定期轮换制"、"公开竞选制"、"考试选聘制"、"联合提名制"、"罢免撤换制"、"质询问责制"等机制,改变了党政干部轮替的无序状态,确保党的事业后继有人和平稳过渡。通过《中国共产党党内监督条例(试行)》、《中国共产党纪律处分条例》,党建立和完善了"集体领导和分工负责"、"重要情况通报和报告"、"述职述廉"、"巡视"、"询问和质询"、"罢免和撤换"等制度,以建立和逐步完善对权力有效

---

① 《邓小平文选》第3卷,人民出版社1993年版,第380—381页。
② 《邓小平文选》第2卷,人民出版社1994年版,第322页。

监督的机制，等等，从而使发扬民主和民主集中制的体制机制得到了不断健全和创新。

（作者单位：中国社会科学院马克思主义研究院）

邓小平与干部"四化"方针的提出

王 蕾

自 20 世纪 70 年代末以来，在领导社会主义建设的实践中，邓小平为第二代领导集体的核心，立足中国国情，经过深刻思考，创造性地提出新时期选拔干部总的方针，即革命化、年轻化、知识化、专业化"四化"方针，并经党的十二大写入党章。重温邓小平干部"四化"方针提出的历史，将有助于完善干部工作的体制机制，使干部工作始终保持健康运行的内在活力。

一 "革命化"思想的形成

1977 年 7 月，邓小平恢复了中共中央副主席、国务院第一副总理、中央军委副主席、解放军总参谋长等职务，成为第二代中央领导集体的核心。当时社会主义现代化建设的客观要求与干部队伍现状的尖锐矛盾令他忧心忡忡。邓小平明确指出，现在的问题是在一部分干部中，一种是崇拜西方世界，反对四个坚持；一种是利用毛主席旗帜，坚持"两个凡是"。这个问题是大量的，不搞清楚，是非就搞不清楚。思想路线不解决，政治路线是搞不清楚的，必然是摇摇晃晃的。[1]

如何从根本上改变局面，建立什么样的干部队伍才能保证社会

---

[1] 中共中央文献研究室编：《邓小平年谱（一九七五——一九九七）》（上），中央文献出版社 2004 年版，第 537 页。

主义现代化建设和长治久安？这是改革开放前后邓小平关于干部队伍建设思考最多的问题。在拨乱反正的历史情境下，邓小平干部队伍"革命化"思想逐渐形成。

第一，邓小平对领导班子的政治标准尤为重视。

在具体实践上，邓小平强调有步骤地对领导班子进行调整。早在1977年底，他就开始积极进行干部革命化的初期实践工作。在领导班子建设的步骤上，邓小平把自上而下地调整好各级领导班子放在首位，认为配备班子的时候首先要把一、二把手选准。在邓小平看来，选准一、二把手的标准就是党性好、作风好、团结好。① 后来，他又多次阐释领导班子党性好、作风好、团结好的具体标准。还举出具体的反面例子说明不能进领导班子或者不能重用的人。他指出的几类人包括搞法西斯专政、称王称霸的；搞打砸抢的；投机钻营、招摇撞骗的；拉拉扯扯，吹吹拍拍，好搞宗派活动的，玩弄权术，专门整人的；耍小聪明，搞小动作，不老老实实的；革命意志严重衰退，饱食终日，无所用心的。② 以德为先是邓小平革命化标准一以贯之的原则，邓小平特别强调对党的优良作风继承。比如他认为有了艰苦奋斗的作风，好多事情都会变化，都会好起来。所以选干部，特别是选高级干部，要选艰苦奋斗或者比较艰苦奋斗的。③

邓小平认为中央与地方、政府与企业单位干部的革命化标准应该是一致的。在用什么样的人的问题上，邓小平对干部的政治要求十分严格。他认为，地方领导班子包括企业单位的领导班子，都要能做到要有诚信。敢字当头，能很好地执行党的方针政策，能很好地工作。不能只要求中央派人，或省、市、自治区派人，并特别提出军队也一样。④ 应该指出的是，邓小平干部"革命化"的思想并

---

① 《邓小平文选》第2卷，人民出版社1994年版，第23页。
② 同上书，第74页。
③ 同上书，第23页。
④ 同上。

不是片面的，更不是以"革命化"为唯一标准。他指出，有的干部没有专业知识，又不认真学习，尽管抱了很大的热心建设社会主义，结果做不出应有的贡献，起不到应有的作用，甚至还起相反的作用。①

第二，邓小平对干部"革命化"的思考是全面的。

邓小平将干部的政治品质视为基本条件，在实践中逐渐扩充了"革命化"的内涵。1980年8月。邓小平指出人才问题主要是个组织路线问题②，年底，他又提出年轻化、知识化、专业化这三个条件，首先是要革命化，强调要以坚持社会主义道路为前提。③ 在当时拨乱反正的历史条件下，许多同志在评价干部是否革命化的标准单纯看是否与"四人帮"阴谋活动有牵连。邓小平认为看待干部是否革命化要看长期表现，因此调配领导班子时，参与"四人帮"篡党夺权阴谋活动的人是当然不能让进。风派、溜派以及搞"地震"的人，那些错误严重而又态度很坏的人，那些有问题没有查清的人，也不能让他们进。④ 在邓小平看来，干部是否"革命化"的标准还不应仅限于此，在配备各级领导班子，特别是配备一、二把手的时候，还应注意同"四人帮"没有什么牵连或者有点牵连也并不大的另外一种人，这种人政治品质不好，思想体系是反马克思主义的，其中有些人干了很多坏事，民愤很大，实际上是坏分子。⑤ 邓小平对干部"革命化"的要求也是包容的，并不求全责备。对一些属于个人缺点的非原则问题更是辩证看待，给干部以改正的机会，比如说，对于"骄傲"的问题，他就认为，凡是有点干劲的，有点能力的总是相信自己，是有点主见的人。越有主见的人，越有自信。这个并

---

① 《邓小平文选》第2卷，人民出版社1994年版，第264页。
② 同上书，第323页。
③ 同上书，第361页。
④ 同上书，第74页。
⑤ 同上。

不坏。真是有点骄傲，如果放到适当岗位。他自己就会谦虚起来的，要不然他就混不下去。① 应该指出，邓小平对干部"革命化"标准的思考是辩证的，干部的革命化只是政治基础，并不是唯一条件。他说，专并不等于红，但是红一定要专。不管你搞哪一行，你不专，你不懂，你去瞎指挥。损害了人民的利益，耽误了生产建设的发展，就谈不上是红。②

二 "年轻化"思想的形成

邓小平对干部"年轻化"的意义、目标和方法作出了深刻思考。建设有中国特色社会主义是代代相传的事业，必须认真选拔与培养一代又一代事业接班人。正是基于这种长远认识，邓小平一直在考虑培养、选拔接班人的意义和目标问题，并不仅仅限于解决干部队伍客观上的青黄不接。他指出："认真选好接班人，这是一个战略问题，是关系到我们党和国家长远利益的大问题。"③ 干部年龄结构的优化成为一个突出问题，集中表现在老龄化现象严重，这是特殊历史情境下的特定问题。党的十一届三中全会以后，"文化大革命"及此前党的组织建设的受损使干部队伍面临着一系列优化的问题，一些干部的年龄在客观上难以适应改革开放进程中日益繁重的工作，但是，干部队伍年龄结构的调整涉及的利益面比较广，很多人觉得中青年干部有这样那样的缺点，没有经验，感到不放心。因此在提拔中青年干部的问题上阻力很大。邓小平本着政治紧迫感和无私精神，认为如果干部"年轻化"问题处理不妥，将制约社会主义事业的长期发展。

邓小平一直对党内不安定的因素的兴风作浪，坚持"四人帮"

---

① 《邓小平文选》第2卷，人民出版社1994年版，第387页。
② 同上书，第262页。
③ 同上书，第222页。

思想体系的人将来掌权保持警惕之心。特别是这些人有的隐藏得很深，数量也不少，普遍比较年轻。早在1977年，他就说，现在我们的领导干部年龄都比较大了，五年以后，五十岁以下的人，打过仗的就很少了。① 从中可以看出他对当时干部队伍的危机感。1979年，邓小平提出，政治路线确立了，要由人来具体地贯彻执行。由什么样的人来执行，是由赞成党的政治路线的人，还是由不赞成的人，或者是由持中间态度的人来执行，结果不一样。这就提出了一个要什么人来接班的问题。②

正是基于历史经验和政治大局的双重考虑，邓小平将干部队伍的年轻化建设提到战略层面上来，以培养一支信得过的接班人队伍，充分体现了他的政治智慧。因此，他提示要分析原因，找出办法，认真有效地解决一部分青年忽视政治的倾向。事实上，只有可供选择的干部队伍数量上去了，才能使干部队伍有较大的选择余地和稳固的政治基础，邓小平多次在不同场合提到干部年轻化的问题。1979年在中央党、政、军机关副部长以上干部会上的报告中，邓小平指出选拔接班人就是要认真选拔比较年轻、年富力强的同志。1980年2月的十一届五中全会第三次会议上，邓小平具体化了年轻化的方针，认为必须注意从年纪比较轻、身体比较健康、各方面表现都比较好的同志里面选一批接班人。1984年10月，在中央顾问委员会第三次全体会议上的讲话中，他提出要大胆起用中青年干部。1987年6月，在会见南斯拉夫共产主义同盟中央主席团委员科罗舍茨时，他又一次指出，要坚决执行领导班子年轻化的方针，各级领导班子都要年轻化。

在实现干部年轻化的具体方法上，邓小平形成了一整套的指导思想。第一，注重"年轻化"与"革命化"的结合，具体分析年轻人的情况，不能一味以年龄为标准。邓小平多次强调年轻干部要选

---

① 《邓小平文选》第2卷，人民出版社1994年版，第75页。
② 同上书，第191页。

得"准",这个"准"字就是对年轻干部政治素质的要求。1977年在谈到调配领导班子时,邓小平注意到不能片面地要求干部年轻化,在贯彻干部年轻化方针的同时,必须将革命化放在首位。为此,邓小平特意强调配备各级领导班子,特别是配备一、二把手的时候,只注意同"四人帮"阴谋活动有没有牵连的问题还不够。这里不单是指选老干部,选年轻人特别要注意这一点。① 邓小平具体说明了年轻化与革命化的关系,认为有少数青年人受"四人帮"的思想体系的毒害很深,至今还不悔悟,决不能选这种人当接班人。如果现在不注意这个问题,将来我们都不在了,或者管不了事了,会有大批这样的人上来接班,会给我们党、我们国家带来灾难。②

第二,将老同志的传帮带工作提高到合乎不合乎党员标准和干部标准的高度去认识。有些老干部觉得"文化大革命"后,自己重新出来工作不久就要退,难免有些情绪,而且,不可否认,中青年干部的工作经验和社会阅历比起老干部来确实要少些,这就需要实现干部队伍的代际衔接。邓小平指出,老同志的经验是丰富的,但是在精力这个问题上应该有自知之明。他以自己为例说明自然规律不可违抗。邓小平提醒老同志们眼光要放得远一些,积极发挥骨干作用,选好接班人,带好接班人。这件事做好了,我们才有资格去见马克思,见毛主席,见周总理。③

第三,随时了解干部年轻化过程中出现的问题。一是论资排辈的问题。邓小平提出判断干部的标准不能只讲年龄大小,辈数高低,并很具体的谈到有几个年轻的科学家国内国际都出了名了,为什么不能够提为教授,提为研究员?在学术上,只要有创造,有贡献,就应该评给相应的学术职称,不能论资排辈。在工厂,总要选

---

① 《邓小平文选》第2卷,人民出版社1994年版,第74页。
② 同上书,第222页。
③ 同上书,第123页。

业务能力和管理水平比较高的人当厂长。① 二是全面打破老框框的问题。邓小平要求地方、企业单位、学校、科研单位选拔人才可以破格，他针对当时的一些情况尖锐地指出，有些省、市、自治区党委也提了一两个稍微年轻一点的干部，但所谓年轻，也是四十多、五十岁左右了，而且名字总是排在尾巴上，这也说明没有完全打破框框。邓小平特意提到军队高级机关干部年轻化的问题，在承认军队有它自身的特殊性，干部要一个台阶一个台阶地来提的基础上，邓小平还是要求军队打破框框，大军区也要选一点比较年轻的干部。②

三 "知识化、专业化"思想的形成

党的十一届三中全会后，全党将工作重心重新转移到社会主义现代化建设上来，以经济建设为中心，从中央到地方都需要一大批具有专业知识、专业能力的干部队伍。1980年8月在中共中央政治局扩大会议上，邓小平将年轻化与专业化相结合，着重地讲了从组织上发挥社会主义的优越性，自觉地更新各级党政领导机关，逐步实现领导人员年轻化、专业化的问题。③

第一，对干部"知识化、专业化"的要求始终紧扣组织建设，明确提出包括各级党委在内，各级业务机构，都要由有专业知识的人来担任领导。邓小平指出，许多同志对干部队伍的知识化、专业化也很不重视。这也是过去在知识分子问题上长期存在的"左"倾思想的一种恶果。④ 在邓小平的推动下，加强在知识分子和科技人才中发展新党员的工作成为重要内容。党的十一届三中全会后的几年

---

① 《邓小平文选》第2卷，人民出版社1994年版，第224页。
② 同上书，第223页。
③ 同上书，第323页。
④ 同上书，第326页。

中，专业技术人员所占比例逐年增加。到1981年10月，全国835万各类专业技术干部中，已有党员185万，占22.2%。① 值得一提的是，在邓小平看来，知识化、专业化是对干部的水平和领导班子结构的要求，并不只是要求年轻干部，不能因为年龄而放松要求。为此，他提出，在哪一行的，不管年龄多大，必须力求使自己学会本行。学不会的或者不愿学的，只能调整。②

第二，"知识化、专业化"涵盖的内容是全面的。1980年，邓小平在谈到当选党的各级委员会委员的条件时将专业化具体解释为具有专业知识和专业能力。③ 在工作中，他既看重干部的系统培训的专门知识背景，也看重干部实际的业务经验和管理水平。经济建设不断发展，凸显出专业干部，技术人员、管理人员和其他各种专业人员严重不足的问题。邓小平深有感触地说，按经济规律办事，就要培养一批能按经济规律办事的人。我们需要一些专家、懂行的人，现在不懂行的人太多了，"万金油"干部太多了。邓小平充分认识到专业技术的生产力作用，在他看来，干部结构不合理，不对路，必须走"知识化、专业化"的路子，不然，有好机器、好设备，也发挥不了作用。④ 邓小平十分重视专业干部的待遇。认为凡是合乎标准的人，就应该授予他相应的职称，享受相应的工资待遇。现在工资规定低一点也可以，但不能太低，不能搞平均主义，不能吃大锅饭。在一个研究所里，好的研究员的工资可以比所长高。在一个学校里，好的教授的工资可以比校长高。⑤

第三，对干部的知识化、专业化的考核标准是动态的，也就是

---

① 《中央组织部关于加强在中年知识分子中发展党员工作的报告》，载《党的文献》2013年第4期，第10页。
② 《邓小平文选》第2卷，人民出版社1994年版，第263页。
③ 中共中央文献研究室编：《邓小平年谱（一九七五——一九九七）》（上），中央文献出版社2004年版，第599页。
④ 《邓小平文选》第2卷，人民出版社1994年版，第196页。
⑤ 同上书，第224页。

说，干部的知识化、专业化可以通过不断培养进修和刻苦自学取得，并不只有接受正规学校教育一条途径。邓小平指出，解放后大专、中专毕业的学生七八百万，其中大多数出身于工农家庭，经过了十年以上的锻炼。没有受过大专、中专教育的中青年干部有实践经验，缺点是文化知识水平低一点，只要有计划地训练和培养，很多人一定可以成为又红又专的干部。在邓小平看来，干部知识化、专业化的办法就是学。一个是办学校、办训练班进行教学，一个是自学。要下苦功夫学。① 对于大量的自学成才获得专业知识的干部，邓小平持鼓励和肯定的态度，将他们视为知识化、专业化干部的一部分。他说，还有一大批刻苦自学的中青年优秀人才。上山下乡的青年中，也有不少深入群众、用功学习、很有才干的人。②

　　知识化、专业化能力的提升需要必要的时间安排和基础设施。在邓小平的推动下，1982年1月，中共中央发出《关于加强政法工作的指示》中对政法机关干部、战士和职工的专业训练作出明确规定，从军队和其他单位调到政法机关的要进行半年以上的专业训练。③ 干部的知识化、专业化培养不仅重视短期培训，而且要注重常态、长效机制。邓小平提议，在学校里面，应该有教授、副教授、讲师、助教这样的职称。在科学研究单位，应该有研究员、副研究员、助理研究员、研究实习员这样的职称。在企业单位，应该有高级工程师、工程师，总会计师、会计师等职称。邓小平在中国科学院成立30周年纪念会上又强调要建立学位制度，也要搞学术和技术职称。上述《指示》也提出恢复和扩大建设政法院校、政法干校、公安学院、警察学校、司法学校和各种训练班，大力加强干部的培

---

　　① 《邓小平文选》第2卷，人民出版社1994年版，第263页。
　　② 同上书，第325页。
　　③ 中共中央文献研究室编：《三中全会以来重要文献选编（下）》，中央文献出版社2011年版，第398页。

训。抓紧筹办中国政法大学，把它办成我国政法教育的中心。①

四 对"四化"方针表述的概括

应该指出的是，干部队伍"四化"方针表述的形成，经历了一个过程。在这个过程中，邓小平与陈云、叶剑英等领导同志充分交流关于新时期干部选拔标准的看法，充分吸取他们关于新时期干部选拔标准的阐述，最终形成干部队伍"四化"方针的完整表述。

1979年7月至8月，邓小平到山东、上海、天津等地视察，在谈到选拔接班人问题时指出，必须选懂行的和比较年轻的。同年9月29日，叶剑英在新中国成立30周年庆祝大会上讲话，提出选拔接班人的三条标准：一是坚决拥护党的政治路线和思想路线；二是大公无私，严守法纪，坚持党性，根绝派性；三是有强烈的革命事业心和政治责任心，有胜任工作的业务能力。同时提出，要注意干部队伍的逐步年轻化和专业化，努力使我们的组织状况同实现四个现代化的政治任务相适应。11月2日，邓小平在中央党政军机关副部长以上干部会上作报告，对叶剑英提出的三条标准表示赞同，并同样强调，"从精力上说，能够顶着干八小时工作，这一点切不要忽略。做四个现代化的闯将，没有专业知识是不行的，没有干劲是不行的，没有精力是不行的"。②

1980年1月28日，邓小平同胡耀邦、胡乔木、邓力群谈对《中国共产党章程（修改草案）》（本月二十日稿）的修改意见，在谈到当选党的各级委员会委员的条件时说：总的趋势应该是年轻化、专

---

① 中共中央文献研究室编：《三中全会以来重要文献选编（下）》，中央文献出版社2011年版，第398页。

② 《邓小平文选》第2卷，人民出版社1994年版，第222页。

业化。① 同年 8 月 18 日，邓小平在中央政治局扩大会议上讲话，引用了陈云关于新时期干部"德才兼备"的标准。邓小平说："陈云同志提出，我们选干部，要注意德才兼备。所谓德，最主要的，就是坚持社会主义道路和党的领导。在这个前提下，干部队伍要年轻化、知识化、专业化，并且要把对于这种干部的提拔使用制度化。这些意见讲得好。"② 1980 年 12 月 25 日，邓小平在中央工作会议上提出："要在坚持社会主义道路的前提下，使我们的干部队伍年轻化、知识化、专业化，并且要逐步制定完善的干部制度来加以保证。提出年轻化、知识化，专业化这三个条件，当然首先是要革命化，所以说要以坚持社会主义道路为前提。"③

1981 年 6 月，党的十一届六中全会把这一提法正式写进了党的决议，即"要求在坚持革命化的前提下，逐步实现各级领导人员的年轻化、知识化和专业化"。同年 7 月 19 日，邓小平会见美国前总统国家安全事务助理兹比格涅夫·布热津斯基，在谈到中国的干部问题时指出："过去我们实际上存在干部领导职务终身制问题，这要废除，要逐步实现干部队伍的四化，即革命化、年轻化、知识化、专业化。"④ 1982 年 9 月，邓小平在党的十二大开幕词中把实现干部队伍的"四化"作为今后一个时期要抓紧进行的四件工作之一，干部"四化"方针后写进党的十二大通过的《中国共产党章程》。

邓小平干部"四化"方针的提出在当时和其后顺利完成了时代赋予的新任务，指明了干部队伍建设的新方向，开启了干部工作的新征程，是对马列主义、毛泽东思想关于党的干部队伍建设思想精

---

① 中共中央文献研究室编：《邓小平年谱（一九七五——一九九七）》（上），中央文献出版社 2004 年版，第 598 页。

② 《邓小平文选》第 2 卷，人民出版社 1994 年版，第 326 页。

③ 同上书，第 361 页。

④ 中共中央文献研究室编：《邓小平年谱（一九七五——一九九七）》（下），中央文献出版社 2004 年版，第 761 页。

髓的继承和发展，因此丰富了建设有中国特色社会主义理论的内涵。党的十八大提出了全面提高党的建设科学化水平的战略任务，重温邓小平干部"四化"方针提出的历史，将有助于完善干部工作的体制机制，使干部工作始终保持健康运行的内在活力。

(作者单位：中国社会科学院当代中国研究所)

邓小平维护稳定思想与实践初探

王灵桂

邓小平是当代中国杰出的马克思主义者。他在党领导人民群众进行革命、建设和改革的各个历史时期都做出了重要历史贡献。特别是党的十一届三中全会后，邓小平开始成为我们党第二代中央领导集体的核心，是我国新的历史时期社会主义建设和改革开放的总设计师。他继承和发展马列主义、毛泽东思想，集中全党智慧形成邓小平理论，标志着党对什么是社会主义、怎样建设社会主义的认识和探索有了新发展、新突破和新创造。

党的十五大把邓小平理论作为一个科学概念首次提出和使用，并确立为党必须长期坚持的指导思想，与马列主义、毛泽东思想一起写进了党章。在党的十五大报告中，江泽民指出："在当代中国，马克思列宁主义、毛泽东思想、邓小平理论，是一脉相承的统一的科学体系。"[①] 邓小平理论深刻揭示了社会主义的本质，形成了我国社会主义发展道路、根本任务、发展动力、外部条件、政治保障、战略步骤、领导和依靠力量、祖国统一等一系列相互联系的基本观点，指导我们党制定了社会主义初级阶段的基本路线。其中，在复杂的国内国际形势下，如何着眼于新的形势和新的发展，努力为改革和发展创造、争取稳定的内外环境，始终是邓小平高度关注的主

[①] 江泽民《高举邓小平理论伟大旗帜　把建设有中国特色社会主义事业全面推向二十一世纪》，《十五大以来重要文献选编》（上），人民出版社2000年版，第13—14页。

要问题之一，并在世界社会主义史和我们党历史上第一次比较全面地回答和解决了一系列基本问题，形成了其维护稳定思想。这一思想是邓小平理论的重要组成部分，在党的指导思想中具有重要地位。

一 邓小平维护稳定思想的形成和理论来源

邓小平是站在我们党治国理政的战略高度来认识和处理稳定问题的，其维护稳定思想是从"中国的最高利益"[①]出发，面对整个党和国家视野的全面稳定思想，是广义的维稳观。

在和平与发展成为时代主题的历史条件下，国际紧张局势趋向缓和，同时国家与社会的发展问题也越来越突出。世界性的许多重大问题是围绕和平与发展展开的，而和平与发展的核心是经济发展。在这种情况下，我国在国际上面临着社会主义与资本主义的竞争，面临着以经济和科技为基础的综合国力的竞争。资本主义国家不断取得新的发展，我国周边的一些国家（地区）也在加速发展，并且取得了令人瞩目的成绩，我们再不把经济搞上去，社会主义的优越性怎么体现？正是在这样的时代背景下，邓小平开始回答在我国这样的经济文化比较落后的国家如何建设社会主义的问题。其中，维护稳定作为首要和前提条件被提出来。"中国太穷，要发展自己，只有在和平的环境里才有可能。要争取和平的环境，就必须同世界上一切和平力量合作"[②]，"中国的问题，压倒一切的是需要稳定。凡是妨碍稳定的就要对付，不能让步，不能迁就"[③]。邓小平从国际上和平、发展两大主题，国内以经济建设为中心、实行改革开放的时代背景出发，高瞻远瞩地把维护稳定作为压倒一切的重要任务，号召全党和全国人民努力创造安定团结的政治局面。

[①] 《邓小平文选》第 3 卷，人民出版社 1993 年版，第 313 页。
[②] 同上书，第 82 页。
[③] 同上书，第 286 页。

党的十一届三中全会以来，马克思主义中国化深入推进，改革开放和现代化建设创造出许多新经验。这是党的解放思想、实事求是的思想路线重新恢复和发展的结果。这些成果反过来又促使人们更加解放思想，更加大胆探索实践。但是，改革开放没有先例可循，也没有经验可以借鉴。在"摸着石头过河"的伟大实践中，如果没有思想定力，很可能就会在市场经济大潮中随波漂荡、偏离方向。而这种思想定力，很大程度上体现在邓小平的维护稳定思想中。"中国的问题，压倒一切的是需要稳定。没有稳定的环境，什么都搞不成，已经取得的成果也会失掉。"① 因此，在各种不同场合，邓小平反复强调，巩固和发展安定团结的政治局面，是全国各族人民的共同愿望，没有安定的环境，就不可能从事中国特色社会主义建设。他强调，这是治国理政的大道理和硬道理，没有稳定不行，任何小道理都要服从于这个大道理和硬道理。在具体实践中，他指导党和人民，同各种危害稳定的因素和对象进行坚决斗争，成功地保持了中国的社会安宁和政治稳定。

社会主义作为新生事物出现在人类历史上尚不到百年，且一直受到资本主义社会的抵制和遏制。在两种制度的较量中，20世纪中国和其他社会主义国家的社会主义建设都取得了巨大的成就，积累了宝贵经验，但也出现过严重的失误和挫折，有些社会主义国家甚至失败了。国内外历史经验教训使我们提高了对社会主义建设规律的认识。在总结我国社会主义建设的历史进程，借鉴其他国家社会主义兴衰成败的历史经验教训，分析资本主义国家不会改变西化分化对华战略的基础上，邓小平以求实和冷静的态度对各方面情况进行了全面分析。如针对苏联、东欧乱局，他指出，"现在的问题不是苏联的旗帜倒不倒，苏联肯定要乱，而是中国的旗帜倒不倒。因此，首先中国自己不要乱，认真地真正地把改革开放搞下去"②。1990年

---

① 《邓小平文选》第3卷，人民出版社1993年版，第284页。

② 同上书，第320页。

7月，邓小平在会见加拿大前总理特鲁多时，富有远见地指出，"中国要实现自己的发展目标，必不可少的条件是安定的国内环境与和平的国际环境。我们不在乎别人说我们什么，真正在乎的是有一个好的环境来发展自己"①。同时，他还特别提醒西方国家的领导人，"外国的负责任的政治家们也会懂得，不能让中国乱……中国提出这样的问题是为了引起大家警惕，是为了提醒各国决定对华政策时要谨慎"②。

历史地看，邓小平理论关于维护稳定思想，主要起源于毛泽东和毛泽东思想。1977年7月21日，邓小平在党的十届三中全会上就安定团结和稳定的政治局面进行了专门阐述，指出"1957年，毛泽东同志概括地讲了一个目标：'我们的目标，是想造成一个又有集中又有民主，又有纪律又有自由，又有统一意志、又有个人心情舒畅、生动活泼，那样一种政治局面，以利于社会主义革命和社会主义建设，较易于克服困难，较快地建设我国的现代工业和现代农业，党和国家较为巩固，较为能够经受风险。'当然，毛泽东同志这里讲的政治局面不只是讲党，而且是讲整个国家，整个军队，整个人民，就是说全党、全军、全国人民都要有那样一种政治局面"③。1979年3月30日，邓小平在党的理论工作务虚会上再次阐述了毛泽东概括的目标，并明确指出，"这就是社会主义民主的政治局面，这就是我们今天和今后所要努力实现的政治局面"④。

自1968年始，毛泽东多次提出要结束"文化大革命"。九大以后，他反复强调，要安定团结，不要分裂。维护团结、避免分裂、安定国家形势，逐步把国民经济搞上去，是毛泽东生前最后几年思想和实践的重要内容。1969年4月1日，在党的九大上，毛泽东用

---

① 《邓小平文选》第3卷，人民出版社1993年版，第360页。
② 同上书，第361页。
③ 《邓小平文选》第2卷，人民出版社1994年版，第44页。
④ 同上书，第176页。

党的简史说明只有团结才能胜利，指出"开成一个团结的大会，胜利的大会，大会以后，可以在全国取得更大的胜利"①。1974年8月，毛泽东在中南海游泳池召集中央政治局部分成员开会讨论十大召开问题时说，"希望这次会议开成真正是团结的、胜利的大会"。②1974年8月，他提出，"无产阶级文化大革命，已经八年。现在，以安定为好。全党全军要团结"③。1975年1月，在党的十届二中全会期间，他在听取李先念、王海容、唐闻生等人汇报时，"指示由周恩来在二中全会闭幕时转达自己的意见：'还是安定团结为好'"④。

邓小平根据所处的时代主题和时代背景，以解放思想、实事求是的科学态度，把毛泽东概括的"良好政治局面目标"和后来的"以安定为好。全党全军要团结"、"还是安定团结为好"等一系列要求结合起来，高度概括凝练成"稳定"两个字，形成了以稳定与发展为基础的维护稳定思想。这一思想符合我国处于社会主义初级阶段这个实际，指导并保障了党和国家各项事业的顺利推进。

二 邓小平维护稳定思想的基本内容

国家制度，是由特定的政治、经济、文化形态构成的。毛泽东在《新民主主义论》中，就是从新民主主义政治、新民主主义经济、新民主主义文化三个方面展开全面论述的。作为一脉相承的理论体系，邓小平理论关于维护稳定的思想内涵，主要包括政治稳定、经济社会稳定、思想稳定等。邓小平是从中国

---

① 《毛泽东年谱（1949—1976）》第6卷，中央文献出版社2013年版，第239页。
② 同上书，第492页。
③ 同上书，第543页。
④ 同上书，第566—567页。

特色社会主义政治同整个社会主义现代化建设和改革开放事业的总体联系上阐述和实践这一思想的。只有把握住这一点，我们才能完整地而不是碎片式地、从实质上而不是从词句上把握其博大精深的思想内涵，才能结合形势和任务的变化发展不断继承和创新。

（一）政治稳定是维护稳定思想的核心内容

在四项基本原则指导下的政局稳定、政策稳定，构成了邓小平维护稳定思想中政治稳定方面的两根支柱。1979年3月，邓小平在党的理论工作务虚会上强调，"中央认为，我们要在中国实现四个现代化，必须在思想政治上坚持四项基本原则。这是实现四个现代化的根本前提"①。党的十一届三中全会以来，以邓小平为核心的党的第二代中央领导集体，坚持以四项基本原则为政治基础，维护政治稳定。

在1980年12月的中央工作会议上，邓小平指出，"对于这四项基本原则，必须坚持，绝不允许任何人加以动摇，并且要用适当的法律形式加以确定"②。1980年，五届全国人大三次会议通过了关于修改宪法的决议后，在修改宪法的起草工作一开始，邓小平就明确指出，要把四项基本原则写入宪法。1982年5月24日的《人民日报》以《坚持四项基本原则是修改宪法的总指导思想》为题发表了社论文章。1982年12月，五届全国人大五次会议通过《中华人民共和国宪法》。《宪法》序言明确规定："中国各族人民将继续在中国共产党领导下，在马克思列宁主义、毛泽东思想指导下，坚持人民民主专政，坚持社会主义道路"，并在其他条款中将四项基本原则进一步具体化。四项基本原则载入国家根本大法，成为国家意志和不可动摇的治国原则，为维护政治稳定提供了国家强制力

---

① 《邓小平文选》第2卷，人民出版社1994年版，第164页。
② 同上书，第358页。

的有力保护。

在这一条件下,邓小平多次讲的关于党的稳定、中国稳定、国际局势稳定等,属于政治稳定中的政局稳定范畴;为了国内的政治稳定,邓小平要求必须做到政策稳定、改革开放要讲究稳妥、改革开放的步子要迈得更稳更好等等,是指政治机构和政治运转的良好有序,属于政治稳定中的政策稳定范畴。

(二) 经济社会稳定是一个国家生存发展的基础和前提

在着眼于党和国家事业长治久安原则下的经济社会战略稳定、战术稳定,构成了邓小平维护稳定思想中经济社会稳定的基本内容。一些国家的共产党搞了几十年的社会主义,最后还是丢掉政权的原因虽然很复杂,表面看其直接原因是政治路线的错误,但更深刻、更深层次的,还是经济社会方面的原因,他们没有在发展生产力上体现社会主义制度的优越性和其本质要求,而优越性决定了人民的历史选择。因此,邓小平以卓越的政治眼光,把维护经济社会稳定作为维护政治稳定,乃至党和国家稳定的重要基础工作来抓的。

邓小平关于经济社会战略稳定的思想,概括起来就是,"发达国家欺侮落后国家的政策没有变。中国自己要站稳阵脚,否则,人家就要打我们的主意。世界上希望我们好起来的人很多,想整我们的人也有的是"①,"社会主义如果老是穷的,它就站不住"②。"不搞现代化,科学技术水平不提高,社会生产力不发达,国家的实力得不到加强,人民的物质文化生活得不到改善,那末,我们的社会主义政治制度和经济制度就不能充分巩固,我们国家的安全就没有可靠的保障。我们的农业、工业、国防和科学技术越是现代化,我们同破坏社会主义的势力作斗争就越加有力量,我们的社会主义制度

---

① 《邓小平文选》第 3 卷,人民出版社 1993 年版,第 319 页。
② 《邓小平文选》第 2 卷,人民出版社 1994 年版,第 191 页。

就越加得到人民的拥护。"① 1986 年 9 月,邓小平会见波兰统一工人党中央第一书记、国务委员会主席雅鲁泽尔斯基时谈到,"生产力发展了,人民积极性调动起来了,社会主义国家的力量就增强了,社会主义制度就巩固了"②。实践证明邓小平的这一论断是非常正确的,中国在东欧剧变、苏联解体、世界风云变幻冲击下,能够稳定地屹然不动,"为什么'六·四'以后我们的国家能够很稳定?就是因为我们搞了改革开放,促进了经济发展,人民生活得到了改善","如果没有改革开放的成果,'六·四'这个关我们闯不过,闯不过就乱,乱就打内战。'文化大革命'就是内战"③。

除了从战略上重视关心经济社会发展外,邓小平还十分注意从战术上维护经济社会稳定。如,针对经济建设不同时期的不同特点,他预见性地强调要保持良好的经济秩序、要注意经济稳定、要保持稳定的确实可靠的高速度、要持续稳定协调发展、要平平稳稳地发展几十年、要稳扎稳打,强调胆子要大,步子要稳等等,"必须把改革的力度、发展的速度和社会可以承受的程度统一起来,在社会政治稳定中推进改革、发展,在改革、发展中实现社会政治稳定"④;再如,针对改革开放过程中出现的民生、治安、收入差距过大等社会问题,邓小平强调,要大力稳定社会秩序、维护社会安定、确保安定的环境,并督促有关职能部门拿出一系列切实可行的举措加以解决。

(三)思想稳定是检验一个政权是否稳固的重要指标,是检验政治和经济社会是否稳定的风向标,是事关稳定的重要基石

党的十一届三中全会以后,国内外敌对势力相互勾结,图谋在

---

① 《邓小平文选》第 2 卷,人民出版社 1994 年版,第 83 页。
② 《邓小平文选》第 3 卷,人民出版社 1993 年版,第 178 页。
③ 同上书,第 371 页。
④ 李捷:《基本路线的确立与中国特色社会主义道路的开辟》,《中国当代政治史论稿》(2013 年 11 月),第 178 页。

中国搞资产阶级自由化、搞"和平演变"，攻击中国共产党的领导和社会主义制度。邓小平对此给予特别关注，及时告诫全党和全国人民保持高度警惕，并亲自领导了这场反对资产阶级自由化的斗争，挫败了反党反社会主义势力的一次又一次反扑。

在党的十二届六中全会讲话中，邓小平开宗明义地说，"反对资产阶级自由化，我讲得最多，而且我最坚持"①。由于搞资产阶级自由化的人打着民主、自由的旗帜，利用我们党过去的失误和现在存在的问题，煽动不明真相的群众，特别是有些搞自由化的人还是党内有影响力的人物，他们的言行有很大的欺骗性，人们难以辨明真相。针对这个问题，邓小平指出，"自由化本身就是资产阶级的，没有什么无产阶级的、社会主义的自由化，自由化本身就是对我们现行政策、现行制度的对抗，或者叫反对，或者叫修改"，"当时我说，反对资产阶级自由化不仅现在要讲，而且还要讲十年到二十年。今天，我又加上五十年"。②针对1989年春夏之间的动乱，邓小平指出，"这次事件的性质，就是资产阶级自由化和四个坚持的对立"③。

进行社会主义现代化建设，必须有一个安定团结的局面。1989年11月，邓小平会见坦桑尼亚革命党主席尼雷尔时深刻地指出，"你知道我们两个总书记都在资产阶级自由化问题上栽了跟头。如果中国搞资产阶级自由化，那末肯定会有动乱，使我们什么事也干不成，我们制定的方针、政策、路线、三个阶段发展战略的目标统统告吹"④。反对资产阶级自由化的斗争是长期的任务，1987年3月，邓小平在接见美国国务卿舒尔茨时指出，"四个现代化，我们要搞五十至七十年，在整个四个现代化的过程中都存在一个反对资产阶级

---

① 《邓小平文选》第3卷，人民出版社1993年版，第181页。
② 同上书，第211页。
③ 同上书，第305页。
④ 同上书，第344页。

自由化的问题"①。

在反对资产阶级自由化的长期过程中，邓小平提出不能采取搞运动的方式，"只能靠经常性的说服教育，必要时采取一些行政手段和法律手段。我们坚定不移的原则是要有稳定的政治局面，以保证有秩序地进行四个现代化建设"②。他也预言，四个现代化实现了，人民生活富裕了，社会主义制度的优越性充分发挥出来了，人们就会信服社会主义，资产阶级自由化自然也就失去了市场。

同时，在维护思想稳定方面，邓小平围绕反"和平演变"、反精神污染、反"一切向钱看"、正确地借鉴和吸收西方优秀文化等，都提出了一系列具有远见卓识的论断；围绕如何团结最广大人民群众，同心同德、一心一意、把十几亿人口的思想和力量统一到建设有中国特色社会主义共同的理想和信念方面，邓小平反复强调，全体人民要有统一的理想、信念、认识，要有共同的指导思想和奋斗目标，要坚决防止人心涣散。

政治稳定、经济社会稳定和思想稳定，相互依存、相互作用，共同构成党和国家的全面稳定。维护和保持稳定，就是要从各个方面排除一切不稳定因素，全面维护和保障各方面的稳定。其中某一方面的稳定出了问题，都会影响其他方面的稳定，反之则会促进其他方面的稳定。

三 邓小平维护稳定思想的主要特点

邓小平维护稳定思想具有深厚的历史感、鲜明的时代性和宽广的国际战略思维。

---

① 《邓小平文选》第3卷，人民出版社1993年版，第208页。
② 同上。

（一）深厚的历史感

邓小平理论关于维护稳定思想，有着深厚的历史感。邓小平从中国近代以来百年鬼怪舞翩翩的长期混乱、积贫积弱的历史，从新中国成立后的曲折发展，从国际上一些国家滥服西方开出的"民主"药方所造成的动荡动乱中，洞察到保持稳定是一个国家发展和进步的首要条件，能不能保持和维护稳定，直接关系到我国"三步走"的战略目标能否如期实现，直接关系到国家的繁荣强盛，直接关系到社会主义制度的巩固和发展，直接关系到中华民族的根本利益，因此是治理国家压倒一切的大道理。他反复告诫全党全国人民，必须深刻铭记历史，倍加珍惜来之不易的稳定局面，在稳定中实现国家的长治久安。

邓小平用非常通俗简明的语言深刻揭示了这个"治理国家压倒一切的大道理"："如果今天这部分人上街，明天那部分人上街，中国十亿人口，一年三百六十五天，天天都会有事，日子还能过吗？还有什么精力搞建设？"① 因此，中国不能乱。他斩钉截铁地告诫全党全国人民，"中国不允许乱"②，"中国不能乱哄哄的，只有在安定团结的局面下搞建设才有出路。一切反对、妨碍我们走社会主义道路的东西都要排除，一切导致中国混乱甚至动乱的因素都要排除"③。

早在1962年，邓小平针对国家的政治经济和社会生活处于不断震荡之中的状况指出："我们的运动太多，统统是运动，而且统统是全国性的，看来这是搞不通的。"④ 这种"左"的错误最终导致"文化大革命"乱了自己，毛泽东也曾反复强调要安定团结，但实际上

---

① 《邓小平文选》第3卷，人民出版社1993年版，第244页。
② 同上书，第286页。
③ 同上书，第212页。
④ 《邓小平文选》第1卷，人民出版社1994年版，第324页。

没有做到。

"文化大革命"结束后，人心思定。邓小平指出，"我们正在考虑从制度上解决问题。已经提出了许多问题，特别是强调要一心一意搞四化建设，这是得人心的。人民需要一个安定团结的政治局面，对大规模的运动厌烦了。凡是这样的运动都要伤害一批人，而且不是小量的。经常搞运动，实际上就安不下心来搞建设"①，"搞四个现代化建设这个总任务，我们是定下来了，决不允许再分散精力"②，邓小平把"要有一个安定团结的政治局面"作为实现四个现代化必须具备的四个前提之一③，"没有一个安定团结的政治局面，就不能安下心来搞建设。过去二十多年的经验证明了这一点。去年一年的经验也证明了这一点"④，"文化大革命的经验已经证明，动乱不能前进，只能后退，要有秩序才能前进"⑤。

党的十一届三中全会之后，开始了全面纠正"文化大革命"及以前"左"倾错误的拨乱反正工作。以邓小平为核心的第二代中央领导集体在解决历史遗留问题、落实党的方针政策、维护毛泽东的历史地位、整顿和恢复各方面秩序等的艰巨工作中，处处从维护稳定大局出发，正确处理了复杂的矛盾，一个全党全国安定团结的大好政治局面开始形成，"这是一个非常重大和来之不易的成就"⑥，"我们全党的党员，尤其是担负领导责任的党员，都要十分注意珍惜和维护这个政治局面"⑦。

---

① 《邓小平文选（1975—1982）》，人民出版社 1983 年版，第 308 页。
② 《邓小平文选》第 2 卷，人民出版社 1994 年版，第 241 页。
③ 同上书，第 248 页。
④ 同上书，第 251 页。
⑤ 同上书，第 252 页。
⑥ 同上书，第 159 页。
⑦ 同上。

(二) 鲜明的时代性

邓小平理论关于维护稳定思想,是随着形势的发展变化而不断总结和丰富发展的。十一届三中全会后的努力,造就了安定团结的政治局面,但是遗存和新出现的问题造成的不安定因素对大好局面构成了挑战。对此,邓小平敏锐地提醒全党,"这个安定团结的政治局面来之不易,现在还很不巩固,还有来自不同方面的不安定因素。在各个岗位上工作的同志,一定要共同负起责任,维护、保障和发展这个安定团结的政治局面"①。

针对资产阶级自由化思潮的种种动向,邓小平旗帜鲜明地指出,自由化的核心是推翻共产党的领导,"对搞资产阶级自由化并且触犯了刑律的人,不严肃处理是不行的。因为他们搞的这一套无非是大鸣、大放、大字报,出非法版物,实际上是一种动乱,是'文化大革命'遗留下来的做法"。"不安定,政治动乱,就不可能从事社会主义建设,一切都谈不上。治理国家,这是一个大道理,要管许多小道理。那些小道理或许有道理,但是没有这个大道理就不行。"②

针对西方国家思想文化的渗透和旧社会丑恶现象的复发而引发的灵魂腐蚀、风气败坏、精神污染,进而影响社会安定等问题,邓小平尖锐指出,"精神污染的实质是散布形形色色的资产阶级和其他剥削阶级腐朽没落的思想,散布对于社会主义、共产主义事业和对于共产党领导的不信任情绪"③,"精神污染的危害很大,足以祸国误民。它在人民中混淆是非界限,造成消极涣散、离心离德的情绪,腐蚀人们的灵魂和意志,助长形形色色的个人主义思想泛滥,助长一部分人当中怀疑以至否定社会主义和党的领导的思潮","从长远

---

① 《邓小平文选》第 2 卷,人民出版社 1994 年版,第 251 页。
② 《邓小平文选》第 3 卷,人民出版社 1993 年版,第 123—124 页。
③ 同上书,第 40 页。

来看，这个问题关系到我们的事业将由什么样的一代人来接班，关系到党和国家的命运和前途"。①"对于造成思想混乱和精神污染的各种严重问题，也必须采取坚决严肃认真的态度，而且要一抓到底。"②"我们思想战线上出现了一些混乱，对青年学生引导不力。这是一个重大失误。我们要改变这种引导不力的软弱状态，要用我们自己的历史来教育青年，也要揭露那些别有用心的人……这些煽动者都是成名的人，我们要对付这些人。这些人恰恰就在共产党里。共产党要有纪律。世界上不管什么党都有自己的纪律。"③针对改革开放后自由化思潮的数次泛滥，党内的一些同志，乃至个别党政领导人的暧昧态度，邓小平指出，"如果在某些时候、某些问题上生动活泼和安定团结竟然发生了矛盾怎么办？那就一定要在不妨碍安定团结的条件下实现生动活泼。现在，我们有些同志在这个问题上思想有点混乱，好像把我们吃过的苦头忘记了"④。

针对社会上出现的一些丑恶现象，邓小平坚决地指出，"开放以后，一些腐朽的东西也跟着进来了，中国的一些地方也出现了丑恶的现象，如吸毒、嫖娼、经济犯罪等。要注意很好地抓，坚决取缔和打击，决不能任其发展"，"国民党办不到，资本主义办不到。事实证明，共产党能够消灭丑恶的东西"。⑤

针对改革开放过程中出现的新的影响稳定的因素，邓小平高屋建瓴地指出，"搞改革，搞四化可不简单……一定会有来自多方面的干扰，有'左'的干扰，也有右的干扰"，"开放不简单，比开放更难的是改革，必须有秩序地进行。所谓有秩序，就是既大胆又慎重，要及时总结经验，稳步前进"。⑥改革是为了解决旧矛盾，但也可能

---

① 《邓小平文选》第3卷，人民出版社1993年版，第44—45页。
② 同上书，第45—46页。
③ 同上书，第198页。
④ 《邓小平文选》第2卷，人民出版社1994年版，第251页。
⑤ 《邓小平文选》第3卷，人民出版社1993年版，第379页。
⑥ 同上书，第199页。

会面临新风险，制造出新矛盾新问题，而且还会涉及人民切身利益，如果缺乏经验、处置不当或解决不及时都会激化矛盾。对此，邓小平有清醒的判断和认识。他说："现在我们正在做的改革这件事是够大胆的。但是，如果我们不这样做，前进就困难了。改革是中国的第二次革命"①，"改革开放越前进，承担和抵抗风险的能力就越强。我们处理问题，要完全没有风险不可能，冒点风险不怕"②。但是在涉及人民群众切身利益问题上特别是收入差距扩大问题，邓小平同时十分严肃地指出："改革涉及人民的切身利害问题，每一步都会影响成亿的人……关键是要善于总结经验，哪一步走得不妥当，就赶快改"③，"社会主义最大的优越性就是共同富裕，这是体现社会主义本质的一个东西。如果搞两极分化，情况就不同了，民族矛盾、区域间矛盾、阶级矛盾都会发展，相应地中央和地方的矛盾也会发展，就可能出乱子"④。

针对人民群众反映强烈的党和政府的某些工作失误和腐败现象的蔓延，邓小平意识到，这已经引起了人民群众对党和政府的不满与不信任。因此，他强调，"在整个改革开放过程中都要反对腐败。对干部和共产党员来说，廉政建设要作为大事来抓"⑤，"做几件使人民满意的事情。主要是两个方面，一个是更大胆地改革开放，另一个是抓紧惩治腐败"，"要整好我们的党，实现我们的战略目标，不惩治腐败，特别是党内的高层的腐败现象，确实有失败的危险。新的领导要首先抓这个问题，这也是整党的一个重要内容"⑥。

邓小平高度重视霸权主义、西方敌对势力的干扰和破坏、国际和周边国家（地区）局势动荡对我国安全与稳定造成的波及影响。

---

① 《邓小平文选》第3卷，人民出版社1993年版，第113页。
② 同上书，第364页。
③ 同上书，第113页。
④ 同上书，第364页。
⑤ 同上书，第379页。
⑥ 同上书，第313—314页。

他指出,"现在不发达国家之间的战争,实际上是发达国家的需要。发达国家欺侮落后国家的政策没有变。中国自己要稳住阵脚,否则,人家就要打我们的主意。世界上希望我们好起来的人很多,想整我们的人也有的是。我们自己要保持警惕,放松不得"①。1989 年 9 月,邓小平与美籍华裔学者李政道教授谈话时直言不讳地说:"西方世界确实希望中国动乱。不但希望中国动乱,也希望苏联、东欧都乱。美国,还有西方其他一些国家,对社会主义国家搞和平演变。美国现在有一种提法:打一场无硝烟的世界大战。我们要警惕。"②

针对改革开放后一段时期刑事案件、治安案件高发,尤其是恶性案件和群体性事件频发,邓小平也注意到其对国家和人民生命财产、社会秩序、社会稳定造成了直接危害。为此,尖锐地指出,"刑事案件、恶性案件大幅度增加,这种情况很不得人心","我们说过不搞运动,但集中打击严重刑事犯罪活动还必须发动群众","找老民警当顾问,调查调查,情况就清楚了,就可以组织战役了","我们保护最大多数人的安全,这就是最大的人道主义!严厉打击刑事犯罪活动是一件大快人心的事"。③

面对上述种种影响稳定的因素,邓小平站在党和国家长远发展的大局上,以对国家和人民高度负责的精神,告诫全党绝不可对此马虎大意,"在苗头出现时不注意,就会出事"④。针对最早出现的"西单墙"等资产阶级自由化事件,他用深厚的历史观和宽广的世界眼光,未雨绸缪地告诫全党,"不要以为这样搞就不会出乱子,可以掉以轻心。少数人可以破坏我们的大事业","过去我们已经吃了十来年的苦头,再乱,人民吃不消,人民也不答应"。⑤

---

① 《邓小平文选》第 3 卷,人民出版社 1993 年版,第 319—320 页。
② 同上书,第 325—326 页。
③ 同上书,第 33—34 页。
④ 同上书,第 379 页。
⑤ 《邓小平文选》第 2 卷,人民出版社 1994 年版,第 252 页。

(三) 宽广的国际战略思维

邓小平理论关于维护稳定思想，同样也体现出了很强的国际战略思维，表现出邓小平作为一个伟大政治家的卓越洞见和对中华民族、对世界和平与安宁高度负责的责任感。邓小平指出，"中国要实现自己的发展目标，必不可少的条件是安定的国内环境与和平的国际环境"[①]，"我们的对外政策，就本国来说，是要寻求一个和平的环境来实现四个现代化。这不是假话，是真话。这不仅符合中国人民的利益，也是符合世界人民利益的一件大事"[②]，"应当把发展问题提到全人类的高度来认识，要从这个高度去观察问题和解决问题。只有这样，才会明了发展问题既是发展中国家自己的责任，也是发达国家的责任"[③]。

在发展国际关系中，不以意识形态划界，而是以维护国家利益为根本准则。邓小平指出，"我们都是以自己的国家利益为最高准则来谈问题和处理问题的"，"考虑国与国之间的关系主要应该从国家自身的战略利益出发。着眼于自身长远的战略利益，同时也尊重对方的利益，而不去计较历史的恩怨，不去计较社会制度和意识形态的差别，并且国家不分大小强弱都相互尊重，平等对待。这样，什么问题都可以妥善解决。用这样的思想来处理国家关系，没有战略勇气是不行的"[④]。改革开放以来，在邓小平的正确指导和具体指挥下，我国调整了外交方针，采取冷静观察、沉着应付、坚持原则、灵活务实的态度，坚持和平共处五项原则，反对霸权主义和强权政治，展开多边外交，发展睦邻友好关系，进行积极的国际合作与交流，广泛建立官方与民间、政党社团与个人等多方面的联系，推动

---

① 《邓小平文选》第 3 卷，人民出版社 1993 年版，第 360 页。
② 《邓小平文选》第 2 卷，人民出版社 1994 年版，第 241 页。
③ 《邓小平文选》第 3 卷，人民出版社 1993 年版，第 282 页。
④ 同上书，第 330 页。

用和平与谈判方式解决国际冲突和争端，促进了国际政治经济新秩序的发展，在维护国际和平和稳定中发挥了重要作用，提高了我国的国际地位，同时也为改革开放和现代化建设创造了良好的国际环境，维护了国家的独立主权、民族尊严和国内安定团结的政治局面。海外舆论和政治家比较普遍地认为，中国事实上已经成为世界上政局最稳定、经济发展最快的国家之一。

邓小平十分重视中国的稳定对世界的影响。我国作为人口众多、幅员辽阔、历史悠久的大国，又是相对落后的社会主义发展中国家，在国际上有一定的代表性和影响力。中国的情况如何，会被人们看作发展中国家如何，社会主义如何，世界局势发展如何。邓小平指出，"中国如果不稳定就是个国际问题，后果难以想象。只有稳定，才能有发展。只有共产党的领导，才能有一个稳定的社会主义中国"①。1986年4月，他在会见南斯拉夫社会主义联邦共和国主席团主席弗拉伊科维奇时说："坚持社会主义，是中国一个很重要的问题。如果十亿人的中国走资本主义道路，对世界是个灾难，是把历史拉向后退，要倒退好多年。如果十亿人的中国不坚持和平政策，不反对霸权主义，或者是随着经济的发展自己搞霸权主义，那对世界也是一个灾难，也是历史的倒退。十亿人的中国坚持社会主义，十亿人的中国坚持和平政策，做到这两条，我们的路就走对了，就可能对人类有比较大的贡献。"② 在1992年的南方谈话中，他再次强调，"社会主义中国应该用实践向世界表明，中国反对霸权主义、强权政治，永不称霸。中国是维护世界和平的坚定力量"③。

如果中国乱了，问题会很大，对世界政治经济是个冲击，对周边国家和亚太地区也将是个麻烦。针对国外一些人的错误认识，邓小平以"文化大革命"为例，启发包括外国领导人在内的各界人士，

---

① 《邓小平文选》第3卷，人民出版社1993年版，第357页。
② 同上书，第158页。
③ 同上书，第383页。

让大家去想象混乱状况的危害。他说:"第三世界国家要求有稳定的政治环境来摆脱贫困。政治不安定,谁还有精力搞饭吃?更谈不上发展了","东欧事件发生后,我跟美国人说,不要高兴得太早,问题还复杂得很。现在东欧的问题尚未解决,再捅别的乱子干不得!可以设想一下,如果中国动乱,那将是个什么局面?现在要是中国乱起来,就决不只是'文化大革命'那样的问题。那时还有毛主席、周总理等老一辈领导人的威信,说是'全面内战',到底不是大打,真正的内战并没有出现。现在就不同了,如果再乱,乱到党不起作用了,国家权力不起作用了,这一派抓一部分军队,那一派抓一部分军队,就是个内战的局面。一些所谓民主斗士只要一拿到权力,他们之间就会打起来。一打内战就是血流成河,还何谈'人权'?一打内战就是各霸一方,生产衰落,交通中断,难民不是百万、千万而是成亿地往外面跑,首先受影响的是现在世界上最有希望的亚太地区。这就会是世界性的灾难"。①

西方民主不适合中国国情。1989年2月,邓小平同时任美国总统布什谈话时,再次强调"如果我们现在十亿人搞多党竞选,一定会出现'文化大革命'中那样的'全面内战'的混乱局面。'内战'不一定都是用枪炮,动拳头、木棒也打得很凶"②。对中国人民来说,"如果搞资产阶级自由化,就是再来一次折腾"③,"那样,我们同林彪、'四人帮'的十年斗争就等于白费,中国就将重新陷于混乱、分裂、倒退和黑暗,中国人民就将失去一切希望。这不但是全国各族人民所极为关心的问题,也是全世界一切愿意中国强大的人们,甚至仅仅愿意同中国发展贸易的人们所极为关心的问题"④。

---

① 《邓小平文选》第3卷,人民出版社1993年版,第360—361页。
② 同上书,第285页。
③ 同上书,第197页。
④ 《邓小平文选》第2卷,人民出版社1994年版,第176页。

四 研究学习邓小平维护稳定思想的重要现实意义

重温邓小平"稳定压倒一切"的重要论断,以及乱将造成"世界性的灾难"的重要认识,看看今天在叙利亚、埃及、泰国、乌克兰、阿富汗等地出现的所谓"西化道路上的民主迷失"①,足见邓小平当年的预言是多么尖锐和深刻。"当前,我国发展进入新阶段,改革进入攻坚期和深水区"②,在新中国进入第三个三十年重要发展阶段的关键时期,系统研究邓小平理论关于维护稳定的思想,对我们以自己的主见和深厚的定力,更好地为全面深化改革的推进提供良好的稳定保障,既具有很强的理论意义,又具有很强的现实意义。

(一)邓小平维护稳定思想是保证实现全面深化改革总目标的重要思想源泉

党的十八届三中全会通过的《中共中央关于全面深化改革若干重大问题的决定》指出,"实现中华民族伟大复兴的中国梦,必须在新的历史起点上全面深化改革","全面深化改革的总目标是完善和发展中国特色社会主义制度,推进国家治理体系和治理能力现代化"。

这一重要论述反映了中国共产党在新的历史起点上的道路自信、理论自信和制度自信,树立了无产阶级政党执政理念发展的新的里程碑。"三个自信"发端于世界社会主义运动五百年历史的积淀,源自马克思主义经典作家们的天才创造,初成于中国共产党人革命、建设和改革的伟大实践,特别是党的十一届三中全会后,以邓小平

---

① 张树华、赵卫涛:《乌克兰转型之殇:西化道路上的民主迷失》,《学术前沿》2014年3月(上),第6页。
② 《中共中央关于全面深化改革若干重大问题的决定》,人民出版社2013年版,第7页。

为核心的第二代中央领导集体,在复杂多变的形势中和国内外敌对势力的一次次猖狂进攻中,努力维护和创造稳定局面的艰辛探索和丰富经验总结。

通俗地说,考验"三个自信"的,不是莺歌燕舞、风平浪静、天下太平,而是在西方敌对势力"和平演变"、"西化分化"战略及其新表现掀起惊涛骇浪时的"我自岿然不动",是在面对国内外各种否定党的领导和社会主义制度狂潮进攻时的"该出手时就出手",是在面对全面深化改革过程中触及深层利益带来抵触与阻力时不变的"自我革新的勇气和胸怀"①,是在复杂多变的内外形势中慎重而大胆推进全面深化改革中"更大的政治勇气和智慧、更有力的措施和办法"②。

邓小平指出:"历史经验证明,刚刚掌握政权的新兴阶级,一般来说,总是弱于敌对阶级的力量,因此要用专政的手段来巩固政权。对人民实行民主,对敌人实行专政,这就是人民民主专政。运用人民民主专政的力量,巩固人民的政权,是正义的事情,没有什么输理的地方。"③邓小平维护稳定思想体现出的这种正义性,是我们在新时期应对挑战、克服困难、解决问题,以稳定保证全面深化改革目标实现的不竭力量源泉。

(二) 邓小平维护稳定思想是确保稳定的重要指导思想和经验宝库

从世界社会主义运动和无产阶级执政党的历史看,邓小平维护稳定思想是在社会主义无数先贤基础上,形成的一整套确保"不走封闭僵化的老路,不走改旗易帜的邪路,坚定走中国特色社会主义

---

① 《中国共产党第十八届中央委员会第三次全体会议文件汇编》,人民出版社2013年版,第114页。

② 同上书,第121页。

③ 《邓小平文选》第3卷,人民出版社1993年版,第379页。

道路，始终确保改革正确方向"①正确理论的主要内容。

邓小平是社会主义运动历史上，吸收内外经验教训并集全党全国人民智慧，带领全党全国人民实现来之不易的、长期稳定局面的卓越领导人。当年，面对国内外的种种挑战和压力，面对形形色色错误思潮的冲击，面对改革开放伟大实践中的诸多困难，邓小平沉着坚定地告诉全世界，"凡是妨碍稳定的就要对付，不能让步，不能迁就。不要怕外国人议论，管他们说什么，无非是骂我们不开明"，"中国不能乱，这个道理要反复讲，放开讲。不讲，反而好像输了理。要放出一个信号：中国不允许乱"。② 1989 年 2 月，他同美国总统布什谈话时，立场鲜明地指出，"中国的问题，压倒一切的是需要稳定。没有稳定的环境，什么都搞不成，已经取得的成果也会失掉"，"民主是我们的目标，但国家必须保持稳定"。③

在应对和处理各种困难局面的案例中，邓小平所体现出的卓越远见，既讲战略又讲策略、既坚持原则又讲政策的政治家风范，值得后人学习和借鉴。这种源于崇高理想信念和对社会主义美好明天坚定信仰的主见，是我们在继续维护来之不易稳定局面、实现全面深化改革总目标过程中，值得进一步挖掘和借鉴的经验宝库。

（三）邓小平维护稳定思想的开放性决定了其思想的深远意义

邓小平理论是马克思主义中国化的第二大理论成果，是对毛泽东思想的继承和发扬。"实践发展永无止境，解放思想永无止境，改革开放永无止境。"④ 邓小平维护稳定思想是在前人基础上，对什么是社会主义、如何建设社会主义、怎样治理社会主义等重大问题的

---

① 《中国共产党第十八届中央委员会第三次全体会议公报》，人民出版社 2013 年版，第 7 页。
② 《邓小平文选》第 3 卷，人民出版社 1993 年版，第 286 页。
③ 同上书，第 284—285 页。
④ 《中国共产党第十八届中央委员会第三次全体会议文件汇编》，人民出版社 2013 年版，第 17 页。

开放式探索，并赋予了与时俱进的思想品质。

马克思、恩格斯在探索无产阶级解放的道路上，除从理论上进行研究外，还一直关注并认真研究各国无产阶级革命的进程，但由于法国"二月革命"和巴黎公社的夭折，马克思、恩格斯没遇到全面治理社会主义社会的长期实践。列宁创造性地发展了马克思恩格斯的思想，紧密结合俄国实际，领导取得了十月革命的伟大胜利，并建立了世界上第一个社会主义政权。但是，列宁还没有来得及对社会主义社会的治理进行深入探索，就去世了。后来苏联的历任领导人虽然在这个问题上继续进行了一定探索和实践，但由于指导思想的偏失，忽左忽右，一系列致命错误致使苏联沉疴难消，在稳定问题上出了乱子，最终被西方势力所颠覆。

中国共产党和毛泽东依据马列主义基本原理，"使中国这个占世界四分之一人口的东方大国进入了社会主义社会，成功实现了中国历史上最深刻最伟大的社会变革"①，并开始探索适合中国国情的社会主义国家治理之路。但是，新中国脱胎于半殖民地半封建社会，封建传统作为残余的意识形态，并没有随着新民主主义革命、社会主义革命的胜利而自然消亡，而是还在顽固、深刻而又广泛地影响着人们。

正如邓小平尖锐指出的，"旧中国留给我们的，封建专制传统比较多"②，"肃清思想政治方面的封建主义残余影响这个任务，因为我们对它的重要性估计不足，以后很快转入社会主义革命，所以没有能够完成"③。这些问题致使我们在新中国成立后未能防止在20世纪50年代后期的阶级斗争扩大化、经济建设上的浮夸、"文化大革命"的十年内乱等，造成了国家的动荡和不稳定。针对这

---

① 《习近平在纪念毛泽东诞辰120周年座谈会上的讲话》，中国政府网，2013年12月26日。
② 《邓小平文选》第2卷，人民出版社1994年版，第332页。
③ 同上书，第335页。

些问题，邓小平进行了认真思考、探索和实践。之后，以江泽民、胡锦涛同志为总书记的历届中央领导集体，又在此基础上，以马列主义的科学态度和求实精神进行了新的实践探索和正确的经验总结，使我国在一些国家和地区不断出现乱局的背景下，始终保持"风景这边独好"。

目前，中国已经成为世界第二大经济体，经济社会发展进入了新的阶段，更需要我们勇于直面新形势新任务新要求，敢于面对旧问题新挑战，敢于应对世界日趋激烈的国际竞争，"以强烈的历史使命感，最大限度集中全党全社会智慧，最大限度调动一切积极因素，敢于啃硬骨头，敢于涉险滩，以更大决心冲破思想观念的束缚、突破利益固化的藩篱，推动中国特色社会主义制度自我完善和发展"[1]，"让一切劳动、知识、技术、管理、资本的活力竞相迸发，让一切创造社会财富的源泉充分涌流，让发展成果更多更公平惠及全体人民"[2]。习近平总书记指出，"在认识世界和改造世界的过程中，旧的问题解决了，新的问题又会产生"[3]，"国家安全和社会稳定是改革发展的前提。只有国家安全和社会稳定，改革发展才能不断推进"[4]。在浩浩荡荡的时代大潮中，我们深刻领会邓小平维护稳定思想，及其体现出的善于继承、勇于发扬的与时俱进品质，更有其特殊重要的意义。这不但使我们对党的理论发展创新脉络有更加清晰的把握，认识到新一届中央领导集体的决策正是邓小平维护稳定思想要求和品质在新时期的具体体现，从而更加感受到马克思主义理论之树长青的真谛。同时，也有利于推动意识形态战线对党的十八大、十八届三中全会精神和习近平总书记系列重要讲话精神的

---

[1] 《中国共产党第十八届中央委员会第三次全体会议文件汇编》，人民出版社2013年版，第22—23页。
[2] 同上书，第18—19页。
[3] 同上书，第91页。
[4] 同上书，第109页。

准确、全面、深刻的理解，不断强化在实际工作中确保正确政治方向和学术方向的责任意识，不断增强在本职岗位上努力营造稳定的舆论环境和舆论导向的使命感。

（作者单位：中国社会科学院当代中国研究所）

邓小平基层民主思想的生成
逻辑与精神内核

赵秀玲

改革开放以来，邓小平研究已成显学，有关他的各个方面，学者几乎都有涉猎，也取得了累累硕果。邓小平基层民主思想也不例外，学界往往从党内民主、城市社区民主、乡村基层民主等多角度展开探讨，不论是研究数量还是质量都是可称道的。不过，就目前情况看，邓小平基层民主思想研究也存在明显的不足：一是摘章选句式的研究较多，不少学者往往先验地设定理论和结论，然后用邓小平的言论进行注释，这就容易失去研究主体的独立性和创造性；二是静态而不是动态地看待邓小平基层民主思想，从而给人以"刻舟求剑"之感；三是就事论事者多，即专门探讨邓小平基层民主思想，而难以在更大的时空和参照中看待研究对象。其实，邓小平基层民主思想有一个生成过程，其内在思想及外在因果关系都是相当复杂的，因此，对它的研究就需要在多维时空中，用动态和系统的方法还原历史真实，用前瞻性的眼光进行审视。

一

探讨邓小平基层民主思想，学界往往更重后期，甚至只谈后期而少谈或不谈前期，这当然有其合理性，因为改革开放以来，作为中国改革的总设计师，邓小平的民主思想包括基层民主思想更有代表性，也更加丰富和成熟。不过，这种研究思路也有局限，那就是忽略了其生成性和发展性，只见其"果"而不重其"因"，因为改革开放后的二十年毕竟只占邓小平基层民主思想的三分之一时间，前四十多年亦不可小视。更何况，没有追本溯源的研究，就很难理解和把握邓小平基层民主思想这棵大树的全貌和本质。我认为，邓小平基层民主思想是一个不断发展的过程，这主要包括以下三个重要阶段，而每一阶段又有着自己不同的特点。

（一）初创期（1938—1949）

邓小平基层民主思想最早产生于何时？这是一个重要问题，也是一个难题，因为我们现在所能看到的邓小平文章较晚，《邓小平文选》的首篇是1938年1月12日的《动员新兵与新兵政治工作》。这篇文章虽未直接谈到基层民主，但其中的思想明显有基层民主的萌芽。邓小平说："我们不仅要武装战士的手足，尤其重要的是武装战士的头脑。完全采用压制的办法，其结果，纵然可以在表面上收到一些效果，也绝不是巩固的，更不会发扬战士的自动性，从战士自己的觉悟中发生出无比的战斗威力，尤其不能在任何困难环境中还会保持一致以支持艰苦的斗争。""在部队中，应动员老战士，提倡友爱的精神，发动老战士帮助新战士学习军事和政治，反对老兵欺侮新兵的现象。同时，注意新战士的伙食及衣物的供给，尽可能减少新战士的困难与苦痛，使新战士的精神感到愉快。"[1] 这种重视军队基层，重视新老战士友爱，尤其强调武装新兵的手足和头脑，关注新战士的自动、自觉成长和愉快生活，都体现了基层民主思想的某些核心内容。真正代表邓小平基层民主思想得以确立者，是发表于1941年4月15日的《党与抗日民主政权》。在此文中，作者明确提出"民主"一词，也谈到"三三制政权"，还强调"村的政权"、

---

[1] 《邓小平文选》第1卷，人民出版社1994年版，第6页。

"村是政权的基础"、"村代表会"、"村选",更提到"民主政治"、"民主教育"、"民主运动"和"民主精神"等概念①,从中可见邓小平基层民主思想的理论自觉和观念意识。在后来的一系列文章中,邓小平又提到"地方党组织"、"群众组织"、"群众团体"、"村民代表会"、"农民代表会议"、"农协"、"工会"等,是对基层民主思想的进一步补充和完善。早在四十年代初,邓小平就强调"村是政权的基础",后又说"一切工作的基础在村,我们必须注意村级工作的领导",同时,"在政权方面,应建立统一战线的类似民主政权的村民代表会,一切实权不操于村长而操于代表会"。到1948年,邓小平又详细表示:"农协是乡村最主要的群众组织,必须大量地吸收农民自愿入会,扩大组织基础,防止为少数人垄断自私使之变成一个狭隘宗派团体的现象。……除了农协,在农村还应逐渐建立青年的、文化的、妇女的、儿童的组织,以团结和教育一切群众。在城市则应首先注意建立工会和团结知识青年的组织。"② 很显然,邓小平此时的基层民主不论从概念、还是范围,抑或是自愿意识与精神,都是比较完整和全面的,也达到了一定的高度。

(二) 发展期(1950—1976)

如果说,新中国成立前邓小平基层民主思想主要立足于农村,那么,在新中国成立后相当长时间里,则更着重党的基层组织、城市社区及厂矿企业。具体到基层民主思想的核心,则由强调民主政治、民主教育和民主运动,变成强调扩大民主和群众自治等。这既与由战争年代转向国家建设的大背景有关,也与邓小平对于基层民主思想的深入理解有关。如邓小平说:"我们要在整风的基础上把党公开。……无论城市、乡村、工厂、机关,党都要公开。公开的好处很多,老区都有经验。有的同志怕把表现不好的党员公开出来。

---

① 《邓小平文选》第1卷,人民出版社1994年版,第8—21页。
② 同上书,第8、52、76、120页。

丑媳妇总要见公婆的嘛，让群众来监督批评，只有好处，没有坏处。"① 这是重视基层党组织的公开，是一种扩大的民主公开。邓小平还谈到"在群众方面，要扩大各方面的民主……厂矿企业的管理方面，要扩大民主"，"就是农村办合作社，也要扩大民主，实行民主办社。农村干部的命令主义是同上级领导的缺乏民主作风分不开的"②，可见，此时的"扩大民主"已推广到基层民主的各个领域和各个方面。1950年7月21日，邓小平在欢迎赴西南地区的中央民族访问团大会上的讲话中，直接提到"自治"的概念，这在他的基层民主思想中尚属首次。最重要的是，邓小平提出"小区域自治"，也就是基层民主自治的思想："还可以在联合政府下面，实行小区域自治，比如一个民族聚居乡。少数民族的事应该由他们自己当家，这是他们的政治权利。"③ 纵观邓小平的基层民主思想，他很少谈"自治"，即使在改革开放后全国开展轰轰烈烈的"村民自治活动"中也是如此，这充分显示出邓小平于五十年代初明确提出"自治"和"小区域自治"的特殊性和可贵之处！此时，工人和工会成为邓小平强调的重点，他多次谈工会的重要性，并希望成为厂矿、企事业单位的工人之家。他说："必须把工人的最大多数组织到工会中去，并依靠工会去教育工人，启发其阶级觉悟，发挥其生产积极性。忽视工会工作，就谈不上依靠工人阶级。"他还说："我们的青年团、妇联、合作社、文化团体等等都必须把工人工作放在重要的地位。"④ 概言之，新中国成立后到改革开放前这一段时间内，虽有"文化大革命"十年浩劫的干预和破坏，但新中国成立初期的十年，邓小平基层民主思想较新中国成立前还是有较大变化和进展，其最突出的标志是，在"扩大民主"的带动下，城乡自治精神得到了张扬和提升。

---

① 《邓小平文选》第1卷，人民出版社1994年版，第160页。
② 同上书，第271页。
③ 同上书，第166页。
④ 同上书，第175—176页。

（三）成熟期（1977—1997）

不论是对邓小平个人还是国家发展来说，改革开放以来都是最好的时光，它一改之前尤其是"文化大革命"十年的曲折，变而成为越来越广阔、现实和美好的道路，虽然中间也不乏矛盾与坎坷。在基层民主思想上也是如此，有了前两个阶段的积累和奠基，改革开放以来的二十年，邓小平基层民主思想开始走向成熟，并形成了自己独具特色的马克思主义理论。比较重要的突破有三个方面：

一是城乡基层民主齐抓并重。虽然在前两个时期，邓小平一直都在兼顾城乡基层民主，但新中国成立前后明显有从农村向城市的重点转移。这在当时，都与时代等多种因素的考量相关，但其不平衡性也是不容讳言的。然而，到了新时期的改革开放，城乡统筹兼顾成为邓小平基层民主思想的一大调整，也是一个重要发展，因为要真正实现现代化，城乡基层民主缺一不可。一方面，邓小平强调农村、农村改革和农村基层民主的重要性，他说："这几年进行的农村的改革，是一种带革命意义的改革。与此同时，我们开始了城市改革的试验。""中国最大的变化在农村。""农村改革取得成功以后，我们就转到城市。"[①] 邓小平还从政治民主的高度表示："政治上，充分发扬人民民主，保证全体人民真正享有通过各种有效形式管理国家、特别是管理基层地方政权和各项企业事业的权力，享有各项公民权利。"[②] 由此可见，城乡一体化改革带来了城乡基层的巨变，也反映在邓小平对于基层民主的全面和战略性思考。

二是权力下放，这是对以往扩大民主的进一步发展和深化。比较而言，"扩大民主"更重广度的民主推进，而"权力下放"则是民主的深度发展，是结构与观念的变化，其革命性意义不可低估。邓小平说："要加大地方权力，特别是企业的权力。……企业没有自

[①]《邓小平文选》第3卷，人民出版社1993年版，第78、117页。
[②]《邓小平文选》第2卷，人民出版社1994年版，第322页。

己的权力和机动性不行。""我想着重讲讲发扬经济民主的问题。现在我国的经济管理体制权力过于集中，应该有计划地大胆下放，否则不利于充分发挥国家、地方、企业和劳动者个人四个方面的积极性，也不利于实行现代化的经济管理和提高劳动生产率。应该让地方和企业、生产队有更多的经营管理的自主权。"① 至于厂矿企业内部，邓小平也讲权力下放，他说："比如实行党委领导下的厂长负责制，党委只管大的政治问题、原则问题，厂里的生产、行政方面的管理工作，就应该由厂长负责统一指挥，不能事无大小都由党委包起来。"② 对于权力下放，邓小平甚至这样说："调动积极性，权力下放是最主要的内容。我们农村改革之所以见效，就是因为给农民更多的自主权，调动了农民的积极性。""调动积极性是最大的民主。""把权力下放给基层和人民，在农村就是下放给农民，这就是最大的民主。我们讲社会主义民主，这就是一个重要内容。"③ 在邓小平看来，将权力下放到基层，充分调动人民群众的积极性、主动性和创造性，是民主的应有之义，也是民主的深度表现形式，从这个意义上就可以理解，为什么邓小平反复强调"最大的民主"这一概念。

三是辩证地理解民主与法制、政治民主与经济民主的关系，这在邓小平以往的基层民主论述中少有涉及。邓小平这样谈民主与法制的关系："中国的政治体制改革，要讲社会主义的民主，也要讲社会主义的法制。""还要使人民有更多的民主权利，特别是要给基层、企业、乡村中的农民和其他居民以更多的自主权。在发扬社会主义民主的同时，还要加强社会主义法制，做到既能调动人民的积极性，又能保证我们有领导有秩序地进行社会主义建设。这是一整

---

① 《邓小平文选》第 2 卷，人民出版社 1994 年版，第 131、145 页。
② 同上书，第 282 页。
③ 《邓小平文选》第 3 卷，人民出版社 1993 年版，第 252 页。

套相互关联的方针政策。"① 在谈到政治民主与经济民主的关系时,邓小平认为:"政治体制改革同经济体制改革应该相互依赖,相互配合。只搞经济体制改革,不搞政治体制改革,经济体制改革也搞不通,因为首先遇到人的障碍。事情要人来做,你提倡放权,他那里收权,你有什么办法?"② 这些论述虽不是专对基层民主的,但其中显然与基层民主有关,至少是包括基层民主内容的。

需要说明的是,将邓小平基层民主思想的演变概括为以上三个阶段,只是大致勾勒出一条由萌生到成熟的线索,从而显示其成长性、发展性和生成性,但并不能入丝合缝,更不能容纳其全部。比如,在1938年之前、文化大革命以及90年代末期,关于邓小平基层民主的资料较少,我们也少有涉猎;又如,在每一阶段的细部,我们也难对邓小平基层民主思想精雕细刻,所以遗珠之憾在所难免!1975年邓小平这样表述:"要在整党的基础上挑选干部。一个大队,一个公社,一个县,选好了一、二把手,整个领导班子就带起来了。特别要抓好县委一级,建立一个强有力的县委可是重要啊!"③ 这一基层民主观在"文化大革命"期间还是相当重要的,意义也是重大的。如结合近年来对县长权力的限制来看,更是如此。不过,整体而言,梳理和探讨出一条总纲,这对于理解邓小平基层民主思想的精髓无疑也是相当重要的。

二

那么,邓小平基层民主思想在形成过程中有何规律可循,而不同的发展阶段又有着怎样的共性特点呢?只有弄清这些问题,才能理解其生成肌理和一以贯之的性质,也才能把握其理论神髓与个性

---

① 《邓小平文选》第3卷,人民出版社1993年版,第245、210页。
② 同上书,第164页。
③ 《邓小平文选》第2卷,人民出版社1994年版,第36页。

风采,从而达到对邓小平基层民主思想的全面把握和深入认知。总的说来,邓小平基层民主思想的演进主要有以下两大特点:

(一) 在探索中创新,并不断走向成熟

就如同其他许多制度一样,基层民主建设在中国也是一项前所未有的伟业,虽然在近代以来也有不少人一直致力于此,但却并无多少经验可以借鉴。邓小平的基层民主思想一直具有探索性和创新意识,这就与许多人的因循守旧大为不同。如在初创期的1941年,邓小平大谈"民主政治的好处",而未考虑其负面性。他说:"民主政治的好处,正在于它能够及时反映各阶级各方面的意见,使我们能够正确地细心地去考虑问题决定问题;它能够使我们从群众的表现中去测验我党的政策是否正确,是否为群众所了解所拥护;它能够使我们对事物感觉灵敏,随时具有高度的警惕性;它能够使我们党得到群众的监督,克服党员堕落腐化的危险,及时发现投机分子以及破坏分子而清洗出党;它能在民主政治斗争中提高党员的斗争能力,使党更加接近群众,锻炼党使党成为群众的党。"[①] 但到了1957年,他就看到了民主的复杂性和负面性,于是将"大民主"与"小民主"进行了如下的辩证理解:"我们是不赞成搞大民主的。大民主是可以避免的,这就要有小民主。如果没有小民主,那就一定要来大民主。群众有气就要出,我们的办法就是使群众有出气的地方,有说话的地方,有申诉的地方。……总之,要让群众能经常表达自己的意见,在人民代表大会上,政协会议上,职工代表大会上,学生代表大会上,或者在各种场合,使他们有意见就能提,有气就能出。有小民主就不会来大民主。群众把气出了,问题尽可能解决了,怎么还会有大民主呢?怎么还会有罢工罢课呢?大民主我们并不提倡,搞大民主并不好。"[②] 在此,"大民主"指的是大规模的风

[①] 《邓小平文选》第1卷,人民出版社1994年版,第12页。
[②] 同上书,第273页。

潮和闹事,"小民主"指的是包括基层民主在内的各种正常民主活动。显然,在此阶段,邓小平对"民主"和"基层民主"的理解较前的"民主政治"更为具体、细致、理性和全面了。到1987年,面对国内外一些人的西化观点与倾向,尤其是希望在中国搞西方式民主的所谓"普选",邓小平提出这样的观点:"我们并不反对西方国家这样搞,但是我们中国大陆不搞多党竞选,不搞三权分立、两院制。我们实行的就是全国人民代表大会一院制,这最符合中国实际。……即使搞普选,也要有一个逐步的过渡,要一步一步来。我向一位外国客人讲过,大陆在下个世纪,经过半个世纪以后可以实行普选。现在我们县级以上实行的是间接选举,县级和县以下的基层才是直接选举。因为我们有十亿人口,人民的文化素质也不够,普遍实行直接选举的条件不成熟。其实有些事情,在某些国家能实行的,不一定在其他国家也能实行。我们一定要切合实际,要根据自己的特点来决定自己的制度和管理方式。"[①] 这种根据实际情况,逐步实现的"民主"(包括基层民主)进程,既是中国实践探索的结果,也符合民主发展的自然选择,还是突破以往局限的制度创新,更是逐渐走向成熟的显著标志。

(二)起点高、地基稳,从而获得又快又好的发展

所谓起点高,主要是指邓小平在四十年代就有较为深刻的民主观,尤其是对基层民主的深入和辩证理解。早在1941年,邓小平这样谈基层民主的人权问题,地主阶级只要它是抗日的,不反对民主政治的,它就有参加'三三制'民主政权的权利。所以我们在政治上,不仅要保障群众的人权、政权、财权、地权,还要保障地主的人权、政权、财权、地权。在群众运动中不能提倡侮辱地主人格的行为,如打人、唾口水等。这种民主观不仅考虑到"人权",更考虑

[①]《邓小平文选》第3卷,人民出版社1993年版,第220—221页。

到"人格",可谓是对民主精神的内在化理解。

所谓的基稳,指的是在基层民主的每个阶段,邓小平都矢志不渝地坚持"群众路线"不动摇,他一直将人民群众的利益和意愿放在首位,并将之作为所有工作的逻辑起点和生命线。"群众路线"的具体说法上,他在不同时期有所不同,但其精神主旨却一直未变。早年的邓小平曾表示:"在敌占区、游击区采取简单生硬的办法,是必然失败的,而必须照顾那里的环境,一切为保护人民利益打算,提出恰当的对敌斗争方法,才会得到人民拥护,也才能取得胜利。经验尤其证明:谁关心人民的问题,谁能帮助人民想办法去和敌人斗争,保护人民利益,谁就是群众爱戴的领袖。"[①] 1978年,在党的十一届三中全会上,邓小平又提出:我们每做一件事,都要看人民"拥护不拥护,赞成不赞成,高兴不高兴"。这种群众路线观在邓小平基层民主思想中最有代表性。

正是基于上述特点,邓小平基层民主思想才能在复杂的历史环境坚持正确的政治方向,才能始终坚持民主和自治的精神不动摇,才能产生历史性和革命性的巨大影响。

纵观邓小平几个阶段的基层民主思想,有以下共性值得注意,这也是形成其整体性风格及其个性的前提。

一是强调党性原则。不论是在抗战期间,还是在新中国成立初期,或是进入新时期,邓小平一直坚持党的领导这一原则,无论何时何地都没动摇过,这集中体现了一个马克思主义者的风范。如在早期的《党与抗日战争》一文中,邓小平反对"以党治国",认为这是国民党的流毒所在,必然导致脱离群众。但另一方面,他又强调党的指导和监督作用,"保证党的领导为原则","使党成为群众的党","在各级参议会、行政委员会的选举中,在各级政府行政人员的配备选拔中,必须切实经过党的指导作用,以保证三三制的比

[①] 《邓小平文选》第1卷,人民出版社1994年版,第41页。

例。自流主义的选举，无计划的选拔，都不能得到应有的成果。在村级及区级干部配备中，尤须注意及此，且应切实保证村区长的人选，掌握在党员和进步分子（也可吸收一部分有正义感且能执行上级政府法令的中间分子）手中"。① 1962 年，邓小平这样理解"群众路线"："党的正确的路线、政策是从群众中来的，是反映群众的要求的，是合乎群众的实际的，是实事求是的，是能够为群众所接受、能够动员起群众的，同时又是反过来领导群众的，这叫群众路线。"② 在对群众路线的辩证理解中，最后突出党的领导，这种原则性是相当强烈，也是根深蒂固的，只有这样才能避免所谓的"大民主"发生，也才能形成"稳定压倒一切"的共识。

  二是一切从实际出发处理和解决问题。1943 年，在《根据地建设和群众运动》一文中，邓小平谈到"指导根据地群众运动"应掌握哪些规律，其中有这样的看法："不了解这些发展的规律，不懂得诱导群众运动逐渐由低级向高级发展，就会使运动脱节，就不能逐步地提高群众到自为阶级的阶段，也就不能保卫其既得的利益。"③ 1962 年，邓小平表示："有些做法应该充分地照顾不同地区的不同条件和特殊情况，我们没有照顾，太轻易下决心，太轻易普及。过去我也讲过，我们的运动太多，统统是运动，而且统统是全国性的，看来这是搞不通的。有的应该搞运动，比如土改运动，但是也有个阶段的不同和方法的不同啊。"④ 1980 年，邓小平说："我们多次讲过，就是一个生产队，也应该解放思想，开动脑筋，解决本生产队的具体问题。我看，一个生产队、一个工厂、一个车间、一个班组的党组织，如果能够面对自己单位的具体问题，走群众路线，同群众商量，提出很好的办法，由共产党员起模范作用，真正解决这些问题，那末，那里的党组

---

① 《邓小平文选》第 1 卷，人民出版社 1994 年版，第 14 页。
② 同上书，第 288 页。
③ 同上书，第 68 页。
④ 同上书，第 324 页。

织对四个现代化就做出了很可贵的贡献。"① "从当地具体条件和群众意愿出发,这一点很重要。"② 1987年,邓小平明确指出:"中国有自己的特点,所以我们只能按中国的实际办事,别人的经验可以借鉴,但不能照搬。搞改革完全是一件新的事情,……胆子还是要大,……但处理具体事情要谨慎小心,及时总结经验。"③ 这一改革当然包括基层,尤其是指广大农村和企事业单位的改革。也是在此意义上,邓小平反复强调下放权力给基层,让地方根据自己的特点进行大胆实践。邓小平认为:"我们改革开放的成功,不是靠本本,而是靠实践,靠实事求是。农村搞家庭联产承包,这个发明权是农民的。农村改革中的好多东西,都是基层创造出来的,我们把它拿来加工提高作为全国的指导。实践是检验真理的唯一标准。"④ 因为只有在实践中,在具体问题具体分析中,才能有所发现和创造,这是邓小平基层民主也是马克思主义和毛泽东思想的灵魂。

其三是强调广大人民群众的主体性。作为邓小平基层民主思想的核心,群众路线反复被他强调,但提高人民群众的自愿、自觉、自为和自动,一直是重中之重。因为没有人民群众的民主自觉和自治精神,一切诉求和发展都无济于事,也会事与愿违。在早期的群众运动和群众教育中,邓小平强调"使群众形成一个自觉自为的阶级力量","特别要注意提高下层群众团体的工作能力","今后群众团体的经济开支,可以自己负责","群众运动应该是群众自觉自动的运动"。⑤ 1962年,邓小平提出干部的"能上能下"问题,试图通过这一方式提高干部的能力和作风。他说:"先从基层做起。比如支部书记当了两届后,就回到生产中去,生产队长当了两年又回去

---

① 《邓小平文选》第2卷,人民出版社1994年版,第280页。
② 同上书,第316页。
③ 《邓小平文选》第3卷,人民出版社1993年版,第229页。
④ 同上书,第382页。
⑤ 《邓小平文选》第1卷,人民出版社1994年版,第66、73—74页。

当社员。不是一级一级地总是上，要下，要能上能下。……在农村基层搞久了，也有缺点。当上一二十年的支部书记，又是'一帮子'，他的话差不多就是'圣旨'，这对于发扬民主，贯彻执行民主集中制，都不利。支部书记到下面当个普通党员，生产队长到下面当个普通社员，可以看看他们当支部书记或队长的时候，工作和作风究竟怎么样，这对于发扬民主有好处。"① 到了改革开放，人民群众的自主性和创造性更为邓小平所重视，他在多种场合反复强调这一点。如邓小平说："当前最迫切的是扩大厂矿企业和生产队的自主权，使每一个工厂和生产队能够千方百计地发挥主动创造精神。"② 这就落实到目标和出发点上，即基层民主的最后目的是为人民群众，而要实现这一点，又只能靠人民群众自己，尤其是充分调动人民群众的主观能动性，培育其民主和自治能力。

邓小平基层民主思想的形成，并不是随意地简单堆积，而是有其内在结构和自然成长性，尤其是有内在的发展和演变规律。在这一形成过程中，又有多种内外因素在起作用。不过，最重要的是党性原则、实事求是、人民群众主体性，这是邓小平基层民主思想发展和成熟的核心部分。

三

邓小平基层民主思想并非凭空而来，它既有其历史继承性又有其发展与创造性，这是其生命的源头活水，也是其产生影响的根由。另一方面，邓小平基层民主思想开辟了一个新时代，它对改革开放以来的中国基层民主建设起到奠基和风向标作用。因此，分析邓小平基层民主思想的继承、发展与影响无疑是十分重要的。

1. 将人民群众的意愿和评价作为衡量标准，这是邓小平基层民

---

① 《邓小平文选》第1卷，人民出版社1994年版，第329—330页。
② 《邓小平文选》第2卷，人民出版社1994年版，第146页。

主思想的核心内容，也是对毛泽东思想的重大发展。

众所周知，马克思主义者都强调群众本位，也强调人民群众在基层民主中的主体性。马克思早在19世纪四五十年代就指出："工人才创造了一切，……英国和法国的工人就很好地证明了这一点。工人甚至创造了人。"① 他还说："国家制度不仅就其本质说来是自在的，而且就其存在、就其现实性说来也日益趋向于自己的现实的基础、现实的人、现实的人民，并确定为人民自己的事情。""正如同不是宗教创造人而是人创造宗教一样，不是国家制度创造人民，而是人民创造国家制度。"② 列宁继承了马克思的群众观点，提出："革命是历史的火车头，——马克思这样说过。……人民群众在任何时候都不能够象在革命时期这样以新社会秩序的积极创造者的身分出现。"③ 在此，马克思和列宁都谈到"人民群众"，虽是广义，但主要指的是工人阶级，其范围还是有限的。毛泽东则将重心放在"农民"和"农村"上，这是他超越马克思和列宁的地方。毛泽东说过："农民问题乃是国民革命的中心问题。""所谓国民革命运动，其大部分即是农民运动。"④ 毛泽东最著名的人民群众本位观是："只有千千万万人民的革命实践，才是检验真理的尺度。""人民，只有人民，才是创造世界历史的动力。"⑤ 这里的"人民"当然指的主要是占人民群众总数80%的农民。毛泽东还说："力量的源泉是人民群众。不反映人民群众的要求，哪一个人也不行。"⑥ 正是因为对人民的崇敬和信任，毛泽东才让人民监督政府。

邓小平继承了马列主义和毛泽东思想，从而有着人民群众的本位观，尤其是重视农村基层和广大农民。在《马列主义要与中国的

---

① 《马克思恩格斯全集》第2卷，人民出版社1957年版，第22页。
② 《马克思恩格斯全集》第1卷，人民出版社1956年版，第281页。
③ 《列宁选集》第1卷，人民出版社1972年版，第601页。
④ 《毛泽东选集》第1卷，人民出版社1993年版，第37—38页。
⑤ 《毛泽东选集》第3卷，人民出版社1991年版，第1004、1031页。
⑥ 《建国以来毛泽东文稿》第11册，中央文献出版社1996年版，第149页。

实际情况相结合》一文中，邓小平说："全心全意为人民服务，一切以人民利益作为每一个党员的最高准绳。"① 在《完整地准确地理解毛泽东思想》一文里，邓小平又说，我认为，毛泽东同志倡导的作风，群众路线和实事求是这两条是最根本的东西。由此可见，在群众观上邓小平对马列主义尤其是毛泽东思想的继承。不过，与以往不同的是，邓小平更强调群众的视点、标准、意愿，更强调与群众的亲情与血脉关系，这是对以往的超越。早在1950年，邓小平就说："领导不是自封的，要看群众承认不承认，批准不批准。"② 1962年，邓小平又说："生产关系究竟以什么形式为最好，恐怕要采取这样一种态度，就是哪种形式在哪个地方能够比较容易比较快地恢复和发展农业生产，就采取哪种形式；群众愿意采取哪种形式，就应该采取哪种形式，不合法的使它合法起来。"③ 这里谈的虽是经济民主，但一切以群众为准，尤其是"不合法的使它合法起来"的提法，具有创新性，这充分说明了邓小平基层民主思想中"群众路线"的实际内核，那就是群众的根本性、立足点、出发点和目的性。邓小平也承认农民也会错，但智慧和正确往往在农民一方，所以他更相信人民群众的正确性。另外，在与人民群众的关系中，中国的马克思主义者有过不同的情感表述，像毛泽东、周恩来、刘少奇等人用"人民公仆"、"孺子牛"、"勤务员"、"清洁工"和"鱼水关系"来描绘。邓小平则用"与人民打成一片，同人民建立血肉不可分离的关系"④ 来形容，他甚至饱含深情地说过："我是中国人民的儿子，我深情地爱着我的祖国和人民。"⑤ 这让人想到陈毅的话"人民是我的亲父母，我是人民好儿郎"，二者都用父子血

---

① 《邓小平文选》第1卷，人民出版社1994年版，第257页。
② 同上书，第157页。
③ 同上书，第323页。
④ 同上书，第25页。
⑤ 《我是中国人民的儿子》，见英国培格曼出版公司出版的《邓小平文集》英文版序言，1981年2月14日。

缘关系描述与人民群众的关系，从而显示了"血肉"之情。不过，邓小平的表述更内在化，感情更真挚，这是对于人民群众本位观的超越与升华。

值得强调的是，邓小平的"群众观"对于改革开放后的深刻影响。江泽民表示："在当代中国，马克思列宁主义、毛泽东思想、邓小平理论，是一脉相承的统一的科学体系。坚持邓小平理论，就是真正坚持马克思主义、毛泽东思想；高举邓小平理论的旗帜，就是真正高举马克思主义、毛泽东思想的旗帜。"[1] 江泽民甚至直接引述邓小平的民本思想：邓小平"尊重群众，热爱人民，总是时刻关注最广大人民的利益和愿望，把'人民拥护不拥护'、'人民赞成不赞成'、'人民高兴不高兴'、'人民答应不答应'作为制定各项方针政策的出发点和归宿"[2]。由此可见，在人民本位观上，江泽民所受的邓小平的巨大影响。所以，江泽民也认为："党的一切方针政策，都要以是否符合最广大人民群众的利益为最高标准，以最广大人民群众满意不满意为根本准则。"[3] 还有，胡锦涛指出："各级领导干部都要牢固树立全心全意为人民服务的思想和真心实意对人民负责的精神，做到心里装着群众，凡事想着群众，工作依靠群众，一切为了群众。要坚持权为民所用、情为民所系、利为民所谋，为群众诚心诚意办实事，尽心竭力解难事，坚持不懈做好事。"[4] 另外，许多人都认为，习近平的群众路线主要来自毛泽东思想，一般意义上说是对的，其实也要看到，习近平与邓小平有着更为接近的表述："老百姓是我们的衣食父母，我们必须牢记全心全意为人民服务的宗旨。要时刻牢记自己是人民的公仆，时刻将人民群众的衣食冷暖放在心

---

[1] 中共中央文献研究室：《十五大以来重要文献选编》上册，中央文献出版社2000年版，第13—14页。
[2] 江泽民：《讲学习讲政治讲正气》，学习出版社1996年版，第296页。
[3] 《江泽民论有中国特色社会主义》，中央文献出版社2002年版，第217页。
[4] 《胡锦涛在"三个代表"研讨会上的重要讲话》，《人民日报》2003年7月1日。

上，把'人民拥护不拥护、人民赞成不赞成、人民高兴不高兴、人民答应不答应'作为想问题、干事业的出发点和落脚点，像爱自己的父母那样爱老百姓，为老百姓谋利益，带着老百姓奔好日子。"① 习近平不仅将人民称为"老百姓"，还用"衣食父母"来比喻，并用"时刻将人民群众的衣食冷暖放在心上"，且直接引述邓小平的话，他所受到邓小平的影响不言自明。

邓小平基层民主思想的"人民群众本位观"是一根红线，它上承老一代中国马克思主义者，下启其后的中国领导人，从而形成了既有继承又有创造的一条长流。其中，邓小平具有承前启后的作用，其最大特点是将人民群众放在更高、更重要的位置。

2. 注重民主的法制化、制度化和程序化建设，这是邓小平基层民主思想对中国马克思主的又一巨大贡献。

注重民主的法律制度和程序建设，并让人们遵纪守法，一直是马克思列宁主义的重点，也是毛泽东思想的精华。如在1954年起草宪法的修改过程中，毛泽东提出要充分发扬民主，尤其是人民群众的参与力量，就需要进行法律的制度和程序建设。毛主席认为，这个宪法草案之所以深得人心，"就是起草宪法采取了领导机关的意见和广大群众的意见相结合的方法"，"过去我们采用了这个方法，今后也要如此。一切重要的立法都要采用这个方法"。② 其实，在新中国成立前，毛泽东也说过：某些犯了重大错误的干部和党员，"群众不但有权对他们放心批评，而且有权在必要时将他们撤职，或建议撤职，或建议开除党籍，直至将其中最坏的分子送交人民法庭审处"。③ 1957年，毛泽东又强调："一定要守法，不要破坏革命的法制。""我们要

---

① 《习近平博士文集自述：曾十年申请入党不获准》，《福建博士风采》，海潮摄影艺术出版社2003年版。
② 《毛泽东文集》第3卷，人民出版社1999年版，第326—327页。
③ 《毛泽东选集》第2卷，人民出版社1991年版，第1272页。

求所有的人都遵守革命法制,并不是只要你民主人士守法。"① 民主程序也是这样,毛泽东曾说过:"要使全党、全民团结起来,就必须发扬民主,让人讲话。在党内是这样,在党外也是这样。省委的同志,地委的同志,县委的同志,你们回去,一定要让人讲话。在座的同志们要这样做,不在座的同志们也要这样做,一切党的领导人员都要发扬党内民主,让人讲话。"② "现在有些同志,很怕群众开展讨论,怕他们提出同领导机关、领导者意见不同的意见。一讨论问题,就压抑群众的积极性,不许人家讲话。这种态度非常恶劣。民主集中制是上了我们的党章的,上了我们的宪法的,他们就是不实行。"③ 由此可见,毛泽东不是不讲民主的法制与程序,而是在许多地方讲得甚是有理。

不过,比较而言,毛泽东在谈民主的法律制度与程序时,往往具有随意性,也缺乏一以贯之的实践性。如毛泽东曾表示:"要人治,不要法制。《人民日报》一篇社论,全国执行,何必要什么法律。"④ 而到了邓小平时期,他的民主思想则有所突破和超越。1978年,邓小平说:"为了保障人民民主,必须加强法制。必须使民主制度化、法律化,使这种制度和法律不因领导人的改变而改变,不因领导人的看法和注意力的改变而改变。现在的问题是法律很不完备,很多法律还没有制定出来。往往把领导人说的话当做'法',不赞成领导人说的话就叫做'违法',领导人的话改变了,'法'也就跟着改变。所以,应该集中力量制定刑法、民法、诉讼法和其他各种必要的法律,例如工厂法、人民公社法、森林法、草原法、环境保护

---

① 《毛泽东文集》,人民出版社1999年版,第197—198页。
② 毛泽东:《没有高度的民主,不可能有高度的集中》,1960年1月30日在扩大的中央工作会议上的讲话,《人民日报》1978年7月1日。
③ 毛泽东:《在扩大的中央工作会议上的讲话》,《毛泽东著作选读》下册,解放军出版社重印,第818页。
④ 辛向东、戴剑华:《"大跃进"运动期间毛泽东谈法律:要人治 不要法制》,《党史天地》2011年8月14日。

法、劳动法、外国人投资法等等，经过一定的民主程序讨论通过，并且加强检察机关和司法机关，做到有法可依，有法必依，执法必严，违法必究。国家和企业、企业和企业、企业和个人等等之间的关系，也要用法律的形式来确定；它们之间的矛盾，也有不少要通过法律来解决。"① 1979年，他又说："民主和法制，这两个方面都应该加强，过去我们都不足。要加强民主就要加强法制。没有广泛的民主是不行的。没有健全的法制也是不行的。我们吃够了动乱的苦头。"② 这样的理解是辩证的，也是实事求是的。关于基层民主的制度化和程序化，早在1941年，邓小平说过这样一段话："地方党、群众团体和军队的责任，是要扶植与帮助提高政权的威信，党和群众团体绝对没有捕人杀人等权力，……现在有些区村政权就是这样。在实行民选之后，这种现象还有可能发生。……在解决这些问题时，绝不能采取非民主的不正当的方式，即使他是一个反革命，也必须经过民主斗争或合法手续，才能加以逮捕与处理，否则有害无益。"③ 在六十多年前那样特殊的抗战时期，尚能这样强调民主程序，是难能可贵的。邓小平还说："要有群众监督制度，让群众和党员监督干部，特别是领导干部。凡是搞特权、特殊化，经过批评教育而又不改的，人民就有权依法进行检举、控告、弹劾、撤换、罢免，要求他们在经济上退赔，并使他们受到法律、纪律处分。对各级干部的职权范围和政治、生活待遇，要制定各种条例，最重要的是要有专门的机构进行铁面无私的监督检查。"④ 邓小平还谈道："管理的民主化，必须具体体现在'依靠工人团结职员'之中，尤其是具体体现到工会、工厂管理委员会、职工代表会这三种组织形式中，否则就谈不上什么民主化，就没有民主的内容。"而"所谓经

---

① 《邓小平文选》第2卷，人民出版社1994年版，第146—147页。
② 同上书，第189页。
③ 《邓小平文选》第1卷，人民出版社1994年版，第15页。
④ 《邓小平文选》第2卷，人民出版社1994年版，第332页。

营企业化,也只有在管理民主化的基础上才有可能"①。

在随后的江泽民、胡锦涛、习近平等人,则一直承续着民主法制化、制度化、程序化和管理化等理念和做法,从而使邓小平基层民主思想得到了巩固、深化和发展。江泽民在建党八十周年大会上指出:"我们手中的权力都是人民赋予的,各级干部都是人民的公仆,必须受到人民和法律的监督。要通过党内监督、法律监督、群众监督,建立健全依法行使权力的制约机制和监督机制。"他还说:"实行和坚持依法治国,就是使国家各项工作逐步走上法制化的轨道,实现国家政治生活、经济生活、社会生活的法制化和规范化;就是广大人民群众在党的领导下,依照宪法和法律的规定,通过各种途径和形式,管理国家事务、管理经济文化事业,管理社会事务;就是逐步实现社会主义民主的制度化、法律化。"②胡锦涛强调科学发展观,他曾总结说:"民主法制建设迈出新步伐。政治体制改革继续推进。实行城乡按相同人口比例选举人大代表。基层民主不断发展。中国特色社会主义法律体系形成,社会主义法治国家建设成绩显著。爱国统一战线巩固壮大。行政体制改革深化,司法体制和工作机制改革取得新进展。"③ 总之,邓小平之后,中国基层民主进入法制化、制度化、程序化的发展轨道,这与邓小平的努力和贡献是分不开的。

3. 进一步拓展自治的广度和深度,这是邓小平基层民主思想对前人的又一突破和超越。

马克思很早就有关于"自治"、"地方自治"和"真正的自

---

① 《邓小平文选》第1卷,人民出版社1994年版,第176—177页。
② 付子堂:《把握江泽民社会主义法治思想的精髓》,《重庆日报》2006年9月18日。
③ 胡锦涛:《坚定不移沿着中国特色社会主义道路前进 为全面建成小康社会而奋斗——在中国共产党第十八次全国代表大会上的报告》,《人民日报》2012年12月8日。

治"① 等提法，对于"普选"②、"人民自己实现人民管理制"和"切实的监督"③ 也都有论述。与此相关的是，恩格斯与列宁对于"自治"也有细致的阐述。作为中国的马克思主义者，毛泽东的"自治"思想对马列主义既有继承又有发展。其创新性具体表现在：更重农村与农民自治，论述得更为全面和详细，多有新见解。早在大革命时期，毛泽东就在思考中国基层民主发展的问题，提出："应立即实现民主的乡村自治制度，变无政府为有政府，具体的建立农村联合阵线，以免去农民孤立的危险，农村中武装、民食、教育、建设、仲裁等问题也才有最后的着落。"④ 这里的"乡村自治制度"虽让人想到三十年代梁漱溟创办的刊物《村治》，和当时流行的"促进乡村自治，铲除封建制度"的口号，但也是值得注意的一个概念。在抗战时期，毛泽东对选举及其选举权有这样的要求："抗日统一战线政权的选举政策，凡满十八岁的赞成抗日和民主的中国人，不分阶级、民族、男女、信仰、党派、文化程度，均有选举权和被选举权。"⑤ 瞿秋白在为毛泽东的《湖南农民运动考察报告》作序中，盛赞其农民自治与民主管理，并表示："农民协会的民众参加县政，主持乡民会议的运动。民众已经开始自主管理自己的事，甚至打官司，交钱粮，减租，办学堂，兴水利……都要自己来管。"⑥ 可见，毛泽东基层民主的自治思想是明确的，也是有时代性和自治精神的。

邓小平自五十年代谈到"区域自治"和一个民族聚居乡的"小区域自治"⑦ 后，在相当长的时间内，他一直都在关心民主自

---

① 《马克思恩格斯选集》第3卷，人民出版社1995年版，第58、120—121页。
② 《马克思恩格斯选集》第3卷，人民出版社1963年版，第57页。
③ 《马克思恩格斯选集》第17卷，人民出版社1963年版，第366、647页。
④ 《毛泽东选集》第1卷，人民出版社1993年版，第38页。
⑤ 《毛泽东选集》第2卷，人民出版社1991年版，第743页。
⑥ 《瞿秋白文集》，人民出版社1985年版，第346—347页。
⑦ 《邓小平文选》第1卷，人民出版社1994年版，第166页。

治,尤其是基层民主自治,这既表现在五六十年代,更表现在改革开放后。邓小平说:"要切实保障工人农民个人的民主权利,包括民主选举、民主管理和民主监督。不但应该使每个车间主任、生产队长对生产负责任、想办法,而且一定要使每个工人农民都对生产负责任、想办法。"① 1978年,邓小平说,为了实现四个现代化,我们所有的企业必须毫不例外地实行民主管理,使集中领导和民主管理结合起来。今后企业的车间主任、工段长、班组长要由本车间、工段和班组的工人选举产生。企业的重大问题要经过职工代表大会或职工大会讨论。企业的领导干部要在大会上听取职工意见,接受职工的批评和监督。对某些严重失职或作风恶劣的领导人员和管理人员,大会有权向上级建议给以处分或撤换。各企业的工会,将成为职工代表大会或职工大会的工作机构。因此,工会再不是有些人所认为的那种可有可无的组织了。工会工作的好坏怎么样,影响着工人当家作主的权利行使得怎么样,也影响着企业管理的好坏怎么样,影响着集中领导能否顺利进行。这里所谈的"民主选举、民主决策、民主管理和民主监督"是自治的主要内容,也是自治的精神所在,它既有马列主义、毛泽东思想中"自治精神"的承续,也有邓小平自己的理解和创新,这就是对于基层经济民主、群众自主权、人民能动性等的高度重视和充分肯定。

最能体现邓小平民主自治精神的是在中国大地上开展的"村民自治活动"。有人说,邓小平不支持村民自治,其理由是他从未在正式文件和场合谈过"村民自治",甚至连这个词也没用过。确实,我们几乎从没见过邓小平提到"村民自治",但这并不等于说他不支持或反对"村民自治",有研究表明他是支持村民自治的。② 事实上,

---

① 《邓小平文选》第2卷,人民出版社1994年版,第146页。
② 王金红:《邓小平与中国农村村民自治的发展》,《山东科技大学学报》2004年第3期。

如无邓小平的支持，村民自治不可能得以开展，更不要说获得轰轰烈烈的发展了。改革开放以来，邓小平关于在农村实行"土地承包"、民主经济和政治的"权力下放"，以及充分肯定广大基层人民群众的创造性智慧，都能说明这一点。从此意义上说，邓小平与村民自治具有直接关系。

与毛泽东等马克思主义者相比，邓小平的基层民主自治的独特性有三：一是自治主体的广泛性。毛泽东基层民主主体——人民群众是有限制的，是以阶级斗争为划分标准的，这就缩小了人民群众的范围。而邓小平基层民主的主体——人民群众更广泛，尤其在村民自治活动中更是如此。二是自治的开放性和世界性。毛泽东实行基层民主，没有像邓小平改革开放时期那样开放，而是具有相当的封闭性，在解放区是如此，在解放后也是这样，而邓小平时代的村民自治则举世瞩目，像美国前总统卡特就来华参与其中[①]，不少外国学者也成为村民自治的参与者。三是自治深度有所加大。邓小平时代的村民自治在"四个民主"中远比毛泽东时代来得深入，因为此时的科学技术、管理水平、民主程序都是以往所无法比拟的，从而使基层经济民主和政治民主更上一个新的台阶。可以说，正是在这场具有革命性的自治中，充分显示了邓小平自治思想和精神的战略眼光和伟大智慧，这也是对马列主义、毛泽东自治思想的提高与发展。当然，从邓小平村民自治思想中，我们也分明看到了毛泽东"乡村自治"的影子及其影响。

邓小平的自治思想对后人的影响甚大。在中国共产党第十五届三中全会上，江泽民首次明确肯定村民自治的重要意义，将之看成"社会主义民主的伟大创造"。他还将包产到户、乡镇企业与村民自治，并称为"当代中国农民的三个伟大创造"。这显然是江泽民对邓小平民主自治思想的继承与发展。也是在此意义上，在江泽民时代，

[①] 王金红：《邓小平与中国农村村民自治的发展》，《山东科技大学学报》2004年第3期。

村民自治获得了巨大发展。江泽民还在十五大报告中指出："城乡基层政权机关和基层群众性自治组织，都要健全民主选举制度，实行政务和财务公开，让群众参与讨论和决定基层公共事务和公益事业，对干部实行民主监督。坚持和完善以职工代表大会为基本形式的企事业民主管理制度，组织职工参与改革和管理，维护职工合法权益。坚持纠正压制民主、强迫命令等错误行为。"胡锦涛也指出："发展基层民主，保障人民享有更多更切实的民主权利。""要健全基层党组织领导的充满活力的基层群众自治机制，扩大基层群众自治范围，完善民主管理制度，把城乡社区建设成为管理有序、服务完善、文明祥和的社会生活共同体。"① 有学者这样概括说："中共第二、三、四代领导集体在实行村民自治、促进农村基层民主发展方面，其指导思想是一脉相承的、具体实践是紧密联系的。中国农村村民自治制度发端于邓小平时代，发展于江泽民时代和胡锦涛时代，而它的完善，将还需要比较长一段时期的努力。② 由此观之，邓小平村民自治思想之于江泽民、胡锦涛等领导人的垂范作用。

也应该指出，邓小平基层民主思想并非完美无缺，它在取得历史性、革命性和实践性的伟大成就时，也有不足。概言之有三：一是随意性强，缺乏系统性。这在与马列主义和毛泽东思想的比较中更为明显。如邓小平没有专论基层民主的著述，其思想多分散于各篇文章中，系统性明显不足。二是重实用性，而轻理论性。在邓小平基层民主思想中，从未出现"基层民主"和"村民自治"的概念，不论出于何种原因，都是个缺憾！有研究者称，在1981年的《关于建国以来党的若干历史问题的决议》中，出现"基层民主"

---

① 胡锦涛：《高举中国特色社会主义伟大旗帜 为夺取全面建设小康社会新胜利而奋斗——在中国共产党第十七次全国代表大会上的报告》，第六部分《坚定不移发展社会主义民主政治》。

② 王金红：《邓小平与中国农村村民自治的发展》，《山东科技大学学报》2004年第3期。

的雏形。1983年，彭真首次公开使用了"基层民主"一词。[①] 邓小平在表述基层民主时，多用朴实、自然、简洁的口语，这就带来了其生动有力，但理论性不足的局限。三是时代感和现实性有余，但前瞻性不够。邓小平基层民主思想多为解决某一时间、某一问题提出的，其优点是现实感和时效性强，但前瞻性不足，这必然影响其基层民主思想的发展性。但不管怎么说，作为一个政治家、实践家和思想家，邓小平基层民主思想毕竟影响了一个时代，并且还会长久地影响下去。

（作者单位：中国社会科学院政治学研究所）

[①] 殷倩：《"基层民主"概念的提出及其意义》，《唯实》2012年第12期。

工业化与集中力量办大事

彭才栋

过去 30 多年的改革开放一个重要内容就是，根据变化了的国内外形势和战略任务，对历史上形成的高度集中的经济政治体制进行以分权放权为大方向的改革。众所周知，改革开放的总设计师邓小平多次强调分权放权问题。但是，邓小平主张分权放权是有底线的，那就是不能搞掉社会主义集中力量办大事的优越性。这个优越性是邓小平曾经多次强调的。1982 年 7 月 26 日，他在同有关负责人谈论"六五"计划和长远规划时说："社会主义同资本主义比较，它的优越性就在于能够做到全国一盘棋，集中力量，保证重点。缺点在于市场运用得不好，经济搞得不活。""集中力量办大事这个决心要下，明年就要开始。现在资金太分散。"① 1992 年初，他在视察南方的谈话中说："现在，我们国内条件具备，国际环境有利，再加上发挥社会主义制度能够集中力量办大事的优势，在今后的现代化建设长过程中，出现若干个发展速度比较快、效益比较好的阶段，是必要的，也是能够办到的。"② 1990 年 7 月 3 日，他在视察国家奥林匹克体育中心场馆时又说："这么多亚运会建筑，是集中力量在短时间搞出来的，而且搞得这么好，证明社会主义好。社会主义能够集中

---

① 中共中央文献研究室编：《邓小平年谱（一九七五——一九九七）》（下），中央文献出版社 2004 年版，第 832 页。
② 《邓小平文选》第 3 卷，人民出版社 1993 年版，第 377 页。

力量，什么困难的事都能搞成。"①

一个时期以来，人们在对邓小平关于分权放权的思想津津乐道的同时，却忽略了他关于"集中力量办大事"优越性的思想，甚至脱离这一重要思想的历史背景，对它进行了经院式的解构。其实，"集中力量办大事"之为优越性，不是一个思辨的理论命题，而是世界近现代工业化进程的产物，是生产集中化的一般趋势与后起工业化国家所面临的内外部环境日趋严酷这两种趋势交汇的结果。

一 "集中力量办大事"的优越性被解构

邓小平关于"集中力量办大事"优越性的思想不仅往往得不到足够的重视，甚至被一些自称为邓小平理论拥趸者的学者解构。按照激烈程度，这种解构可以分为如下四类：

首先，最温和的解构是，不否认"集中力量办大事"是优越性，但强调"集中力量办大事"成为优越性是需要前提条件的。马龙闪指出："社会主义可以发挥举国之力，集中力量办大事，但必须以科学民主决策为先决条件，否则，社会主义这个优越性是不可能发挥的，至少是不可能充分发挥的。"②

其次，对"集中力量办大事"是否优越性进行模糊处理，强调要辩证地看待。陶文昭一方面认为"集中力量办大事"是社会主义制度的一种优势，改革开放 30 多年来取得的重大成就，与这一优势有很大关系；另一方面又指出某些地方政府因为不能科学理解"集中力量办大事"这个道理，做出了不少违背科学发展的事情；因此，他强调要对"集中力量办大事"进行辩证地分析，以防止出现认识

---

① 中共中央文献研究室编：《邓小平年谱（一九七五——一九九七）》（下），中央文献出版社 2004 年版，第 1317 页。

② 马龙闪：《集中力量办大事必须以科学民主决策为前提》，《中国特色社会主义研究》2011 年第 5 期。

上的偏差和实践上的错误。① 王俊拴、魏佳认为，邓小平提出的"集中力量办大事"是社会主义优越性的观点，具有特定时代背景和客观条件，讨论起来意义不大，他们要讨论的是作为举国体制的"集中力量办大事"；而集中力量既可以办大事、好事，也可以办错事、坏事，只有在特定条件下，集中力量才能办好大事。②

再次，就是直接否定"集中力量办大事"是优越性的结论了。为此，王占阳采取了三个步骤：（1）将"集中力量办大事"优越性的观点与邓小平分割开来。强调邓小平坚持两点论的，即既否定"权力过分集中"，又肯定"集中力量办大事"是我国政治体制的一种优越性。在做了这种分割之后，就放手指责："某些学界人士"把"集中力量办大事"说成是"社会主义优越性"，是对于官方、舆论和民间的严重误导。（2）强调"集中力量办大事"的优越性（所有高度集中的政治体制所共有的优越性）只是政体的效能优越性，而不是它的价值取向的优越性，从而将"集中力量办大事"的优越性中性化。（3）强调"集中力量办大事"的优越性只是解决重大个案的优越性，不是系统治理国家和社会的优越性，而且权力高度集中所必然产生的制约乏力会导致各种重大社会政治问题和经济问题，从而得出了高度集中的政治体制弊大于利的结论。③

最后，最激烈的解构就是集中力量攻击"集中力量办坏事"了。张曙光装作不知道邓小平提出过"集中力量办大事"是社会主义制度优越性的观点，对"集中力量办大事曾经被一些人抬到吓人的高度，说成是社会主义制度的优越性"表示不屑。他说：其实它是集权体制的共同特征，关键在于如何集中力量，如何办大事。在说完

---

① 陶文昭：《辩证看待"集中力量办大事"》，《北京日报》2011年11月14日。
② 王俊拴、魏佳：《关于"集中力量办大事"的政治学思考》，《社科纵横》2013年第3期。
③ 王占阳：《"集中力量办大事"不是什么优越性》，《领导文萃》2010年第9期。

这句还算公道的话后，就开始拿现实中的各种事例声讨"集中力量办坏事"了。①

概括地讲，对"集中力量办大事"之为优越性的质疑集中在如下几个方面：

（1）强调大事有好事和坏事、对事和错事之分，"集中力量办大事"也可能是"集中力量办坏事"，因此"集中力量办大事"是优势还是劣势，就成了疑问。陶文昭指出：在"事"字即办事的性质上，要分清是好事还是坏事。"集中力量办大事"成为优势的一个前提，就是要求所办的"大事"是好事、是正确的事。如果所办的是坏事、错事，那么它就不仅不是优势，反而是劣势了。秦始皇集中力量造阿房宫、修秦皇陵，以及建驰道，埃及法老修建金字塔，都是"集中力量办大事"，但并不是什么好事。在社会主义中国，历史上出现过集中力量"大炼钢铁"之类的事情，现实中也出现过一些地方和部门集中力量搞面子工程之类的事情。王占阳指出：希特勒发动世界大战，这是集中力量办大坏事。我们搞"大跃进"，这是集中力量办大错事。我们集中力量搞"两弹一星"，这又是集中力量办大好事。所以，"集中力量办大事"实际只是这种政体的效能优越性，而不是它的价值取向的优越性。这种效能优越性本身是中性的，它能与不同的"主义"（重要价值取向）和决策相结合，产生各种不同的以至截然相反的社会效果来。

（2）强调大事与小事的数量差别，并有意无意地将大事与小事对立起来，以此说明"集中力量办大事"的优越性是有限的，甚至是不偿失的。陶文昭指出：在"大"字即办事的规模上，要统筹大事与小事。"集中力量办大事"诚然不错，但不能只偏好办"大"事，而忽视与人民群众切身利益相关的"小"事。现实中，有的地方官员对搞面子工程之类的事情，认为是"大事"，搞得轰轰烈烈，

---

① 张曙光：《警惕阻碍改革的两大理论误区——"国家经济安全"、"集中力量办大事"之析》，《绿叶》2009年第5期。

而对人民群众衣食住行、柴米油盐之类事情，认为是"小事"，却不够重视。但是，在我国当今社会，绝大多数的民生事情都是这种"小事"。只有将大事和小事统筹起来看，才能做总体评判。在真真切切办好小事的基础上，办好大事才是正途。如果只办大事、不办小事，用大事挤压小事，这种"集中力量办大事"就要大打折扣。①有的学者把大事作为个案，与国家和社会的系统治理对立起来；他承认高度集中的政治体制拥有"集中力量办大事"、解决某些个案的优越性，但将"官僚主义特权、初次分配失衡、二次分配不公、权力资本化、官商勾结、贪污腐败、社会治理不公、经济难以持续有力增长、道德严重滑坡、官民关系和劳资关系日益紧张、社会裂痕日益加深等等成系列的重大社会政治问题和经济问题"，一概归咎于政治权力的集中，从而得出了"集中力量办大事"总体来说得不偿失的结论。

（3）强调集中有民主集中与专制集中之分，并含糊地指出只有民主的集中才能保证办好事，因此使"集中力量办大事"的优越性成为悬案。马龙闪将民主决策与科学决策打了包，说只有以科学民主决策为先决条件，才能使"集中力量办大事"这一社会主义优越性得到发挥。陶文昭、王俊拴、魏佳则强调集中有民主的集中与专制的集中之分。陶文昭指出：没有民主的集中，会放任长官意志，"办出事情的效果也多有悖人民的根本利益"。王俊拴、魏佳指出：脱离了民主的"集中"可能办错事，因为脱离了民主的集中缺乏政治合法性，缺乏对权力的制约和监督，必然导致家长制或个人专断；民主基础上的"集中"才能办好大事，因为民主与集中有机结合具有先进性和效率性，体现了社会主义的优越性。

这些质疑乍一看颇有几分道理，但如果仔细加以推敲，是不难发现其中的破绽的：

---

① 陶文昭：《辩证看待"集中力量办大事"》，《北京日报》2011年11月14日。

（1）在中国这样一个大国，把某些地方和部门的政绩工程视为"集中力量办大事"，未免有些牵强，有泼脏水之嫌。"集中力量办大事"中的"大事"即使不是中央一级的大事，也应该是在某个地方压倒一切、并对全国产生重大影响的大事。比如，2003年春天，北京防治"非典"。

（2）把少量的大事与数量众多的小事对立起来，把大事作为个案与国家和社会的系统治理对立来，是片面的，甚至是错误的。实际上，真正的大事数量虽少，但却对全局发挥着关键作用，办不好这样的大事，绝大多数小事根本就无从谈起。例如，在近代中国，不开展新民主主义革命，想通过兴办教育、实业来强国救国，就是空想；在"前30年"，不建立独立的比较完整的工业体系和国民经济体系，就不能维护国家安全，更谈不上较快地发展经济，提高综合国力和人民生活水平；在2003年春天的北京，不防治好"非典"，整个社会都无法正常运转。

（3）关于集中实现方式的讨论，有人为制造议题之嫌。论者只强调集中有民主的集中与专制的集中之分，并强调民主的优越性，却不知道有很多好事、大事是必须通过集中才能办好的，至于到底是民主的集中还是专制的集中，那是一个次要的问题。比如对于苏联卫国战争的胜利，我们的论者是想说它是通过民主的集中打胜的呢？还是想说它对苏联人民是一件坏事呢？

（4）把当今中国的诸多经济社会问题（特别是初次分配失衡）一概归咎于权力集中导致的制约乏力，是一种武断的推理和混淆视听的说法。这很难三言两句加以澄清，在这里仅指出一个事实：权力的集中并不必然导致缺少制约。人们在谈论权力制约时，往往忽略了一个基本事实：当今世界是一个全球化的世界，在主权国家之上，往往有国际垄断资本的经济、文化、社会（NGO）霸权和霸权国家的政治、军事霸权。这种外在制约，不仅使发展中国家内部的最高权力成了相对权力，而且足以导致发展中国家内部的国家与社会关系发生重组。近代普鲁士和沙皇俄国自上而下地废除奴隶制，就是对这种外来压力导致内部国家社会关系重组的生动说明。当人们在宣讲"绝对的权力等于绝对的腐败"的时候，应该反思一下自己是否文不对题；当人们强调分权制衡时，应该反思一下自己是否在为外部霸权开辟道路。如果论者指的是地方政府和职能部门缺乏制约，那么加强中央集权正是加强权力制约的重要措施之一。

当我们置身于这样一种历史环境中，在这里，不集中力量办好大事，就不能办好绝大多数小事；集中力量并不一定能办成大好事，但是不集中力量就一定办不成大好事。我们还有闲情逸致对"集中力量办大事"评头论足吗？

二 历史性地理解"集中力量办大事"的优越性

社会主义国家"集中力量办大事"之为优越性，并不是一个纯粹思辨的理论命题，而是世界近现代工业化进程的产物，是生产集中化的一般趋势与后起工业化国家所面临的内外部环境日趋严酷这两种趋势交汇的结果。

生产集中化是生产社会化的表现之一，马克思主义经典作家主要是在这种意义理解生产社会化的。在马克思和恩格斯看来，资产阶级领导下的生产社会化表现为生产资料的社会化（从前由个人使用的生产资料变成一批人共同使用的生产资料）、生产过程的社会化（从前生产过程表现为单个人的行动，现在则表现为一群工人的社会行动）、产品的社会化（从前的产品是单个人的产品，现在的产品则是许多工人的共同产品）；生产社会化推动了生产力的发展，但受到了资本主义私有制的束缚，生产社会化与资本主义私有制的矛盾构成资本主义社会的基本矛盾，这种基本矛盾表现为企业内部生产的计划性与社会生产无政府状态之间的矛盾、生产无限扩大与有效需求相对缩小之间的矛盾、资产阶级与无产阶级之间的矛盾；这种矛盾的发展趋势是，生产力以日益增长的威力要求资本主义私有制承认它作为社会生产力的性质，也就是说让生产越来越集中化，竞争让位于垄断，直至整个工业部门的生产统一在一个托拉斯之下，而托拉斯意味着资本主义社会的无计划生产向社会主义社会的计划生产投降。① 后来，列宁进一步发挥了马克思恩格斯关于生产集中化的设想，提出了把整个国家的生产集中在一个大辛迪加之中的设想②，乃至全世界的生产集中在一个世界托拉斯之中的前景。③ 当整个部门乃至整个国家的生产都集中在一个托拉斯或辛迪加之中的时候，就不仅仅是"集中力量办大事"了，而是整个生产都要集中经营了。

马克思主义经典作家关于生产集中化的判断在资本主义社会的发展中得到了部分的证实，然而后来的资本主义生产还表现出了一种分散化、企业小型化的趋势。为此，有的学者对马克思主义经典作家关于生产集中化趋势的判断提出了修正：（1）生产集中化只是生产社会化的表现之一，生产社会化还有另一种表现形式，即社会分工的发展，而且这一思想已经体现在马克思关于商品生产的理论当中：在马克思看来，商品生产产生于社会分工所造成的劳动的私人性与社会性的矛盾，这一矛盾必须通过交换得到解决。从这个意义上来说，生产社会化是一切商品生产的共同特征，而不是资本主义生产所独有的特征。（2）生产集中化是协作劳动规模的扩大化，社会分工的发展是生产过程和环节的分化、协作内容的简化，前者产生规模效益，后者提高个别生产力，两者都有利于生产力的发展。（3）生产集中化的趋势受到企业内部劳资矛盾的制约。资本主义生产集中化的动机在于追求利润最大化，企业内部劳资矛盾产生的管理成本有可能随着企业规模的扩大而递增，从而使生产集中化的趋

---

① 《马克思恩格斯选集》第 3 卷，人民出版社 2012 年版，第 799—809 页。
② 《列宁选集》第 3 卷，人民出版社 2012 年版，第 199、202 页。
③ 《列宁全集》第 27 卷，人民出版社 1990 年版，第 145 页。

势受到抑制。①

毫无疑问，这种修正在一定程度上对"集中力量办大事"之为优越性形成了挑战。不过，它只是缩小了"集中力量办大事"优越性的适用范围，并未对后者造成颠覆性影响。

而且，如果我们考虑产业结构问题，考虑轻工业与重工业的区分，生产集中化、"集中力量办大事"优越性将会得到进一步地说明。这主要还不是指重工业资本门槛高、单个资本往往难以胜任的问题（这个问题不难通过股份制解决），而是说投资重工业的社会效益大于经济效益，私人对重工业的投资常常不足，天然地需要国家加以扶持。重工业之所以社会效益大于经济效益，是因为其产品作为中间产品，除了与轻工业产品之间有一种相互促进的关系（消费品种类和产量的增加，导致对中间产品需求的增加，中间产品种类和产量的增加提高收入水平，导致对消费品需求的增加）以外，还有一个消费品所不具备的性质，即它们可以通过和消费品生产之间的技术联系，提高消费品生产的效率，因此重工业比轻工业具有更多的正外部性。②

与生产集中化一般趋势相联系的"集中力量办大事"率先在后起的工业化国家付诸实践，这并非偶然，这是因为：与率先实现工业化的国家相比，后起的工业化国家所面临的国内外环境往往是比较不利的，而且日趋严酷，这就使得后起的工业化国家不得不充分发挥创造性，冲破现有经济教条的束缚，将现有经济条件所能达到的效率空间发挥到极致。

后起的工业化国家所面临的国内外环境日趋严酷，主要是由于这样几个因素发挥作用的结果：（1）幼稚产业面临着率先实现工业

---

① 邱海平：《生产社会化的二重发展与企业规模的变化》，《教学与研究》2001年第4期。

② 姚洋、郑东雅：《外部性与重工业优先发展》，《南开经济研究》2007年第2期。

化国家强有力的竞争，战略性新兴产业则面临着技术基础薄弱等因素的制约。这里需要指出的是，有些学者以亚洲四小龙为例强调比较优势战略的优越性，对后起工业化国家跨越式发展战略性新兴产业的做法提出了批评。① 这种观点在理论上忽略了垂直分工对产业利润的转移，在实践上忽略了近代以来没有一个实现跨越式发展的大国倚重比较优势战略的事实。（2）资金来源变窄，同时工业化所需要资金门槛日益增高。率先实现工业化的国家，往往通过殖民掠夺获取很大一部分工业化所需的资金，但这种可能性随着势力范围的瓜分进程而变得越来越小，而且后起的工业化国家本身可能就是殖民掠夺的对象。工业化所需资金门槛的提高与工业的成熟程度有关。（3）国家安全形势恶化。工业化起步越晚，自身受殖民掠夺的可能性越大，国家安全越成问题。

由于所面临的具体环境有一个逐步恶化的过程，后起工业化国家在"集中力量办大事"方面也经历了一个由虚到实的演变过程。这一过程大致经历了三个阶段：以英美为代表的贸易保护主义阶段；以德日为代表的政府主导工业化阶段；以苏中为代表的社会主义计划经济阶段。

人们一般将英国视为第一个实现工业化的国家，这是就机器大工业而言的。实际上，在17世纪，荷兰才是真正的霸主，它不仅是著名的"海上马车夫"，而且是毛纺织大国。为了保护本国纺织业，英国从1485年亨利七世即位到1846年废除谷物法的400年间，一直实施贸易保护主义政策，甚至用初犯砍左手、再犯处死刑的严刑峻法禁止羊毛等原材料输出。到了1700年，连自己殖民地印度的棉纺织品也禁止进口。尽管亚当·斯密在1776年的《国富论》中就大力鼓吹自由贸易，但1820年英国对进口产品征收的平均关税率是45%—55%，而荷兰是6%—8%，德国和瑞士是8%—12%，法国

---

① 林毅夫、蔡昉、李周：《赶超战略的再反思及可供替代的比较优势战略》，《战略与管理》1995年第3期。

是20%。①

为了排除英国等国的竞争，美国也实行了长达100多年的贸易保护主义。早在建国之初的1791年，时任财政部长的汉密尔顿就提出了利用保护关税保护幼稚产业，以实现美国的工业化的主张。不过，他的主张被国会拒绝。1812—1815年英美战争之后，保护关税的主张得以实施，1816年的关税法案规定了7.6%—30%的税率，对棉花、羊毛、生铁等产品实施了特别的保护。此后，致力于工业化的北方和固守农业的南方围绕着提高还是降低关税进行了长期的斗争，但总的来说，保护关税的政策并没有发生动摇，反而在南北正式摊牌之后，以1862年通过的莫理尔法案为标志步入了高额关税的历史时期。1864年关税法案规定平均关税税率为47%，1890年提高到49.5%，1930年提高到48.4%，1932年提高到53.2%。直到罗斯福新政，美国才逐步走上自由贸易的道路。②另外，据研究，1830—1832年，美国棉纺织品的实际关税（考虑原材料关税的影响）为71%；1872—1889年，美国钢铁业实际关税为89.9%。③

等到德日启动工业化进程的时候，它们所面临的已经不只是率先工业化国家经济上竞争的问题，连它们自身的安全也已经成为问题了。德国不仅在19世纪初惨遭拿破仑蹂躏，而且在19世纪50年

---

① 黄阳华：《寻租总是经济发展的阻碍吗？——给李斯特和熊彼特一个机会》，《演化与创新经济学评论》2011年第2期；贾根良：《中国稀土问题的经济史透视与演化经济学分析》，《北京大学学报》（社会科学版）2011年第4期；左大培：《混乱的经济学》，石油工业出版社2002年版，第333—335页。

② [美]福克讷·H. U.：《美国经济史》上卷，王昆译，商务印书馆1964年版，第213—220、399—400、450页；[美]福克讷·H. U.：《美国经济史》下卷，王昆译，商务印书馆1964年版，第45、246—252、368、427—428页；[美]吉尔伯特·C. 菲特、吉姆·E. 里斯：《美国经济史》，司徒淳、方秉铸译，辽宁人民出版社1981年版，第330—331、337页。

③ 萧国亮、隋福民：《世界经济史》，北京大学出版社2007年版，第269页；贾根良、杨威：《战略性新兴产业与美国经济的崛起——19世纪下半叶美国钢铁业发展的历史经验及对我国的启示》，《经济理论与经济管理》2012年第1期。

代到60年代又面临着小拿破仑的军事威胁,普法战争后又面临得到英国支持的俄、法两线夹击态势;日本则于1866年被欧美列强强迫签订不平等条约,失去了关税自主权。安全问题使得德日一方面必须在一定程度上优先发展重工业;另一方面使得它们冲破了政府不干预经济的自由主义教条,走上了一条政府主导工业化的道路。在这里,保护关税已经不再那么重要,因为政府对经济实行了更广泛、更积极的干预乃至直接参与。

德国的李斯特以抨击亚当·斯密的自由贸易学说、主张贸易保护而著称,其主张在1834年成立的德意志关税同盟那里开始得到实施。不过,关税同盟主要是解决了国内市场的统一问题,保护关税政策在德国的真正实施是在1873年世界经济危机的影响下,在俾斯麦执政十多年后的1879年才开始的。① 日本由于长期丧失关税自主权(直到1911年才实现关税自主),所以保护关税姗姗来迟。1926年和1932年日本政府对关税进行了两次修订,1932年使关税平均增加了50%。② 第二次世界大战之后,日本实行了更加严格的贸易保护,即对民间进出口贸易实行审批制度和外汇额度分配制度,60年代初的所谓贸易自由化是指解除这种外贸管制,而不是取消保护关税。③

除了保护关税以外,德日还都采取了这样一些国家和政府干预措施:(1)通过财政补贴、国家订货等多种形式扶植私人企业。这里需要强调的是,由于德日工业化一个重要内容就是发展军事工业,因此军事订货是它们扶植私人企业的重要方式。此外,德国还利用

---

① 刘云龙:《欧美近代经济史》,云南大学出版社1995年版,第230—231页;韩毅:《论德国国家垄断资本主义经济制度的起源及形成》,《辽宁大学学报》1990年第3期;戎平、开邑:《俾斯麦的经济政策与德国资本主义的发展》,《高师函授学刊》1994年第1期。

② 高德步、王珏:《世界经济史》,中国人民大学出版社2005年版,第317页。

③ 杨栋梁:《日本近现代经济史》,世界知识出版社2010年版,第360—362页;左大培:《混乱的经济学》,石油工业出版社2002年版,第343—344页。

出口津贴,让本国企业可以低得破产的价格穿透外国报复性的关税壁垒。① 日本通过廉价处理在"殖产兴业"过程中兴办的国营企业,来扶植财阀;还设立了奖励基金,对所扶持的行业(造船、钢铁)给予量化奖励。(2)兴办基础设施(铁路、邮政、电讯等)。德国在19世纪后半期兴建了欧洲最发达的铁路网,这不仅是它工业化的强大动力,而且是它在两次世界大战中得以在东西两线迅速调兵的物质基础。日本在"殖产兴业"中低价处理国营企业之后,政府不再兴办企业,但仍然在兴建基础设施方面发挥着主导作用。(3)发展教育,奖励发明创造。德国建立了等级制的技术教育培训体系,并且从19世纪20年代开始就陆续在各邦实施强制性义务教育,到19世纪后半期已经成为文盲率最低的国家。普鲁士在工业革命准备期就成立了技术委员会,颁布了专利法。日本在1948年就普及了初中教育,以后又普及了高中教育。

强化私人垄断组织,兴办国营企业,是德国的一大特色。德国颁布法令,禁止企业在协议到期前退出垄断组织,规定企业在转让或继承时应连同其对垄断组织所承担的义务一起转让或继承。俾斯麦还大力实行国营化政策,将德国44个最大的矿山、12个大型钢铁企业、24%的发电设备和20%的制盐生产都收归国家所有,并把80%以上的铁路线收归国营。② 德国的这种做法,与它更为险恶的国际环境(长期面临着被肢解的危险以及两线作战的压力,虽然这种处境部分地是它自身造成的),以及义无反顾地优先发展重工业有很大关系。

相比之下,日本由于国际环境比较宽松,所以它的重工业长期集中在军事工业方面,民用工业则优先发展纺织业等轻工业,机器设备依赖进口,这是它不像德国那样热衷于促进私人企业组织化和发展国营企业的原因,但这种产业取向和组织取向也是它的工业化

---

① 《马克思恩格斯文集》第4卷,人民出版社2009年版,第342—345页。
② 刘云龙:《欧美近代经济史》,云南大学出版社1995年版,第298页。

进程一直到20世纪60年代才得以完成的重要原因之一。不过，日本在政府干预方面也有它的特色，这就是从1955年开始制定和实施的指导性的经济计划。

苏联和新中国的工业化不仅面临着强大的外部压力，而且面临着外无资金来源的新困难，这是两国采用社会主义计划经济推动工业化的客观原因。

苏联和新中国都是通过革命的方式挣脱对外依附而建国的，因此在建国初期都面临着强大的外部压力。苏联的前身沙皇俄国虽然本身也是个帝国主义国家，但其工业化很不成功，在经济上特别是财政上严重依赖于英法等国，在第一次世界大战中追随英法协约国对德、奥、土耳其等同盟国作战，遭到惨败，将国家拖入了绝境。"十月革命"拯救了俄国，但遭到协约国14国武装干涉。在粉碎武装干涉之后，苏联处境并没有得到根本改善。特别是在1927年英苏断交、苏联驻波兰大使遇刺之后，苏联的外部环境再次趋于恶化。在半殖民地中国，不开展新民主主义革命就不可能有工业化。但新中国冲破了帝国主义的东方战线，摆脱了帝国主义的殖民枷锁，很自然地遭到了帝国主义国家的包围、封锁和禁运，巴黎统筹委员会针对禁运清单比针对苏联东欧社会主义国家的还多500种；60年代开始又遭遇中苏关系破裂、直至双方在边境陈兵百万的严重局面。强大的外部压力一方面使得苏中两国必须走优先发展重工业的道路，以确保军事安全和经济独立；另一方面必须尽可能迅速地发展经济，与随时可能到来的战争争夺时间。这就不能不造成严重的资金积累的压力。

同时，苏联和新中国已经不可能从外部获取资金以缓解工业化的资金压力了。在历史上，且不说外部压力不大的英美曾经从殖民掠夺、对外扩张中大获其益，就连自身安全受到威胁的德日等国，也从对外掠夺中获取了很大一笔资金。德国通过普法战争，从法国手中获取了50亿法郎的巨额赔款，以及盛产煤铁的阿尔萨斯和洛林地区。日本通过《马关条约》从中国获取了 2 亿两白银的赔款，三国干涉还辽之后又获得 3000 万两白银的追加赔款，在"庚子赔款"中又连本带利分得 7500 万两白银。凭借着这些赔款，日本建立了金本位制度，健全了国内信用制度，并使日本金融市场同欧美密切联系起来，极大地增强了日本对外的竞争能力。① 此外，日本还对朝鲜和中国东北、台湾进行了长期的殖民掠夺。但是，这扇大门实际上在 19 世纪末期已经对后来的国家关闭了。法西斯德国、日本在第二次世界大战企图扩大对外掠夺，结果遭到了可耻的失败，就是最好的说明。

强大的资金积累压力必须通过自身化解，这是苏联和新中国走上社会主义计划经济道路的关键。1927 年底、1928 年初出现的粮食收购危机促使苏联农业集体化加速，就是最好的说明。粮食收购危机的本质是农民（特别是富农）拒绝以低于市场价格的征购价格为工业化贡献积累，而农业集体化的直接目的就是以强制手段从农业中获取积累。（这里需要澄清一个误解，似乎社会主义国家的工业化就是剥夺农民。实际上高积累是针对全民的，只是因为农业经济不在国家的直接掌握之中，所以这个问题才格外引人注目）中国农业合作化在 1955 年的加速，实际上也是粮食收购问题促成的。对此，毛泽东 1958 年 9 月 5 日在第十五次最高国务会议曾经直言不讳地谈到过。②

以纯粹公有（全民所有制和集体所有制）、指令性计划经济和有限的商品经济（在全民所有制与集体所有制之间，在生产者与消费者之间）为主要特征的社会主义计划经济，对于苏联实行高积累、低消费以快速实现工业化提供了制度保障，为卫国战争的胜利奠定

---

① 吴闻：《中国赔款与日本工业化》，《经济研究参考》1997 年第 35 期；[日]浜野洁等：《日本经济史 1600—2000》，彭曦等译，南京大学出版社 2010 年版，第 119—123 页。

② 《建国以来毛泽东文稿》第七册，中央文献出版社 1992 年版，第 381 页。

了坚实的物质基础，也对战后迅速医治战争创伤起到了重要作用。中国的工业化进程虽然经历了"大跃进"这样的波折和"文化大革命"这样的冲击，但仍然建成了独立的、比较完整的工业体系和国民经济体系，初步地实现了工业化，并为下一阶段工业化奠定了坚实的物质基础。

优先发展重工业所积蓄的消费品生产能力（重工业产品除了一部分服务于国防以外，大部分最终还是要转化为消费品生产力）需要得到释放，勒紧裤带搞建设的局面也不可能长期保持。即使国际形势不发生有利于和平和发展的重大变化，战略调整以及相应的体制改革也在所难免。但这绝不意味着对历史的否定性评价，也不意味着"集中力量办大事"就可有可无了。如前所述，社会化大生产客观上需要"集中力量办大事"。同时，像中国这样的大国只要还处于工业化进程中，还在追赶发达国家，其内外部环境就不可能发生实质性的改变；为了在变幻莫测的国际经济政治环境中立于不败之地，并不断推进中华民族复兴的进程，中国有必要保持"集中力量办大事"的能力，有必要保持国家和政府对国民经济的有效调控，有必要掌握一支足够强大的战略机动力量——国有企业。

综上所述，"集中力量办大事"并不是一个纯粹思辨的理论命题，它是中国特色社会主义的内在属性，是生产集中化的一般趋势与后起工业化国家所面临的内外部环境日趋严酷这两种趋势交汇的必然结果。在目前西方理论影响颇大的学术语境下，应清醒地、辩证地、历史性地认识和理解社会主义这一优越性，并在实践中加以贯彻，从而全面推动中国特色社会主义的发展。

（作者单位：中国社会科学院政治学研究所）

邓小平关于"不折腾"的主要文献和基本思想

冷兆松

邓小平论及"不折腾"的主要文献有三篇，中央文献研究室编《邓小平建设有中国特色社会主义论述专题摘编》摘录了其中两篇论及"不折腾"的内容①。可见，邓小平关于"不折腾"的思想，在中国特色社会主义理论体系中是重要的。十八大坚持和发展邓小平理论"不折腾"的思想，指出全党只要坚定中国特色社会主义的道路自信、理论自信、制度自信，不动摇、不懈怠、不折腾，就一定能实现"两个一百年"奋斗目标。②

邓小平在《贯彻调整方针，保证安定团结》中论述指出，"不折腾"是对改革开放前31年经验教训的正确总结，是我们"今后长期的指导方针"③；《旗帜鲜明地反对资产阶级自由化》和《会见香港特别行政区基本法起草委员会委员时的讲话》两篇文献论述指出，"不折腾"是两个"不变"，而不是一个"不变"；人们只是说中国的改革开放政策是不是变了，但不提四项基本原则、社会主义制度

---

① 中共中央文献研究室编：《邓小平建设有中国特色社会主义论述专题摘编》（新编本），中央文献出版社1995年版，第311、490页。
② 胡锦涛：《坚定不移沿着中国特色社会主义道路前进，为全面建成小康社会而奋斗——在中国共产党第十八次全国代表大会上的报告》（2012年11月8日），人民出版社2012年版，第16页。
③ 《邓小平文选》第2卷，人民出版社1994年版，第354页。

是不是变了,"这也是不变的嘛!"① 这是邓小平对改革开放以来的基本政策和经验教训的正确总结。

一 "不折腾"是对改革开放前31年经验教训的正确总结

《贯彻调整方针,保证安定团结》这篇文献,是1980年12月25日邓小平在中共中央工作会议上的讲话,是邓小平第一次论述"不折腾"的思想观点。

(一)关于"不折腾"的提出,邓小平在这里主要讲了两个观点,即"不折腾"是由陈云提出来的,"不折腾"正确地总结了我国31年来经济工作的经验教训,是我们今后长期的指导方针。

邓小平说:"一九七八年十二月党的十一届三中全会以后,陈云同志负责财经工作,提出了调整方针。"②"不折腾"的主张,就是陈云在提出经济调整方针的同时提出来的。

《陈云传》披露了如下详细史料:1979年3月14日,李先念、陈云联名致信中共中央,信的第二部分内容,是陈云起草的。陈云写道:

> 我们对目前和今后的财经工作,有以下几点意见:
> (一)前进的步子要稳。不要再折腾,必须避免反复和出现大的"马鞍形"。
> (二)从长期来看,国民经济能做到按比例发展就是最快的速度。
> (三)现在的国民经济是没有综合平衡的。比例失调的情况是相当严重的。

---

① 《邓小平文选》第3卷,人民出版社1993年版,第217页。
② 《邓小平文选》第2卷,人民出版社1994年版,第354页。

（四）要有两三年的调整时期，才能把各方面的比例失调情况大体上调整过来。……①

这条史料证明，"不折腾"是陈云在 1979 年 3 月 14 日向中共中央提出的。1980 年 12 月 16 日，中央工作会议高度评价了陈云关于不折腾、要调整的意见和建议，认为这对于我们摆脱经济领域"左"的指导思想的长期束缚，"对于我们渡过困难，使经济建设走上正确的轨道，具有重要的作用"。②

邓小平在这篇文献中说：陈云提出的"不折腾"的主张和经济调整方针，"正确地总结了我国三十一年来经济工作的经验教训，是我们今后长期的指导方针"，"建国三十一年来，我们确实犯过不少错误，包括严重的错误，其间几经折腾，使人民受到了不少损失，也延缓了社会主义建设的进程"。③

（二）结合经济调整与改革方向的关系，邓小平在这篇文献中阐发了关于"不折腾"的一个重要思想观点，即改革的步骤和节奏可以变动，但是，十一届三中全会以来的改革方向，不能有任何改变；改变，就是折腾，就会引起广大群众和干部的担心和害怕。

1979 年 3 月陈云提出"不折腾"的想法，一是对改革开放前 30 年新中国经验教训的总结；二是用来说明经济调整的必要性和指导经济调整。经过十年"文化大革命"的破坏和折腾，中国经济已经到了崩溃的边缘，加之"文化大革命"结束之后的两年中我们没有摸清情况，追求"洋跃进"、高指标、瞎折腾，各种重大的经济比例关系严重失调，全国经济面临非常严峻的困难局面。所以，陈云向中央提出进行经济调整、不要再折腾的建议。但是，当时全党对经

---

① 《陈云传》，中央文献出版社 2005 年版，第 1556—1557 页。
② 《三中全会以来重要文献选编》（上），人民出版社 1982 年版，第 608—626 页。
③ 《邓小平文选》第 2 卷，人民出版社 1994 年版，第 354、356 页。

济调整必要性和紧迫性的认识很不统一,"因全党认识很不一致,也很不深刻,所以(经济调整方针——引用者注)执行得很不得力"。[1]

针对这种情况,邓小平发表了这篇讲话。这篇讲话重点是统一认识、进一步贯彻经济调整的方针,但是,考虑到大家担心十一届三中全会以来的方针、政策改变,因为31年历史上的多次折腾大家怕了。邓小平也明确论述了经济调整绝不会改变十一届三中全会确定的改革方向这个重大问题,给大家吃了"定心丸"。他说:十一届三中全会"确定了一系列的政策,进行了一系列的改革,取得了显著的成绩。去年四月提出了调整,同时也提出了改革、整顿、提高。广大群众和干部一方面衷心拥护党的这些正确的决策,另一方面也担心政策什么时候会变。他们这种怕反复、怕折腾的心情是完全可以理解的。"[2] "这次调整,是不是要改变三中全会以来的方针、政策呢?决不是。"[3] "我完全同意陈云同志的意见,今后一段时间内,重点是要抓调整,改革要服从于调整,有利于调整,不能妨碍调整。改革的步骤需要放慢一点,但不是在方向上有任何改变。"[4]

(三)邓小平在这篇文献中指出,贯彻执行十一届三中全会以来改革开放的一贯方针,不反复、不折腾,我们的事业一定胜利。

邓小平说:"经济上实行进一步的调整,政治上实现进一步的安定,这都是为了贯彻三中全会以来的一贯方针。贯彻执行三中全会以来的一贯方针,我们的事业一定胜利。"[5]

---

[1] 《邓小平文选》第2卷,人民出版社1994年版,第354页。
[2] 同上书,第357页。
[3] 同上书,第357—358页。
[4] 同上书,第362页。
[5] 同上书,第374页。

二 "不折腾"是两个"不变",绝不仅是一个"不变"

在1986年12月30日的《旗帜鲜明地反对资产阶级自由化》、1987年4月16日的《会见香港特别行政区基本法起草委员会委员时的讲话》这两篇文献中,通过总结改革开放以来的经验教训,邓小平对"不折腾"形成了新的重大的发展,反复论述了"不折腾"是两个"不变"、绝不是一个"不变"的重要思想观点。

在这里,邓小平用"不变"来解释"不折腾"是一种通俗易懂的办法。"折腾"的本意,就是变来变去,反复无常。"不折腾",就是不变,不要反复无常地变来变去。

邓小平在这里说:"如果搞资产阶级自由化,就是再来一次折腾。"[①]"中国不能再折腾,不能再动荡。""有资产阶级自由化思想的人希望中国大陆变成资本主义,叫做'全盘西化'。""我们反对资产阶级自由化,就是要保证中国的社会主义制度不变,保证整个政策不变,对内开放、对外开放的政策不变。如果这些都变了,我们要在本世纪末达到小康水平、在下世纪中叶达到中等发达国家水平的目标就没有希望了。……这个'不变'的问题,是人们议论纷纷的问题,……我们要用事实证明这个'不变'。""中国的政策基本上是两个方面,说不变不是一个方面不变,而是两个方面不变。人们忽略的一个方面,就是坚持四项基本原则,坚持社会主义制度,坚持共产党领导。人们只是说中国的开放政策是不是变了,但从来不提社会主义制度是不是变了,这也是不变的嘛!""我们坚持社会主义制度,坚持四项基本原则,是老早就确定了的,写在宪法上的。……看中国的政策变不变,也要看这方面变不变。"[②]

上述引文表明,关于"不折腾",邓小平在这里发展出两个新的

---

① 《邓小平文选》第3卷,人民出版社1993年版,第197页。
② 同上书,第216—219页。

重要的思想观点。(1)"不折腾",是指十一届三中全会以来的改革开放政策和坚持四项基本原则这两个"不变"。(2)"不折腾",绝不仅仅是指改革开放这一个"不变",绝不能忽视坚持四项基本原则和社会主义制度这个"不变"。邓小平提醒说,人们往往只是说中国的改革开放政策是不是变了,但从来不提社会主义制度是不是变了——这种倾向是值得注意的,如果这些都变了,我们要在20世纪末达到小康水平、在21世纪中叶达到中等发达国家水平的目标就没有希望了。

这两个"不变",实际上就是后来在邓小平主持下,由十三大确定的社会主义初级阶段基本路线中的"两个基本点"。1987年7月4日,邓小平说:"搞社会主义现代化建设是基本路线。要搞现代化建设使中国兴旺发达起来,第一,必须实行改革、开放政策;第二,必须坚持四项基本原则,主要是坚持党的领导,坚持社会主义道路,反对资产阶级自由化,反对走资本主义道路。这两个基本点是相互依存的。……我是实事求是派,坚持改革、开放政策,坚持党的领导和社会主义道路。"① 1989年5月16日,邓小平说:"我这一生……对国内工作的参与,确定了党的基本路线,确定了以四个现代化建设为中心,确定了改革开放政策,确定了坚持四项基本原则。"②

三 "不折腾"与"一个中心、两个基本点"

1992年在南方谈话中,邓小平说:"要坚持党的十一届三中全会以来的路线、方针、政策,关键是坚持'一个中心、两个基本点'。""说过去说过来,就是一句话,坚持这个路线、方针、政策

---

① 《邓小平文选》第3卷,人民出版社1993年版,第248—249页。
② 同上书,第295页。

不变。"① "党的基本路线要管一百年，要长治久安，就要靠这一条。真正关系到大局的是这个事。"②

在南方谈话中邓小平说，赵紫阳、胡耀邦这两任总书记，"都失败了，而且不是在经济上出问题，都是在反对资产阶级自由化的问题上栽跟头。这就不能让了"。③ 由此可见，邓小平不但重视改革开放的政策方针这个"不变"，而且也同样高度重视坚持四项基本原则这个"不变"。联系到1986年和1987年邓小平曾说过搞资产阶级自由化、"全盘西化"就是再来一次折腾，可见南方谈话中的这个思想是邓小平的一贯思想。

结合这两个方面的论述，我们可以看到，邓小平在1992年南方谈话中强调了一个非常重要的观点，即坚持十一届三中全会以来的路线、方针、政策，关键是坚持"一个中心、两个基本点"一百年不动摇，这是真正关系长治久安的大局的事。

四　警惕一种片面倾向

从1980年、1986年、1987年到1992年的不断发展历程看，邓小平"不折腾"的思想是一贯的和丰富的。

1980年邓小平第一次论及"不折腾"时，重点论述以经济建设为中心是对改革开放之前31年经验教训的正确总结，论述经济调整与坚持十一届三中全会确定的改革方向的关系。1986年和1987年邓小平第二次、第三次论及"不折腾"时，重点论述坚持改革开放和四项基本原则两个"不变"。至此，这就把"不折腾"的思想与"一个中心、两个基本点"内在地联系起来。1992年南方谈话中，邓小平强调，坚持十一届三中全会以来的路线、方针、政策，关键

---

① 《邓小平文选》第3卷，人民出版社1993年版，第370—371页。
② 同上书，第380页。
③ 同上。

是坚持"一个中心、两个基本点"一百年不动摇。

可见，邓小平"不折腾"思想的关键精神实质集中到一点就是，坚持十一届三中全会以来的路线、方针、政策的关键，是坚持"一个中心、两个基本点"的基本路线一百年不动摇。

需要指出的是，关于"不折腾"的学术研究和理论宣传，一般都没有注意到邓小平两个"不变"的论述，只提改革开放政策这一个"不变"、一个"不折腾"，忽视了坚持四项基本原则这个"不变"、这个"不折腾"。这个片面理解必须纠正，这是邓小平早在1986年、1987年就特别提出需要予以警惕的一种片面倾向。

（作者单位：中国社会科学院当代中国研究所）

论邓小平对毛泽东中华民族复兴思想的继承和发展

郑大华

实现中华民族伟大复兴，是近代以来中国人民矢志不渝的愿望和追求。作为中国共产党第一代领导集体的核心和第二代领导集体的核心，毛泽东和邓小平为实现中华民族伟大复兴做出了巨大贡献，党的十五大报告对毛泽东和邓小平在中华民族伟大复兴中的历史地位给予了充分肯定和科学评价。学术界也先后发表了一批研究毛泽东和邓小平与中华民族伟大复兴的文章①，但就这些文章的内容来看，很少涉及邓小平对毛泽东中华民族复兴思想的继承和发展的问题。有鉴于此，本文拟在他人研究成果的基础上，就邓小平对毛泽东中华民族复兴思想的继承和发展作一探讨，以此纪念邓小平诞辰110周年，不当之处，欢迎批评指正。具体而言，主要探讨邓小平对毛泽东的"赶超思想"、"现代化思想"和"两步走"发展战略思想的继承和发展。因为，这些思想是新中国成立后毛泽东中华民族

---

① 如张启华的《毛泽东与中华民族的伟大复兴》（《当代中国史研究》2003年第6期）、杨胜群的《毛泽东和中华民族的伟大复兴》（《人民日报》2004年1月19日）、张静如的《邓小平与中华民族复兴》（《北京师范大学学报》1997年第3期）、杨胜群的《邓小平与中华民族的伟大复兴》（《人民日报》2004年8月23日）、北京师范大学价值与文化研究中心的《邓小平与中华民族复兴》（《中国教育报》2004年8月17日）、许维勤的《邓小平与中华民族的伟大复兴》（《江淮论坛》2004年第4期）等。

复兴思想的重要内容。①

一 对毛泽东"赶超思想"的继承和发展

所谓"赶超思想",也就是要在一个不太长的时间内,赶超西方发达资本主义国家,把中国建设成为一个社会主义现代化强国的思想。它是毛泽东的中华民族复兴思想的重要组成部分。作为党的第二代领导集体的核心,早在1977年,邓小平在一次科学和教育工作座谈会的讲话中就提出了"我们国家要赶上世界先进水平"的主张。② 1978年12月13日在中央工作会议闭幕会上的讲话中,他在谈到"解放思想是当前的一个重大政治问题"时强调,没有一批勇于思考、勇于创新的干部,"我们就无法摆脱贫穷落后的状况,就无法赶上更谈不到超过国际先进水平"。③ 此后,邓小平又多次在不同场合阐述了赶超西方国家的可能性和必要性。比如,1980年1月,邓小平在中共中央干部会议上的讲话中指出,"我们拥有各种有利条件,一定能够赶上世界上的先进国家"。④ 就毛泽东和邓小平的"赶超思想"来看,可以说是一脉相承,邓小平的"赶超思想"是对毛泽东的"赶超思想"的继承和发展。

首先,从"赶超"的目标上看,毛泽东和邓小平都把发达资本主义国家作为中国要"赶超"的目标。早在1955年,亦即国民经济恢复不久,毛泽东在中国共产党全国代表会议上的讲话中就提出,"要在大约几十年内追上或赶过世界上最强大的资本主义国家"。⑤后来,毛泽东又多次向全党和全国人民发出了赶超发达资本主义国

---

① 参见郑大华《论毛泽东的中华民族复兴思想》,《当代中国史研究》2013年第5期。
② 《邓小平文选》第2卷,人民出版社1999年版,第48页。
③ 同上书,第143页。
④ 同上书,第260页。
⑤ 《毛泽东文集》第6卷,人民出版社1999年版,第392页。

家的号召，并且警告全党和全国人民，如果不能在一定时期内赶超发达资本主义国家，我们将被开除球籍。①"文化大革命"结束后，尤其是十一届三中全会后，邓小平也多次将"赶上世界上的先进国家"，作为全党和全国人民的奋斗目标提了出来。他和毛泽东一样，对赶超发达资本主义国家也有一种强烈的紧迫感，认为中国已经落后于世界，如果再不奋起直追，就有可能被世界淘汰。毛泽东虽然把发达资本主义国家作为中国要"赶超"之目标，但在发达资本主义国家中他又选择了当时最发达也最强大的美国和英国作为具体的赶超对象，所以毛泽东的"赶超思想"就是"超英赶美"。但和毛泽东不同，邓小平一方面提出要赶超"世界先进国家"或"世界发达国家"，这是中国长期追求的目标；但另一方面，他又把中等发达资本主义国家作为一定时期内中国要赶超的具体对象，比如，他提出到21世纪中叶，中国要在人均国民生产总值方面达到中等发达国家水平。这样，邓小平在赶超的目标上，就把长期要赶超的目标和一定时期内要达到的目标有机地结合了起来，从而既树立了"赶超"的远大理想，同时又使赶超具有了一定的可操作性。这无疑是对毛泽东"赶超思想"的丰富和发展。

其次，从"赶超"的内容上看，毛泽东主要是把钢铁等主要工业品的产量作为中国"赶超"之内容。1956年他在谈到赶超美国时说，美国只有一亿七千万人口，但一年能生产一万万吨钢，而中国有六亿人口，但只能年生产四百万吨钢，"你六亿人口不能搞它两万万吨、三万万吨钢呀？你赶不上，那你就没有理由，那你就不那么十分伟大。美国建国只有一百八十年，它的钢在六十年前也只有四百万吨，我们比它落后六十年。假如我们再有五十年、六十年，就完全应该超过它"。② 1957年他在莫斯科共产党和工人党代表会议上的讲话中说："赫鲁晓夫同志告诉我们，十五年后，苏联可以超过美

---

① 《毛泽东文集》第7卷，人民出版社1999年版，第89页。
② 同上。

国。我也可以讲,十五年后我们也可以赶上或者超过英国。因为我和波立特、高兰同志谈过两次话,我问过他们国家的情况,他们说现在英国年产两千万吨钢,再过十五年可能爬到年产三千万吨钢。中国呢?再过十五年可能是四千万吨,岂不超过了英国吗?"① 力图在钢产量上赶上和超过英国,这也是他后来发动"大跃进"、并不断加大钢年产量指标(1958 年 1070 万吨、1959 年 2000 万—3000 万吨、1960 年达到 5000 万吨)的重要原因。在当时国家重工业基础十分薄弱的历史背景下,毛泽东把钢产量作为"赶超"的内容这完全可以理解,但一个国家的强弱不完全是钢铁等主要工业品的产量决定的,还(更)取决于包括政治、经济、军事、文化、教育、科学技术等多种因素构成的综合国力,而且一味强调钢铁产量有可能造成经济发展失衡的风险,"大跃进"以"钢"为"纲"的教训值得认真吸取。尽管邓小平也认识到了在钢铁等主要工业品方面中国与西方发达国家之间的巨大差距,以及钢铁等主要工业品在国民经济中的重要地位②,但他在确立"赶超"的内容时则用的是当今国际上衡量一个国家国力水平和富裕程度的通用标准,即国民生产总值和人均国民生产总值。他在 20 世纪 80 年代多次提出,到 20 世纪末实现国民生产总值比 1980 年翻两番,达到一万亿美元,人均达到800—1000 美元,人民生活实现小康。再到 21 世纪中叶,努力使国民生产总值达到六万亿美元,居世界前列,人均 4000 美元,达到中等发达国家水平。与毛泽东比较,邓小平所确立的"赶超"之内容不仅更加科学,更加符合经济发展规律,也更加形象(如小康),更能与人民群众的切身利益结合起来,从而也更能最大限度地调动起他们"赶超"的积极性。

最后,从"赶超"的速度上看,"赶超"的核心是速度问题,也就是实现跨越式发展,在不太长的时间内赶上和超过西方发达国

---

① 《毛泽东文集》第 7 卷,人民出版社 1999 年版,第 325—326 页。
② 《邓小平文选》第 2 卷,人民出版社 1994 年版,第 260 页。

家。毛泽东就曾指出:"我们不能走世界各国技术发展的老路,跟在别人后面一步一步地爬行。我们必须打破常规,尽量采用先进技术,在一个不太长的历史时期内,把我国建设成为一个社会主义的现代化强国。"① 在毛泽东看来,社会主义制度的建立,为中国实现跨越式发展,在一个不太长的历史时期内赶超西方发达国家提供了可能。因为"社会主义和资本主义比较,有很多优越性,我们国家经济的发展,会比资本主义国家快得多"②。邓小平继承了毛泽东的这一思想,并从多个角度论述了实现跨越式发展的重要意义。1978年9月,邓小平在听取中共吉林省委常委汇报工作时的谈话中指出:"如果在一个很长的历史时期内,社会主义国家生产力发展的速度比资本主义国家慢,还谈什么优越性?"③ 他甚至认为,发展速度的问题,"不只是经济问题,实际上是个政治问题"。④ 因为,只有实现跨越式的发展,赶上和超过西方发达国家,对内才能满足人民群众不断增长的物质生活的需要,实现国家的长治久安,对外才能缩小与西方发达国家的差距,在复杂的国际斗争中处于有利地位,用他的话说,中国能不能顶住霸权主义、强权政治的压力,坚持我们的社会主义制度,关键就看能不能争得较快的增长速度,实现我们的发展战略。毛泽东和邓小平虽然都十分重视中国的发展速度,希望以跨越式的发展来"赶超"西方发达国家,实现中华民族的伟大复兴,但在"赶超"的时间表上二人又有很大不同。毛泽东是在1955年提出"赶超"这一思想的。开始时,他认为中国要"超英赶美",至少要五六十年,"也许七十五年",或者更长的时间。但到了1957年后,受各种因素的影响,毛泽东不断缩减"超英赶美"的时间,甚

---

① 《毛泽东文集》第8卷,人民出版社1999年版,第340—341页。
② 同上书,第302页。
③ 《邓小平文选》第2卷,人民出版社1994年版,第128页。
④ 《邓小平选集》第3卷,人民出版社1993年版,第354页。

至认为3年可以超英,10年可以超美。① 后来,"大跃进"给国民经济造成的巨大挫折,使毛泽东开始反思急于求成、脱离实际的"超英赶美"的教训,并又重新回到了他以前对中国"超英赶美"需要五六十年甚至更长时间的估计上来。而邓小平提出的"赶超"时间表自始就比较合乎实际,他认为中国要到20世纪末才能过上小康生活,21世纪中叶才能达到中等发达国家的水平,至于赶超西方最发达的国家,那更需要中国人民的长期努力。

二 对毛泽东"现代化思想"的继承和发展

毛泽东是新中国现代化事业的开创者。早在新民主主义革命时期,毛泽东就提出在中国革命胜利之后,"中国人民及其政府必须采取切实的步骤,在若干年内逐步地建立重工业和轻工业,使中国由农业国变为工业国"。② 中华人民共和国成立后,他又及时地向全国人民发出了实现社会主义现代化、把我国建设成为一个社会主义现代化强国、从而实现中华民族伟大复兴的号召,并于1957年,第一次使用了"现代化"一词。在这年春召开的最高国务会议和党的全国宣传工作会议上,他提出要把我国建设成为一个"具有现代工业、现代农业和现代科学文化的社会主义国家"。③ 1959年底到1960年初,毛泽东在阅读苏联《政治经济学教科书》时,就"社会主义建设"发表谈话,认为"建设社会主义,原来要求是工业现代化,农业现代化,科学文化现代化,现在要加上国防现代化"④。这样,原来的三个现代化就变成了四个现代化。1960年3月,毛泽东在会见

---

① 薄一波:《重大决策与事件回顾》(修订本)下卷,第727页。
② 毛泽东:《论联合政府》,《毛泽东选集》第3卷,人民出版社1991年版,第1080—1081页;毛泽东:《目前形势和我们的任务》,《毛泽东选集》第4卷,人民出版社1991年版,第1245页。
③ 《毛泽东文集》第7卷,人民出版社1999年版,第207、268页。
④ 《毛泽东文集》第8卷,人民出版社1999年版,第116页。

尼泊尔首相柯伊拉腊时表示，我们"要安下心来，使我们可以建设我们国家现代化的工业、现代化的农业、现代化的科学文化和现代化的国防"①。1963年8月，经他修改的《关于工业发展问题（初稿）》更进一步明确提出：我们要"在一个不太长的历史时期内，把我国建设成为一个农业现代化、工业现代化、国防现代化和科学技术现代化的伟大的社会主义国家"②。毛泽东所提出的"四个现代化"很快被全党和全国人民所接受，1964年12月，周恩来在三届全国人大一次会议上郑重宣布：要把我国建设成为一个全面实现农业现代化、工业现代化、国防现代化和科学技术现代化的社会主义强国。这便是我们后来所讲的"四个现代化"的由来。现在有学者认为毛泽东不是四个现代化的最早提出者，并以此否定毛泽东在中国现代化事业中的重要地位。这与历史事实不符。邓小平在1980年4月12日会见赞比亚总统时的谈话中就曾明确指出："我们现在讲的四个现代化，实际上是毛主席提出来的，是周总理在他的政府工作报告中讲出来的。"③

毛泽东提出的四个现代化思想，为邓小平所继承。1979年初，他在党的理论工作务虚会议上的讲话中明确指出："我们当前以及今后相当长一个历史时期的主要任务是什么？一句话，就是搞现代化建设。能否实现四个现代化，决定着我们国家的命运、民族的命运。"④在这年10月召开的中国文学艺术工作者第四次代表大会的祝词中邓小平强调："同心同德地实现四个现代化，是今后一个相当长的时期内全国人民压倒一切的中心任务，是决定祖国命运的千秋大业。各条战线上的群众和干部，都要做……实现四个现代化的促

---

① 《毛泽东文集》第8卷，人民出版社1999年版，第162页。
② 《建国以来毛泽东文稿》第10卷，第346页。
③ 《邓小平文选》第2卷，人民出版社1994年版，第311—312页。
④ 同上书，第162页。

进派"。① 因为,"许多问题,不搞四个现代化解决不了。国民经济的发展,国民收入的增加,人民生活的逐步提高,国防相应地得到巩固和加强,都要靠搞四个现代化"。② 正是基于对实现四个现代化之重要性的上述认识,他把实现四个现代化提升到了中国最大的政治的高度。1979年11月,邓小平在会见美国和加拿大客人时指出,"就我们国内来说,什么是中国最大的政治?四个现代化就是中国最大的政治"。③ 1980年2月,邓小平在中共十一届五中全会第三次会议上的讲话中又强调:"我们党在现阶段的政治路线,概括地说,就是一心一意地搞四个现代化。"④ 此后,邓小平又多次阐述过实现四个现代化的重要意义。

坚持社会主义的现代化,是毛泽东四个现代化思想的核心或本质。毛泽东是在考虑如何建设社会主义的前提下提出四个现代化之思想的。因此,他讲的现代化是社会主义的现代化,是现代化与社会主义的统一。和毛泽东一样,邓小平也把现代化的发展方向定位在社会主义。他曾多次强调:"现在我们搞四个现代化,是搞社会主义的四个现代化,不是搞别的现代化。"⑤ 他对那种认为中国应该搞资本主义现代化或所谓全盘西化的观点进行了坚决批判,明确指出,"一旦中国全盘西化,搞资本主义,四个现代化肯定实现不了……中国搞现代化,只能靠社会主义,不能靠资本主义"。⑥ 他提出的四项基本原则,其中第一条,就是"必须坚持社会主义道路"⑦。

毛泽东在提出四个现代化思想和领导中国人民进行四个现代化建设的过程中,特别强调中国的现代化建设必须从中国的实际出发,

---

① 《邓小平文选》第2卷,人民出版社1994年版,第208—209页。
② 同上书,第276页。
③ 同上书,第234页。
④ 同上书,第276页。
⑤ 《邓小平文选》第3卷,人民出版社1993年版,第110页。
⑥ 同上书,第229页。
⑦ 《邓小平文选》第2卷,人民出版社1994年版,第164页。

走自己的路，而不能照抄照搬其他国家的经验，甚至包括苏联和其他社会主义国家的经验。他在《论十大关系》中指出："一切民族、一切国家的长处都要学，政治、经济、科学、技术、文学、艺术的一切真正好的东西都要学。但是，必须有分析有批判地学，不能盲目地学，不能一切照抄，机械搬用。他们的短处、缺点，当然不要学。对于苏联和其他社会主义国家的经验，也应当采取这样的态度。"① 邓小平继承了毛泽东的这一思想。早在改革开放之初，他就谆谆告诫全党和全国人民，"过去搞民主革命，要适合中国情况，走毛泽东开辟的农村包围城市的道路。现在搞建设，也要适合中国情况，走出一条中国式的现代化道路"。"中国式的现代化，必须从中国的特点出发。"② 1982年9月1日，他在中国共产党第十二次全国代表大会的开幕词中指出："我们的现代化建设，必须从中国的实际出发……走自己的道路，建设有中国特色的社会主义，这就是我们总结长期历史经验得出的基本结论。"③ 此后，他在各种讲话中又多次强调中国的现代化必须从中国的具体国情出发的重要性。

邓小平在继承毛泽东的现代化思想的同时，又丰富和发展了毛泽东的现代化思想。毛泽东和邓小平都讲四个现代化，而四个现代化的内涵，借用邓小平的话说，"最主要的是搞经济建设，发展国民经济，发展社会生产力。"④ 所以无论是毛泽东还是邓小平，尤其是邓小平，特别强调发展国民经济对于实现四个现代化的重要意义。他曾经指出："现代化建设的任务是多方面的，各个方面需要综合平衡，不能单打一。但是说到最后，还是要把经济建设当作中心。离开了经济建设这个中心，就有丧失物质基础的危险。其他一切任务

---

① 《毛泽东文集》第7卷，人民出版社1999年版，第41页。
② 《邓小平文选》第2卷，人民出版社1994年版，第163—164页。
③ 《邓小平文选》第3卷，人民出版社1993年版，第2—3页。
④ 《邓小平文选》第2卷，人民出版社1994年版，第276页。

都要服从这个中心,围绕这个中心,决不能干扰它,冲击它。"① 但随着中国现代化事业的推进,邓小平认识到,现代化不仅仅是工业、农业、科学技术和国防的现代化,是国民经济的发展,而且还是包括政治的、文化的以及人的现代化在内的全面的现代化,因此,仅仅讲四个现代化还不够。1979年10月30日,他在《在中国文学艺术工作者第四次代表大会上的祝词》中指出:"我们的国家已经进入社会主义现代化建设的新时期。我们要在大幅度提高社会生产力的同时,改革和完善社会主义的经济制度和政治制度,发展高度的社会主义民主和完备的社会主义法制。我们要在建设高度物质文明的同时,提高全民族的科学文化水平,发展高尚的丰富多彩的文化生活,建设高度的社会主义精神文明。"② 1980年8月18日,邓小平在中共中央政治局扩大会议的讲话中强调:"我们进行社会主义现代化建设,是要在经济上赶上发达的资本主义国家,在政治上创造比资本主义国家的民主更高更切实的民主,并且造就比这些国家更多更优秀的人才。"③ 1983年4月29日,邓小平在会见印度共产党(马克思主义)中央代表团时的谈话中说:"过去很长一段时间,我们忽视了发展生产力,所以现在我们要特别注意建设物质文明。与此同时,还要建设社会主义的精神文明,最根本的是要使广大人民有共产主义理想,有道德,有文化,守纪律。"④ 上述这些论述,体现了邓小平的全面现代化的思想,即有中国特色的社会主义现代化是包括经济现代化("大幅度提高社会生产力","建设高度物质文明","在经济上赶上发达的资本主义国家")、政治现代化("发展高度的社会主义民主和完备的社会主义法制","创造比资本主义国家的民主更高更切实的民主")、文化现代化("提高全民族的科学

---

① 《邓小平文选》第2卷,人民出版社1994年版,第250页。
② 同上书,第208页。
③ 同上书,第322页。
④ 《邓小平文选》第3卷,人民出版社1993年版,第28页。

文化水平，发展高尚的丰富多彩的文化生活，建设高度的社会主义精神文明"）和人的现代化（"要使广大人民有共产主义理想，有道德，有文化，守纪律"）在内的全面现代化。1987年召开的党的第十三次全国代表大会，根据邓小平的上述思想，提出"把我国建设成为富强、民主、文明的社会主义现代化国家"。从"四个现代化"到"全面现代化"，这是对毛泽东"现代化思想"的重大发展，尤其是政治现代化和人的现代化的提出，具有十分重大的理论和现实意义。

三 对毛泽东"发展战略思想"的继承和发展

新中国成立之初，一穷二白，为了迅速改变落后状况，把中国建设成为一个社会主义现代化强国，实现中华民族的伟大复兴，毛泽东从中国实际出发，于50年代中期到60年代初期，创造性地提出经济发展分"两步走"的战略思想。十一届三中全会后，邓小平在继承和发展毛泽东的"两步走"的战略思想的基础上，提出了中国经济发展分"三步走"的战略思想。

毛泽东是在50年代中期初步提出"两步走"的战略思想的。1954年6月14日，他在中央人民政府委员会第三十次会议的讲话中提出："我们的总目标，是为建设一个伟大的社会主义国家而奋斗。我们是一个六亿人口的大国，要实现社会主义工业化，要实现农业的社会主义化、机械化，要建成一个伟大的社会主义国家，究竟需要多少时间？现在不讲死，大概是三个五年计划，即十五年左右，可以打下一个基础。到那时，是不是就很伟大了呢？不一定。我看，我们要建成一个伟大的社会主义国家，大概经过五十年即十个五年计划，就差不多了，就像个样子了，就同现在大不一样了。"[①] 在这里，毛泽东初步提出了中国经济分两步走的战略构想，即第一步用

---

① 《毛泽东文集》第6卷，人民出版社1999年版，第329页。

三个五年计划即十五年左右的时间打基础,第二步用七个五年计划即三十五年左右的时间把我国建设成为一个伟大的社会主义国家,这第一步和第二步加起来是十个五年计划即五十年左右的时间。1955年3月,毛泽东又在中国共产党全国代表会议上的讲话中强调:"在我们这样一个大国里面,情况是复杂的,国民经济原来又很落后,要建成为一个强大的高度社会主义工业化的国家,就需要几十年的艰苦努力,比如说,要有五十年的时间,即本世纪的整个下半世纪。"①

到了60年代初,经历了"大跃进"的挫折,毛泽东对中国这样一个一穷二白的国家要实现国家富强、民族振兴的艰巨性有了更清醒的认识。1961年5月27日,他在同来华访问的英国元帅蒙哥马利的谈话中表示:"建设强大的社会主义经济,在中国,五十年不行,会要一百年,或者更多的时间。在你们国家,资本主义的发展,经过了好几百年。十六世纪不算,那还是在中世纪。从十七世纪到现在,已经有三百六十多年。在我国,要建设起强大的社会主义经济,我估计要花一百多年。"② 1962年1月30日,毛泽东在扩大的中央工作会议上的讲话中又强调:"中国的人口多,底子薄,经济落后,要使生产力很大地发展起来,要赶上和超过世界上最先进的资本主义国家,没有一百多年的时间我看是不行的。"③正是基于把中国建设成为一个社会主义现代化强国、实现中华民族伟大复兴可能需要五十年甚至一百多年时间的估计,1963年八九月间,毛泽东在审阅《关于工业发展问题(初稿)》时便第一次明确提出了中国经济发展分"两步走"的战略构想,即"在三年过渡阶段之后,我们的工业发展可以按两步来考虑:第一步,搞15年,建立一个独立的完整的工业体系,使我国工业大体赶上世界先进水平;第二步,再用15

---

① 《建国以来毛泽东文稿》第6卷,中央文献出版社1999年版,第390页。
② 《毛泽东文集》第8卷,人民出版社1999年版,第301页。
③ 同上书,第302页。

年,使我国工业接近世界的先进水平"①。根据毛泽东的上述构想,1964年12月召开的三届全国人大一次会议上,周恩来在政府工作报告中又将"两步走"的战略构想进一步表述为:从第三个五年计划开始,我国的国民经济发展,可以按两步来考虑:第一步,建立一个独立的、比较完整的工业体系和国民经济体系;第二步,全面实现农业、工业、国防和科学技术的现代化,使我国经济走在世界的前列。

  毛泽东提出的"两步走"的战略构想,因受极"左"思潮的干扰,尤其是"文化大革命"的十年动乱,并没有得到贯彻实行。党的十一届三中全会后,邓小平拨乱反正,把党的工作重心转移到了社会主义现代化建设上来,并根据中国的具体国情,提出了中国经济发展的战略构想。1980年1月16日,邓小平在中共中央召集的干部会议上的讲话中初步提出了"两步走"的战略构想。他说:"我们要在本世纪实现四个现代化,从今年元旦起,只有二十年,就是八十年代和九十年代……八十年代是很重要的,是决定性的。这个十年把基础搞好了,加上下一个十年,在今后二十年内实现中国式的四个现代化,就可靠,就真正有希望。"② 这年的12月25日,邓小平在中共中央工作会议上的讲话中又指出,"经过二十年的时间,使我国现代化经济建设的发展达到小康水平,然后继续前进,逐步达到更高程度的现代化"。③ 1981年11月召开的五届人大四次会议的政府工作报告,接受了邓小平的这一思想,提出力争用二十年的时间,使工农业生产总值翻两番,人民生活基本达到小康水平。1982年5月召开的党的十二次全国代表大会的政治报告,又根据邓小平的这一思想,正式提出了从1981年到20世纪末的20年间,中国经济分"两步走"的发展战略,即第一步,实现国民生产总值比

---

  ① 《建国以来毛泽东文稿》第8册,中央文献出版社1998年版,第347页。
  ② 《邓小平文选》第2卷,人民出版社1994年版,第241页。
  ③ 同上书,第356页。

1980年翻一番，解决人民的温饱问题；第二步，到20世纪末，国民生产总值再翻一番，使人民生活达到小康水平。就是说，前10年打好基础，积累力量，创造条件，后10年进入一个新的经济振兴时期。

党的十二大虽然正式提出了中国经济分"两步走"的发展战略，但邓小平并没有因此停止他对中国经济发展战略的进一步思考。随着中国改革开放的不断扩大和现代化建设不断取得进步，邓小平也将他的思考延伸到了21世纪以后的更长一个时期。1984年5月29日，他在会见巴西总统时指出："现在中国还很穷，国民生产总值人均只有三百美元。我们的目标是，到本世纪末人均达到八百美元……在这样一个基础上，再发展三十到五十年，我们就可以接近发达国家的水平。"① 这年10月6日，邓小平在会见中外经济合作问题讨论会全体中外代表时进一步阐述了他的思考："我们第一步是实现翻两番，需要二十年，还有第二步，需要三十年到五十年，恐怕是要五十年，接近发达国家水平。"② 1987年4月26日，邓小平在会见捷克斯洛伐克总理时又指出："从一九八一年开始到本世纪末，花二十年的时间，翻两番，达到小康水平，就是年国民生产总值人均八百到一千美元。在这个基础上，再花五十年的时间，再翻两番，达到人均四千美元。"③ 这个月底（4月30日），邓小平在会见外宾的谈话中正式提出了"三步走"的战略构想："我们原定的目标是，第一步在八十年代翻一番……达到五百美元。第二步是到本世纪末，再翻一番，人均达到一千美元……我们制定的目标更重要的还是第三步，在下世纪用三十年到五十年再翻两番，大体上达到人均四千美元。做到这一步，中国就达中等发达的水平。"④ 邓小平的"三步

---

① 《邓小平文选》第3卷，人民出版社1993年版，第57页。
② 同上书，第79页。
③ 同上书，第224页。
④ 同上书，第226页。

走"发展战略后来被写进了党的十三大政治报告,报告提出:"我国经济建设的战略部署大体分三步走。第一步,实现国民生产总值比1980年翻一番,解决人民的温饱问题.这个任务已经基本实现。第二步,到本世纪末,使国民生产总值再增长一倍,人民生活达到小康水平。第三步,到下个世纪中叶,人均国民生产总值达到中等发达国家水平,人民生活比较富裕,基本实现现代化。"

比较毛泽东的"两步走"发展战略思想与邓小平的"三步走"发展战略思想,它们有许多相同点和不同点,而这种相同与不同,体现的正是邓小平的"三步走"发展战略对毛泽东的"两步走"发展战略的继承和发展。

首先,就相同点而言,无论是毛泽东的"两步走"发展战略,还是邓小平的"三步走"发展战略,从根本上来说都是为了加快中国的现代化进程,发展国民经济,早日把中国建设成为社会主义现代化强国,从而实现中华民族的伟大复兴。另外,这两种发展战略都体现了发展的阶段性与发展的整体性的统一。但毛泽东的"两步走"发展战略的目标比较笼统,而邓小平的"三步走"发展战略的目标则十分明确,不仅提出了每一步要达到的国民生产总值的具体要求(翻一番,再翻一番,再翻两番),而且还提出了每一步人民群众要达到的生活水平(温饱、小康、富裕)。因此,与毛泽东的"两步走"的发展战略比较,邓小平的"三步走"发展战略更具有可比性和操作性。

其次,就不同点来看,第一,毛泽东的"两步走"发展战略,希望用30年或更多一点的时间,实现四个现代化,使中国经济走在世界的前列,这有些急于求成,脱离了中国实际,没有实现的可能性,事实上也没有实现;而邓小平的"三步走"发展战略是到21世纪中叶,使人均国民生产总值达到中等发达国家的水平,从80年代初算起,共有70年的时间,这比较符合中国经济发展的实际状况。而且,第一步和第二步发展战略的顺利实施和目标的圆满实现,也说明了邓小平的"三步走"发展战略是实事求是、切实可行的。第二，毛泽东提出了"两步走"的发展战略，但如何实现这一发展战略，毛泽东还缺乏深入全面的思考，就他所采取的一些措施来看，基本上还是传统的革命动员方式，如大搞群众运动（"大跃进"运动），强调"阶级斗争，一抓就灵"，"抓革命，促生产"，重视生产关系的变革而非生产力的发展，如此等等；而邓小平则提出了一整套实现"三步走"发展战略的路线、方针和政策，如坚持改革开放不动摇，坚持以经济建设为中心，提出"科学技术是第一生产力"的论断，重视科学技术的重要作用，为知识分子正名（知识分子是工人阶级的一部分），充分调动和发挥他们的积极性，打破吃大锅饭的传统，允许一部分人和一部分地区先富裕起来，进行经济和政治制度改革，建立社会主义市场经济……就此而言，毛泽东虽然提出了"两步走"的发展战略，但他并没有找到实现"两步走"发展战略的道路和方法，而邓小平不仅提出了"三步走"的发展战略，并且找到了实现"三步走"发展战略的道路和方法。只要我们坚持邓小平所确立的"三步走"发展战略以及为实现这一战略而制定的路线、方针和政策，就一定能够"赶超"世界发达国家，把中国建设成为社会主义现代化强国，实现中华民族的伟大复兴。

我们从以上"赶超思想"、"现代化思想"和"发展战略思想"三个方面探讨了邓小平对毛泽东中华民族复兴思想的继承与发展。作为党的第一代领导集体的核心，毛泽东在中华人民共和国成立后不久，为了把一穷二白的中国迅速建设成为社会主义的富强国家，实现中华民族的伟大复兴，即创造性地提出了"超英赶美"思想、"四个现代化"思想和"两步走"的发展战略思想。尽管由于种种原因，他的这些思想还不够完善，还存在着这样或那样的一些不足，也没有得到很好地贯彻实行，但他给后人留下了一份宝贵的思想遗产。"文化大革命"结束后，尤其是十一届三中全会后，作为党的第二代领导集体的核心，邓小平在领导中国人民进行改革开放、建设有中国特色社会主义的历史程中，在继承和发展毛泽东的"超英赶美"思想、"四个现代化"思想和"两步走"的发展战略思想的基础上，提出了自己的"赶超思想"、"现代化思想"和"三步走"的发展战略思想，并在实践中并取得了举世公认的伟大成就。在今天，它对于我们实现中华民族伟大复兴的"中国梦"仍然具有十分重要的指导意义。

（作者单位：中国社会科学院近代史研究所）

邓小平理论对毛泽东关于中国社会主义建设思想的创新发展

钟 瑛

导 言

在新民主主义革命完成之后，毛泽东把马克思主义基本原理创造性地运用于中国实际，在没收官僚资本主义，完成土地改革之后，采取了一系列从低级向高级的过渡形式，对农业、手工业和资本主义工商业逐步实行社会主义改造。把农业和手工业引向合作社道路，对资本主义工商业实行利用、限制和改造政策。实现了马克思曾设想过的促进土地私有制向集体所有制的过渡和对资产阶级的和平赎买，实现了新民主主义向社会主义的过渡。这个伟大转变是中国人民长期革命斗争的必然选择，也是中国共产党人探索中国社会主义建设道路的基础。毛泽东在这个探索实践中，提出了一系列关于中国社会主义建设的思想主张，为以邓小平为核心的第二代领导集体创立建设有中国特色的社会主义理论做了直接的思想理论或经验准备。

邓小平认真地总结了毛泽东领导中国社会主义建设的基本经验，吸取了历史教训，在建设社会主义现代化的指导方针等方面继承和发展了毛泽东的思想，突出表现在：重新认识社会主义本质，确立了以经济建设为中心的指导思想，提出了建设社会主义市场经济的改革目标，制定了全面开放的基本国策。他从中国实际出发，实现了指导思路的转换,最终形成了建设有中国特色社会主义理论。邓小平理论的产生,是对毛泽东关于中国社会主义建设思想主张的创新发展。

一 关于有中国特色社会主义道路的探索

新中国成立后,由于种种原因的制约,中国采取了"一边倒"的对外政策,坚决加入了以苏联为首的社会主义阵营,并以苏联经验为基本,开始社会主义建设。在实践中,毛泽东发现了苏联模式的一些弊端,提出了对苏联模式要有分析有批判地学、不能盲目地学的思想,并开始探讨中国的社会主义建设道路问题。

毛泽东反思苏联模式,第一个站出来批判苏联模式,并试图"找到一条适合中国的路线","反映宏观经济规律"的发展模式。这也是他一贯坚持实事求是,把马克思主义的基本原则与中国实践相结合思想的反映。他曾明确指出:"我们要学的是属于普遍真理的东西,并且学习一定要与中国实际相结合,如果每句话,包括马克思的话,都要照搬,那就不得了。我们的理论,是马克思列宁主义的普遍真理同中国革命的具体实际相结合。"[①] 毛泽东多次强调,认清中国国情,乃是认清一切革命和建设问题的基本依据。毛泽东勇于探索有中国特色社会主义建设道路的精神,为中共十一届三中全会以后冲破长期"左"的禁锢奠定了思想基础,对党破除僵化的形而上学的思想路线,恢复实事求是的思想路线,探索有中国特色的社会主义道路,具有十分重要的指导意义。

邓小平建设有中国特色社会主义理论的创立是与毛泽东破除苏联迷信,试图寻找一条中国式现代化道路分不开的。它"第一次比较系统地初步回答了中国这样的经济文化比较落后的国家如何建设

---

① 《建国以来毛泽东文稿》第6册,中央文献出版社1992年版,第103页。

社会主义，如何巩固和发展社会主义的一系列基本问题"①，是当代科学社会主义最伟大的理论成果。正如中共十四大报告指出的，邓小平建设有中国特色社会主义的理论和道路"是毛泽东思想的继承和发展"②。

在中共十一届三中全会上，邓小平提出要"完整地准确地理解毛泽东思想"，提倡恢复党的实事求是的思想作风。以后邓小平讲到毛泽东思想，最多的就是实事求是。1992年他在南方谈话中强调："实事求是是马克思主义的精髓。要提倡这个，不要提倡本本。我们改革开放的成功，不是靠本本，而是靠实践，靠实事求是。"③ 坚持实事求是，就是一切从实际出发，研究新情况，解决新问题，把学习外国经验和中国的实际结合起来。邓小平强调："我们的现代化建设，必须从中国的实际出发。无论是革命还是建设，都要注意学习和借鉴外国经验。但是，照搬照抄别国经验、别国模式，从来不能得到成功。这方面我们有过不少教训。"④ 在探索中国特色社会主义道路的内容上，邓小平在许多方面也继承了毛泽东正确的思想主张。如重视发展农业，经济体制改革的设想，学习西方资本主义的先进科学技术和企业管理方法，建立生动活泼的政治局面等。这些积极成果，都为邓小平探索有中国特色社会主义道路提供了坚实的思想基础。

二 关于社会主义初级阶段理论的探索

毛泽东在早期的社会主义建设探索中，曾意识到社会主义建设

---

① 《中国共产党第十四次全国代表大会文件汇编》，人民出版社1992年版，第12页。

② 同上书，第16—17页。

③ 《邓小平文选》第3卷，人民出版社1993年版，第382页。

④ 同上书，第2—3页。

的长期性。1954年6月和1957年2月、7月，他在《关于中华人民共和国宪法草案》、《关于正确处理人民内部矛盾的问题》和《一九五七年夏季的形势》的讲话中，把社会主义区分为"建立"和"建成"两个不同的发展阶段。他指出，我们的社会主义刚刚建立，还没有建成，要建成社会主义，还需要长期的艰苦奋斗和发展社会生产力。1958年11月，毛泽东告诫全党对中国经济发展要保持一个清醒的头脑，其主要问题就是要解决对社会主义发展阶段的认识。他明确指出，现阶段是社会主义，人民公社中的集体所有制不等于全民所有制，将来达到全民所有制也不等于就是共产主义。集体所有制向全民所有制过渡，社会主义向共产主义过渡都需要相当长的时间。1959年底至1960年初，毛泽东在读《政治经济学》教科书时，比较集中地谈到社会主义大战阶段问题，他指出，共产主义、社会主义不是凝固不变的，社会主义这个阶段又可能分为两个阶段，第一阶段是不发达的社会主义，第二阶段是比较发达的社会主义，实现后一阶段比前一阶段需要更长的时间，并提出从不发达的社会主义到比较发达的社会主义需要一百年左右或更多时间。

毛泽东的这种对社会主义发展阶段的正确认识，在当时急于过渡的"大跃进"、"人民公社"的狂潮在全国蔓延的大背景下，只是昙花一现，没有形成理论体系，也不是建立在对中国社会主义建设实践正确分析的基础之上，较多的是建立在对马列社会主义阶段论的感性认识之上，因而不可能对其"超阶段"、"混阶段"的总体认识产生太大影响。但这些思想主张，反映了毛泽东对社会主义的艰苦探索，在社会主义思想史上有开创意义，对邓小平提出社会主义初级阶段理论有重要的借鉴作用，两者在本质上是一脉相承的。

邓小平是中共第一代领导集体的一员，他对新中国成立以来前20年社会主义建设的经验和教训有深刻的认识。1980年，他在谈到我国社会主义建设的经验时指出，不要离开现实和超越阶段采取一些"左"的办法，这样是搞不成社会主义的。同时，邓小平也熟知毛泽东的社会主义两个阶段的正确思想。所以，邓小平探索社会主义发展阶段不可能不受毛泽东的影响。

邓小平继承了马克思主义的阶段性理论，结合中国的现实，较好地解决了阶段性与整体性相统一的问题，提出了社会主义初级阶段理论，并经中共十三大确认。指出中国已经进入社会主义，但是处在社会生产力不发达，国民经济有待进一步发展的特殊阶段。这一时期从20世纪50年代生产资料所有制的社会主义改造基本完成，到社会主义现代化的基本实现，至少需要上百年的时间。

社会主义初级阶段的提出有一个发展过程，1981年，中共十一届六中全会通过的《关于建国以来党的若干历史问题的决议》中明确指出："我们的社会主义制度还处于初级阶段。"1987年8月，邓小平在谈到即将召开的中共十三大的历史地位时，第一次明确指出："我们党的十三大要阐述中国社会主义是处在一个什么阶段，就是处在初级阶段，是初级阶段的社会主义。"[①] 无论是中共十三大指出初级阶段要经过上百年的时间，还是邓小平提出初级阶段就是不发达阶段，我们都能看出毛泽东关于社会主义两个阶段思想主张的影子。

三　关于所有制改革路径的探索

毛泽东在以往理论探索的基础上，结合我国社会主义建设和国际共产主义运动的实践，在1957年2月27日《关于正确处理人民内部矛盾的问题》的讲话中，系统论述了社会主义社会的基本矛盾理论。他指出："在社会主义社会中，基本矛盾仍然是生产关系和生产力之间的矛盾，上层建筑和经济基础之间的矛盾。"[②] 在社会主义社会不存在矛盾的想法"是不符合实际的天真的想法"。这破除了长期以来许多人不承认社会主义社会还存在矛盾的僵化的认识。

---

① 《邓小平文选》第3卷，人民出版社1993年版，第252页。
② 《毛泽东著作选读》下册，人民出版社1986年版，第767页。

毛泽东揭示了社会主义社会基本矛盾规律，对社会主义发展问题的探索是一大贡献，使人们对社会主义发展动力问题有了认识。虽然后来毛泽东并没有坚持自己的正确理论，也没有在实践中找到解决社会主义社会基本矛盾的正确方法，但这并不影响其理论的正确性和对社会主义建设的指导意义，对中共十一届三中全会后社会主义改革理论的提出起了奠基作用。

毛泽东逝世后，邓小平写信给中央，提出了两个带有根本性质的问题：一是充分肯定和支持毛泽东关于社会主义基本矛盾的理论；二是提出问题不等于解决问题，用什么方式来解决社会主义社会的基本矛盾需要进一步研究。邓小平从生产力角度来考虑生产关系与上层建筑的适应性问题，他提出："社会主义阶段的最根本任务就是发展生产力"，把生产力的发展作为矛盾的主要方面。从而改变了长期以来，人们在认识和处理社会主义社会基本矛盾时，忽视生产力的最终决定作用，从生产关系的角度来考察社会主义发展程度的错误。邓小平根据社会主义基本矛盾运动的特殊形式，提出了解决这一矛盾的途径：从发展生产力角度进行体制改革。这样，就为社会主义基本矛盾的解决指明了道路，也为科学社会主义理论增添了新的内容。

邓小平多次强调，改革"实质上是一场革命"，"是中国的第二次革命"。这样改革的深度和广度不仅包括经济体制、政治体制的变革，而且还涉及整个社会的转制与改造，并最终引起社会的经济、科技、文化和人的精神状态等一系列全新的变化。邓小平指出："革命是解放生产力，改革也是解放生产力。"[①] 这就深刻地揭示了改革与解放生产力、发展生产力之间的内在联系，彻底消除了在社会主义基本制度确立后，阶级斗争已不再是社会主义社会的主要矛盾的情况下，仍然把阶级斗争当作社会主义发展动力的错误认识的影响，

---

① 《邓小平文选》第 3 卷，人民出版社 1993 年版，第 370 页。

指明了改革是解决社会主义社会基本矛盾的唯一途径，是社会主义发展的直接动力。这样，邓小平就在理论上全面系统论述了通过改革解放生产力、发展生产力对巩固和完善社会主义的伟大作用，解决了社会基本矛盾在社会主义条件下如何不断解决的问题。

中共十一届三中全会以后，邓小平带领全党和全国人民不断实践、不断总结，摸着石头过河，终于在我国社会主义基本矛盾的中枢环节——生产资料所有制问题上逐步得到突破性的进展。改革开放30多年来所有制改革的过程，就是在坚持公有制为主体的前提下，对公有制的实现形式的认识越来越科学、对非公有制经济的定位越来越高比重越来越增加的过程。邓小平理论对所有制改革之路的探索，体现了以他为核心的中央领导集体在大力倡导改革的时候，不只是注重改革的形式，而更加注重改革的内容。他鲜明地提出："社会主义的本质，是解放生产力，发展生产力，消灭剥削，消除两极分化，最终达到共同富裕。"① 使全党、全国人民对什么是社会主义有了一个科学的认识，对如何建设社会主义有了更为明确的理解，从而使社会主义社会基本矛盾理论从理论与实践的结合上得到进一步的统一，毛泽东关于社会主义社会基本矛盾的理论在改革开放和全面开创社会主义现代化建设新局面的条件下得到创新发展。

四　关于社会主义市场经济理论的探索

新中国成立后，在社会主义建设方面"向苏联学习"，建立了高度集中的计划经济体制。毛泽东基本上赞同苏联的计划经济体制，同意斯大林的社会主义计划经济理论，但是他主张对这一体制进行改革。按毛泽东自己的话说：从1956年开始寻找一条中国自己的建设社会主义路线。1956年根据毛泽东的《论十大关系》的计划精

---

① 《邓小平文选》第3卷，人民出版社1993年版，第373页。

神，开始改进管理体制的尝试，然而探索的方式集中在分权与放权方面，是在计划经济体制内寻找平衡点。1958年11月，毛泽东在郑州会议上说：我们国家是个商品生产不发达的国家，现在又很快地进到了社会主义。社会主义的商品生产同商品交换还要发展，这是肯定的，有积极作用。①他还提出让领导干部学习斯大林的《苏联社会主义经济问题》，赞同斯大林对社会主义条件下商品生产存在的原因的分析。此外，毛泽东还提出要有计划地发展商品生产和商品流通的论点。他说，社会主义的商品交换应当有计划地进行，要把国家和人民公社的商品交换纳入计划的轨道。这一看法不仅突破了把商品生产和社会主义对立起来的传统观念，而且开始克服了把商品经济和计划经济对立起来的局限。这与中共十二届三中全会提出的"有计划商品经济"论断是一致的。

尽管毛泽东关于社会主义商品生产的认识在后来又有所反复。但是，毛泽东关于社会主义商品经济的认识在科学社会主义史上是有所突破的，特别是20世纪50年代末他对社会主义商品生产的论述，对邓小平关于社会主义市场经济理论的提出具有积极影响。

在总结社会主义建设的经验教训的过程中，邓小平清醒地认识到计划经济体制的诸多弊端，传统的僵化的经济管理体制，严重压抑了广大人民群众的社会主义积极性和创造性，严重束缚了社会生产力的发展，严重限制了社会主义制度优越性的发挥，已经到了非改不可的地步。1978年中共十一届三中全会，总结了新中国成立以来经济建设的历史经验，指出毛泽东在1956年《论十大关系》中提出的经济建设方针应予恢复坚持，并指出要根据新的历史条件和经验，对指令性计划经济体制着手认真的改革。邓小平以巨大的政治勇气，发动和领导了决定我国命运的社会主义改革，这场改革最重要的任务就是改革计划经济体制，建立社会主义市场经济体制，并

---

① 薄一波：《若干重大决策和事件的回顾》下卷，中共中央党校出版社1993年版，第810页。

以此为中心,推动其他领域的全面改革。正如邓小平所指出的,改革的实质是一场革命,这是对旧体制而言的,而不是对社会主义基本制度而言的。这场革命,是在人民夺取政权、建立社会主义基本制度之后,对束缚生产力发展的旧体制进行的又一次重大社会变革,是解放和发展生产力的必由之路,是社会主义制度的自我发展和完善。实践证明,改革是社会主义事业向前发展的根本动力。

毛泽东关于计划经济体制的思想其根本缺陷在于把社会主义与计划经济画等号,排斥市场经济,因而其思想辩证性没有突破计划经济体制的藩篱。邓小平在这方面有了突破性的认识。1979年11月,邓小平就说过:"说市场经济只存在于资本主义社会,只有资本主义的市场经济,这肯定是不正确的。社会主义为什么不可以搞市场经济,这个不能说是资本主义……社会主义也可以搞市场经济。"① 1985年,邓小平又重申这个思想。他指出:"社会主义和市场经济之间不存在根本矛盾。问题是用什么方法才能更有力地发展社会生产力。我们过去一直搞计划经济,但多年的实践证明,在某种意义上说,只搞计划经济会束缚生产力的发展。把计划经济和市场经济结合起来,就更能解放生产力,加速经济发展。"② 邓小平还对计划经济、市场经济与社会主义、资本主义之间的关系做了明确界定:"不要以为,一说计划经济就是社会主义,一说市场经济就是资本主义,不是那么回事,两者都是手段,市场也可以为社会主义服务。"③ 到1992年,邓小平在南方谈话中,针对计划和市场与社会主义、资本主义的关系问题再一次明确提出:"计划多一点还是市场多一点,不是社会主义与资本主义的本质区别。计划经济不等于社会主义,资本主义也有计划;市场经济不等于资本主义,社会主

---

① 《邓小平文选》第2卷,人民出版社1994年版,第236页。
② 《邓小平文选》第3卷,人民出版社1993年版,第148—149页。
③ 同上书,第367页。

义也有市场。计划和市场都是经济手段。"①

在邓小平思想的指导下，中共中央一步步明确了经济体制改革的目标，经历了一个不断发展完善的过程。1992年10月召开的中共十四大，郑重提出我国经济体制改革的目标是"建立社会主义市场经济体制"，并深刻阐述了这一改革目标的理论原则。中共十四大报告的阐述在理论上标志着社会主义市场经济体制目标模式的确立。1993年11月，中共十四届三中全会通过的《关于建立社会主义市场经济体制若干问题的决定》，在理论上指明了解决"新旧体制并存状态"矛盾和问题的途径。

邓小平提出并阐述的社会主义市场经济模式，是一个不同于以往一切社会主义经济体制的崭新的目标模式，它适合中国国情，符合中国经济发展的客观规律，打破了以往社会主义僵化沉闷的固定模式，赋予其新的生机与活力。

五 关于建立全面开放战略格局的探索

坚持自力更生为主，争取外援为辅，是毛泽东思想的基本内容之一，也是马克思主义的一个基本原则。新中国成立后，毛泽东也曾积极主张对外交往，制定并执行了一条和平外交路线，在外交方面取得了比较显著的成绩。但是由于客观的、主观的各方面原因，直到中共十一届三中全会前这段时间里，整个中国社会处于一种较为封闭的状态中，我国缺乏必要的对外交流，实行闭关自守政策，在很大程度上影响了我国国民经济的发展。

从客观上来看，世界反法西斯战争胜利后，形成了以苏联为首的社会主义阵营和以美国为首的资本主义阵营。20世纪50年代，两大阵营在经济上的斗争表现为封锁与反封锁的斗争。以美国为首的

---

① 《邓小平文选》第3卷，人民出版社1993年版，第373页。

西方国家,对中国政治上孤立、经济上封锁、军事上包围。面对这种国际形势,我国只能作出"一边倒"的战略选择,倒向以苏联为首的社会主义阵营一边,暂时关闭了开向西方国家的大门。60年代,中苏两党、两国关系不断恶化,两个国家逐步从盟友演变为敌人,整个社会主义阵营也已逐渐瓦解。这时期,美国敌视中国的政策不仅没有改变,而且变本加厉,致使中美关系愈加恶化。70年代前半期,虽然中美关系实现了正常化,但中苏关系依然紧张,限制了中国在国际舞台上行动的自由。从主观上来看,由于毛泽东等主要领导人对时代主题的错误判断,使其制定的不同时期的对外战略都在某种程度上限制我国的对外开放。

尽管在毛泽东领导时期,我国整个社会较为封闭,但他并没有反对开放,他很注重在各项事务中争取与国际的合作。1956年毛泽东在《论十大关系》的报告中,专门有一条谈中国和外国的关系,明确提出"向外国学习"的口号,并强调要创造性地学,不能跟在别人后面亦步亦趋。他在晚年打破中美、中日关系的僵局,使中国恢复在联合国的合法席位,这些都是毛泽东外交路线的胜利,为以后我国向外国学习、与外国交往创造了良好的条件。

中共十一届三中全会以后,邓小平审时度势,冷静、科学地分析了世界局势的变化,认真总结了过去的经验、教训,打破了闭关自守的思想禁锢,提出了对外开放的思想。首先,邓小平顺应时代潮流,明确提出了"现在的世界是开放的世界"[1]的思想。这是邓小平对当代世界总体特征的一个科学概括。邓小平指出,当今世界,各民族、各国家之间的经济、政治、文化和科学交往越来越普遍化,世界各民族、各国家处于相互影响、相互制约、相互依赖的历史阶段。因此,现在任何国家要发达起来,闭关自守都是不行的。同样,"中国的发展离不开世界",一定要面向世界。其次,邓小平强调对

---

[1] 《邓小平文选》第3卷,人民出版社1993年版,第64页。

外开放是我国现代化建设的客观要求。他指出，由于我国目前处于社会主义初级阶段，只有实行对外开放政策，吸收世界先进的科学技术和经验，包括资金，才能加速中国的建设；只有坚持对外开放，才能确保我国社会主义现代化建设目标的顺利实现。最后，邓小平强调对外开放是总结历史经验的结晶。他指出："建国以后，人家封锁我们，在某种程度上我们也还是闭关自守，这给我们带来了一些困难。三十几年的经验教训告诉我们，关起门来搞建设是不行的，发展不起来。"[①] 因此，实行对外开放，是中国站在落后的起跑线上追赶世界先进水平、实现现代化的必由之路。

我国实行全面开放，也经历了一个渐进的过程。在邓小平思想的指导下，至2002年经过20多年的改革开放，我国逐步形成了全方位、多层次、宽领域、多渠道的对外对内全面开放的战略格局，标志我国对外开放新格局的最终确立。

邓小平的对外开放思想是毛泽东有关思想主张论述的继承和创新发展。就继承的方面来说，邓小平吸收了许多毛泽东在探索中国社会主义建设道路过程中被证明了是正确的思想主张，比如，独立自主的外交原则，向外国学习的原则，反对霸权主义、反对和平演变等原则。同时，邓小平还舍弃了毛泽东由于受时代局限而产生的一些错误思想。比如，过分强调自力更生，关起门来搞阶级斗争等。就创新发展的方面来说，邓小平的开放思想比毛泽东有了很大的超越。他非常重视对外开放，并把它提到了基本国策的高度，这与"和平与发展"的时代主题相符合，为我国的改革和经济、文化等各方面的发展提供了前所未有的良好外部条件，使世界更加了解中国，也使中国走向了世界。因此，邓小平被誉为中国改革开放的总设计师。

---

① 《邓小平文选》第3卷，人民出版社1993年版，第64页。

结　语

  从以上五个方面的分析可以看出，毛泽东在领导新中国建设社会主义时期，从理论到实践上都进行了艰辛的探索，取得了巨大的成就。毛泽东关于中国社会主义建设思想的正确思想主张，已与那个时代紧紧地连在了一起，与新中国社会主义前十年的艰辛探索连在了一起，是中国共产党的一笔宝贵财富。虽然由于他在指导思路方面的失误，也给中国社会的发展造成了一些负面影响，但正是在总结毛泽东经验及教训的基础上，邓小平顺应时代特征及中国国情，继承和发展了毛泽东关于中国社会主义建设的正确思想，少走了弯路，勇于创新，实现了指导思路的最大转换，最终形成了建设有中国特色社会主义理论，探索出了一条建设有中国特色社会主义的道路，大大加快了中国社会前进的步伐。

（作者单位：中国社会科学院当代中国研究所）

从"小康社会"到"中国梦"

——邓小平"小康社会"理论对中国社会发展的影响

张 翼

在一个国家从传统社会转变为现代社会过程中,如果选择了切合国情的发展战略,开启了发展所需的原动力,勾画出相对清晰的、能够为绝大多数成员所接受的宏观蓝图,则其调动一切积极因素以壮大自己的可能性就比较大,摆脱低收入陷阱①的几率就比较高,否则,就会陷入动乱、贫穷与饥荒的陷阱之中。

"文化大革命"的结束,使中国有了探索新发展道路的契机,也给中国社会注入了清新的活力。但如何终结"极左"思潮,将全党工作重心转移到经济建设上来,就成为考验第二代领导集体智慧的核心课题。当时,社会呼唤着那一时代亟须的发展逻辑、政府期待着政策投入的中长期方向、人民群众渴望着民生的阶段性改善。因此,唯有在大政方略上建构出一个可以凝聚全国各族人民理想的发展路线图与时间表,才能在力促社会转型过程中实现国民经济的平稳较快增长。

---

① 有关"低收入陷阱"的概念,可参考美国经济学家纳尔逊(R. R. Nelson)发表的《不发达国家的一种低水平均衡陷阱》的论文,《美国经济学评论》1956年第46卷,第5期。

一 "小康社会"的提出与话语建构

适应时代的需要,邓小平的"小康社会"构想,在继承第一代领导集体有关国家发展与民生改善学说的基础上,历史性地转化为整个国家的制度性顶层设计框架。

(一) 第一代领导集体的"两步走"战略

共产党在取得国家政权之后,就一直在执政实践的"试错"中摸索着自己的发展道路。1949 年,在党的七届二中全会上,毛泽东提出要使中国逐步由农业国转变为工业国。1954 年,周恩来在第一届人大所作的《政府工作报告》中,宣布了"四个现代化"的宏伟目标,就是要建设现代化的工业、现代化的农业、现代化交通运输业和现代化的国防——这是"四个现代化"的最初表述。1957 年 3 月,毛泽东《在中国共产党全国宣传工作会议上的讲话》对原有的"四化"提法重新进行了阐述,即提出要"建设一个具有现代工业、现代农业、现代科学文化的社会主义国家"。1960 年初,毛泽东在《读苏联〈政治经济学教科书〉的谈话》中进一步指出:"建设社会主义,原来要求是工业现代化,农业现代化,科学文化现代化,现在要加上国防现代化。"这应该是"四个现代化"的完整与准确表述[1]。1961 年 9 月,中共中央在《关于当前工业问题的指示》中,正式采用了这个表述,提出要"把我国建设成为具有现代工业、现代农业、现代国防和现代科学文化的社会主义国家"。1964 年,周恩来在三届人大一次会议的《政府工作报告》中,再次重申要把我国建设成为一个具有现代农业、现代工业、现代国防和现代科学技术的社会主义强国的宏伟目标。1975 年,周恩来在第四届全国人民代

---

[1] 沙健孙:《毛泽东与"四个现代化"目标和"两步走"战略的确定》,《中国近代史研究》2007 年第 12 期。

表大会所作的《政府工作报告》中，根据毛泽东"把国民经济搞上去"的指示，重申了四个现代化目标和"两步走"设想，并明确提出"要在本世纪内"实现现代化。他说："遵照毛主席的指示，三届人大的政府工作报告曾经提出，从第三个五年计划开始，我国国民经济的发展，可以按两步来设想：第一步，用十五年时间，即在1980年以前，建成一个独立的比较完整的工业体系和国民经济体系；第二步，在本世纪内，全面实现农业、工业、国防和科学技术的现代化，使我国国民经济走在世界的前列。"

第一代领导集体为强国之梦所做的宏观构想存在这样三个问题：第一，什么是现代化，很难明确定义，也很难用指标体系所监测。第二，要在1980年以前就建成独立的比较完整的工业体系和国民经济体系，任务太重，是一个不可能完成的任务。第三，要在"本世纪内"即2000年之前就实现"四个现代化"，并使中国的经济走在世界前列，也是一个不可能完成的宏伟设想。这种不切实际的顶层设计，现在看来是很成问题的。

（二）邓小平的"小康社会"构想

虽然在1949年之后，我国在社会主义建设上取得了重大进步，但与国际发展水平相比，仍然存在很大差距。如何克服"左"倾思想的影响，实事求是地对中国社会与经济发展蓝图进行预期性设计，就是拨乱反正后新一届领导集体必须解决的难题。

十一届三中全会以后，作为总设计师的邓小平，正是在反思第一代领导集体战略构想的基础上，结合广大人民群众对民生问题的关注而提出了小康社会的构想。1979年3月21日，邓小平在会见英中文化协会执委会代表团时说："我们的目标是在本世纪末实现四个现代化。我们的概念与西方不同，我姑且用个新说法，叫作'中国式的四个现代化'。"邓小平的"中国式的现代化"这一"新说法"，就是他对20世纪后期中国现代化发展水平的新的思考和新的定位。

1979年12月6日，他在会见来访的日本首相大平正芳时说："我们要实现的四个现代化，是中国式的四个现代化。我们的四个现代化的概念，不是像你们那样的现代化的概念，而是'小康之家'。到本世纪末，中国的四个现代化即使达到了某种目标，我们的国民生产总值人均水平也还是很低的。要达到第三世界中比较富裕一点的国家的水平，比如国民生产总值人均一千美元，也还得付出很大的努力。就算达到那样的水平，同西方来比，也还是落后的。所以，我只能说，中国到那时也还是一个'小康的状态'，'只是一个小康的国家'。"

1984年6月，邓小平在会见第二次中日民间人士会议日方委员会代表团时曾谈道："我们提出四个现代化的最低目标，是到本世纪末达到小康社会。这是1979年12月日本前首相大平正芳来访时我同他首次谈到的。所谓小康，从国民生产总值来说，就是年人均达到800美元。这同你们相比还是低水平的，但对我们来说是雄心壮志。中国现在有10亿人口，到那时候12亿人口，国民生产总值可以达到1万亿美元，如果按资本主义的分配方法，绝大多数人还摆脱不了贫穷落后状态，按社会主义的分配原则，就可以使全国人民普遍过上小康生活。这就是我们为什么坚持社会主义道理。不坚持社会主义，中国的小康社会形成不了。"[①] 此后，邓小平又多次讲到这个问题，并明确阐述了小康社会是中国在20世纪末要达到的政治、经济和社会发展的战略目标。

（三）"小康社会"建构起了典型的中国话语体系

小康，是中国人民在长期的历史长河中逐渐形成的社会理想。"小康"一词，最早见于《诗经·大雅·民劳》："民亦劳止，汔可小康。"当然，这里的"小康"与作为一种社会理想的"小康"在

[①] 《邓小平文选》第3卷，人民出版社1993年版，第64页。

意义上是不同的。历来的训诂家们认为，这两句诗的意思是："百姓太辛苦了呀，让他们休息一下吧。"不过，我们也不妨将其理解为一种告诫：不要让老百姓过得太艰苦。至于把"小康"作为一种理想社会模式，则记载于西汉的儒家经典《礼记·礼运》，其中描绘了大同社会和小康社会的图景：

　　大同社会是一个财产公有，政治民主，社会文明，社会保障健全和社会秩序稳定的最高理想社会；小康社会则显示出不同的社会面貌，从古代儒家的思想渊源看，描述的是随社会规模的扩大，由氏族社会向生产分工的文明社会的转化，是一个在土地私有制基础上建立起来的"天下为家"，也是一个靠礼仪关系维持的理想社会。儒家学派从历史循环论出发，幻想着返回原始田园牧歌式的大同生活。但到了近代，自进化论传入中国，"小康"就成了通往"大同"进化历程的中间环节。例如，根据戊戌变法的思想领袖康有为的说法，小康之世是社会从多灾多难的乱世发展到世界大同的太平世界的一个中间驿站——人类要从乱世进化到太平之世，中间必须经过一个小康之世的阶段。为了宣传其历史进化论思想，康有为采取了"托古改制"的方式，声称自己在孔子著作的《春秋》中发现了"微言大义"，在他看来，社会历史是向前发展的，"每变一世，则愈进于仁"，即社会是由"据乱世"进到"升平世"（小康），再由"升平世"进到"太平世"（大同）的。康有为说："三世为孔子非常大义……据乱者，文教未明也。升平者，渐有文教，小康也。太平者，大同之……文教全备也。……此为春秋第一要义。"但不幸的是，"微言大义"却被逐渐湮没了，先儒由于不知大同小康之道，或美化现实，或追慕三代，安于小康，不思大同。正是由于舍弃了小康大同之道这一根本，也就无法把握中国社会循序进化的历史必然性和规律性，使得中国社会大部分的时间都处于乱世之中，即使有兴盛之时，亦不过小康之世而不能被大同之泽，所以，康有为主张通过变法维新，以实现"据乱世"向"升平世"乃至"太平世"的过渡。

邓小平构想的"小康社会",上承中国历史,汲取了历代文化成果的智慧;下续人民群众对美好生活的追求,表达了人民群众对安定团结、衣食富足社会的向往,也调动了人民群众致富奔小康的积极性。其一经问世,就被全国人民所接受,也成为第二代领导集体的共同心愿。一方面,邓小平以"小康社会"代表"中国式现代化",对第一代领导集体提出"四个现代化"进行了实事求是的解读与创造。另一方面,他还以具体的量化分析,说明"实现这个目标"后,"我国国民收入总额和主要工农业产品的产量将居于世界前列"。但与此同时,他还清醒而务实地告诫说,即使实现了他所构想的"小康",也仅仅是"小康之家","国民生产总值人均水平也还是很低"、"同西方比,也还是落后的"。所以,只能说是一个"小康的状态"。

尽管如此,邓小平还满怀信心地分析说,"如果按社会主义的分配原则,就可以使全国人民普遍处于小康状态"。从这里可以看出,邓小平的"小康社会",是将国民经济的发展与相对公平的收入分配制度结合在一起而构想的小康社会,而不仅仅是"翻两番"的小康社会。可惜这一点,在后来的发展理念中,没有被很好地强调,这才导致出现了比较严重的收入差距问题。所以,在对小康社会理论与发展道路的研究中,我们一方面要看到"让一部分人先富起来"的时代表达;另一方面还要注意到邓小平理论中的社会主义分配原则与制度规约思想。唯有如此,才可对其做出相对正确的评价。

二 小康社会与"三步走"发展战略

邓小平作为第二代领导集体的掌舵人所遵循的实事求是的路线作风,比较好地传递给了第三代领导集体。再加上小康社会本身对国家发展战略、民族发展战略、人民群众民生诉求的高度概括性，所以，其便理所当然地成为邓小平及其之后各届党的领导核心制定未来发展蓝图的核心概念。

（一）十二大确立了"两步走"发展战略

1982年9月，党的十二大报告提出："从1981年到本世纪末的二十年，我国经济建设总的奋斗目标是，在不断提高经济效益的前提下，力争使全国工农业总产值翻两番，即由1980年的7100亿元增加到2000年的28000亿元左右。实现了这个目标，我国国民收入总额和主要工农业产品的产量将居于世界前列。整个国民经济的现代化过程将取得重大进展，城乡人民的收入将成倍增长，人民的物质文化生活可以达到小康水平。"

为实现这一目标，十二大做出的战略部署是"分两步走"："前十年主要是打好基础，积蓄力量，创造条件，后十年要进入一个新的经济振兴时期。这是党中央全面分析了我国经济情况和发展趋势之后作出的重要决策。"

（二）十三大确立了"三步走"发展战略

中国共产党第十三次代表大会，首次提出中国仍然并将长期处于社会主义初级阶段。应该说，初级阶段理论是在小康社会理论的影响下对社会主义发展历时态与过程性认识的进一步深化，党在初期阶段的总路线，也在全党和全国人民心目中树立了更为务实的执政形象，在很大程度上消除了"革命发展问题上的空想论"。正因为如此，邓小平才说"十三大报告一个字也不能改"。

十三大报告在系统分析国内外发展环境的基础上，再一次将邓小平提出的小康社会战略构想确定为全党和全国人民的长期奋斗目标，并在十二大的基础上提出了社会主义现代化的"三步走"战略：第一步，到1990年实现国民生产总值比1980年翻一番，解决人民的温饱问题；第二步，到 2000 年，使国民生产总值比 1980 年翻两番，人民生活达到小康水平；第三步，到 21 世纪中叶，达到中等发达国家水平，人民生活比较富裕，基本实现现代化。

应该说，到十三大时，人民群众的温饱问题已经初步解决。所以，全会的主要奋斗目标，便被确立为在 2000 年实现"小康水平"。只有"走好第二步，才能走好第三步"。全会在提出保护企业主合法收入的同时，也告诫全党要"坚持共同富裕的方向，在促进效率提高的前提下体现社会公平"。

把我国建设成社会主义现代化强国，一直是党和国家的奋斗目标。三步走的战略部署正确地反映了我们这样一个经济落后国家实现现代化的客观进程，意义非常重大。这主要表现在：

第一，三步走的战略部署把国家现代化这样一个远大的宏伟目标同 10 多亿人民群众的实际生活结合起来，先解决温饱问题，再是小康水平，再是比较富裕的生活，使现代化的目标不再是可望而不可即的抽象口号。

第二，三步走的战略部署引入了世界上通用的人均概念，使实现现代化的宏伟目标阶段化、具体化。从人均 200 多美元开始起步，经过努力达到 800—1000 美元，再翻两番达到人均 3000 美元—4000 美元。把一个宏大的目标具体分解到每个地区、每个人，使现代化的事业同各地区、各部门的日常工作结合起来，使各级领导和群众都心中有数。

第三，三步走的战略是在总结了我国经济建设正反两方面经验的基础上提出来的，考虑到我国相对落后的具体国情，实事求是地把原来到 20 世纪末实现四个现代化的目标具体改为实现小康社会，并提出再用 30—50 年的时间达到中等发达国家水平的设想，既考虑了我国现代化发展的需要，也考虑了实现现代化的条件和可能，这就从战略部署上克服了我们长期存在的急于求成思想，为我国经济社会持续、稳定、协调发展确定了明确的指导方针。

三　从温饱型小康到总体性小康

1990年，我国国民生产总值已达到17686亿元，按可比价格计算，比1980年增长了1.36倍，年均增长9%，人均国民生产总值比1980年增长1.08倍，年均增长7.6%，完成了翻一番的任务。城乡居民收入水平大幅增长，基本实现温饱。按住户调查统计，1990年农民人均纯收入已达630元，扣除价格因素，比1980年增长1.4倍，平均年均增长9.1%；城镇居民人均可支配收入1990年达到1387元，扣除价格因素，比1981年增长56%，年均增长5.1%。全国居民生活在贫困线以下的比例由1980年的10%左右降至1990年的3.6%。温饱型生活水平的人口占77.9%。相当于小康水平的人口占18.5%，这部分人已经达到丰衣足食，吃穿有余的收入水平。这样，到1990年，我国整体已摆脱贫困，基本解决了人民的温饱问题，经济社会发展步入小康社会阶段。

1990年，党的十三届七中全会对"小康目标"做了更加详尽的描绘："人民生活从温饱达到小康，生活资料更加丰裕，消费结构趋于合理，居住条件明显改善，文化生活进一步丰富，健康水平继续提高，社会服务设施不断完善。"在此基础上，又对小康水平进行了定义："所谓小康水平，是指在温饱的基础上，生活质量进一步提高，达到丰衣足食。这个要求既包括物质生活的改善，也包括精神生活的充实；既包括居民个人消费水平的提高，也包括社会福利和劳动环境的改善。"

1992年召开的党的十四大重申了三步走的战略步骤。1995年，党的十四届五中全会在《中共中央关于制定国民经济和社会发展"九五"计划和2010年远景目标的建议》中指出，"九五"国民经济和社会发展的主要奋斗目标是，全面完成现代化建设的第二步战略部署，到2000年，基本消除贫困现象，使人民生活达到小康水平。

1997年，党的十五大提出党在社会主义初级阶段的基本纲领和21世纪第一个十年建设有中国特色社会主义新农村的目标是，从1997年起到2010年，通过坚持以公有制为主体、多种所有制经济共同发展的基本原则，不断解放和发展农村生产力，在家庭承包经营的基础上，以农业社会化服务体系、农产品市场体系和国家对农业的支持保护体系为支撑，进一步完善农村经济体制，优化农村产业结构，使其适应发展社会主义市场经济的要求，同时显著提高农业科技、装备水平和综合生产能力，加快城镇化的进程，从而极大地发展农村经济，不断增加农民收入，促进农村全面实现小康，并逐步向更高的水平前进。这一纲领把中国农村实现小康当作一个跨世纪的奋斗目标而予以高度重视和强调，这意味着——在当时，农村的小康建设已成为国家发展战略的基本内容。

小康社会的概念在中国社会主义现代化的实践中得到了不断的丰富和完善，逐渐变得越来越准确，越来越清晰。按照邓小平"三步走"的伟大构想，中国共产党和中国政府迈上了一条宽广而坚实的、即期可以完成的、又有量化又可以操作的小康社会建设之路。2000年我国国内生产总值达到89404亿元，并超额完成人均国民生产总值比1980年翻两番的任务；农村居民人均纯收入和城镇居民人均可支配收入分别由1980年的191.3元、477.6元增加至2000年的2253元、6280元；市场商品丰富，居民消费水平得到提高，人均消费绝对数由1980年的238元增加至2000年的3632元；城乡居民住房条件得到较大改善，城市人均住宅建筑面积和农村人均住房面积分别由1980年的7.2平方米、9.4平方米增加至2000年的20.3平方米、24.8平方米。这样，到2000年，经过全党和全国人民的共同奋斗，中国的小康建设已经取得了显著的成就，人民生活在总体上实现了小康目标。

四　从总体性小康到全面小康

（一）对总体性小康的认识

在总体上实现了小康目标之后，从更高要求来看，这个阶段所达到的小康，还是一种低水平的小康。尽管从平均意义上，在2000年，中国的人均国内生产总值超过850美元，但很多人才刚刚解决了温饱问题，还有一部分人的生活水平在温饱线以下。与此同时，在民主、法治、文化教育事业、环保以及市场经济体制下的社会保障等内容，都与建设社会主义现代化强国的目标有着较大差距，中国经济落后的状况也还没有得到根本改变。在这种情况下，对国家的经济、社会和政治发展战略进行提升，就成为中国特色社会主义的一种不可避免的历史性选择。正是基于这样的现实状况，旨在让所有人都获得小康生活的"全面建设小康社会"这一目标被逐步明确地纳入中国共产党和中国政府的新发展战略框架。

2000年10月，党的十五届五中全会提出了全面建设小康社会的新目标。全会报告认为："现在完全可以有把握地说，我们党在改革开放初期提出的本世纪末达到小康的目标，能够如期实现。在中国这样一个十多亿人口的国度里，进入和建设小康社会，是一件有伟大意义的事情。这将为国家长治久安打下新的基础，为更加有力地推进社会主义现代化创造新的起点。"全会决议指出："我们已经实现了现代化建设的前两步战略目标，经济和社会全面发展，人民生活总体上达到了小康水平。这些都是带有阶段性、根本性的变化。从新世纪开始，中国将进入全面建设小康社会，加快推进现代化的新的发展阶段……这是中华民族发展史上一个新的里程碑。"

（二）全面建设小康社会任务的提出

党的十六大报告指出，我国总体上达到的小康社会，还是"低水平的、不全面的、发展很不平衡"的小康,人民日益增长的物质文化需要同落后的社会生产力之间的矛盾仍然是我国社会的主要矛盾。我国生产力水平还很落后。2000年,我国人均GDP虽然达到了900美元,完成了比1980年翻两番的目标,但按照世界银行1990年的分类标准,我国依然处于较低收入水平。

从人均看,2001年,我国居民人均收入为500美元,是1980年的3倍多,但是与同期的发达国家相比还是处于很低的水平,美国人均年收入超过2万美元,英、德、法、意等国家都在1.5万美元以上。城乡二元经济结构仍未改变,第五次人口普查数据显示,我国城镇化率为36.2%,远低于发达国家的城镇化率75%,也低于2000年的世界平均城镇化率47%。城乡和地区的收入差距进一步扩大,2001年东部11省市的人均GDP为1600美元,而西部12省份人均仅为610美元,相差2.6倍。从城乡居民收入差距看,2000年农村人均纯收入为2235.4元,城镇人均可支配收入为6280元,相差2.8倍,城乡收入差距处于不断扩大趋势。人口总量继续增加,65岁以上老龄人口占总人口比重近7%,成为老龄化国家;就业和社会保障压力增大。生态环境,自然环境和经济社会发展的矛盾日益突出。我国经济体制还不完善,民主法制建设和道德建设等方面还存在一些不容忽视的问题。巩固和提高小康水平,还需要进行长时期的艰苦奋斗。

据此,党的十六大报告提出,中国要在20世纪头20年,集中力量,全面建设惠及十几亿人口的更高水平的小康社会,需要经济更加发展,民主更加健全,文化更加繁荣,社会更加和谐,人民生活更加殷实。从此,在2000年中国实现"总体性小康"的基础上,"全面建设小康社会"就成为中国到2020年要实现的宏伟蓝图。这一宏伟蓝图在十六大系统说明之后,立即在全社会引起了巨大的反响和关注,并迅速转化为推动我国经济、社会、政治全面发展的行动纲领。

(三) 全面小康与十七大的小康社会愿景

从总体性小康到全面小康表述意义的转变，表明党进一步深化了"小康社会"的认识。这是邓小平之后党对国家建设学说的新发展，全面小康概念的扩延，丰富了党对社会主义发展过程的认识。大体来说，总体小康与全面小康具有如下区别：

第一，"总体小康"是指20世纪根据我国的国情，我国建设小康的重点在于解决温饱、在于提高物质生活水平时提出来的，是当时预期的小康状况；而"全面建设小康社会"是21世纪头20年将要达到的包括了"经济、政治、文化和社会"等方面内容的目标，这个目标在十八大之后还加入了"生态文明"的内容，成为"五位一体"的小康。

第二，总体小康还是低水平、不全面、发展很不平衡的小康；而全面建设小康社会的目标则是将目前低水平、不全面、发展很不平衡的小康社会，发展成为更高水平、内容更加全面、发展更加均衡的小康社会。这个目标的实现，将使我国经济更加发展、民主更加健全、科教更加进步、文化更加繁荣、社会更加和谐、人民生活更加殷实，环境生态更加友好。

2007年，党的十七大报告对全面建设小康社会的愿景做了如下描述：到2020年全面建设小康社会目标实现之时，我们这个历史悠久的文明古国和发展中社会主义大国，将成为工业化基本实现、综合国力显著增强、国内市场总体规模位居世界前列的国家，成为人民富裕程度普遍提高、生活质量明显改善、生态环境良好的国家，成为人民享有更加充分民主权利、具有更高文明素质和精神追求的国家，成为各方面制度更加完善、社会更加充满活力而又安定团结的国家，成为对外更加开放、更加具有亲和力、为人类文明做出更大贡献的国家。

经过新世纪最初十年的不断发展，我国全面小康社会建设取得了新进展。经济总量持续增加，2011年，我国国内生产总值达到47.2万亿元，扣除价格因素，比2002年增长1.5倍。经济总量居世界位次稳步提升，2008年国内生产总值超过德国，居世界第三位，2010年超过日本，居世界第二位，成为仅次于美国的世界第二大经济体。2011年，我国人均国内生产总值达到35083元，扣除价格因素影响，比2002年增长1.4倍，年均增长10.1%。在经济持续高速发展的同时，人们收入水平大幅提高，城镇居民家庭人均可支配收入由2002年的7702.8元增加至2011年的21809元，农村居民人均纯收入由2576元增加至6977元。城镇化步伐明显加快，2011年，我国城镇化率首次突破50%，达到51.3%，我国城乡结构发生历史性变化。社会保障体系初步建立，包括新农合、城镇职工医保、城镇居民医保在内的我国医疗保险制度覆盖人数已超过13亿人，中国已构建起世界上规模最大的基本医疗保障网，实现了制度性全覆盖；2012年我国养老保险在全国基本实现全覆盖，我国实现了城乡居民社会养老保险制度从无到有、再到制度全覆盖的历史性跨越。国民健康水平有较大提高，2010年第六次全国人口普查数据显示，我国的人口平均预期寿命为74.8岁，与2000年的71.4岁相比，增加了3.4岁。与此同时，民主法治、精神文明、生态建设等方面都取得了重大进展。

五　全面建成小康社会与"中国梦"

（一）全面建成小康社会

2012年，党的十八大根据经济社会发展的实际进程，从中国特色社会主义总体布局出发，将全会的主题定为"为全面建成小康社会而奋斗"，提出到2020年全面建成小康社会的新要求和新愿景。将"全面建设小康社会"改为"全面建成小康社会"，虽一字之差，但却标志着我国"小康社会"建设已进入最后关键阶段，也标志着全面建成小康社会已经成为国家富强、民族振兴、人民幸福的新目标。

十八大报告从五个方面充实和完善了全面建成小康社会的目标，"经济持续健康发展；人民民主不断扩大；文化软实力显著增强；人民生活水平全面提高；资源节约型、环境友好型社会取得重大进展"。报告在"四位一体"表述的基础上，面对环境状况的恶化，第一次将"全面建成小康社会"设定为五项具体指标，绘制了全面建成小康社会、加快推进社会主义现代化的宏伟蓝图，为亿万中国人清晰勾勒出了美好的明天。2020年全面建成的小康社会，是发展改革成果真正惠及13亿多人口的小康社会，是经济、政治、文化、社会、生态文明全面发展的小康社会。

（二）中国梦与新三步走

在全面建成小康社会理论继续深化的同时，习近平总书记对党的国家发展学说和社会主义初期阶段的阶段性建设过程进行了系统的创新与发展，提出了更具长远指导意义的中国梦愿景。

2012年11月29日，在参观《复兴之路》展览时的讲话中，习近平说："实现中华民族伟大复兴，就是中华民族近代以来最伟大的梦想。这个梦想，凝聚了几代中国人的夙愿，体现了中华民族和中国人民的整体利益，是每一个中华儿女共同的期盼。"实现这一梦想的阶段性目标是："到中国共产党成立100年时全面建成小康社会的目标一定能实现，到新中国成立100年时建成富强民主文明和谐的社会主义现代化国家的目标一定能实现，中华民族伟大复兴的梦想一定能实现。"2013年3月17日，习近平《在第十二届全国人民代表大会第一次会议上的讲话》中系统阐释了中国梦的内涵是"国家富强、民族振兴、人民幸福"。实现中国梦要走中国道路、要弘扬中国精神、要凝聚中国力量。中国力量的源泉在于调动广大人民群众的积极性，在于让每一个中国人都有梦，要让每个人都"共同享有人生出彩的机会，共同享有梦想成真的机会，共同享有同祖国和时代一起成长与进步的机会。有梦想，有机会，有奋斗，一切美好的东西都能够创造出来"。

通过多次论述与阐释，中国梦的战略部署逐渐明确为"新三步走"：

第一步，在中国共产党成立 100 年时全面建成小康社会。

第二步，在新中国成立 100 年时全面实现中国特色社会主义现代化。

第三步，在整个 21 世纪或更长一个时期实现中华民族的伟大复兴。

应该说，中国梦是对邓小平建设有中国特色社会主义理论的新发展，是对原来的"三步走"战略目标的进一步深化。中国梦将国家富强、民族振兴与人民幸福系统结合在一起，并将中国梦的本质阐释为人民的幸福。我们不仅要"有梦想"，更重要的是要"有机会"，要在机会平等的基础上实现人生出彩的目标。

中国梦还第一次将中国梦与世界其他国家的梦结合在一起明确表述，向世界表达了中国梦的愿景与和平发展的决心。中国梦是合作发展、和平共赢的梦，与美国梦是相通的，与各国人民的美好梦想是相通的。

"中国梦"的提出与实践，还为探索人类文明多样化发展开辟了更加光明的前景。世界各个国家的历史背景不同，发展过程不同，文化传统与宗教渊源不同，因而其制度选择与发展道路自然会存在差异。在每一个人类文明追求"国家富强、民族振兴与人民幸福"的道路上，中国的现代化过程谱写了一曲完全不同于西方的道路。中国梦开创的中国道路、中国梦发扬光大的中国精神、中国梦依托的中国力量，为所有追求富强平等的发展中国家提供了一个全新的发展模板。

总之，社会主义事业是前无古人的事业。邓小平提出的小康社会理论，继承了改革开放前四个现代化思想的合理内涵，实事求是地开创了社会主义发展的新局面，通过三步走的战略部署，逐步提升了我国的综合国力，改善了广大人民群众的生活水平，引导和凝聚了人心，维持了长达三十多年的繁荣发展，使中国成为世界第二大经济体。在新的发展阶段，以习近平为首的新一代领导集体，大胆改革、勇于实践，提出了中国梦的新构想，也以新的"三步走"战略规划，描述了未来的发展蓝图，在明确"两个百年目标"与长远发展愿景的过程中，又一次凝聚了人民群众的共识，在最大公约数基础上，绘制了中华民族伟大复兴的时间表和路线图。所以，邓小平的小康社会理论，对于国家发展与党的执政经验的积累，具有承前启后的历史意义与现实意义。而中国梦的构想，也必将带领中国人民进入到更加繁荣与富强的现代化社会。与最近 200 年来的历史比，现在的中国比以往任何时候都接近于伟大复兴之梦。

（作者单位：中国社会科学院社会学研究所）

邓小平对"如何认识和发展马克思主义"的科学回答及现实意义

姜　辉

"如何认识和发展马克思主义"的问题,即"什么是马克思主义、怎样对待马克思主义"的问题,是中国共产党人在中国革命、建设和改革的整个历史时期必须回答的根本问题,始终关系党和国家事业的前途命运。邓小平作为伟大的马克思主义者,在领导党和人民开创中国特色社会主义事业的过程中,对这个重大的、根本的问题做出了卓越探索和创造性的科学回答。习近平同志曾指出:"坚持和发展中国特色社会主义是一篇大文章,邓小平同志为它确定了基本思路和基本原则。"[①] 邓小平关于"如何认识和发展马克思主义"的重要论述,为我们在新的历史起点上坚持和发展中国特色社会主义提供了宝贵的、具有长远指导意义的思想理论遗产。在邓小平诞辰110周年之际,认真总结和深刻领会他在这方面的丰富思想,具有十分重要的意义。

一　坚持马克思主义的科学性和真理性,坚定"对马克思主义的充分信仰"

对马克思主义科学性的笃信和执着,对马克思主义和共产主义

[①] 参见习近平《在新进中央委员会的委员、候补委员学习贯彻党的十八大精神研讨班上的讲话》(2013年1月5日)。

信仰的笃定和坚守,是邓小平回答"如何认识和发展马克思主义"的前提。20世纪80年代末90年代初的苏东剧变,使世界社会主义运动遭受严重挫折。"社会主义失败"论、"马克思主义过时"论一度甚嚣尘上。中国的社会主义也面临着严峻的挑战。中国的改革开放向何处去?中国特色社会主义道路能否继续走下去?这又是中国历史发展的关键时刻。邓小平以对马克思主义科学性的精深理解,以伟大无产阶级革命家的坚强信念,以对社会主义制度和建设中国特色社会主义伟大实践的必胜信心,向全党全国人民振聋发聩地说:"我坚信,世界上赞成马克思主义的人会多起来的,因为马克思主义是科学。"面对苏东剧变后世界社会主义运动的复杂形势,他无比乐观、无比坚定地指出,一些国家发生的严重曲折,社会主义好像被削弱了,但人民会吸取教训,经受锻炼,这将促使社会主义向着更加健康的方向发展,因此,"不要惊慌失措,不要认为马克思主义就消失了,没用了,失败了。哪有这回事!"①

"世界上赞成马克思主义的人会多起来的!"邓小平20多年前作出的庄严而科学的预言,得到了历史和实践的检验和证明。苏东剧变后,世界社会主义运动步入低潮,大多数国家对马克思主义的关注与研究也曾出现短暂沉寂。21世纪初资本主义金融经济危机爆发以来,在世界各地再次出现了"马克思热",甚至在西方资本主义国家,对马克思的关注与研究又重新活跃起来,西方媒体接连曝出马克思被评为"千年最伟大的思想家",马克思的《资本论》、《共产党宣言》销量激增并重新走进一些大学课堂、论坛和会议,西方学者或惊呼"马克思又回来了",或强调"马克思的思想依然有生命力",或坦言"必须向马克思求教"等,甚至一些资产阶级政治家提出了"能否用卡尔·马克思来挽救资本主义"的问题。世界上赞成马克思主义的人的确又多起来了!这再次证明了邓小平这位历史

---

① 《邓小平文选》第3卷,人民出版社1993年版,第382—383页。

伟人的科学预见。

邓小平善于把坚持马克思主义科学性和坚定马克思信仰有机结合起来。他经常运用中国共产党领导人民进行革命斗争的历史事实和经验，说明科学的理论在革命斗争中转化为革命群众内在信仰的巨大威力。他认为，对马克思主义的信仰是中国革命胜利的一种精神动力，如果我们不是马克思主义者，没有对马克思主义的充分信仰，中国革命就搞不成功。他指出，坚持马克思主义对中国十分重要，坚持社会主义也十分重要。中国自鸦片战争以来的一个多世纪内，处于被侵略、受屈辱的状态，是中国人民接受了马克思主义，才使中国革命取得了胜利。他指出："过去我们党无论怎样弱小，无论遇到什么困难，一直有强大的战斗力，因为我们有马克思主义和共产主义的信念。"① 他语重心长地说，我们马克思主义者过去闹革命，就是为社会主义、共产主义崇高理想而奋斗。现在我们搞经济改革，仍然要坚持社会主义道路，坚持共产主义的远大理想。我们搞改革开放和现代化建设，"没有丢马克思，没有丢列宁，也没有丢毛泽东。老祖宗不能丢啊！"②

"老祖宗不能丢！"丢了就丧失了党和国家事业的根本，就会走上改旗易帜的邪路。这是中国特色社会主义发展的整个历史时期必须坚持的根本原则。我们说解放思想是法宝，改革开放是法宝，"不丢老祖宗"同样是法宝。正如习近平同志所说的那样："中国特色社会主义是社会主义而不是其他什么主义，科学社会主义基本原则不能丢，丢了就不是社会主义。"他指出，中国特色社会主义基本经济政治制度的基本原则，必须始终坚持，"这些都是在新的历史条件下体现科学社会主义基本原则的内容，如果丢掉了这些，那就不成其

---

① 《邓小平文选》第3卷，人民出版社1993年版，第369页。
② 同上。

为社会主义了"。① 这是在当今时代和条件下对邓小平"老祖宗不能丢"的彻底坚持。

邓小平善于在同各种错误倾向和观点的斗争中捍卫马克思主义。马克思主义的发展，是在同各种各样的错误观点和思潮的不断斗争中实现的。列宁曾经强调，当马克思主义的理论基础和基本原理受到了来自截然相反的各方面的曲解的时候，团结一切意识到克服危机必要性的马克思主义者起来捍卫马克思主义，是再重要不过的了。邓小平在领导中国人民进行中国特色社会主义建设的伟大实践中，始终坚持有"左"反"左"，有右反右，在开展正确的理论斗争中捍卫马克思主义。他曾坚决反对打着发展马克思主义的旗号搞资产阶级自由化的右倾观点，也曾坚决反对带着革命色彩的"左"的东西，强调右可以葬送社会主义，"左"也可以葬送社会主义。邓小平的科学立场和态度，是坚持和捍卫马克思主义的典范。

邓小平反复强调创造性地宣传和研究马克思主义。邓小平认为，捍卫马克思主义，研究和宣传马克思主义，决不能停留在理论"本本"上，要针对现实，面向实际，创造性地解释和论证马克思主义。他曾批评一些理论工作者，对于社会主义现代化建设实践中提出的种种重大理论问题缺乏兴趣，表示"同现实保持距离"，或者认为没有学术价值，这样就可能离开马克思主义方向。他还曾对思想理论工作提出要求，他指出，思想理论的宣传教育"决不是改头换面地抄袭旧书本所能完成的工作，而是要费尽革命思想家心血的崇高的创造性的科学工作"②。

邓小平关于坚持马克思主义科学性和坚定马克思主义信仰的重要论述，今天具有十分重要的现实指导意义。习近平同志在系列讲话中反复强调，马克思主义、共产主义信仰是共产党人的命脉和灵

---

① 参见习近平《在新进中央委员会的委员、候补委员学习贯彻党的十八大精神研讨班上的讲话》（2013年1月5日）。

② 《邓小平文选》第2卷，人民出版社1994年版，第180页。

魂，坚定理想信念，坚守共产党人精神追求，始终是共产党人安身立命的根本。共产党人之所以为共产党人，就是因为有马克思主义、共产主义信仰。这是共产党人身份的象征，是共产党人区别于其他人的最醒目的标志，是共产党人站稳政治立场、抵御各种诱惑的决定性因素。革命理想高于天。没有理想信念，或者理想信念不坚定，精神上就会"缺钙"，就会得"软骨病"。在我们的党员干部队伍中，信仰迷茫、精神迷失是一个需要引起高度重视的问题。有的人对共产主义心存怀疑，认为那是虚无缥缈、难以企及的幻想；有的人"不问苍生问鬼神"。有的人在大是大非和政治原则问题上，"爱惜羽毛"，态度暧昧、退避三舍、不敢亮剑，甚至模糊立场、耍滑头；有的人甚至向往西方社会制度和价值观念，对马克思主义和社会主义前途命运丧失信心，丢失了共产党人的远大目标，迷失方向，变成功利主义、实用主义。习近平同志还指出，在新的历史时期，我们既要坚定走中国特色社会主义道路的信念，也要胸怀共产主义的崇高理想，矢志不移贯彻执行党在社会主义初级阶段的基本路线和基本纲领，做好当前每一项工作，取得中国特色社会主义接力赛中我们这一棒的优异成绩。

二 坚持马克思主义的时代性和发展性，"必须根据现在的情况"认识和发展马克思主义

马克思主义是时代精神的精华，必须随着时代、实践和科学的发展而发展，因而具有与时俱进的品质。正如恩格斯指出的："每个时代的理论思维，从而我们时代的理论思维，都是一种历史的产物，它在不同时代具有完全不同的形式，同时具有完全不同的内容。"[①]因而，如何科学地认识马克思主义的时代性，从而根据各个不同时

---

① 《马克思恩格斯选集》第4卷，人民出版社1995年版，第284页。

代的实践要求来坚持和发展马克思主义,是共产党人必须认真思考和回答的重大问题。

邓小平作为伟大的马克思主义者,深刻地认识和理解马克思主义随着时代发展而不断发展的品质。改革开放之初,邓小平就鲜明提出:"科学社会主义是在实际斗争中发展着,马列主义、毛泽东思想是在实际斗争中发展着。我们当然不会由科学的社会主义退回到空想的社会主义,也不会让马克思主义停留在几十年或一百多年前的个别论断的水平上。"① 这种实事求是的科学态度,是从时代和实践发展的高度认识和对待马克思主义的唯一正确的态度。邓小平深刻地总结国际共产主义运动的经验教训,强调多年来存在一个对马克思主义、社会主义的理解问题。他明确指出,"马克思去世以后一百多年,究竟发生了什么变化,在变化的条件下,如何认识和发展马克思主义,没有搞清楚"。② 他提出,绝不能要求马克思为解决他去世之后上百年、几百年所产生的问题提供现成的答案。列宁同样也不能承担为他去世以后五十年、一百年所产生的问题提供现成答案的任务。不以新的思想、观点去继承、发展马克思主义,不是真正的马克思主义者。这种态度,就是真正的马克思主义者的态度。邓小平对待马克思主义的态度,正如马克思主义经典作家自己坦率表明的那样:"我们只能在我们时代的条件下去认识,而且这些条件达到什么程度,我们才能认识到什么程度。"③

邓小平总结出的重要结论是:从而,"必须根据现在的情况,认识、继承和发展马克思列宁主义"。④ "实事求是是马克思主义的精髓。"⑤ 马克思主义不是从原则出发,而是从事实出发。马克思指

---

① 《邓小平文选》第 2 卷,人民出版社 1994 年版,第 179 页。
② 《邓小平文选》第 3 卷,人民出版社 1993 年版,第 291 页。
③ 《马克思恩格斯选集》第 4 卷,人民出版社 1995 年版,第 337—338 页。
④ 《邓小平文选》第 3 卷,人民出版社 1993 年版,第 291 页。
⑤ 同上书,第 382 页。

出:"正确的理论必须结合具体情况并根据现存条件加以阐明和发挥。"①列宁也说,马克思主义者只能以经过严格证明和确凿证明的事实作为自己的政策的前提。毛泽东则反复强调,马克思主义者必须从客观存在的事实出发,并用中国百姓喜闻乐见的成语"实事求是"作出精当的概括。邓小平遵循实事求是的精神,用朴实的语言把马克思主义形成和发展的根基表述为必须吸取人类的文明成果,"必须根据现在的情况",这与马克思、恩格斯、列宁、毛泽东的思想一脉相承,揭示了马克思主义善于在不同的历史时期抓住具有决定作用的历史事实,根据实际生活的生动经验来解决时代问题的鲜明特征,从而进一步丰富、完善和发展马克思主义。

邓小平认为,马克思主义为社会主义建设和改革提供了科学的理论基础和行动指南,同时他强调,马克思主义必须发展,我们不能把马克思主义当作教条。他认为,发展马克思主义是在建设社会主义的实践探索中实现的,在新的实践中回答了新情况下出现的新问题,就是真正地坚持了马克思主义和社会主义,就是真正地发展了马克思主义。他指出:"马克思主义理论从来不是教条,而是行动的指南。它要求人们根据它的基本原则和基本方法,不断结合变化着的实际,探索解决新问题的答案,从而也发展马克思主义理论本身。"②他对改革开放中取得的理论和实践探索的新成绩感到由衷的喜悦。例如,他对1984年党的十二届三中全会通过的《关于经济体制改革的决定》作了高度的肯定和赞扬,说这是写出了马克思主义政治经济学的初稿,是很好的文件,就是解释了什么是社会主义,有些是我们老祖宗没有说过的话,有些新话。他深刻地总结说:"我们现在所干的事业是一项新事业,马克思没有讲过,我们的前人没有做过,其他社会主义国家也没有干过,所以,没有现成的经验可

---

① 《马克思恩格斯全集》第27卷,人民出版社第1版,第433页。
② 《邓小平文选》第3卷,人民出版社1993年版,第146页。

学。我们只能在干中学，在实践中探索。"①

正是邓小平同志对马克思主义时代性和发展性的深刻掌握，对马克思主义与时俱进品格和实事求是精髓的深刻理解和实际运用，才带领全党全国人民不断推进马克思主义中国化，形成了邓小平理论。也正是此后几代共产党人继续坚持这样科学对待马克思主义的态度和立场，才有了中国特色社会主义理论体系的不断丰富和发展。正如习近平同志在系列讲话中反复强调的："坚持马克思主义，坚持社会主义，一定要有发展的观点，一定要以我国改革开放和现代化建设的实际问题、以我们正在做的事情为中心，着眼于马克思主义理论的运用，着眼于对实际问题的理论思考，着眼于新的实践和新的发展。"② 习近平同志强调的"以我们正在做的事情为中心"，在精神实质上正与邓小平强调的"必须根据现在的情况"认识和发展马克思主义的立场一脉相承，都是对马克思主义时代性和发展性的深刻掌握和运用。

三 坚持马克思主义的实践性和民族性，我们需要的真正的马克思主义是"结合中国实际的马克思主义"

马克思说过："理论在一个国家实现的程度，总是决定于理论满足这个国家的需要的程度。"③ 这深刻地揭示了马克思主义的实践特性和民族特性。马克思主义正是针对各国各时期不同的政治、经济和文化需要而提供具体的"满足"手段的。马克思主义的发展，正是在同各国各民族不同发展阶段的国情有机结合的过程中实现的。

---

① 《邓小平文选》第 3 卷，人民出版社 1993 年版，第 258—259 页。
② 参见习近平《在新进中央委员会的委员、候补委员学习贯彻党的十八大精神研讨班上的讲话》（2013 年 1 月 5 日）。
③ 《马克思恩格斯选集》第 1 卷，人民出版社 1995 年版，第 11 页。

列宁也曾经指出,运用马克思主义,要"把这些原则在某些细节上正确地加以改变,使之正确地适应于民族的和民族国家的差别,针对这些差别正确地加以运用"①。毛泽东曾鲜明地强调,必须将马克思主义的普遍真理和中国革命的具体实践完全地恰当地统一起来,使之和民族的特点相结合。这个结合"经过一定的民族形式,才有用处,决不能主观地公式地应用它。公式的马克思主义者,只是对于马克思主义和中国革命开玩笑,在中国革命队伍中是没有他们的位置的"②。

邓小平对于马克思主义实践性和民族性的深刻理解的具体表达,就是他精辟指出的:"只有结合中国实际的马克思主义,才是我们所需要的真正的马克思主义。"③ 这是他对什么是"我们所需要的真正的马克思主义"作出的科学回答。他明确指出:"我们建设社会主义,准确地说是建设有中国特色的社会主义,这样才是真正地坚持了马克思主义。我们历来主张世界各国共产党根据自己的特点去继承和发展马克思主义,离开自己国家的实际谈马克思主义,没有意义。"④ 他从中国革命和建设的长期历史经验中得出的基本结论,那就是:"把马克思主义的普遍真理同我国的具体实际结合起来,走自己的道路,建设有中国特色的社会主义。"⑤ 他总结国际共产主义运动的经验教训,得出这样的深刻启示,革命和建设都要走自己的路。照抄照搬别国经验、别国模式,从来不能得到成功。"我们都根据自己的特点,自己国家的情况,走自己的路。我们既不能照搬西方资本主义国家的做法,也不能照搬其他社会主义国家的做法,更不能丢掉我们制度的优越性。"⑥ 他强调,把马克思列宁主义基本原理同

---

① 《列宁选集》第4卷,人民出版社1995年版,第200页。
② 《毛泽东选集》第2卷,人民出版社1991年版,第707页。
③ 《邓小平文选》第3卷,人民出版社1993年版,第213页。
④ 同上书,第191页。
⑤ 同上书,第3页。
⑥ 同上书,第256页。

中国实际相结合，走自己的路，是我们吃了苦头总结出来的经验。他强调，社会主义国家的改革开放必须从各国自己的条件出发。"每个国家的基础不同，历史不同，所处的环境不同，左邻右舍不同，还有其他许多不同。别人的经验可以参考，但是不能照搬。过去我们中国照搬别人的，吃了很大苦头。中国只能搞中国的社会主义。"①

"中国只能搞中国的社会主义！"极为朴实的话语，正是对中国革命和建设历史经验和国际共产主义运动经验的最深刻、最精辟的提炼和概括。他这样解释："我们搞四个现代化和改革、开放，以后还会遇到风险、困难，包括我们自己还会犯错误。中国是这么大的国家，我们做的事是前人没有做过的。中国有自己的特点，所以我们只能按中国的实际办事，别人的经验可以借鉴，但不能照搬。"②的确，"只能按中国的实际办事"，这就是对马克思主义民族性和实践性的最好诠释和坚持。

今天，中国人民正沿着邓小平开创的中国特色社会主义道路奋勇前进。经过30多年的改革开放，中国特色社会主义事业取得了举世瞩目的成就和辉煌。中国共产党和中国人民坚定不移地走"自己的道路"，实现"两个一百年"的奋斗目标，实现中华民族伟大复兴的中国梦。习近平同志对邓小平当年提出的"结合中国实际的马克思主义"作了深入阐发，他说，任何科学的理论和制度，必须本土化才能真正起到作用。马克思主义也好，社会主义也好，能够在中国取得胜利，关键就是我们党不断推进其中国化，紧密结合中国实际加以运用。搞教条主义、本本主义，"言必称希腊"，都是不能成功的。③他在论述中国特色社会主义制度的独特性和民族性时指出，我国今天的治理体系，是在我国历史传承、文化传统、经济社

---

① 《邓小平文选》第 3 卷，人民出版社 1993 年版，第 265 页。
② 同上书，第 229 页。
③ 参见习近平在 2013 年 8 月 19 日在全国宣传思想工作会议上的讲话。

会发展的基础上长期发展、渐进改进、内生性演化的结果。如果不顾国情照搬照抄别人的制度模式，就是画虎不成反类犬，不仅不能解决任何实际问题，而且还会因水土不服造成严重后果。① 习近平同志的这些深刻论述，与邓小平的有关论述在精神实质上完全一致，是在新的时代条件下继续坚持马克思主义实践性和民族性、从而继续推进马克思主义中国化的具体表达和践行。

四 坚持马克思主义的群众性和朴实性，马克思主义是"很朴实的东西，很朴实的道理"

马克思主义具有鲜明的群众性，是指导广大群众认识世界、改造世界的科学理论，同时也必须要为广大群众掌握和运用。马克思说："理论一经掌握群众，也会变成物质力量。理论只要说服人，就能掌握群众；而理论只要彻底，就能说服人。"② 正是马克思主义具有彻底的群众性，它也就具备了广泛的大众性和朴实性。马克思主义是博大精深的理论体系，但它不是"神秘哲学"。马克思主义与广大人民群众改造世界的实践紧密相连，而不是抽象的、教条的"本本"。马克思主义创始人没有任何凭空制造体系的想法，他们的观点之所以发展成为严整的科学体系，是他们在为争取解放的无产阶级锻造思想武器的过程中，在无产阶级及广大群众认识世界和改造世界的实践中，而得以创立，并不断扩展、深化和升华，从而形成科学的思想理论体系。列宁这样论述马克思主义理论的群众性和朴实性："马克思主义同任何抽象公式、任何学理主义方法是绝对不相容的，它要求细心对待进行中的群众斗争，……马克思主义在这方面可以说是向群众的实践学习的，决不奢望用书斋里的'分类学家'

---

① 参见习近平2014年2月17日在省部级主要领导干部学习贯彻十八届三中全会精神全面深化改革专题研讨班上的讲话。

② 《马克思恩格斯选集》第1卷，人民出版社1995年版，第9页。

臆造的斗争形式来教导群众。"①

邓小平一生都在彻底践行马克思主义的群众性和朴实性,他这样实际而朴实地讲:"我们讲了一辈子马克思主义,其实马克思主义并不玄奥。马克思主义是很朴实的东西,很朴实的道理。"② 邓小平之所以认为马克思主义是"很朴实的东西,很朴实的道理",是因为邓小平对马克思主义的群众性和朴实性的深刻理解,集中体现在对实事求是这一马克思主义精髓的掌握和运用上。他说:"我读的书并不多,就是一条,相信毛主席讲的实事求是。过去我们打仗靠这个,现在搞建设、搞改革也靠这个。"③ 邓小平之所以认为马克思主义并不玄奥,是因为他深刻理解马克思主义的群众性,深知其科学性和真理性来源于广大人民群众的利益要求和创造新生活的鲜活实践。邓小平坚决反对把马克思主义理论当作神秘和玄奥的东西来看待,坚决反对本本主义和教条主义。他引用毛泽东的话论述说:"我们说马克思主义是对的,决不是因为马克思这个人是什么'先哲',而是因为他的理论,在我们的实践中,在我们的斗争中,证明了是对的。我们的斗争需要马克思主义。我们欢迎这个理论,丝毫不存什么'先哲'一类的形式的甚至神秘的念头在里面。"④ 邓小平指出:"马克思主义是打不倒的。打不倒,并不是因为大本子多,而是因为马克思主义的真理颠扑不破。实事求是是马克思主义的精髓。要提倡这个,不要提倡本本。我们改革开放的成功,不是靠本本,而是靠实践,靠实事求是。"⑤ 他这样讲:"学马列要精,要管用的。长篇的东西是少数搞专业的人读的,群众怎么读?要求都读大本子,那是形式主义的,办不到。"⑥ 这里,邓小平所说"管用的",就是马

---

① 《列宁选集》第1卷,人民出版社1995年版,第688—689页。
② 《邓小平文选》第3卷,人民出版社1993年版,第382页。
③ 同上书,第382页。
④ 《邓小平文选》第2卷,人民出版社1994年版,第115页。
⑤ 《邓小平文选》第3卷,人民出版社1993年版,第382页。
⑥ 同上书,第382页。

克思主义的基本原理，就是马克思主义的立场、观点和方法。

邓小平认为，坚持马克思主义的群众性，就要彻底地贯彻马克思主义的群众观点和群众路线。他坚定地相信："凡是符合最大多数人的根本利益，受到广大人民拥护的事情，不论前进的道路上还有多少困难，一定会得到成功。"① 他指出："群众是我们力量的源泉，群众路线和群众观点是我们的传家宝。党的组织、党员和党的干部，必须同群众打成一片，绝对不能同群众相对立。如果哪个党组织严重脱离群众而不能坚决改正，那就丧失了力量的源泉，就一定要失败，就会被人民抛弃。"② 他提出了一个检验党员领导干部的工作业绩的根本标准，那就是要看人民拥护不拥护、赞成不赞成、高兴不高兴、满意不满意、答应不答应。这五句话标准，是对马克思主义群众性的最彻底贯彻，也是马克思主义朴实性的最朴实表达。

以习近平同志为总书记的党中央一以贯之地坚持和践行马克思主义的群众观点和群众路线，在全面深化改革的新的历史时期，把邓小平提出的重要思想发扬光大。习近平同志指出："检验我们一切工作的成效，最终都要看人民是否真正得到了实惠，人民生活是否真正得到了改善，这是坚持立党为公、执政为民的本质要求，是党和人民事业不断发展的重要保证。"③ 这与邓小平提出的五句话标准一脉相承。他强调，人民是历史的创造者，是我们的力量源泉。推进任何一项重大改革，都要站在人民立场上把握和处理涉及改革的重大问题，都要从人民利益出发谋划改革思路、制定改革举措。他说，我们讲宗旨，讲了很多话，但说到底还是"为人民服务"这句话。今天，衡量一名共产党员、一名领导干部是否具有共产主义远大理想，是有客观标准的，那就要看他能否坚持全心全意为人民服

---

① 《邓小平文选》第3卷，人民出版社1993年版，第142页。
② 《邓小平文选》第2卷，人民出版社1994年版，第368页。
③ 参见习近平《全面贯彻落实党的十八大精神要突出抓好六个方面工作》（2012年11月15日），《求是》2013年第1期，第6页。

务的根本宗旨。

　　35 年前，邓小平谆谆教导全党："我们是一个马克思主义的大党，我们自己不重视马克思主义的研究，不按照实践的发展来推动马克思主义的前进，我们的工作还能够做得好吗？"① 这对当时及此后的共产党人都提出了明确而艰巨的理论任务和政治任务，即根据时代和实践的发展不断探索和科学回答"如何认识和发展马克思主义"的重大问题。今天，以习近平同志为总书记的党中央领导全党全国人民接过了历史的接力棒，继续谱写坚持和发展中国特色社会主义的绚丽华章。习近平同志指出："解放思想、实事求是、与时俱进，是马克思主义活的灵魂。"他提出，全党同志首先是各级领导干部"必须坚持马克思主义的发展观点，坚持实践是检验真理的唯一标准"，"不断有所发现、有所创造、有所前进，不断推进理论创新、实践创新、制度创新"。② 这是当代中国共产党人在新的历史起点上对"如何认识和发展马克思主义"的继续探索和科学回答，也是对邓小平的最好纪念。

（作者单位：中国社会科学院信息情报研究院）

---

　　① 《邓小平文选》第 2 卷，人民出版社 1994 年版，第 181 页。
　　② 参见习近平《在新进中央委员会的委员、候补委员学习贯彻党的十八大精神研讨班上的讲话》（2013 年 1 月 5 日）。

邓小平的用人艺术

王瑞芳

邓小平是中国改革开放和现代化建设的总设计师，是建设有中国特色社会主义理论的创立者。在长达半个多世纪的革命和建设生涯中，尤其是在领导中国人民进行改革开放的伟大实践中，邓小平形成了一套系统的人才思想。在短短的10年时间内，他平稳而顺利地完成了权力大转移，实现了培养接班人的创举，更是举世瞩目，为世人展现了一位世纪伟人精湛的用人艺术。

一 选贤任能的用人标准

"选贤任能"是邓小平在新时期提出的人才建设的指导方针。他指出："选人要选好，要选贤任能。选贤任能这个话就有德才资的问题。贤就是德，能无非是专业化、知识化，有实际经验，身体能够顶得住。"[1]

其"选贤任能"思想，包含以下三层含义：

（一）突出地强调了新时期人才要有"德"

所谓"德"，主要是指人的政治立场和思想作风。即必须坚持社会主义道路和党的领导，拥护十一届三中全会的政治思想和思想路

---

[1] 《邓小平文选》第2卷，人民出版社1994年版，第400页。

线，讲党性，不搞派性。具体而言，就是："一是坚决拥护党的政治路线和思想路线；二是大公无私，严守法纪，坚持党性，根绝派性；三是有强烈的革命事业心和政治责任心，有胜任工作的业务能力。"① 对于那些"三种人"，即"跟随林彪、江青一伙造反起家的人，帮派思想严重的人，打砸抢分子"，绝对不能提上来，一个也不能提上来，已经在领导岗位上的，必须坚决撤下去。所谓"德"，就是人民性，即能够全心全意为人民服务。邓小平指出："要选那些努力工作，联系群众，关心群众疾苦"的人，人民性不是一句空话，它是有实实在在的内容的，就是要关心和解决群众最为关心的问题。尤其是高级干部更要带头发扬党的联系群众的优良作风，时时刻刻扎根群众之中，想群众所想，急群众所急，老老实实地做人民的公仆。此外，新时期邓小平所谓的"德"，还有一个主要内容——"民族性"，即继承和发扬中华民族的优良品德，热爱社会主义祖国。对社会主义不感兴趣和不爱祖国、缺乏责任心的人，尽管有某些知识和特长，也不能算有"德"的贤者。邓小平说："我们选拔干部，必须要注意了解他是不是坚持社会主义道路。不符合这个条件的干部，要加强教育，必要时要调动。我们一定要在全党和全国范围内有领导、有计划地大力提倡社会主义道德风尚，热爱社会主义祖国，提高民族自尊心"②。1982 年 9 月 1 日，邓小平在中共十二大开幕词中又强调："中国人民有自己的民族自尊心和自豪感，以热爱祖国、贡献全部力量建设社会主义祖国为最大光荣，以损害社会主义祖国利益、尊严和荣誉为最大耻辱。"③

（二）特别重视新时期人才要具备"能"

列宁认为："能"包括"各种知识、技术和经验"；斯大林认为

---

① 《邓小平文选》第 2 卷，人民出版社 1994 年版，第 222 页。
② 同上书，第 262 页。
③ 《邓小平文选》第 3 卷，人民出版社 1993 年版，第 3 页。

"能"包括"经验、锻炼、业务知识和识别方向的能力",以及"对新事物有足够的敏感"。毛泽东强调人才应有"工作能力","能独立解决问题。"邓小平集古今中外伟大思想家、政治家关于人才"能"的论述之大成,并给"能"赋以现代化的含义和内容。他认为:"能",就是知识、才干、技艺和健康的体魄诸方面的综合。知识是"能"的基本要素之一,人才要"知识化",科技人才要有科技"专业知识",军事人才要有"军事知识"。能力是知识经过实践的升华转化而成的才干。才干包括两方面的内容:一是一般能力,如记忆能力、思维能力和创造能力等;二是特殊能力,主要是有胜任工作的业务能力,包括智能和技能两个方面。实践经验,就是实际知识,也是"能"的重要组成部分。邓小平要求选有魄力,有实际经验,能够办事的人。精力,是"能"的一个特殊内涵。现代化人才要智、力并用,大脑灵光,体魄健康,所以,邓小平强调选人才要选"年富力强的","身体能够顶得住"。"从精力上说,能够顶着干八小时工作,这一点切不要忽略。"[1] 这是邓小平人才思想的一个重要见解。

(三)"选贤任能"要非常注意新时期人才的"资"

邓小平明确说:"选贤任能这个话就有德才资的问题。"他坚决反对论资排辈,认为,"论资排辈是一种习惯势力,是一种落后的习惯势力"。他曾多次批评过选拔领导班子时"论资排辈"的现象,主张选拔干部应该"不论资排辈,凡是合格的人就使用"。[2] 他所谓的"资",不是"论资排辈",而是讲"贤能的资序",即人才使用、排列的"资序"与"贤能"优劣程度,而不是取决于年龄大小。杰出的"贤能"人才,即使他年龄很轻,辈分很低,也要排列在前,优先使用,甚至破格提拔,使之很快进入重要领导岗位。从某种意

---

[1] 《邓小平文选》第2卷,人民出版社1994年版,第222页。
[2] 同上书,第225页。

义上说，"资"就是精力旺盛、体格强健、年轻有为的人才。

"选贤任能"是邓小平新时期人才建设的重大方针，是适应改革开放、搞活在新形势下提出并付诸实施的。他不仅对"贤"提出了要求，而且对"能"也提出更高、更明确的要求。1979年，中共中央决定在深圳设置经济特区时，全市"能"人奇缺，仅有工程干部325名，其中只有1名工程师，根本无法适应建设的需要。为此，深圳进行大刀阔斧的人事改革，使大批有作为的"能人"在深圳建设中起了举足轻重的作用。深圳的事实雄辩地证明：邓小平的"选贤任能"方针是正确的，在新时期，"能"的素质在人才中显得异常重要。"贤"是指人才的德，"能"是人才的"才"。

"选贤任能"方针是实现干部队伍"四化"要求的重要保证。1983年9月《中共中央关于批发组织部在全国组织工作座谈会上的工作报告的通知》指出："中央认为，为了国家的繁荣昌盛和人民的富裕幸福，我们必须在新的历史时期完成两项伟大的建设工程：一项是实现社会主义的四个现代化；另一项是为了保证完成四个现代化必须尽快实现干部队伍的革命化、年轻化、知识化和专业化。""选贤任能"中，关键的问题是"选"和"任"。"贤"、"能"是用人的客观标准，而"选"和"任"则是领导者主观上对人才采取的行动和态度，是很能体现一个人领导艺术和领导水平的地方。能否真正实现选贤任能，除了采取非常手段和措施解决好用人问题上的不正之风，树立一个贤能的标杆外，更重要的是必须正确地选任。

二 必要的"台阶"外加轻便的"梯子"

干部年轻化，贯穿邓小平领导思想始终。1980年8月18日，邓小平在中央政治局扩大会议上要求："逐步实现领导人员年轻化"，又说"干部队伍要年轻化"。随后，他在接受意大利著名女记者法拉奇采访时强调："我们存在一个领导层需要逐渐年轻化的问题。我们需要带个头。"① 1982年7月，他在中央军委座谈会上讲话中再次强调了干部年轻化问题。所谓干部年轻化，是指大批优秀年轻人才登上各个层次、各行各业的领导舞台，挑大梁，唱主角，形成与四化建设的要求相适应的宏大的优秀干部队伍。

在实现"干部年轻化"的战略任务时，邓小平提出并采取了许多办法和措施。一方面要使年轻干部一个台阶一个台阶地沿着集体制的金字塔慢慢上升，即采取"台阶"论；另一方面又根据20世纪80年代四化建设的迫切需要，大胆地破格选拔人才。

"台阶"论有利也有弊。利在对干部进行长期考验、磨炼，可保证选拔上来的干部绝对可靠。弊在论资排辈，老年人挡在前面，有才能的年轻人难以脱颖而出；并且造成领导干部老年化，缺乏应有的活力。邓小平在"文化大革命"期间主张"台阶"论，反对像王洪文那样的造反派头头坐直升机甚至火箭一步登天。但到20世纪80年代，领导干部普遍老化，不能胜任四化建设需要，不可能按照老台阶一步步地选拔干部。为了加速干部队伍的年轻化，邓小平对"台阶"论进行了必要的修正：必要的台阶（如专业职称、熟悉基层、积累经验）还是要设，因为无此便无法考验和锻炼干部，但是必须"打破那些关于台阶的过时的观念，创造一些适合新形势新任务的台阶，这才能大胆破格提拔。……一定要真正把优秀的中青年干部提拔上来，快点提拔上来。……特别优秀的，要给他们搭个比较轻便的梯子，使他们越级上来"。②

这样，在坚持"台阶"论的前提下，邓小平重点强调破格提拔年轻干部。1979年11月2日，邓小平在中央党政军机关副部长以上干部会上的报告中首次提到"破格"选才问题。他说："军队有它的特殊性，干部还是要一个台阶一个台阶地来提，但是也要打破老

---

① 《邓小平文选》第2卷，人民出版社1994年版，第350页。
② 同上书，第324页。

框框才行。地方和军队不同,企业单位和军队也不同,学校、科研单位和军队更不同,选拔人才可以破格。"又说:"我们要破格选拔人才,不要按老规矩办事,要想到这是百年大计。"① 1980 年 8 月 18 日,邓小平在中央政治局扩大会议上又多次讲到"破格选才"问题,他说:"目前的主要任务,是善于发现、提拔以至大胆破格提拔中青年优秀干部。这是国家现代化建设事业客观存在的迫切需要"。又说:"打破那些关于台阶的过时的观念,创造一些适合新形势新任务的台阶,这才能大胆破格提拔。"还说:"很多中青年干部政治本质很好,不是帮派分子,思想路子对,又有一定的专业知识,为什么不去选拔和破格使用?"②

所谓"破格"?如何"破格"提拔优秀人才?邓小平认为:破格选拔的对象不仅是优秀的人才,特别是中青年人才;破格提拔的人才主要是在地方上的学校、科研和企业单位中进行,一般地说,军队不搞破格提拔,但"选拔比较优秀的、年轻的,台阶可以上快一点"。破格选拔是一种非常规的选用干部的方式,主要的特点是用"跳跃"的手段将现代化建设急需人才提到显要的领导位置上,主管较重要的权力。破格选用,对象提拔对了,益处很多;对象搞错了,麻烦也不少。因此,破格提拔年轻干部也要严格缜密,要经过周密的调查研究,广泛听取群众意见。同时,要把好关口,防止"一些帮派分子可能利用提拔中青年干部的名义,把他们的党羽提拔上来"。③

必要的"台阶"——领导班子年轻化的梯队结构,加上轻便的梯子——破格提拔,构成了邓小平取用年轻干部的基本方针。

---

① 《邓小平文选》第 2 卷,人民出版社 1994 年版,第 223、225 页。
② 同上书,第 323—325 页。
③ 同上书,第 323 页。

三　打屁股必须打到具体人的身上

"三个和尚"的故事在中国可谓是家喻户晓，妇孺皆知。为什么会出现一个和尚挑水吃，两个和尚抬水吃，三个和尚倒没水吃这样奇怪的现象？就是因为责任不明确，无人负责。用邓小平的话说：打屁股必须打到具体人的身上才行，无论干什么事，必须责任明确，落实到人。

邓小平从中国农村实行包产到户，认识到了实行责任制的重要性，想把"包"的形式运用到城市改革。他提出了实行党政分开、政企分开、宏观控制、微观搞活的思想。外行不能领导内行。他设计的经济责任制是一种责、权、利三者结合的经济管理形式。上级部门要简政放权，让企业自主经营，自负盈亏。"责任到人就要权力到人。"① 实行责任制还要做到严格考核赏罚分明，克服平均主义。吃大锅饭，干多干少一个样，干好干坏一个样，不利于激发人们的积极性。党政机关、事业单位也是如此。无人负责或责任不明的现象也非常严重。机构臃肿庞大，人浮于事，官僚主义严重。不是"人多议论多，热情高，干劲大"，而是人多议论多，说得多，干得少，办事效率低，互相推诿、扯皮。所以必须做到责任明确、各司其职、精简机构、裁撤冗员，提高办事效率。

邓小平认为，既然是人才，就要大胆使用，给予应有的职权，使其敢于负责任；干得好，应当有较高的报酬，做到职、权、责、利四者一体化。

所谓职，就是人才的职称、职务、职别，它是人才能、质和等级的外化。对人才授予职称，并不单纯是给予人才的肯定和荣誉，而是要求他负起相应的责任来。这也是对人才勤、绩进行检查、督

---

① 《邓小平文选》第 2 卷，人民出版社 1994 年版，第 151 页。

促的客观依据。新中国成立初期,党和国家曾实行了职称、职务制度。科研人员有研究员、助理研究员等,学校里有教授、讲师等职称,企业单位也有总工程师、工程师、总会计师类职称,军队中实行军衔制,有元帅、大将、上将、中将、少将等军衔。对调动人才的积极性,对人才管理、使用的正规化、制度化起了促进作用。然而,"文化大革命"时期,这些职称统统被除掉了。邓小平第三次复出后,特别强调人才要明确"职",要恢复科研、学校、企业中的职称。1977年9月,他说:科研机构必须"恢复科研人员的职称",到1979年他又说:"在学校里面,应该有教授(一级教授、二级教授、三级教授)、副教授、讲师、助教这样的职称。在科学研究单位,应该有研究员(一级研究员、二级研究员、三级研究员)、副研究员、助理研究员、研究实习员这样的职称。在企业单位,应该有高级工程师、工程师,总会计师、会计师等职称。"[①]

在一些发达国家,十分尊重"专家"、"学者",而中国"重长不重家"。邓小平主张恢复和健全评定技术职称,就是要解决"重长不重家"的问题,给知识分子以应有的尊重和社会地位。他强调:我们必须授予职责,要发现专家,培养专家,重用专家,"使那些有专业知识的、年富力强的人,被选拔到能够发挥他们才干的工作岗位上来"。对于那些在科技教育领域取得成就的专家学者,要破格提拔,授予相应的职称,以作为奖励。他曾说:"现在有几个年轻的科学家国内国际都出了名了,为什么不能够提为教授,提为研究员?"他认为,凡是符合标准的人才,就要大胆地授予其相应的职称,一旦授职,就要提高其政治和社会地位,享受相应的工资待遇。为了鼓励上进,激励人才,"在一个研究所里,好的研究员的工资可以比所长高。在一个学校里,好的教授的工资可以比校长高"。[②]

所谓权,就是权力。人才有了职,还必须赋予相应的权力,才

---

① 《邓小平文选》第2卷,人民出版社1994年版,第224页。

② 同上。

能发挥好的作用；否则，有职无权，只是虚设。邓小平说："责任到人就要权力到人。当厂长的、当工程师的、当技术员的、当会计出纳的，各有各的责任，也各有各的权力，别人不能侵犯。只交责任，不交权力，责任制非落空不可。"① 有些部门和单位，人才有职而无权，这样的职毫无意义。对于权低于职的一定要扩大其权限。同时，有的单位"权力过分集中的现象，就是在加强党的一元化领导的口号下，不适当地、不加分析地把一切权力集中于党委，党委的权力又往往集中于几个书记，特别是集中于第一书记，什么事都要第一书记挂帅、拍板。党的一元化领导，往往因此而变成了个人领导"。② 这样，多数有职的人无权决定，不能独立地负责处理他应当处理的问题，只好忙于整天请示报告，批转文件。少数有权的人负担过重，以致无法到群众中去，造成严重的官僚主义。对此，必须规定明确的职权范围，权大于职的，要限权、分权。

邓小平举例说："比如实行党委领导下的厂长负责制，党委只管大的政治问题、原则问题，厂里的生产、行政方面的管理工作，就应该由厂长负责统一指挥，不能事无大小都由党委包起来。厂长和几位副厂长也各有专责，有管技术的，有管科研的，有管财务的，有管后勤的，等等，需要商量的事也可以几个人商量决定。"③ 他强调：人才有权根据自己的爱好进行工作。比如，作家、文艺家，可以发挥个人的创造精神。写什么和怎样写，只能由文艺家在艺术实践中去探索和逐步求得解决。对此，有关部门和领导不能横加干涉。专家学者，有权出版自己的学术成果；出版部门对于有价值的学术论文、刊物一定要保证印刷出版。对于学术论文的评价，科技人员业务考核，研究计划的制订，研究成果的鉴定等，应当听取有关科技人员的意见。对于学术问题，专家学者有权"坚持百家争鸣方针，

---

① 《邓小平文选》第 2 卷，人民出版社 1994 年版，第 151 页。
② 同上书，第 328—329 页。
③ 同上书，第 282 页。

展开自由的讨论"。邓小平指出：人才的权力根本上是人民的权力，是人民赋予人才以权力，实质上是人才代表人民管权，为人民用权，所以必须使他们有职有权。

所谓责，就是"责任"，各负其责。在责的问题上，在较长的时间内、在某些部门出现职责不清，无人负责的情况。邓小平要求：必须首先做到"职责分明"，责任到人。"各级党委的第一书记，对日常工作要负起第一位的责任。在党委的其他成员中，都要强调个人分工负责。"[1] 人才有职要有权，有多大权就应负多大责任；谁抓的工作，就是谁的责任。就不能包裹在一起，含糊不清，那样，有了功绩，人人伸手，出了问题，人人推诿，打板子打不到具体人的屁股上。其次，必须做到"责任要专"，即一项工作，都要有专人负责，"集体决定了的事情，就要分头去办，各负其责，决不能互相推诿。失职者要追究责任"。[2] 决不能借口集体领导，无人负责；也不能都当甩手掌柜，无人抓落实；更不能都"画圈"，无人督促催办。为此，必须进一步推行和加强"责任制"。主要的方法就是做到职责分明，从上到下建立岗位责任制。人才在其位，谋其政，负其责，这样，工作才能有秩序、有效益。

人才要把培养人才当作自己义不容辞的责任，这是邓小平赋予人才的使命。他认为，我们的科学家、教育发现人才、培养人才，本身就是一种成就，就是对国家的贡献。在科学史上可以看到，发现一个真正有才能的人，对科学事业可以起到多么大的作用！世界上有的科学家，把发现和培养新的人才，看作自己毕生科学工作中的最大成就。我国的一些年轻数学家，也是被老一辈数学家发现和帮助他们成长起来的。尽管有些新人在科学成就上超过了老师，他们老师的功绩还是不可磨灭的。所以，人才应当甘为新人才当阶梯，"新竹高于旧竹枝，全凭老干部扶持"。建立责任制，便有利于专家

---

[1] 《邓小平文选》第2卷，人民出版社1994年版，第341页。
[2] 同上。

学者们发挥自己的作用。

所谓利，就是荣誉、利益和待遇。邓小平在"利"的问题上，坚持"按劳分配，多劳多得"原则，主张应该按劳付酬。他说："坚持按劳分配原则。这在社会主义建设中始终是一个很大的问题"。① 人的贡献不同，付出的劳动不同，所取得的成就也不同，技术水平也有高低，所以，必须在荣誉、利益和待遇上有所区别，才能鼓励先进，鞭策后进，做到真正的公平。他反对是非不清，赏罚不明，干和不干一个样，干多干少一个样，干好干不好一个样的吃"大锅饭"的弊病，反复强调要根据人才的工作成绩大小、好坏，有赏有罚，有升有降。而且这种赏罚和升降，必须同物质利益联系起来，如提高工资和级别待遇，发奖金等。

在奖励问题上，邓小平主张"实行精神鼓励为主，物质鼓励为辅"的方针。奖励的目的在于使人才获得应有的利益和荣誉。对于那些为国家和人民做出巨大贡献的人才，要给予重奖。"有些教得很好的小学教员，工资可以评为特级。各行各业都要设立特级，以鼓励人们终身从事自己的职业。"② 奖励必须落实到具体的集体和个人，不搞平均主义。奖励应当不分行业和层次，无论什么行业的人才，做出了成绩就要奖励。从事政治工作的，著书立说有成绩的，经过评审，应该由党和国家发给奖金，以便给这项看来似乎平凡实则艰苦的工作以应有的荣誉。

奖励总的来说是鼓励上进，既是对人才功绩、劳动的肯定，又是为人才补充消耗的物质资料，为人才创造更好的条件，让他们为社会多做贡献。通过奖励，促使人才自尊自重，形成你追我赶，争当先进，奋发向上的风气。奖励既是促进人才上进的手段，又能体现"按劳分配"的分配原则。邓小平坦诚地说："讲按劳分配，无

---

① 《邓小平文选》第 2 卷，人民出版社 1994 年版，第 30 页。
② 同上书，第 101—102 页。

非是多劳多得,少劳少得,不劳不得",① 这是个重大政策,人才为国家创造财富多,个人的收入就应该多一些,集体福利就应该搞得好一些。"不讲多劳多得,不重视物质利益,对少数先进分子可以,对广大群众不行,一段时间可以,长期不行。革命精神是非常宝贵的,没有革命精神就没有革命行动。但是,革命是在物质利益的基础上产生的,如果只讲牺牲精神,不讲物质利益,那就是唯心论。"② 邓小平相信:每个人都有从物质利益上关心自己劳动成果的天性,物质刺激比精神激励更能调动人的积极性和创造性。

人才,有什么能授什么职,授什么职,给什么权,给什么权负什么责,负什么责得什么利,实现人才的职权责利一体化,使人才有职有权,有责有利,更好地发挥其积极性。这不愧为邓小平同志在人才使用和管理问题上的高招,体现了邓小平的务实性与高超领导艺术。

四 "我的抓法就是抓头头,抓方针"

发现人才,培植人才和重用人才是一个领导者必备的领导素质,也是体现一个领导者领导艺术的重要方面。同时,用科学的方法组织和管理人才,也是领导者的职责。邓小平较早地注意到了人才的管理问题,强调要科学地组织管理人才。1978年3月18日,邓小平在全国科学大会开幕式上说:对科学技术工作的领导,对人才,要努力认识,实施"科学地组织管理"。1982年10月,他在同国家计委负责同志谈话中又强调:"科技队伍的组织管理问题,要认真考虑,现在的管理形式不行。怎样把全国的科技人员使用起来,并且使用得当,是个很大的问题。"③

---

① 《邓小平文选》第2卷,人民出版社1994年版,第51页。
② 同上书,第146页。
③ 《邓小平论统一战线》,中央文献出版社1991年版,第248页。

所谓科学地组织管理，就是充分认识人才管理的内在规律，采取相宜相应的人才管理方针和措施，把人才管理活；而不是采取消极的办法，把人才管住、管死。邓小平认为，在人才管理上，我们虽然积累了一些经验，但仍存在着许多问题，一是僵化地、静止地对待人才，而不是动态地进行管理，如对于科技人员出身不好、历史上犯过错误或家庭、社会关系有些问题的人才，不是在实践中考虑最基本政治态度和实际表现，而是坐在办公室里翻档案，据此作为人才使用的依据。二是人才部门所有制，人才不得流动，造成人才浪费。三是缺少必要的人才管理法规，人事部门对干部的管理缺乏统一的、明确的规定，哪些人才该上，哪些人才该调，哪些人才该训，哪些人才该退，都没有一定的规定。有才能的人没有发现，永远埋没；无才庸人，受到欣赏。所以，邓小平呼吁：对人才一定要科学地组织管理。

如何科学地管理？1977年9月19日，邓小平在同教育部主要负责人谈话时说："我的抓法就是抓头头，抓方针。重要的政策、措施，也是方针性的东西，这些我是要管的。"①

抓头头，突出了领导者在人才管理中的组织指挥地位和作用，摆脱了人才管理中的事务主义。抓头头，避免各级领导机关管了很多不该管、管不好，管不了的事，体现了层次领导，克服了越俎代庖的偏向。抓头头，抓方针，体现了邓小平在人才管理问题上高超的领导艺术。它调动了下级领导的积极性，促使其在人才管理中增强责任心、创造性。抓方针，就是应用正确的大政方针，解决带全局性、根本性的人才管理问题，而不是拘泥于细枝末节的具体问题。邓小平特别强调："没有明确的战略方针，好多事情都不好办。"②

人才管理，要抓好干部的进、用、出等环节，在每个环节上要做到有章可循。他尖锐地批评说："干部缺少正常的录用、奖惩、退

---

① 《邓小平文选》第2卷，人民出版社1994年版，第70页。
② 同上书，第72页。

休、退职、淘汰办法，反正工作好坏都是铁饭碗，能进不能出，能上不能下。这些情况，必然造成机构臃肿，层次多，副职多，闲职多，而机构臃肿又必然促成官僚主义的发展。"[1] 要改变这种严重的状况，就必须抓住人才进、用、出三个关口。即人才的录用，要严格筛选，只要选得准，选得好就为人才管理打下了良好的基础。用，主要通过"奖惩"、升降调动人才的积极性，通过组织调动、交流，把人才调整到最佳岗位和最适宜的环境中，使"人尽其才，才尽其用"。出，就是按照有关章程，劝年老的人才退休、离休，使平庸之才退下来，把蜕化变质分子清理出去。通过这样严格抓好三个环节，便能使人才管理有条不紊。

人才的进、用、出是一项既复杂又涉及许多人切身利益的工程，必须有一套严格而完善的管理制度来保障，即要建立一套科学的管理制度，靠制度来保障人才管理的科学性。邓小平认为，现代化的科学的人才管理，不是凭个人的情感、威严，更不是靠耍手腕、玩权术，而是靠健全的干部选举、招考、任免、考核、弹劾、轮换制度，对各级各类领导干部职务的任期以及离退休，按照不同情况，作出适当的规定，建立健全一套相互关联的制度，制定周密的、切实可行的、能够在较长时期发挥作用的制度和条例，有步骤地实施。这是人才管理的关键所在，是对人才进行科学管理的集中表现。

对人才的管理，包括选举、招考、任免、培训、奖励、考核、晋升、薪资、退休、抚恤、监督、弹劾、惩处、轮换14个方面的内容，邓小平对这些环节都作了精当的阐述。

1. 选举。他强调，应让人民群众选举人才，这样可以一举两得，既切实保障了人民真正享有管理国家各级组织和各项企业事业的权力，又拓宽人才涌现的途径，保证了人才质量。所以，不断健全和完善选举制度，既是民主建设的一项基础性建设，又是一项人

---

[1] 《邓小平文选》第2卷，人民出版社1994年版，第328页。

才管理的基础工作。

2. 招考。邓小平认为，人才招考，是一项有公开性、竞争性、指向性特点的人才选聘方法，它是人才调配工作的重大改革，打破了铁饭碗，拓宽了人才增补的路子，搞活了人才管理，带来了人才竞争，给人事工作带来了生机。在沿海开放城市、港口进行尝试后，充分显示了它的有效性，并正在逐步地推广到全国，形成了人才招考制度。

3. 任免。这是指有权机关依法任命工作人员担任一定的职务或免去工作人员现任职务。任免是一种非常重要的人才管理手段。我国的任免制度，主要采取选任、委任和聘任三种形式。新中国成立后，国家陆续颁布了一系列有关任免的法律和条例，改革开放后，又进一步健全了任免制度。任免工作的好坏，直接关系到人才队伍素质的高低，所以，任免制度的健全与否，对人才管理有重大的影响。

4. 培训。邓小平认为，培训是加强人才管理、提高人才素质的重要的有效的办法。他指出："只要有计划地训练和培养，很多人一定可以成为又红又专的干部。"[①] 又说："有计划地对大批干部、工人进行正规教育，提高他们的政治水平、文化水平、技术水平、经营管理水平，就是一种能够收到很好效果的智力投资。"[②] 所以，必须把培训变为适用于全部干部和工人成才的经常制度。

5. 奖励。这是通过调动积极性的办法来实施对人才的管理。奖励要贯彻精神鼓励与物质鼓励相结合，以精神鼓励为主的方针，坚持以功绩为依据，有功必奖，赏不虚设，大功重奖千金不吝，无功分毫不给。

6. 考核。邓小平指出："要严格考核干部，并且把它作为一项

[①] 《邓小平文选》第 2 卷，人民出版社 1994 年版，第 325 页。
[②] 同上书，第 361 页。

制度坚持下去。"① 要认真地制定人才工作能力、态度、创造性、工作质量、数量、决策能力、适应性、潜能及性格等标准和计量指标，依据这些硬性指标对人才进行严格全面而又经常的考核。根据考核成绩合格的、成绩优秀的就提拔，不合格的就不提拔，平庸低劣者要劝退。晋升也要制度化，其依据就是考核成绩。

7. 退休制度。邓小平多次强调：世界各国都有自己的退休制度，我们也要建立健全干部退休制度。明确规定退休年龄，这样既有利于人才稳定，有利于防止领导班子年龄老化，又有利于新的人才成长。

8. 监督。1978年12月，邓小平指出：要对领导干部实施"民主监督"。1980年8月18日，他在《党和国家领导制度的改革》讲话中，又强调说："要有群众监督制度，让群众和党员监督干部，特别是领导干部。凡是搞特权、特殊化，经过批评教育而又不改的，人民就有权依法进行检举、控告、弹劾、撤换、罢免，要求他们在经济上退赔，并使他们受到法律、纪律处分。对各级干部的职权范围和政治、生活待遇，要制定各种条例，最重要的是要有专门的机构进行铁面无私的监督检查。"② 对干部实施民主监督，一靠人民群众；二靠专门机构；三靠上级机构。对人才监督，目的在于使他们不犯错误或少犯错误，对犯错误者的严厉惩处，也是为了教育其他人才。惩处，是对违法失职、贻误工作的人才进行的严肃的强制性管理。它使贯彻严肃慎重的方针，坚持教育与惩处相结合，以教育为主，违纪必究，惩不枉加。

人才需要用科学的方法进行管理，但要依靠谁来管理呢？邓小平明确指出：坚持党管理人才的原则。他说："没有党的领导，真正又红又专、特别是有专业知识和专业能力的队伍也建立不起来。"③

---

① 《邓小平文选》第2卷，人民出版社1994年版，第124页。
② 同上书，第332页。
③ 同上书，第266页。

坚持党管人才，才能保证按照党的组织、人事方针和改革选用、招聘、任免、晋升、奖励人才。党管人才，不是哪一个人管人才，而是由中国共产党的组织通过党的方针、政策、组织原则和有关制度、法规管理人才。在选任人才上，党管人才主要体现在：第一，属本部门管理的人才的选任，在提请本部门党组或党委集体讨论后再决定任免；第二，属各级人大常委会和政府选任的人才，由各级党委提名，然后按规定程序报人大常委会或人民政府审议决定；第三，在提请人大或人民政府讨论决定选任人才职务时，如发现未按党的原则选任干部时，对党委提名的人选，各级人民代表大会或人民政府在审议时有权予以否决。

总之，尊重知识，尊重人才，是邓小平对人才问题的基本观点；"选贤任能"，实现干部年轻化，是邓小平用人的基本方针；用科学的方法组织和管理人才，促使人才流动，使人才做到"有职有权有责有利"，是培养和使用人才的重要原则。邓小平的人才思想及用人艺术，是一笔宝贵的精神财富，值得继承发扬。

（作者单位：中国社会科学院当代中国研究所）

学习运用邓小平"两个飞跃"思想，促进我国农业现代化

李崇富

我们纪念邓小平同志诞辰110周年，最好的方式和行动，就是认真学习、领会和运用马克思列宁主义及其中国化理论——毛泽东思想、邓小平理论及其整个中国特色社会主义理论体系，以坚持和推进中国特色社会主义事业。就加强我国农业的基础地位及其长远的改革和发展来说，我们应当学习领会和实践运用邓小平同志关于农业"两个飞跃"的思想，才能促进农业社会主义现代化。

1990年3月3日，邓小平同志在同几位中央负责同志的谈话中，曾经高瞻远瞩地指出："中国社会主义农业的改革和发展，从长远的观点看，要有两个飞跃。第一个飞跃，是废除人民公社，实行家庭联产承包为主的责任制。这是一个很大的前进，要长期坚持不变。第二个飞跃，是适应科学种田和生产社会化的需要，发展适度规模经营，发展集体经济。这是又一个很大的前进，当然这是很长的过程。"① 应该说，在20世纪70年代末至80年代初，当时我国农村仍有部分农民没有完全解决温饱问题，多数农户家境也不富裕；而且在整个城乡市场上，不少与农业有关的生活必需品供应还较为紧张，有些基本生活必需品，只能凭票定量供应。在这种情况下，党中央决定在农村搞"第一个飞跃"，实行家庭联产承包和双层经营的责任

---

① 《邓小平文选》第3卷，人民出版社1993年版，第355页。

制,是正确、必要和有效的。以众所周知的安徽凤阳小岗村为例,该村在生产队干部严俊昌和严宏昌带领下,于1978年冬天自发和悄悄地搞起了"大包干"的联产承包制。次年秋收,全村粮食生产获得大丰收,由原来1.8万斤,猛增到6.6万斤,人均收入也由22元增长到400元,仅用一年时间,就基本解决了该村的温饱问题,足见其确实有效。其原因在于,除了"靠天吃饭"的气候影响不谈,家庭联产承包的有效性就表现在:其一,在农业生产主要靠手工劳动的水平上,除了大规模兴修水利以外,就比较适合家庭个体经营,而不太适合"大呼隆"式的集体经营。这是由生产力低水平及其落后的劳动方式所决定的。其二,实行家庭承包经营,能够实现劳动者责权利的紧密结合,这能有效克服分配上搞平均主义,以充分发挥农民从事生产经营的积极性。其三,实行家庭承包经营,使农村干部不能多吃多占,也比较适合在农村思想教育工作不经常、不得力、不到位的情况下的多数农民和干部的思想觉悟水平。

然而,实行承包经营、分田到户的个体劳动方式,大块耕地被分割,个体农民的手工劳动,其潜力毕竟有限,农田水利主要靠吃"老本",使得农业生产规模狭小,大型农机具使用和科学种田都受到限制,难以发挥规模效益,也抵御不了较大的自然灾害。大量事实证明:农业搞家庭承包经营,在通常年景下,能够解决农民的温饱问题,但难以解决广大农民共同富裕问题,更不能解决农业和农村的社会主义现代化问题。所以,邓小平同志才提出,从长远的观点看,农业还要有"第二个飞跃",就是"适应科学种田和生产社会化的需要,发展适度规模经营,发展集体经济"。可是,邓小平同志提出的这个重要思想以后,并没有引起全党应有的重视、研究和宣传,更不要说自觉地创造必要条件,逐步付诸实践。于是,邓小平同志就不得做出更为具体的论述和强调,乃至给予批评。

两年多以后,即到1992年7月23—24日,邓小平同志在审阅了党的十四大报告稿以后,指出:"关于农业问题,现在还是实行家庭联产承包为主的责任制。我以前提出过，在一定的条件下，走集体化集约化的道路是必要的。但是不要勉强，不要一股风。如果农民现在还没有提出这个问题，就不要急。条件成熟了，农民自愿，也不要去阻碍。北京郊区搞适度规模经营，就是集体化和集约化。从长远的观点看，科学技术发展了，管理能力增强了，又会产生一个飞跃。我讲过，农业的改革和发展会有两个飞跃。第一个飞跃是废除人民公社，实行以家庭联产承包为主的责任制，第二个飞跃就是发展集体经济。社会主义经济以公有制为主体，农业也一样，最终要以公有制为主体。公有制不仅有国有企业那样的全民所有制，农村集体所有制也属于公有制范畴。现在公有制在农村第一产业方面也占优势，乡镇企业就是集体所有制。农村经济最终还是要实现集体化和集约化。有的地区农民已经提出集约化问题了。这个问题这次不提也可以，还是巩固承包制，但是以后总会提出来的。现在土地是公有的。要提高机械化程度，利用科学技术发展成果，一家一户是做不到的。特别是高科技成果的应用，有的要超过村的界线，甚至超过区的界线。仅靠双手劳动，仅是一家一户的耕作，不向集体化集约化经济发展，农业现代化的实现是不可能的。就是过一百年二百年，最终还是要走这条路。我最早提出两个飞跃思想的时候，李先念同志说他都赞成，说这是一个大思想。这个思想一直没有阐发。"[1]

在这里，我之所以援引了这段长文，是因为这个问题太重要和太被冷落了。在这段话里，邓小平同志再次强调、并且得到李先念等老一辈中央领导人赞同的农业改革和发展要有"两个飞跃"这个"大思想"，其观点明确坚定，论述周详，理直气壮，体现了邓小平在这个重大问题上的坚定立场，也体现了我国广大农民的根本愿望和长远利益，是事关我国农业社会主义现代化发展道路、事关我国

---

[1] 《邓小平年谱（一九七五——一九九七）》下卷，中央文献出版社2004年版，1349—1350页。

农业的乃至是四个现代化兴衰成败和前途命运的特大问题。对此，我只讲三点学习体会：

第一，邓小平同志虽然说在党的十四大上对农业改革和发展的"两个飞跃"的"这个问题这次不提也可以，还是巩固承包制，但是以后总会提出来的"。即使是在当时，他一方面既要求全党和全国农民，对搞"第二个飞跃"，"不要勉强"，"不要一股风"，但又要求对其"条件成熟了，农民自愿，也不要去阻碍"。而且他说，这个问题"以后总会提出来的"。然而，直到22年后的今天，在经过了十五大、十六大、十七大和十八大到现在，仍然没有提出、没有研究、没有考虑如何逐步创造条件，来实践这个事关我国农业社会主义现代化发展道路的特大问题。这个问题之所以特别重大，就在于农业是整个国民经济的基础，我国要实现社会主义现代化，主要是农业的社会主义现代化。因此，一切共产党人都应当积极地、尽可能地支持农业集体经济因素的发展。但是，我们的一些主流媒体，对于那些仍然在坚持走农业集体化道路，并且初步达到共同富裕的先进典型，也没有给予应有的宣传和支持。这种情况，应当逐步有所改变。

第二，邓小平同志本人通过转述李先念同志的看法，明确地强调农业改革和发展的"两个飞跃"问题，是"一个大思想"，而不是可讲可不讲的小问题。并且，邓小平同志在22年前就批评我们对"这个思想一直没有阐发"。从那时至今，即使有个别学者在理论刊物上提出、议论和宣传过邓小平同志的这"两个飞跃"的重要思想，但人微言轻、影响有限、不被重视。让我们难以理解的是：即使因为对农业"第二个飞跃"普遍实践的条件，至今还不够成熟，那么为什么在理论上也不重视、不提及、不宣传，更不要说去自觉地为之创造条件，而逐步付诸实践。我们应当高度重视、认真学习、努力阐发和有步骤地实践邓小平同志的这个"大思想"。这个"大思想"是邓小平理论的重要组成部分，也是邓小平关于我国农业实现社会主义现代化道路的"顶层设计"。

第三，据悉，目前有关部门正在酝酿和提出农民所拥有的耕地承包经营权要永久化，实行"增人不增地，减人不减地"的政策，则既有利于稳定承包制，又便于鼓励土地承包经营权大量流转，使耕地向极少数人集中，来多办些家庭农场。我认为，在一定的条件下，例如劳动力进城进厂务工以后，而使有些农地未能得到充分利用，乃至出现抛荒。当然，其承包农地的经营权应当通过依法流转，以利充分利用。在这种情况下，试办一些家庭农场，是必要和可行的，能够使农产品的商品率有所提高。但是，如果因此让大量农民失去土地为前提和代价，以促成大办家庭农场的做法，不宜成为我国农业集约化经营的主流。在这个问题上，我国没有条件，照搬美国的做法，大办家庭农场。美国人均耕地有0.7公顷，农业人口约为200万，不到全国人口的1%；而我国人均耕地不到0.1公顷，南方不少地方人均承包耕地不到半亩，我国农村人口至今仍占46.3%，约有6.3亿人（还有两亿流动人口）。美国家庭农场，动辄几百亩，乃至上千亩，所以有规模效益；而在我国要办一个拥有几十亩到百亩以上的家庭农场，就意味着有十几个、几十个到上百个农户失去耕地。在这个问题上，现在出现了一个值得警惕的苗头，就是有些地方在推进农村城镇化之时，鼓励工商业私有资本下乡圈地，兴办农业企业或私人农场。如其盛行，其消极后果有三：一是大量的农地将会改种经济作物和成为观光旅游资源，粮地被挤作他用；二是农业经济将日益被私有资本支配，进一步私有私；三是大量农民将失去耕地，并盲目和大量地成为游民。如果让数以亿计的农民失去耕地，那就不仅要使全体农民实现"共同富裕"的梦想落空，而且会使大量无地的农民失去赖以安身立命的基本生产资料，而毫无生活保障。其中将有大批农民由此成为城镇化所吸纳不了的、生计无着的"剩民"和"贱民"。很明显，这种做法是短视的，即使在资本主义制度下的日本、韩国和我国在农业现代化的过程中，也不采用或限制农业发展的这种做法；当然，这更不是在引导广大农民走上邓小平所规划的我国实现农业社会主义现代化——从长远的观点看——应当遵循"两个飞跃"的改革和发展的正确道路。我国农业改革和发展的大思路，应当根据广大农民的长远利益，回归和遵循邓小平理论的"顶层设计"。即在面上巩固和稳定广大农民对耕地拥有长期的承包经营权的同时，自觉而积极地创造条件，引导农业的改革和发展逐步地实现由"第一个飞跃"向"第二个飞跃"的历史性转变和提升。

(作者单位：中国社会科学院马克思主义研究院)

论改革开放初期邓小平对经济发展目标的调整

武 力

新中国建立以后,作为一个有着悠久历史和灿烂文明的社会主义大国,一方面中国继续面临着来自外部世界对国家安全和统一的威胁;另一方面人口多、底子薄的经济落后状况制约着中国的发展,在这种条件下,如何尽快改变中国贫穷落后面貌,赶上和超过世界发达国家,使中华民族不仅自立于世界民族之林,而且为人类社会的发展做出更大的贡献,始终是执政的中国共产党一贯追求的目标,从民主革命和国民经济恢复任务完成以后党立即提出"过渡时期总路线",到1958年提出社会主义建设总路线,再到改革开放以后提出"以经济建设为中心"的基本路线,都反映了加快经济发展的要求,这也代表了中国人民的要求,反映了中国社会主义理论、道路和制度的本质。但是,事物总是有两个方面的作用,在上述思想成为推动中国经济和社会改革发展的强大动力,并取得了令世界瞩目的伟大成就同时,也派生了党内的急躁情绪,经常出现超过现实和国情的"高指标"、"大干快上"等发展冲动和偏差,导致新中国经济发展中多次出现波动和被迫调整,并造成不应有的损失。

一 新中国的发展战略和难以克服的急于求成

实现经济上赶上和超过资本主义发达国家,是20世纪社会主义国家普遍实行的国家经济发展战略，它不仅是这些国家发展的需要，也是社会主义生存的需要，可以说，经济发展速度关系到社会主义国家的生死存亡。第二次世界大战以后，新产生的绝大多数社会主义国家，都是第二次世界大战的被侵略、被压迫者，都是由民族、民主革命转变到社会主义革命的。因此当这些国家建立起社会主义制度的同时，还面临着本该由资本主义完成的工业化任务，而这些国家的工业化任务，与依靠外部资源和市场建立起来的资本主义国家工业化相比，更加艰巨。同时，世界两大阵营的对立和战争威胁，使得这些社会主义国家工业化任务也更加迫切。社会主义只有在经济发展上表现出超过资本主义的优越性和速度，才有可能存在和发展。这就是赶超战略形成的根本原因。

中国作为一个人口多、底子薄、多民族、经济落后的社会主义大国，自然也面临着上述的快速实现工业化的艰巨任务，同时国家尚未统一和严峻的国际环境使得国家安全问题更加突出，这些都使得中国必然实行经济上的赶超战略。这个赶超战略的形成，以"一五"计划为标志，可以简单概括为：主要依靠国内积累建设资金，从建立和优先发展重工业入手，高速度地发展国民经济；实施"进口替代"政策，通过出口一部分农产品、矿产品等初级产品和轻工业品换回发展重工业所需的生产资料，并用国内生产的生产资料逐步代替它们的进口；改善旧中国留下的工业生产布局极端不合理和区域经济发展极端不平衡的畸形状态；随着重工业的建立和优先发展，用重工业生产的生产资料逐步装备农业、轻工业和其他产业部门，随着重工业、轻工业和农业以及其他产业部门的发展，逐步建立独立完整的工业体系和国民经济体系，逐步改善人民生活。这种赶超战略具有以下几个特点：（1）以高速度发展为首要目标。（2）优先发展重工业。（3）以外延型的经济发展为主。外延型的发展是指实现经济增长的主要途径是靠增加生产要素。（4）从备战和效益出发，加快内地发展，改善生产力布局。（5）以建立独立的工业体系为目标，实行进口替代。由于实行赶超战略，加上单一的公有制，因此在经济发展上就呈现出"投资饥渴症"和"资源约束型"的经济波动，而短缺则成为常态。

在制订和实施"一五"计划期间，核心问题还是如何加快中国的经济发展速度问题。对于这个问题的紧迫性，毛泽东在1956年的话就很有代表性："你有那么多人，你有那么一块大地方，资源那么丰富，又听说搞了社会主义，据说是有优越性，结果你搞了五六十年还不能超过美国，你像个什么样子呢？那就要从地球上开除你的球籍！"[①]

中国与大多数社会主义国家一样，之所以选择社会主义和实施计划管理，重要原因就是要通过这种制度，主要依靠国内的积累和集中资源，在社会安定的前提下加快经济发展速度。因此，我国从制订第一个五年计划开始，始终将加快经济发展和早日实现工业化作为第一目标。"一五"和"二五"计划是以15年左右实现工业化为目标；"三五"、"四五"、"五五"是以20世纪末基本上实现四个现代化为目标。

粉碎"四人帮"以后，领导层和群众中普遍存在着要求加快建设，"把'四人帮'耽误的时间夺回来，把'四人帮'造成的损失补上去"的良好愿望，大多数中央领导人在这个问题上的意见也是一致的。经济形势在原来低起点上的较快好转，使当时的中央主要领导人头脑中产生了急于求成的情绪。1977年2月15日，国家计委向国务院汇报1977年经济方针，提出要调整经济部署，整顿企业。3月1日中央政治局讨论时，华国锋说：今年有调整的意思，但考虑来考虑去，没有提调整。今年经过努力，要前进，而且为今后三年更好完成五年计划打基础。要积极一点，要看到困难，更要看到有利条件、有利因素。于是，1977年的经济方针只确定要整顿企业，

[①] 《毛泽东选集》第5卷，人民出版社1977年版，第296页。

不提调整经济。这个当时尚属谨慎的设想很快又被突破。

4月19日，粉碎"四人帮"刚刚过去半年，《人民日报》就发表了题为"抓纲治国推动国民经济新跃进"的社论，提出："一个新的跃进形势正在形成。"要求"赶超'三个水平'"，即"首先达到和超过本单位历史最高水平，再赶超全国同行业的最高水平，进而赶超世界先进水平"。

1977年9月11日，华国锋召集国务院负责人举行会议，研究加快经济建设速度问题。他批评国家计委提出的工业增长幅度"太保守"，要求"要开足马力，挽起袖子大干"，"明年的积累要加快"。他还说，不能满足今年工业增长10%，要争取更高速度，12%的速度也不满足，要争取更高的速度。甚至说：假如工业只增长10%，你们就不要来向政治局汇报。[①]

随后，10月26日《人民日报》发表评论员文章《速度问题是一个政治问题》，要求用"革命加拼命的精神，争时间，抢速度，大大加快我国国民经济发展的步伐"。1978年元旦社论把这个建设速度问题上升得更高，说："建设的速度问题，不是一个单纯的经济问题，而是一个尖锐的政治问题。""我们不能满足已有的成绩，一定要有一个高速度。这是社会主义历史阶段无产阶级战胜资产阶级，社会主义战胜资本主义的需要。"1978年2月26日，华国锋在第五届全国人大的政府工作报告中提出："工业学大庆、农业学大寨的群众运动蓬勃发展，一个新的跃进形势已经来到了。"这成为当时经济工作的总体方针。

急于求成表现在规划上，是修改和执行《十年规划纲要》中提出了违背中国现时国情、超过国家综合国力的经济跃进计划，制定了一大批经济建设的高指标。表现在方法上，是继续采用投入大量资金人力搞大会战的"大跃进"运动。与以往经济过热表现不同的

---

① 国家计委档案：《粉碎"四人帮"以后经济指导工作中的问题》，1980年11月15日。

是，这次跃进还依赖大量借贷外国资金、引进外国设备的手段，因此后来又被人称为"洋跃进"。

发展国民经济《十年规划纲要（1976—1985）》，是1975年国家计委拟定并经邓小平主持中央政治局会议讨论通过的。当时还难以摆脱"文化大革命"的政治压力进行科学论证，已经存在着指标过高的问题。随后的1976年，由于政治动荡和唐山大地震实际上已经降低指标实行。到失去一年时间后的1977年，已经不具有可行性了。然而，这个"纲要"仍然被当作总体规划考虑。

1977年11月18日，国家计委向中央政治局汇报了今后23年的设想和"六五"计划，经过讨论，得到批准。11月24日至12月11日，全国计划会议研究了长远规划，向中央政治局提出了《关于经济计划的汇报要点》。

《汇报要点》建议：今后到2000年的23年中，分三个阶段打几个大战役，到本世纪末使我国的主要工业产品产量分别接近、赶上和超过最发达的资本主义国家，各项经济技术指标分别接近、赶上和超过世界先进水平。具体安排是：第一阶段即1978—1980年的头三年，重点抓农业和燃料、动力、原材料工业，使农业每年以4%—5%、工业每年以10%以上的速度大步前进。第二阶段即1981—1985年，展开基本建设的大计划，工业方面要建成120个大项目，包括30个大电站、8个大煤炭基地、10个大油气田、10个大钢铁基地、9个大有色金属基地、10个大化纤厂、10个大石油化工厂、十几个大化肥厂，新建和续建6条铁路干线，改造9条旧干线，重点建成秦皇岛、连云港、上海、天津、黄埔5个港口。这一阶段，粮食生产要达到8000亿斤，钢铁产量要达到6000万吨，原油要达到2.5亿吨。第三阶段，在2000年以前全面实现四个现代化，使我国国民经济走在世界前列。

这个不切实际的过高指标计划是在有关部门更高的规划基础上制定的。10月，煤炭部向中央政治局汇报时提出，"要拿下前所未有的高速度",1987年煤炭产量要突破10亿吨,赶上美国。冶金部在汇报中提出,到1985年钢产量要达到6000万吨,力争7000万吨,到本世纪末要建成二十几个鞍钢。1978年1月,全国农业机械化会议强调指出,1980年基本上实现农业机械化,是"毛泽东主席向全党和全国人民发出的伟大号召",要全党动员,苦战三年,使1980年全国农业机械化水平达到70%左右,大中型拖拉机拥有量增长70%,手扶拖拉机拥有量增长36%,排灌动力机械拥有量增长32%,化肥年产量增长58%。[①]

1978年2月中共中央政治局批准了高指标的《汇报要点》,和1978年国民经济计划指标一起下达,要求贯彻执行,并写进了五届全国人大政府工作报告稿。2月9日,在讨论政府工作报告时,邓小平提出:还是说稳当一些好。我们的总产值达到美国的水平,按人口平均也比美国差得多。到那个时候,农民的比重仍然会这么大。就是160元,生活水平也不怎么高。关于引进,中央政治局一致认为要抓紧时间,加快谈判,加大规模。1978年3月,全国第五届人大一次会议通过了高指标的《1976年到1985年发展国民经济十年规划纲要》。华国锋在政府工作报告中表现出了乐观的态度,他说:"实现了十年规划,我国经济技术水平将发生巨大变化,物质基础会雄厚得多,就有把握再经过三个五年计划的努力,使我国国民经济走在世界的前列。""十年规划和二十三年设想提出的任务是宏伟的,也是完全能够做到的。"他的依据,仍然是学大庆、学大寨:"大庆油田产量在十七年间平均增长28%,大寨去年平均每人生产粮食2000多斤,如果我们所有企业、社队都能向他们看齐,我们国民经济将会出现一个多么令人欢欣鼓舞的景象啊!"

从当时的经济状况看,要实现这一系列计划指标是不符合实际的。1978年国民经济虽然比"文化大革命"时期有了较大好转,但

[①]《中华人民共和国国民经济和社会发展计划大事辑要》,红旗出版社1987年版,第384—388页。

多年积淀的问题没有得到根本解决,主要反映在农、工业轻重比例失调上。农业方面,农产品严重不足,很多农村地区还存在着吃饭问题,需要国家救济,外出逃荒讨饭现象严重。为了保证供应,国家全年进口粮食 139.1 亿斤、棉花 1901 万担、油 5.8 亿斤、食糖 123.8 万吨,共用外汇 21 亿元。大寨的成就,后来被证实有较大的水分,而且得到国家投资的特殊照顾。当时全国只有 1600 个农机制造厂、2700 个农机修造厂,进行低规模的简单农机制造修配。在这样的条件下,三年实现农业机械化显然是不可能的。据估计,实现中等标准的机械化每亩需投资 300 元,而当时每亩年积累不到 6 元。工业方面,重工业虽然得到一定发展,内部比例也很不协调,机械加工能力超过了钢铁工业所能提供的原材料,不得不进口解决。能源工业与其他工业比例严重失调,大庆油田的成就是显著的,但也有其特殊性,较多地依靠自然资源的储藏和采掘,建设十几个大庆并没有得到地质勘探结果的论证,况且,能源工业的单方面发展,并不能直接带动钢铁、机械制造等基础工业的同步发展,对电子、纺织等轻工业的影响更小。科技力量和工艺、管理水平方面也没有可能对全面跃进予以足够的支持。

二 "文化大革命"后开眼看世界和解放思想第一人

20 世纪 60 年代以来,随着中苏关系的恶化,中国陷入了一个经济对外相对封闭的状态,尤其是"文化大革命""极左"错误的影响,即使在 1972 年中国恢复了在联合国的合法席位以及中国与西方的关系大为缓和以后,中国对西方世界战后变化的了解还是受到很大局限,而邓小平自 1974 年复出后即参与外事工作,1975 年率团出席联合国大会,并取道法国,成为中国高层领导集体中最早出访和了解外国的人,而 1977 年再次复出后,他继续抓外事,仅在 1978—1979 年间,就先后访问了朝鲜、日本、缅甸、泰国、马来西亚、新加坡、美国等国，并加上他早年留学法国，使得邓小平成为1976年以后中共领导集体中最先开眼看世界、最了解西方发达国家经济状况的人。

1964年在三届人大一次会议的政府工作报告中，周恩来代表中央政府第一次宣布了两步走的现代化发展战略：从第三个五年计划开始，第一步，建立一个独立的比较完整的工业体系和国民经济体系；第二步，全国实现农业、工业、国防和科学技术的现代化，使中国经济走在世界的前列。① 1975年1月周恩来在四届人大政府工作报告中重申了"两步设想"，第一步，在1980年以前，建成一个独立的比较完整的工业体系和国民经济体系；第二步，在本世纪内，实现农业、工业、国防和科学技术的现代化。时任国务院副总理的邓小平在同年3月为了强调实现四个现代化的重要性还特别指出：距离把我国建设成具有现代农业、现代工业、现代国防和现代科学技术的社会主义强国从现在算起还有二十五年时间，全党全国都要为实现这个伟大目标而奋斗，这就是大局。② 粉碎"四人帮"以后，中国出现的"大干快上"实现"四个现代化"的热潮也引起国际社会的高度关注。1977年9月10日，邓小平在会见日中友好议员联盟代表团时，在谈到中国实现四个现代化问题时，邓小平指出：这个问题实际上是毛主席、周总理生前提出的计划、设想。由于"四人帮"的干扰，不仅耽误了时间，而且受到相当的破坏。现在，我们的任务是要把"四人帮"耽误的时间和破坏的东西抢回来。③

邓小平在1977年恢复工作并主抓教育、科研和外事过程中，对中国经济、教育和科技落后的情况比较清楚，针对国内不少人不清楚或不敢承认这个问题，他多次讲。1977年9月29日，邓小平在会见英籍华人作家韩素音时说：1975年我曾讲过，同日本相比我国落

---

① 《周恩来选集》（下卷），人民出版社1984年版，第419页。
② 《邓小平文选》第2卷，人民出版社1994年版，第4页。
③ 《邓小平年谱（一九七五——一九九七）》（上），中央文献出版社2004年版，第198页。

后了50年。那时我老想抓科研，结果不仅没有抓上去，反而我自己被抓下去了。① 后来又说有些人专门搞形而上学，什么都自己第一。20年代我出国就是坐的5万吨邮轮。凤庆轮一万吨还没过关就吹起来了。江青责问我，我就和她辩论。② 在29日下午会见参加国庆28周年的华侨、华人、港澳台同胞旅行团部分成员时就指出：世界发展到了什么样子，他们不知道，也不敢知道。我们要承认落后，不要怕丑。最近我跟外国人谈话都是讲这些话，有些外国朋友觉得惊奇。这有什么惊奇？承认落后就有希望，道理很简单，起码有个好的愿望，就是要干，想出好方针、政策和办法来干。③ 10月7日会见日本三冈访华团在谈到科技现代化时又说：科学本身就是老老实实的，一点弄虚作假也不行。不行就是不行，再吹也不行。知道自己不行，就有希望。④ 1978年2月9日，在参加政治局讨论《政府工作报告（草案）》经济部分的会议时，针对报告中关于到20世纪末"人民的物质和文化生活水平将大大提高，三大差别将显著缩小"的提法，指出：还是说稳当一点好。我们的总产值达到美国的水平，按人口平均也比美国差得多。"三大差别将显著缩小"这句话可以删掉。⑤

1978年5月28日，邓小平在会见阿尔及利亚总统特使时又说：过去由于"四人帮"的干扰，就是关起门来搞建设，连世界是个什么样子都不清楚。如果说60年代前半期我们同世界技术上的发展有些差距，但不很大，那么这十多年则拉得很大。⑥

10月22—29日，邓小平应日本政府邀请访问日本，这是他继

---

① 《邓小平年谱（一九七五——一九九七）》（上），中央文献出版社2004年版，第210页。
② 同上书，第245页。
③ 同上书，第211页。
④ 同上书，第217页。
⑤ 同上书，第267页。
⑥ 同上书，第316页。

1975年参加联合国大会去美国和顺道经过法国后，再一次访问经济发达国家，访问期间，邓小平再一次亲身感受到中国经济与日本经济发展水平的差距。开眼看世界，实事求是地承认自己落后，实际上成为邓小平解放思想、大力提倡恢复实事求是优良传统的现实基础，也是他后来提出"小康"目标的客观依据。

5月30日，邓小平在同胡乔木同志就准备自爱全军政治工作会议讲话的谈话中指出："毛主席没有讲的，华主席没有讲的，你讲了，也不行。怎么样才行呢？照抄毛主席讲的，照抄华主席讲的，全部照抄才行。这不是一个孤立的现象，这是当前一种思潮的反映。这些同志讲这些话的时候，讲毛泽东思想的时候，就是不讲要实事求是，就是不讲要从实际出发。实事求是，从实际出发，很容易被一些同志忘记、抛弃，天天讲毛泽东思想，就是忘记这个根本观点、根本方法。""我们的脑子里还都是些老东西，不会研究现在的问题，不从现在的实际出发来提出问题，解决问题。这样天天讲四个现代化，讲来讲去都会是空的。"①

6月2日，邓小平出席中国人民解放军全军政治工作会议，他在讲话中指出："我们一些同志天天讲毛泽东思想，却往往忘记、抛弃甚至反对毛泽东同志的实事求是、一切从实际出发、理论与实践相结合的这样一个马克思主义的根本观点，根本方法。不但如此，有的人还认为谁要是坚持实事求是，从实际出发，理论和实践相结合，谁就是犯了弥天大罪。他们提出的这个问题不是小问题，而是涉及怎么看待马列主义、毛泽东思想的问题。""按照实际情况决定工作方针，这是一切共产党员所必须牢牢记住的最基本的思想方法、工作方法。实事求是，是

---

① 《邓小平年谱（一九七五——一九九七）》（上），中央文献出版社2004年版，第319—320页。

毛泽东思想的出发点、根本点。毛泽东同志历来坚持要用马列主义的立场、观点、方法来提出问题，分析问题，解决问题。马克思主义的活的灵魂，就是具体地分析具体情况。马列主义、毛泽东思想如果不同实际情况相结合，就没有生命力了。"①

6月23日，在会见即将离任的罗马尼亚驻华大使格夫里列斯库时又说："我们党的优良作风之一就是实事求是，这是马克思主义最起码的原则。解决任何问题都要从实际出发，采取科学的、老老实实的态度，一点弄虚作假也不行，事物的本来面目用语言是改变不了的。比如，我们的发展停滞了十一二年，这个事实否认不了，落后的面貌也否认不了。认清这个落后是好事。"②

7月22日，邓小平同胡耀邦谈话，明确肯定和支持真理标准问题的讨论。指出：《实践是检验真理的唯一标准》这篇文章是马克思主义的。争论不可避免，争得好。引起争论的根源就是"两个凡是"。③ 8月19日，邓小平又说："我们做事一定要从实际出发，实事求是，理论联系实际，要认真思考问题，提出问题，解决问题。毛主席没有讲过的话多得很呢。我们不要下通知，划禁区。能够讲问题，能够想问题就好。要敢于正视现实，敢于提问题、想问题，这样才能够很好地实现新时期的总任务，为四个现代化服务。"④ 在此前后开展的真理标准讨论为全党和全国人民解放思想、为历史性转折的三中全会召开做好了思想准备。

---

① 《邓小平年谱（一九七五——一九九七）》（上），中央文献出版社2004年版，第321—322页。
② 同上书，第329页。
③ 同上书，第345—346页。
④ 同上书，第360页。

三 邓小平对"四个现代化"目标的修订

1964年在三届人大一次会议的政府工作报告中，周恩来代表中央政府第一次宣布了两步走的现代化发展战略：从第三个五年计划开始，第一步，建立一个独立的比较完整的工业体系和国民经济体系；第二步，全国实现农业、工业、国防和科学技术的现代化，使中国经济走在世界的前列。① 1975年1月周恩来在四届人大政府工作报告中重申了"两步设想"，第一步，在1980年以前，建成一个独立的比较完整的工业体系和国民经济体系；第二步，在本世纪内，实现农业、工业、国防和科学技术的现代化。时任国务院副总理的邓小平在同年3月为了强调实现四个现代化的重要性还特别指出：距离把我国建设成具有现代农业、现代工业、现代国防和现代科学技术的社会主义强国从现在算起还有二十五年时间，全党全国都要为实现这个伟大目标而奋斗，这就是大局。② 粉碎"四人帮"以后，中国出现的"大干快上"实现"四个现代化"的热潮也引起国际社会的高度关注。1977年9月10日，邓小平在会见日中友好议员联盟代表团时，在谈到中国实现四个现代化问题时，邓小平指出：这个问题实际上是毛主席、周总理生前提出的计划、设想。由于"四人帮"的干扰，不仅耽误了时间，而且受到相当的破坏。现在，我们的任务是要把"四人帮"耽误的时间和破坏的东西抢回来。③

"文化大革命"十年中，国民经济增长缓慢，从1967—1976年（考虑到"文化大革命"在1966年年中虽已开始，但经济尚未受到严重冲击，当年不计入内），社会总产值年平均增长6.8%，其中

---

① 《周恩来选集》（下卷），人民出版社1984年版，第419页。
② 《邓小平文选》第2卷，人民出版社1994年版，第4页。
③ 《邓小平年谱（一九七五——一九九七）》（上），中央文献出版社2004年版，第198页。

1967年、1968年出现倒退，分别比上年下降9.9%和4.7%，1974年和1976年比上年分别只增长1.9%和1.4%。工农业总产值年平均增长7.1%，国民收入（净产值）年平均增长4.9%。10年中，国民经济收入总额虽然有增加，但是企业管理制度的破坏和比例失调也使消耗、浪费现象严重，经济效益降低。以1966年和1976年的全民所有制独立核算工业企业各项指数相比，每百元资金实现的税金和利润由34.5元下降到19.3元，减少44.1%。1976年我国人均年消费粮食只有381斤，低于1952年的395斤。住宅、教育、文化、卫生保健等方面也造成了严重欠账。"文化大革命"前经过三年调整，供应的商品本来已经有不少取消了配给票证，"文化大革命"时期又不得不恢复甚至增加。住房紧张，老少三代同居一室，甚至"四世同堂"的现象十分普遍。

与此同时，中国大陆周边的新加坡、韩国以及中国香港、台湾地区，在20世纪60年代以后快速崛起，称之为"亚洲四小龙"。这些国家和地区在20世纪60—80年代实现了经济快速发展，但在这之前他们只是以农业和轻工业为主的发展中国家或地区。它们利用西方发达国家向发展中国家转移劳动密集型产业的机会，吸引外国资本和技术，利用本地的劳动力优势适时调整经济发展战略，使得经济迅速发展，人民生活水平显著改善。

1978年9月12日，邓小平访问朝鲜，他在同金日成会谈时就说："最近我们的同志出去看了一下，越看越感到我们落后。什么叫现代化？五十年代一个样，六十年代不一样了，七十年代就更不一样了。"[1]

1978年三中全会以后，中国共产党确立了解放思想、实事求是的思想路线，同时邓小平也成为第二代领导集体的核心。在邓小平的领导下，中国共产党仍然将加快经济发展作为体现社会主义优越

---

[1] 《邓小平年谱（一九七五——一九九七）》（上），中央文献出版社2004年版，第360页。

性的最基本标志和最迫切任务。邓小平再三强调:"我们坚持社会主义,要建设对资本主义具有优越性的社会主义,首先必须摆脱贫穷。"①"根据我们自己的经验,讲社会主义,首先就要使生产力发展,这是主要的。只有这样,才能表明社会主义的优越性。社会主义经济政策对不对,归根到底要看生产力是否发展,人民收入是否增加。这是压倒一切的标准。空讲社会主义不行,人民不相信。"②邓小平还将经济发展速度提高到直接关系中国共产党领导地位的大问题:"按照历史唯物主义的观点来讲,正确的政治领导的成果,归根结底要表现在社会生产力的发展上,人民物质文化生活的改善上。如果在一个很长的历史时期内,社会主义国家生产力发展的速度比资本主义国家慢,还谈什么优越性?"③

但是,与过去相比,中国经济发展的目标,则由过去超过可能调整到比较切实可行。从1949年新中国建立到1978年,党的经济发展目标长期超出了国情和经济发展的实际可能,这种过高的目标既来源于急于求成的思想,反过来又促进了急于求成的心态,并成为制订经济发展计划和政策的依据,成为1978年以前制约中国经济发展和制度变迁中的一个重要因素。而以邓小平为核心的第二代领导集体,则根据实际调整了过去的高指标。

1979年3月30日,邓小平就国民经济的调整发表讲话指出,过去十多年来,我们一直没有摆脱经济比例的严重失调,而没有按比例发展就不可能有稳定的、确实可靠的高速度。看来,我们的经济,我们的农业、工业、基建、交通、内外贸易、财政金融,在总的前进过程中都还需要有一段调整的时间,才能由不同程度的不平衡走向比较平衡。④

---

① 《邓小平文选》第3卷,人民出版社1993年版,第225页。
② 《邓小平文选》第2卷,人民出版社1994年版,第314页。
③ 同上书,第128页。
④ 《邓小平文选(1975—1982)》,人民出版社1983年版,第147页。

12月6日，邓小平在会见日本首相大平正芳时，首次提出了"小康"概念和20世纪末中国经济要达到的目标，即人均国民生产总值达到800美元。这个思想经过完善，形成了明确的"三步走"战略，并得到全党的认同，从而将中国的"四个现代化"目标落在了比较实在的基础上，消除了长期以来"急于求成"的思想根源，使均衡发展和提高人民生活水平成为可能。1980年10月，邓小平在与中央负责人谈话时就指出："年度计划、五年计划、十年规划，中心和重点不要多考虑指标，而要把人民生活逐年有所改善放在优先的地位。"①

1980年12月，中共中央召开工作会议，在对全国形势作了符合实际的估量的基础上，作出了"在经济上实行进一步调整，政治上实现进一步安定"的重大决策。邓小平在讲话中指出：要通过调整，继续摆脱一切老的和新的框框的束缚，真正摸准、摸清我们的国情和经济活动中各种因素的相互关系，据以正确决定我们的长远规划的原则，然后着手编制切实可行的第六个五年计划。②

早在1975年，邓小平就对中国在20世纪末实现四个现代化发展目标的时间进行过客观的分析与清醒评估。他在1975年10月会见外国客人时说："说赶上西方，就是比较接近，至少还要五十年。这不是客气话，这是一种清醒的估计。"③ 十一届三中全会后，邓小平明确提出了"中国式现代化"的思想，并强调中国式现代化"必须从中国的特点出发"④。1979年初，邓小平出访美国、日本，目睹了其现代化发展水平，特别是在参观日本大型企业时很受触动，耳闻目睹西方现代化的现状，想到闭关锁国多年且经济十分落后的中

---

① 转引自中共中央文献研究室编《邓小平思想年谱（一九七五——一九九七）》，中央文献出版社1998年版，第172页。
② 《邓小平文选》第2卷，人民出版社1994年版，第356页。
③ 《邓小平思想年谱（一九七五——一九九七）》，中央文献出版社1998年版，第21页。
④ 《邓小平文选》第2卷，人民出版社1994年版，第164页。

国，邓小平开始思考在本世纪末实现四个现代化的目标是否理性科学，3月21日，邓小平会见英中文化协会执委会代表团时，开诚布公地告诉来宾，中国现代化的概念与西方不同，中国定的在本世纪末实现四个现代化的目标其实是"中国式的四个现代化"。① 10月4日，邓小平在中共省、市、自治区委员会第一书记座谈会上讲话，他幽默地说：本世纪末实现四个现代化是狮子大开口，我后来把标准放低了，改口叫中国式的现代化。② 这就说明，邓小平出访美、日后看到了其他国家的现代化水平，清醒地意识到"本世纪末实现四个现代化"的不可能性，因此邓小平改口为"中国式的现代化，就是把标准放低一点"，也就是他对大平正芳说的"小康之家"。

"小康社会"作为一个上承贫困、下启富裕的温饱型社会，是中国社会主义发展历史中不可逾越的初级阶段，是20世纪新中国的基本国情，这个目标的提出反映了邓小平的实事求是精神。

1981年4月14日，邓小平会见日中友好议员联盟访华团，对"中国式的现代化"作了更详细的阐述，他说："我们讲四个现代化，开始的时候提出的是一个雄心壮志。但我们一摸索，才感到还只能是中国式的现代化。讲到中国式的现代化的概念，就是在本世纪末我们肯定不能达到日本、欧洲、美国和第三世界中有些发达国家的水平。到本世纪末，我们只能达到一个小康社会，日子可以过。邓小平认为经过这一时期的摸索，我们设想十年翻一番，两个十年翻两番，就是达到人均国民生产总值一千美元也不容易，如果八百，也可以算是小康生活了。"③

根据邓小平建议，1982年9月中国共产党十二大报告提出了从1981年到2000年的20年里，争取工农业总产值比1980年"翻两

---

① 《邓小平思想年谱（一九七五——一九九七）》，中央文献出版社1998年版，第111页。

② 同上书，第132页。

③ 同上书，第187—188页。

番"的战略目标。这个目标的提出,并不是"拍脑袋"和主观臆断的结果,而是经过深入研究和计算的。一是借鉴了日本60年代实施的国民经济"倍增计划"经验。1960年年底,深受凯恩斯主义影响的池田勇人内阁宣布启动为期10年的"国民收入倍增计划"。池田勇人首相认为,日本的经济增长率很快就可以稳定在年均增长7%左右。在此基础上,日本应当在1970年把国民生产总值从398亿美元增加到720亿美元。这一计划规定:国民生产总值和国民收入年平均增长速度为7.8%,人均国民收入年平均增长速度为6.9%。到1967年,倍增计划提前实现,而从1960年到1973年,日本人均实际国民收入甚至增加了2倍。失业率也保持在1.1%—1.3%的低水平。著名经济学家孙冶方1982年11月19日发表在《人民日报》上的《二十年翻两番不仅有政治保证而且有技术保证》,即反映出当时论证的严谨性。这篇文章也得到了陈云、姚依林等长期从事经济工作领导的赞同。

1984年,邓小平会见日本首相中曾根康弘,再次提到小康社会,他言简意赅地说道:到本世纪末国民生产总值翻两番,人均达到八百美元,中国就建立了一个小康社会,这也是中国式的现代化。[①]

1987年4月,邓小平会见西班牙副首相时第一次提出了"三步走"发展战略目标的设想,即从1980年到20世纪末的二十年,第一个十年国民经济生产总值翻一番,第二个十年在此基础上再翻一番,实现这个目标意味着我们进入小康社会,然后第三步是在21世纪用三十年到五十年达到中等发达国家水平。

1987年4月30日,邓小平同志在会见西班牙工人社会党副总书记、政府副首相格拉时指出:"总的说我们的情况是好的。粉碎'四人帮'以后,从十一届三中全会开始,我们制定了一系列新的方针

[①] 《邓小平文选》第3卷,人民出版社1993年版,第54页。

政策，实践证明这些方针政策是正确的。但毕竟我们只是开步走。我们原定的目标是，第一步在八十年代翻一番。以1980年为基数，当时国民生产总值人均只有二百五十美元，翻一番，达到五百美元。第二步是到本世纪末，再翻一番，人均达到一千美元。实现这个目标意味着我们进入小康社会，把贫困的中国变成小康的中国。那时国民生产总值超过一万亿美元，虽然人均数还很低，但是国家的力量有很大增加。我们制定的目标更重要的还是第三步，在下世纪用三十年到五十年再翻两番，大体上达到人均四千美元。做到这一步，中国就达到中等发达的水平。这是我们的雄心壮志。目标不高，但做起来可不容易。"

综上所述，邓小平"小康"概念的提出，并不是对中国传统词语简单随意的沿用，而是开眼看世界、实事求是、解放思想的产物，是他对中国20世纪末实现现代化发展目标进行重新审视、定位的结果。"拿国际水平的尺度"[①] 来作为中国经济发展的坐标系，而不是空喊现代化，也反映了邓小平反对空谈误国、实干兴邦的作风。在现代化的国际参照标准方面，邓小平曾提出过"第三世界中比较富裕一点的国家的水平"[②]、"接近发达国家的水平"[③] 等几种设想，而最终他确定了"中等发达国家"这个标准。邓小平曾充满自信地说："我可以大胆地说，到本世纪末，中国能达到国民生产总值翻两番的目标，也就是我曾经跟大平正芳先生讲的达到小康水平，那时中国对于世界和平和国际局势的稳定肯定会起比较显著的作用。"[④] 可以说，"小康"概念内涵的拓展始终是在与国际性的横向比较中获得的。邓小平采用了国际上通用的衡量一个国家或地区生产力水平和生活水准的"人均国民生产总值"（此前用"人均收入"），这就为

---

① 《邓小平文选》第2卷，人民出版社1994年版，第270页。
② 同上书，第237页。
③ 同上书，第417页。
④ 《邓小平文选》第3卷，人民出版社1993年版，第105页。

原本很抽象的社会发展目标确定了一个具体的标尺（例如人均国民生产总值达到800—1000美元），这样使现代化目标既易于为广大民众所掌握，又便于与世界各国作对照，还能根据各种具体情况的改变而适时进行新的调整。[①]

如果从更深的理论层次来看，邓小平提出"小康社会"目标来替代"四个现代化"目标，是从生产力水平视角来为社会主义初级阶段和中国特色社会主义理论提供了不可动摇的基础，如果中国连小康社会水平都没有达到，怎么能够支撑起单一公有制和计划经济的社会主义呢？在这里，历史与逻辑实现了高度的统一：20世纪发展目标的调整为社会主义初级阶段和中国特色社会主义理论的诞生作了充分的思想准备。

（作者单位：中国社会科学院当代中国研究所）

[①] 赵美岚、黎康：《中国化马克思主义新概念的典范创造——以邓小平"小康"概念的形成过程为分析范本》，《江西社会科学》2012年第11期。

邓小平的经济思想与中国特色
社会主义经济发展道路

郑有贵

在实践和理论探索的基础上,中共十八大对什么是中国特色社会主义道路做出了旗帜鲜明的回答。十八大报告指出:"中国特色社会主义道路,就是在中国共产党领导下,立足基本国情,以经济建设为中心,坚持四项基本原则,坚持改革开放,解放和发展社会生产力,建设社会主义市场经济、社会主义民主政治、社会主义先进文化、社会主义和谐社会、社会主义生态文明,促进人的全面发展,逐步实现全体人民共同富裕,建设富强民主文明和谐的社会主义现代化国家。"[1] 中国特色社会主义道路的探索形成过程,同时也是其组成部分的中国特色社会主义经济发展道路的探索形成过程。邓小平从国情的实际出发,把马克思主义的普遍真理同我国的具体实际结合起来,开创性地形成了发展才是硬道理、改革也是解放生产力、改革要始终坚持两条根本原则、计划和市场都是经济手段等重大论断,这些经济思想的形成与中国特色社会主义经济发展道路的探索形成构成了历史逻辑的耦合关系。

---

[1] 胡锦涛:《坚定不移沿着中国特色社会主义道路前进 为全面建成小康社会而奋斗——在中国共产党第十八次全国代表大会上的报告》,《人民日报》2012年11月18日。

一　发展才是硬道理的论断与以经济建设为中心的发展道路

中国特色社会主义道路是以经济建设为中心的发展道路。1978年12月13日，邓小平在中共中央工作会议闭幕会上指出，"中央提出了把全党工作的重心转到实现四个现代化上来的根本指导方针，解决了过去遗留下来的一系列重大问题，必将使全党、全军和全国各族人民提高斗志，增强信心，加强团结"。[①] 到1992年，邓小平南方谈话作出了发展才是硬道理的论断，深化了以经济建设为中心发展道路的认识，丰富和发展了现代化建设的思想。

发展才是硬道理的论断，着眼于社会主义本质的要求。1985年4月15日，邓小平会见坦桑尼亚联合共和国副总统姆维尼时说："从一九五八年到一九七八年这二十年的经验告诉我们：贫穷不是社会主义，社会主义要消灭贫穷。不发展生产力，不提高人民的生活水平，不能说是符合社会主义要求的。"[②] 1992年，邓小平南方谈话进一步指出："社会主义的本质，是解放生产力，发展生产力，消灭剥削，消除两极分化，最终达到共同富裕。"[③]

发展才是硬道理的论断，着眼于国际国内问题的解决。1982年，邓小平在中共十二大的开幕词中，作出了经济建设是解决国际国内问题的基础的理论判断，指出："八十年代是我们党和国家历史发展上的重要年代。加紧社会主义现代化建设，争取实现包括台湾在内的祖国统一，反对霸权主义、维护世界和平，是我国人民在八十年代的三大任务。这三大任务中，核心是经济建设，它是解决国

---

① 《邓小平文选》第2卷，人民出版社1994年版，第140页。
② 《邓小平文选》第3卷，人民出版社1993年版，第116页。
③ 同上书，第373页。

际国内问题的基础。"① 1992 年，邓小平南方谈话指出："抓住时机，发展自己，关键是发展经济。现在，周边一些国家和地区经济发展比我们快，如果我们不发展或发展得太慢，老百姓一比较就有问题了。"② "从根本上说，手头东西多了，我们在处理各种矛盾和问题时就立于主动地位。"③

发展才是硬道理的论断，着眼于推动思想解放和抓住发展时机。邓小平南方谈话指出："发展才是硬道理。这个问题要搞清楚。如果分析不当，造成误解，就会变得谨小慎微，不敢解放思想，不敢放开手脚，结果是丧失时机，犹如逆水行舟，不进则退。""所以，能发展就不要阻挡，有条件的地方要尽可能搞快点，只要是讲效益，讲质量，搞外向型经济，就没有什么可以担心的。低速度就等于停步，甚至等于后退。要抓住机会，现在就是好机会。我就担心丧失机会。不抓呀，看到的机会就丢掉了，时间一晃就过去了。""看起来我们的发展，总是要在某一个阶段，抓住时机，加速搞几年，发现问题及时加以治理，尔后继续前进。"④

发展才是硬道理的论断，着眼于发展要有速度，同时处理好发展与稳定、协调的关系。邓小平南方谈话指出："对于我们这样发展中的大国来说，经济要发展得快一点，不可能总是那么平平静静、稳稳当当。要注意经济稳定、协调地发展，但稳定和协调也是相对的，不是绝对的。""从国际经验来看，一些国家在发展过程中，都曾经有过高速发展时期，或若干高速发展阶段。日本、南朝鲜、东南亚一些国家和地区，就是如此。现在，我们国内条件具备，国际环境有利，再加上发挥社会主义制度能够集中力量办大事的优势，在今后的现代化建设长过程中，出现若干个发展速度比较快、效益

---

① 《邓小平文选》第 3 卷，人民出版社 1993 年版，第 3 页。
② 同上书，第 375 页。
③ 同上书，第 377 页。
④ 同上书，第 375、377 页。

比较好的阶段,是必要的,也是能够办到的。"①

发展才是硬道理的论断,着眼于国家现代化目标的实现。改革开放以来,邓小平着眼于国家现代化长远目标的实现,从1979年12月6日会见日本首相大平正芳谈及小康概念起,到1987年4月30日会见西班牙工人社会党副总书记、政府副首相格拉,逐步形成了我国现代化建设"分三步走"的战略步骤。邓小平会见格拉时说:"我们原定的目标是,第一步在八十年代翻一番。以一九八〇年为基数,当时国民生产总值人均只有二百五十美元,翻一番,达到五百美元。第二步是到本世纪末,再翻一番,人均达到一千美元。实现这个目标意味着我们进入小康社会,把贫困的中国变成小康的中国。那时国民生产总值超过一万亿美元,虽然人均数还很低,但是国家的力量有很大增加。我们制定的目标更重要的还是第三步,在下世纪用三十年到五十年再翻两番,大体上达到人均四千美元。做到这一步,中国就达到中等发达的水平。这是我们的雄心壮志。目标不高,但做起来可不容易。"② 邓小平提出小康社会、翻两番、三步走战略,既明确了国家现代化的中长远发展目标,也明确了分阶段发展目标,而且这种目标是老百姓可以感知的,进而引领我国经济以坚实的步伐前行发展。

二 改革也是解放生产力的论断与改革开放的发展道路

中国特色社会主义道路是坚持改革开放的发展道路。中共十八届三中全会指出,"改革开放最主要的成果是开创和发展了中国特色社会主义,为社会主义现代化建设提供了强大动力和有力保障。事实证明,改革开放是决定当代中国命运的关键抉择,是党和人民事

---

① 《邓小平文选》第3卷,人民出版社1993年版,第377页。
② 同上书,第226页。

业大踏步赶上时代的重要法宝"。① 习近平总书记在中共十八届三中全会上所作的《关于〈中共中央关于全面深化改革若干重大问题的决定〉的说明》中指出,"改革开放是我们党在新的时代条件下带领人民进行的新的伟大革命,是当代中国最鲜明的特色,也是我们党最鲜明的旗帜。35 年来,我们党靠什么来振奋民心、统一思想、凝聚力量?靠什么来激发全体人民的创造精神和创造活力?靠什么来实现我国经济社会快速发展、在与资本主义竞争中赢得比较优势?靠的就是改革开放"。②

改革是社会主义制度的自我完善的思想。改革开放前的社会主义革命和建设取得了巨大成就,同时也积累了诸多矛盾和问题。中共十一届三中全会开启的改革开放,就是在这一特定历史条件下展开的。改革首先是从经济开始实现突破的,直到 2013 年 11 月中共十八届三中全会仍将经济体制改革明确为全面深化改革的重点。我国作为发展中国家,实现发展需要找到与之相对应的路径。实践证明,我国找到了这一路径,即通过发展公有制经济和实行计划经济体制,形成有效的国家工业化原始积累机制,形成强大的国家对资源的动员能力,这些都对快速建立起独立的工业化体系和国民经济体系有着不可磨灭的历史功绩。然而,这种制度和体制的长期实施,也逐渐僵化,缺乏活力,加之官僚作风和忽视价值规律,导致浪费和低效率,严重约束着经济的进一步发展。邓小平在主持 1975 年整顿后,到 1978 年提出了改革的历史性命题。1978 年 12 月 13 日,邓小平在中央工作会议闭幕会上的讲话中指出:"现在,我们的经济管理工作,机构臃肿,层次重叠,手续繁杂,效率极低。政治的空谈往往淹没一切。这并不是哪一些同志的责任,责任在于我们过去没有及时提出改革。但是如果现在再不实行改革,我们的现代化事业

---

① 《人民日报》2013 年 11 月 16 日。

② 同上。

和社会主义事业就会被葬送。"① 对于这场伟大的改革,邓小平反复强调是对社会主义制度的自我完善,而不是对社会主义制度的否定。1985年9月23日,邓小平明确指出:"改革是社会主义制度的自我完善,在一定的范围内也发生了某种程度的革命性变革。这是一件大事,表明我们已经开始找到了一条建设有中国特色的社会主义的路子。"② 这就指明了改革不能从根本上否定社会主义,同时也是对改革开放前社会主义革命和建设的充分肯定。

改革也是解放生产力。邓小平南方谈话指出:"革命是解放生产力,改革也是解放生产力。推翻帝国主义、封建主义、官僚资本主义的反动统治,使中国人民的生产力获得解放,这是革命,所以革命是解放生产力。社会主义基本制度确立以后,还要从根本上改变束缚生产力发展的经济体制,建立起充满生机和活力的社会主义经济体制,促进生产力的发展,这是改革,所以改革也是解放生产力。过去,只讲在社会主义条件下发展生产力,没有讲还要通过改革解放生产力,不完全。应该把解放生产力和发展生产力两个讲全了。"③ 邓小平改革也是解放生产力的论断,实际上是指明了社会主义时期仍然有各种矛盾,仍然需要通过改革加以完善。这一论断的提出,指引着改革开放的不断深化。正如中共十八届三中全会指出:"实践发展永无止境,解放思想永无止境,改革开放永无止境。面对新形势新任务,全面建成小康社会,进而建成富强民主文明和谐的社会主义现代化国家、实现中华民族伟大复兴的中国梦,必须在新的历史起点上全面深化改革,不断增强中国特色社会主义道路自信、理论自信、制度自信。"④

---

① 《邓小平文选》第2卷,人民出版社1994年版,第150页。
② 《邓小平文选》第3卷,人民出版社1993年版,第142页。
③ 同上书,第370页。
④ 《人民日报》2013年11月16日。

三 改革要始终坚持两条根本原则的论断与共同富裕的发展道路

中国特色社会主义道路是共同富裕的发展道路。1985年9月23日，邓小平指出："在改革中，我们始终坚持两条根本原则，一是以社会主义公有制经济为主体，一是共同富裕。"① 同年10月23日，邓小平在会见美国时代公司组织的美国高级企业家代表团时，再次强调："我们在改革中坚持了两条，一条是公有制经济始终占主体地位，一条是发展经济要走共同富裕的道路，始终避免两极分化。"②

邓小平提出改革要始终坚持公有制经济主体地位和共同富裕这两条根本原则，旨在使改革沿着正确的方向前行。1985年10月23日，邓小平指出："只要我国经济中公有制占主体地位，就可以避免两极分化。"③ 邓小平南方谈指出："走社会主义道路，就是要逐步实现共同富裕。共同富裕的构想是这样提出的：一部分地区有条件先发展起来，一部分地区发展慢点，先发展起来的地区带动后发展的地区，最终达到共同富裕。如果富的愈来愈富，穷的愈来愈穷，两极分化就会产生，而社会主义制度就应该而且能够避免两极分化。解决的办法之一，就是先富起来的地区多交点利税，支持贫困地区的发展。当然，太早这样办也不行，现在不能削弱发达地区的活力，也不能鼓励吃'大锅饭'。什么时候突出地提出和解决这个问题，在什么基础上提出和解决这个问题，要研究。可以设想，在本世纪末达到小康水平的时候，就要突出地提出和解决这个问题。到那个时候，发达地区要继续发展，并通过多交利税和技术转让等方式大力支持不发达地区。不发达地区又大都是拥有丰富资源的地区，发展

---

① 《邓小平文选》第3卷，人民出版社1993年版，第142页。
② 同上书，第149页。
③ 同上。

潜力是很大的。总之，就全国范围来说，我们一定能够逐步顺利解决沿海同内地贫富差距的问题。"①

邓小平提出改革要始终坚持公有制经济主体地位和共同富裕这两条根本原则，同时也强调利用外资和发展个体经济是为了更好实现共同富裕和加强公有制。邓小平在1985年9月23日和10月23日两次谈到改革要始终坚持两条根本原则时，紧接着强调要利用外资和发展个体经济。9月23日，邓小平强调利用外资和发展个体经济是服务于共同富裕的目的。邓小平指出："有计划地利用外资，发展一部分个体经济，都是服从于发展社会主义经济这个总要求的。鼓励一部分地区、一部分人先富裕起来，也正是为了带动越来越多的人富裕起来，达到共同富裕的目的。"② 10月23日，邓小平强调利用外资和发展个体经济是要加强公有制经济。邓小平指出："我们吸收外资，允许个体经济发展，不会影响以公有制经济为主体这一基本点。相反地，吸收外资也好，允许个体经济的存在和发展也好，归根到底，是要更有力地发展生产力，加强公有制经济。"③ 1992年，邓小平南方谈话强调发展"三资"企业有利于社会主义。邓小平指出："从深圳的情况看，公有制是主体，外商投资只占四分之一，就是外资部分，我们还可以从税收、劳务等方面得到益处嘛！多搞点'三资'企业，不要怕。只要我们头脑清醒，就不怕。我们有优势，有国营大中型企业，有乡镇企业，更重要的是政权在我们手里。有的人认为，多一分外资，就多一分资本主义，'三资'企业多了，就是资本主义的东西多了，就是发展了资本主义。这些人连基本常识都没有。我国现阶段的'三资'企业，按照现行的法规政策，外商总是要赚一些钱。但是，国家还要拿回税收，工人还要拿回工资，我们还可以学习技术和管理，还可以得到信息、打开市场。

---

① 《邓小平文选》第3卷，人民出版社1993年版，第373—374页。
② 同上书，第142页。
③ 同上书，第149页。

因此，'三资'企业受到我国整个政治、经济条件的制约，是社会主义经济的有益补充，归根到底是有利于社会主义的。"邓小平进一步强调学习资本主义的先进经营方式、管理方法旨在社会主义赢得与资本主义相比较的优势。邓小平指出，"证券、股市，这些东西究竟好不好，有没有危险，是不是资本主义独有的东西，社会主义能不能用？允许看，但要坚决地试。看对了，搞一两年对了，放开；错了，纠正，关了就是了。关，也可以快关，也可以慢关，也可以留一点尾巴。怕什么，坚持这种态度就不要紧，就不会犯大错误。总之，社会主义要赢得与资本主义相比较的优势，就必须大胆吸收和借鉴人类社会创造的一切文明成果，吸收和借鉴当今世界各国包括资本主义发达国家的一切反映现代社会化生产规律的先进经营方式、管理方法"。[①] 邓小平立足国情和时代特征，从实际出发，在单一公有制情况下，既强调改革要始终坚持公有制经济主体地位和共同富裕这两条根本原则，又强调利用外资、发展个体经济和学习资本主义的先进经营方式、管理方法，一方面起到了推动解放思想，大胆利用外资和发展个体经济的作用；另一方面也成为确立公有制为主体、多种所有制经济共同发展的基本经济制度的思想基础。

四　计划和市场都是经济手段的论断与社会主义市场经济的发展道路

中国特色社会主义道路是社会主义市场经济的发展道路。这条道路的形成，经历了长期的实践探索，而束缚改革实践发展的关键是在很长时期内形成了市场经济是资本主义特有的东西、计划经济才是社会主义经济的基本特征的传统观念。邓小平关于计划和市场都是经济手段的论断，对于我国最终作出建立社会主义市场经济体

[①] 《邓小平文选》第3卷，人民出版社1993年版，第372—373页。

制的抉择起了决定性作用。

早在1985年10月23日，邓小平在会见美国时代公司组织的美国高级企业家代表团回答提问时指出："社会主义和市场经济之间不存在根本矛盾。问题是用什么方法才能更有力地发展社会生产力。我们过去一直搞计划经济，但多年的实践证明，在某种意义上说，只搞计划经济会束缚生产力的发展。把计划经济和市场经济结合起来，就更能解放生产力，加速经济发展。"邓小平还分析指出："多年的经验表明，要发展生产力，靠过去的经济体制不能解决问题。所以，我们吸收资本主义中一些有用的方法来发展生产力。现在看得很清楚，实行对外开放政策，搞计划经济和市场经济相结合，进行一系列的体制改革，这个路子是对的。"①

在经历1988年"价格闯关"而导致严重通货膨胀后，不少人对市场经济的疑虑又开始增加。在改革的关键时刻，1992年，邓小平南方谈话非常明确地提出了计划和市场都是经济手段的论断。邓小平指出："计划多一点还是市场多一点，不是社会主义与资本主义的本质区别。计划经济不等于社会主义，资本主义也有计划；市场经济不等于资本主义，社会主义也有市场。计划和市场都是经济手段。"②邓小平计划和市场都是经济手段的论断，突破了市场经济姓"资"的传统观念，为我国最终明确建立社会主义市场经济体制扫清了认识障碍。

计划和市场都是经济手段的论断，是邓小平南方谈话理论体系的重要组成部分，是与社会主义本质论联系起来的，而不能将两者分割开来。在这一有机统一的理论体系下，发挥作为经济手段的市场在资源配置中的决定性作用③，就是要让市场服从和服务于社会主

---

① 《邓小平文选》第3卷，人民出版社1993年版，第148—149页。
② 同上书，第373页。
③ 中共十四大最开始提出的是"使市场在社会主义国家宏观调控下对资源配置起基础性作用"，十八届三中全会才明确提出"使市场在资源配置中起决定性作用"。

义制度的完善，服从和服务于公有制为主体、多种所有制经济共同发展的基本经济制度的坚持和完善，服从和服务于共同富裕目标的实现。正是这样一个理论逻辑，中共十四大在明确建立社会主义市场经济体制的改革目标的同时，还特别强调指出："社会主义市场经济体制是同社会主义基本制度结合在一起的。在所有制结构上，以公有制包括全民所有制和集体所有制经济为主体，个体经济、私营经济、外资经济为补充，多种经济成分长期共同发展，不同经济成分还可以自愿实行多种形式的联合经营。国有企业、集体企业和其他企业都进入市场，通过平等竞争发挥国有企业的主导作用。在分配制度上，以按劳分配为主体，其他分配方式为补充，兼顾效率与公平。运用包括市场在内的各种调节手段，既鼓励先进，促进效率，合理拉开收入差距，又防止两极分化，逐步实现共同富裕。在宏观调控上，我们社会主义国家能够把人民的当前利益与长远利益、局部利益与整体利益结合起来，更好地发挥计划和市场两种手段的长处。国家计划是宏观调控的重要手段之一。要更新计划观念，改进计划方法，重点是合理确定国民经济和社会发展的战略目标，搞好经济发展预测、总量调控、重大结构与生产力布局规划，集中必要的财力物力进行重点建设，综合运用经济杠杆，促进经济更好更快地发展。"[1] 2013年11月，中共十八届三中全会进一步指出，要"坚持社会主义市场经济改革方向"，"公有制为主体、多种所有制经济共同发展的基本经济制度，是中国特色社会主义制度的重要支柱，也是社会主义市场经济体制的根基"。同时，把促进共同富裕作为政府的职能和应发挥的作用，指出"政府的职责和作用主要是保持宏观经济稳定，加强和优化公共服务，保障公平竞争，加强市场监管，维护市场秩序，推动可持续发展，促进共同富裕，弥补市场失灵"。[2]

---

[1] 《江泽民文选》第1卷，人民出版社2006年版，第227页。
[2] 《人民日报》2013年11月16日。

邓小平发展才是硬道理、改革也是解放生产力、改革要始终坚持两条根本原则、计划和市场都是经济手段等重大论断及其实践的成功，成就了中国特色社会主义经济发展道路的探索形成，成就了中国经济发展奇迹的实现。邓小平的这些经济思想，过去是，现在是，未来也是中国特色社会主义经济发展道路的理论指针。

（作者单位：中国社会科学院当代中国研究所）

深化改革基于市场经济共识

金 碚

中国 30 多年来的改革开放史，也是市场经济共识的形成和不断深化的思想解放史。接受市场经济并不断深化对市场作用的认识，成为改革进程的里程碑。从排斥市场，到承认市场、接受市场经济，再到认可市场的"决定性作用"，标志着中国经济改革阶段的不断推进。邓小平是中国社会主义经济制度下市场经济共识的开拓者和奠基人，他的继承者们，遵循邓小平理论将社会主义市场经济共识推向理论建设和实践创造的新高度。

一 "社会主义也可以搞市场经济"是革命性的思想解放

在传统的社会主义理论中，社会主义社会必须实行计划经济，即社会主义等于计划经济，因为，只有计划经济才能实现"有计划、按比例"的发展，避免资本主义市场经济不可逃脱的失衡和危机。近百年来，"社会主义等于计划经济"这一观念甚至成了不容置疑的意识形态教条，反对这一教条就是反对社会主义。但是，20 世纪 20 年代到 80 年代，建立社会主义制度的各国依靠政治力量强制性地实行计划经济却未能实现理论推演的"社会主义计划经济优越性"。在同市场经济国家的竞争中，计划经济的弱点和劣势日益显露，开始引起一些国家的怀疑。但这样的怀疑总是被批判为"修正主义"和对社会主义的背叛。当现实和教条严重背离时，是坚守教条，无视事实，还是解放思想，实事求是？这是一个严峻挑战和考验。推翻社会主义等于计划经济的教条需要极大的理论勇气和政治胆略。

1979年11月26日，邓小平在会见美国不列颠百科全书出版公司副总裁弗兰克·吉布尼等外宾的谈话中开始挑战"社会主义等于计划经济"这一教条，第一次提出社会主义也可以搞市场经济的思想。他说："说市场经济只存在于资本主义社会，只有资本主义的市场经济，这肯定是不正确的。社会主义为什么不可以搞市场经济，这个不能说是资本主义。我们是计划经济为主，也结合市场经济，但这是社会主义的市场经济。""社会主义也可以搞市场经济。"① 邓小平向传统教条发起挑战主要依据的是"实践是检验真理的唯一标准"和"社会主义就是发展生产力"这两个基本原理，以及对世界各国经济社会发展客观现实的洞察。同时，将中国处于"社会主义初级阶段"作为理论突破和逻辑起点的现实背景。

实践表明，"社会主义等于计划经济"和"社会主义能够更好地发展生产力"，这两个命题不可能同时为真，即两者无法在实践中共存。相反，正如邓小平所认识到的，社会主义同市场经济并不矛盾。20世纪70年代以前中国力图实行计划经济，禁绝市场经济。期望依赖计划经济的动力机制实现国民经济"有计划、按比例"地高速发展。按照这样的主观设想，计划经济的基本动力机制是以社会财富创造和积累为目标，以指令性指标层层分解下达和强制执行的方式达成计划目标，并认定计划指标可以完全符合生产和生活的各种需要。由于在计划经济制度逻辑下，发展经济的动力来自对公共财富（全民所有的财产）的追求，公共财富的所有制主体是国家，所以，计划经济制度必须构建一套以追求国家财富为目标的体制和机制，这种体制机制须以公有制为基础，从而才能确保从集中计划

---

① 《邓小平文选》第2卷，人民出版社1983年版，第231、236页。

中心下达的指令性指标能够得以不折不扣的执行。正因为传统的社会主义计划经济发展的根本的动力机制是追求社会财富目标①，所以，追求个体财富即个人财产和企业利润的动机和行为是不允许的，甚至是违法的。因为，社会担心追求个体财富和利益的行为会导致以追求社会公共财富为目标的指令性计划体系的崩溃。但是实践一再证明，计划经济的动力机制很难保证生产积极性的长期维持，难以根本解决效率低下的问题，也无法满足生产和生活的丰富需要，特别是，慵懒、懈怠和依赖的工作态度和行为方式不可遏制地蔓延，将腐蚀整个社会的生产力基础。而且，指令性计划的实行也无法实现经济结构的合理和供需均衡，甚至会导致严重的经济失衡。结果是，尽管主观上追求崇高目标——大公无私和无条件地完成国家计划指标，保证国民经济"有计划、按比例"发展，实现国家强大目标，但却使国家和人民走向了普遍贫穷的深渊，甚至使国民经济濒临崩溃，国家被"开除球籍"。

为了向贫困开战，摆脱落后，必须从"社会主义等于计划经济"的教条中解放出来，实行经济改革。改革计划经济体制的突破口就是：承认追求个体（个人和企业）利益和财富的正当性，将经济发展的动力基于个体收入和财富的追求上。所以，在政策上要允许和鼓励"一部分人一部分地区先富起来"。要制定微观主体的经济责任制（农村的家庭联产承包和企业的独立核算、自负盈亏等）和实行经济刺激。

一旦在计划经济体制中打开了一个缺口，即承认个体利益和承认追求个体财富的正当性，就自觉或不自觉地为引入财富创造和积累机制奠定了观念基础，这可以称之为"财富的觉醒"。财富觉醒冲决传统思想的禁锢和藩篱，整个社会就将必然不可阻挡地发生脱胎

---

① 笔者曾经论证，实际上在公有制经济制度中也必然存在私经济因素，这些私经济因素也是公经济增长的动因之一。参阅金碚《论社会主义经济中的私经济行为》，《江苏社会科学》1993 第 3 期。

换骨式的革命性变化。首先表现为，必须放松指令性计划对微观经济主体的约束，开放市场。这样，整个社会经济体制机制的制度逻辑必然发生颠覆性变化。邓小平是意识到引入市场经济之后的巨大变革和可能产生的冲击和很大风险，所以，当他第一次提出社会主义可以搞市场经济的时候，还是谨慎地说要"计划经济为主，也结合市场经济"。但这在当时已经是超越时代的认识水平了。

二 "社会主义市场经济"是中国特色社会主义的可行模式

从1979年邓小平提出"社会主义也可以搞市场经济"，中国经济就开始探索市场化取向的改革道路，但在相当长一段时期，在理论认识上还在"计划经济为主、市场调节为辅"，以及"有计划的商品经济"等模棱两可的意识形态和理论观念边缘上徘徊。可以说，1979年虽然邓小平已经一语"破茧"，但市场经济共识却迟迟没有"化蝶"，仍然一直在传统意识形态的思想藩篱中苦苦争斗。中国站在市场经济的门槛上整整转悠徘徊了13年！

直到1992年1月18日—2月21日，邓小平在南方视察中再次明确而强烈地表达了对社会主义和市场经济关系的坚定认识时，才产生了强大的思想解放推动力，让市场经济共识化蝶飞扬。当年，邓小平更加斩钉截铁地指出："计划多一点还是市场多一点，不是社会主义与资本主义的本质区别。计划经济不等于社会主义，资本主义也有计划；市场经济不等于资本主义，社会主义也有市场。计划和市场都是经济手段。"[①]

根据邓小平关于"计划和市场都是经济手段"以及"社会主义也可以搞市场经济"的论断，1992年中共十四大正式提出："经济

[①] 《邓小平文选》第3卷，人民出版社1993年版，第373页。

体制改革的目标，是在坚持公有制为主体和按劳分配为主体、其他经济成分和分配方式为补充的基础上，建立和完善社会主义市场经济体制。"只有到了这一历史时点，当明确了社会主义市场经济的改革方向，中国特色社会主义才找到了可行的经济体制模式。于是，1993年召开的中国十四届三中全会通过了《中共中央关于建立社会主义市场经济体制若干问题的决定》（1993年11月14日，以下简称《决定》）。《决定》指出："建立社会主义市场经济体制，就是要使市场在国家宏观调控下对资源配置起基础性作用。"

如果说从1978年到80年代末90年代初，对计划经济的突破还只是在纵向动力机制结构，即自上而下层层分解的指令性计划指标是推动经济运行的主动力中，引入追求个人收入和实现企业自负盈亏的激励因素，并试图以此弥补计划经济体制纵向动力不足的缺陷，即承认和引入"市场调节为辅"的激励方式，那么，1992年以后，才真正明确了改革方向和中国特色社会主义的实现模式，开始了对中国社会主义经济制度的彻底性改革，即告别计划经济，建立社会主义市场经济。

这是市场经济共识的一次伟大进展，从那时到2007年的中共十七大再次强调要"从制度上更好发挥市场在资源配置中的基础性作用"，一直到中共十八届三中全会《决定》，即从1992年到2013年的20年间，中国不仅明确了社会主义市场经济的改革方向，而且明确了在社会主义市场经济体制中应发挥市场在资源配置中的基础性作用。

当中国认定了要走市场经济的改革道路，实际上就是决心要对整个经济制度的内在逻辑进行了彻底的变革。市场经济的共识基础是：相信最大限度地保护追求个体财富的自主性和自由选择，就能最大限度地释放和调动蕴藏在社会最基层中的创造财富的巨大积极性（经济人的利益最大化行为），就能最大限度地解放社会生产力；并且相信无数人的经济人的利益最大化行为，能够导致整个经济向着实现社会福利最大化的方向发展。

实践证明，自从走向市场经济道路，允许和鼓励微观主体更主动和自由地追求个体财富，确实能够导致整个社会生产力的巨大解放，导致社会财富的大量涌现，所创造的经济发展成就令世界震惊。中国社会主义市场经济的发展模式让全球耳目一新。同样的国度、同样的人群、同样的资源禀赋，在计划经济体制下和市场经济体制下，却表现为完全不同的行为方式和经济绩效，计划经济导致严重的短缺和贫穷，市场经济却创造了极大的物质繁荣。

三 "市场在资源配置中起决定性作用"标志改革新阶段

应该承认，中国决定实行市场经济是极具勇气的，但也确实仍然缺乏市场经济共识的深厚理论积淀，很大程度上是"逼上梁山"的不得已之为。由于市场经济发展空间广阔，一旦挣脱计划经济桎梏走上市场经济道路，立即发现"这边风景独好"，中国经济很快进入了亢奋和超高速增长的时期。企业家们对市场经济的机遇充满渴望和乐观，"只争朝夕"、"有水快流"、贪大求快、急于求成，成为整个时代最突出的心理倾向和行为特征。与此相应的是，各级政府也将促进市场经济发展理解为，对市场经济发展直接进行顺向推动，即朝着与市场调节相同的着力方向加力，给"优惠政策"和"特殊待遇"，推动企业和地方经济大干快上，直至政府直接投资，"集中力量办大事"，进行地区间的 GDP 竞赛。这样，似乎是对市场经济的"顺水推舟"、"加大力度"、"锦上添花"，结果却往往是角色错位，用力过度，好事做过头，反而增大了经济的不平衡性，导致经济结构的严重失衡。而当宏观经济景气出现较大波动时，政府也往往出手大力度地调控政策，特别是当发生严重的非合意现象如经济过热或下滑、房地产价格异常时，政府往往会对微观经济活动进行直接的行政干预，而且总是"一刀切"，有病没病都吃同样的药。目的无非都是希望获得政策干预立竿见影的效果，也是急于求成。

更为深刻的是，计划经济观念和中国数千年形成的传统观念在市场经济条件下仍然顽强存在，并明显趋向强化，例如社会普遍的心理是：政府比百姓更聪明，凡大事均应由政府解决，而且，上级政府总是比下级政府更聪明，越重要的事情应由越上级的政府部门来决定。这些因素强烈地影响着中国所塑造的市场经济的"中国特色"，也深刻影响着改革的方向和进程。因此，在中国走向市场经济的30多年里，尽管计划经济体制已经不复存在，市场经济制度框架初步形成，但政府对经济活动的干预以及对资源的控制却反而更强了。尤其是，政府干预采取直接的行政性方式，包括行政审批、政府替代企业决策、政府选择市场竞争赢家以及以行政手段进行纠错，等等。简单地说就是，凡"大事"就得政府集中力量办；凡被认为是"重要"的事项，就得政府决定；尤其是一旦出了问题，政府总是倾向于自己直接插手解决或替代企业决策。

于是，当经历了30多年的改革开放，进入21世纪第二个十年时，我们发现，政府越位办了许多事情，中国政府成为全世界人数最多最忙碌的政府，政府公务员"五＋二，白＋黑"①，但经济"不平衡、不协调、不可持续"的问题却越来越突出。一方面，由于政府干预和参与了过多的微观经济决策，使市场活力和市场配置资源的有效性受到很大损害；另一方面，自发的市场机制难以解决的"外部性"、"公共品供应"、"竞争和分配的公平性"、"社会安全网"和"信息不对称"等问题，却因为政府规管"缺位"或"失灵"而成为突出的问题。此时，我们终于认识到，在市场经济的改革和建设中，政府首要的任务是塑造使市场更有效地发挥资源配置的决定性作用的体制机制。凡是市场和企业能决定的都让市场和企

---

① 意为：每周五天工作，周末两天加班；每天白天工作，晚上加班。

业自主决策；如果发生问题，也尽可能首先考虑由市场和企业自行纠错；或者政府促动其他行为主体，例如委托社会组织或采取政府采购等市场方式，来实现合意的管控目标。

按照市场经济共识，政府经济管理和调控的理念和方式必须顺应市场经济不断走向成熟的客观现实，以更加符合经济规律，更加符合市场经济运行的手段实施经济调控。既要积极发挥保证经济平稳健康增长的积极作用，又要最大限度避免不适当的政府干预对市场经济的不良影响和产生过大的副作用，甚至留下难以处置的后遗症，阻碍市场经济改革的推进。政府切不要过高估计自己的信息处理能力和调控能力，以为自己可以精确地处理各种宏观和微观关系，时时保持经济体处于理想的均衡和合意状态，即"摆平"一切。而必须充分尊重和敬畏市场经济规律，承认信息的高度分散性和自己有限的信息处理能力，懂得自己能够调控什么，无力决定什么，什么该顺其自然，什么是必须守住的底线。

市场经济最基本的规则是：微观经济主体（个人和企业）的行为规则是：凡是法律不禁止的皆可行；而政府的行为规则是：凡是未经法律授权的皆不可为。前者叫"负面清单原则"；后者叫"正面清单原则"。但在现实经济的许多情况下，这样的市场经济原则却恰恰被颠倒了：对于微观经济主体尤其是企业，反而实行了"正面清单原则"，无数的微观决策必须由政府审批，市场进入处处设限，企业无权自决；而对于政府部门反而实行了"负面清单原则"，在没有法律授权的情况下就任意扩大自己的决策权、干预权和收费权，没有权力清单。

所以，2013年，《中共中央关于全面深化改革若干重大问题的决定》更明确地指出，要"紧紧围绕使市场在资源配置中起决定性作用深化经济体制改革"。"经济体制改革是全面深化改革的重点，核心问题是处理好政府和市场的关系，使市场在资源配置中起决定性作用和更好发挥政府作用。"这标志着中国改革进入新阶段。

从认识市场在资源配置上发挥"基础性作用"到起"决定性作用",是关于市场经济共识的又一次重大进步。人类关于市场经济的理论研究和实践已经有数百年的历史,积累了丰富和深厚的理论成果和文明经验。我们今天所形成的市场经济共识吸取了人类文明的全部有益成果和积极因素。而且,市场经济共识也将在实践中不断发展,形成更高层次的现代理念。中国能否健康地发展市场经济,能否顺利完成工业化和有序推进城镇化,在很大程度上取决于关于市场经济共识的科学态度和所达到的文明高度。企业、政府和民众都必须提升市场经济共识水平,进行市场经济再学习,以对现代市场经济更深刻的理解实现经济社会更健康、更包容的可持续发展。

"市场在资源配置中起决定性作用"是一个内涵极其深刻和内容不断丰富的命题,有效地实现市场决定性作用要具备各方面的条件,包括要更好发挥政府作用。而且,市场经济体制进一步向市场起决定性作用转变也必然将牵动其他领域的体制机制变革,与之相适应。所以,必须在各个领域全面深化改革。因此,中共十八大第一次做出了全面深化改革的重要决定。经济改革尽管是重点,但不是全部。还要包括政治体制、文化体制、社会体制、生态文明体制和党的建设制度改革等。

其实,在20世纪70年代末到90年代构想中国改革蓝图时,邓小平就提出了经济改革必须和必然会要求推动其他领域尤其是政治体制和党的领导改革的问题。可以说,全面深化改革是邓小平改革理论的基本原则,而他的这一思路和设想在中共十八大和十八届三中全会做出的全面深化改革决定中得到了充分体现。

四 "市场决定"的价值是实现消费者利益和偏好

关于市场经济共识中有一个根本性的理论问题:如果认定市场应在资源配置中发挥决定性作用,那么,"市场"是谁,即究竟是谁在决定？进一步还要问：市场决定一定会有好结果吗？

市场机制的逻辑具有工具主义理性的性质："主观为自己，客观利他人"，即市场主体以个体利益最大化为行为目标，可以实现效率最大化和社会福利最大化。因为，市场机制可以发挥"看不见的手"的协调作用，就好像是"人人为自己，上帝为大家"。由于市场经济中的主要微观主体是企业，所以，个体利益最大化通常又被推演为追求"企业利润最大化"，或者"出资人收益最大化"。这样，按照市场经济的工具理性主义原则，要求塑造一种自由企业、自由贸易、自由选择的体制机制。

那么，市场经济完全就是一架工具理性主义机器吗？人类对市场就完全没有合意性要求吗？这显然不对。市场经济是迄今为止人类所创造的最具效率的经济制度，但是，效率并非其终极价值目标，它必定还应有其合意性目标，即价值理性。市场经济的价值应以实现社会福利为准则。关于市场经济的一般理论共识是：市场经济的价值理性（规范性）基础是满足消费者利益和偏好，即资源配置归根结底应该服从消费者的利益和偏好，称之为"消费者主权"。也就是认定，能否满足消费者利益或偏好是衡量社会福利的最终准则。所以，能够实现这一价值的市场经济是"好的市场经济"，不能实现这一价值的市场经济是"坏的市场经济"。这应该是大多数福利经济学的一个理论共识。

进一步的市场经济共识是：实现消费者主权的基本条件之一是企业之间的充分竞争，在市场竞争压力之下，尤其是在"完全竞争"条件下（尽管这在现实中难以存在），所有企业都成为"价格接受者"而不能成为"价格操纵者"。企业进行生产，表面上是自主决策，实际上是不得不以满足消费者偏好为决策原则（"消费者是上帝"）。正因为这样，《反垄断法》才被称为"市场经济宪法"，其宗旨就是避免"生产者主权"，禁止产生由垄断企业意志决定资源配置而损害效率和社会福利的现象。从而确保在势均力敌的市场竞争中实现消费者主权。正如古希腊历史学家希德狄斯（Thucydides）所说："一般来说，只有势均力敌，权利才会被考虑；否则强者为所欲为，弱者委曲求全。"①

问题是，在各类市场主体中，消费者是分散而缺乏组织的，而且，难以形成个体规模，所以，与企业特别是大型企业相比，消费者往往是市场竞争中的弱者。作为弱者的消费者，如何才能发挥资源配置的最终的决定性作用？这是塑造有效和合意的市场经济体制机制的根本性问题，也往往是改革的难点所在。市场经济的理论和现实告诉我们，如果存在着严重的垄断、特权、寻租和腐败现象，市场机制的有效性就会受到损害，无法实现消费者利益与偏好最终决定资源配置的结果，甚至使市场调节过程失去方向，导致系统性紊乱和危机。

同时也不可忽视，在市场经济中企业家是要素组织者和创新者，具有很强的能动性，"任何关于消费者偏好支配资源配置的主张，其有效性都只能以这些偏好被市场上的企业家感知和传递的程度为准"。② 而且，正是企业家在市场竞争中的不断发现机会、持续学习和颠覆创新，赋予市场经济以发展的活力。所以，塑造使企业家能够充分发挥创新精神的体制机制和政策环境是使市场起资源配置决定性作用的基本条件之一。而只有实行以对消费者利益和偏好为导向的创新路线，才能保证市场经济价值理性的实现，也就是让市场经济真正成为值得追求的经济形态。

总之，"市场在资源配置中起决定性作用"的真正价值是实现资源配置以消费者的利益和偏好为根本准则，也就是说就是要符合"以人为本"的原则。收入最大化也好，财富最大化也好，市场占有

---

① 转引自［美］约瑟夫·E. 斯蒂格利茨《不平等的代价》，机械工业出版社2013年版，第28页。

② ［美］伊斯雷尔·阿兹纳：《市场过程的含义》，中国社会科学出版社2012年版，第80—81页。

最大化也好，归根结底，只有导向于满足消费者利益和偏好的资源配置格局，才从根本上体现了市场经济的价值。这就是衡量"市场绩效"的根本准则。市场结构和市场行为是否合理，均须以此为评价根据。这也正是以研究市场有效性为主要内容的"产业组织经济学"的基本原理。

五 "公平"是社会主义与市场经济的内在契合点

无论是从工具理性还是从价值理性上来认识市场经济，最终都会归结到效率与公平的关系问题。按照市场经济的制度逻辑，不仅市场的运作有赖于个体自由，而且只有在自由市场的背景下，一个社会才可能有真正的个体自由。也就是说，市场的效率以个体自由为前提，而个体自由的实现也以自由市场为条件。这一逻辑同马克思所预言的未来社会将是"自由人的联合体"具有逻辑上的契合性。因此，从发达市场经济过渡到"自由人联合体"的理想社会，期间未必一定要插入一个"计划经济"阶段。正因为如此，作为马克思主义者的邓小平，才会意识到社会主义可以实行市场经济，而不必拘泥于传统社会主义意识形态对市场经济的排斥。

但是，搞市场经济是否会丧失社会的公平性呢？在20世纪七八十年代，当邓小平思考和提出社会主义也可以搞市场经济和1992年确定了社会主义市场经济改革方向的时候，对于搞市场经济是否会产生公平与效率的矛盾，他是有所警惕的。在1992年南方谈话时邓小平就不无针对性地说："走社会主义道路，就是要逐步实现共同富裕。""如果富的愈来愈富，穷的愈来愈穷，两极分化就会产生，而社会主义制度就应该而且能够避免两极分化。"[1] 他还尖锐地指出："如果导致两极分化，改革就算失败了。"[2]

---

[1] 《邓小平文选》第3卷，人民出版社1993年版，第374页。
[2] 同上书，第139页。

1993年《中共中央关于建立社会主义市场经济体制若干问题的决定》在关于收入分配上涉及效率与公平的关系时，确定了一个与当时的现实国情相适应的政策安排原则，即"建立以按劳分配为主体，效率优先、兼顾公平的收入分配制度，鼓励一部分地区一部分人先富起来，走共同富裕的道路"。这一基本政策取向实行了20年。这是为了消除计划经济下效率低下和绝对平均主义的痼疾，而现实地接受和实行的政策理念和制度设计思路。尽管这具有一定的历史合理性，也确实取得了解放生产力和推动发展经济的明显成效，但是，这一政策取向毕竟具有很大缺陷和局限性。它实际上是在特定历史条件下的一个急于求成的不得已"次优选择"。[①]

当中国进入了市场经济发展的新阶段，如果继续以"效率优先，兼顾公平"这样的政策取向来发展经济和处理社会关系，将难以克服"不平衡、不协调和不可持续"的现象和社会矛盾。因为，这样的政策取向意味着默认可以牺牲公平的方式来提高效率，既然效率优先，那么，在实践中必然是公平居后，因而往往不惜采取各种可以获得"立竿见影"短期效果的歧视性政策，人为制造差别，扩大不平衡性。例如，将市场经济的竞争主体区分为"主导"者和"补充"者、受重点保护的和受限制的、可以获得特殊优惠待遇的和无权享受优惠政策的、严格监管的和放松监管的、受"重视"的和不受重视的，等等。

在这样的政策取向下，各类企业都觉得自己处于不公平的地位。国有企业抱怨不能采取非国有企业可以采取的一些竞争手段；非国有企业抱怨不能进入只能允许国有企业进入的领域；外资企业抱怨受到各种限制。大企业抱怨社会负担重和受管制严，小企业则抱怨在土地、资金的获得等方面不能得到一视同仁的对待。

一旦可以通过不公平的方式进行市场竞争和资源争夺，特别是

[①] 金碚：《以公平促进效率，以效率实现公平》，《经济研究》1986年第7期。

如果这种不公平是体制和政策所造成时，企业就不再有心思和精力进行脚踏实地的技术创新，而必然将更大的精力投向争取优惠待遇和向政府寻租上。所以，从长期看，缺乏公平也必然丧失效率，因为它抑制了更多的微观经济主体的活力，扭曲了企业经营决策的方向。其实，当竞争不能公平进行时，要"兼顾公平"也是很困难的。所以，在我们取得了巨大的经济成就时，人民的不公平感却越来越强烈了。

不仅在经济领域，而且在其他领域中采取"效率优先，兼顾公平"的政策取向，也导致了各种难以解决的矛盾。例如，教育领域急于造就"世界一流大学"，将更多的公共资源投入少数顶尖高校，导致各地中学、小学的办学目标瞄准了向顶尖高校输送尖子学生，于是，培养高考"状元"成为中学教育的最高追求和荣耀。这样，地方教育资源向"重点中学"和"重点小学"倾斜，使得靠关系和金钱择校等不良现象难以遏制，教学竞争低龄化，导致许多学生的厌学情绪和失败感，公共教育成为"失败教育"，即以大多数学生的竞争失败（实现不了进入国家特别支持的顶尖大学的目标）为代价，制造了少数高分考生。这样的教育体制，不仅是非常不公平地配置公共资源，而且，以高分竞争扼杀了年轻人的创新精神和学习兴趣，也并未建成"世界一流大学"。再如，在医疗领域，政府也将更多的公共资源援助优等（三甲）医院，导致三甲医院就诊者人满为患，普通医院却门可罗雀。公办院与民办医院更是处于不平等的地位。一些所谓"一视同仁"的政策却如同是让"儿童"与"成人"进行同场竞争。于是，一方面是"看病难，看病贵"；另一方面却是医疗资源大量闲置。总之，"效率优先，兼顾公平"的政策取向，催生了拔苗助长式的"扶优"政策和政绩工程，强化了"马太效应"的分化作用，既不利于脚踏实地的技术创新和长期持续的效率提高，也无助于公平的实现。

因此，当进入全面深化改革的新时期，政策取向必须逐渐向

"以公平促进效率，以效率实现公平"的方向调整。我们看到，中共十八届三中全会《决定》的一个重要表述是，"国家保护各种所有制经济产权和合法利益，保证各种所有制经济依法平等使用生产要素、公开公平公正参与市场竞争、同等受到法律保护，依法监管各种所有制经济"。其实，市场机制本身具有优胜劣汰的效应，无须政府再人为强化。即政府不必"扶优扶强"，而是应该"扶弱助小"。改变强者和弱者势力相差悬殊状况，让强者面对势均力敌的竞争者。这对强者和弱者，例如大中小企业，都有激励创新的积极作用，有助于整体竞争力的提升。

总之，尽管公平[①]与效率确实具有复杂的关系，其中也可能存在某种程度的替代（trade off）现象，即如美国经济学家阿瑟·奥肯所论证的，"在平等和效率之间，社会面临着一种抉择"。但是，"在一个有效率的经济体中增进平等"仍然是人类所要追求的目标。[②]从社会发展的长远趋势看，效率与公平具有本质上的一致性。如果我们相信优胜劣汰的自然选择规律终将决定社会进化的未来，那么，效率与公平分裂的社会一定会被效率与公平相协调的社会所替代，因为，后者的持久生命力和竞争力必定高于前者。

社会主义和市场经济曾经被认为不可相容，其实，两者具有内在的价值一致性。其中，社会主义主张公平正义，市场经济要求公平竞争，两者皆要求"公平"，社会主义市场经济的实质就是要求构建"以公平促进效率，以效率实现公平"的体制机制。因此，无论是要弥补市场缺陷（包括避免两极分化），还是要规范市场秩序（维护公平竞争，公平交易），政府的政策取向都必须是构建和培育

[①] 在经济学研究中，更多地使用"平等"概念，它比"公平"更容易定义和量化测度。"公平"则包含了比"平等"更复杂的含义。但在本文中我们对此不做严格区分，因为两者的区别并不影响本文的基本观点和论证逻辑。

[②] ［美］阿瑟·奥肯：《平等与效率——重大抉择》，华夏出版社2010年版，第105、106、141页。

公平与效率的一致性和互补性，而不是听任甚至人为扩大公平与效率的分裂性和对立性。

因此，中共十八大做出的《中共中央关于全面深化改革若干重大问题的决定》指出：一方面，"建设统一开放、竞争有序的市场体系，是使市场在资源配置中起决定性作用的基础。必须加快形成企业自主经营、公平竞争，消费者自由选择、自主消费，商品和要素自由流动、平等交换的现代市场体系，着力清除市场壁垒，提高资源配置效率和公平性"。另一方面，要"紧紧围绕更好保障和改善民生、促进社会公平正义深化社会体制改革"。这就是要求从生产、交换、分配的市场经济全过程、全领域上实现效率与公平的统一，避免效率与公平的分割。

总之，从根本上说，所谓"完善市场经济体制"就是要塑造通过公平竞争促进可持续的效率增进，并且能够在高效率财富增长的基础上实现公平分配的体制机制和政策体系。"公平"是社会主义和市场经济的内在契合点，正因为存在这样的内在契合点，社会主义市场经济才可能有其制度机理的逻辑一致性，也才可能成为中国特色社会主义制度的现实可行模式。

六　市场经济以"权利和权力不得买卖"为基础

当我们讨论市场在资源配置中的决定性作用，特别是讨论公平和效率的关系，并涉及市场经济的价值理性时，必然会深入到这样的问题：市场经济制度下，什么东西可以交易，什么东西不可买卖？如果所有一切都可以标价买卖，市场经济蜕变为"市场社会"，则市场经济必然会被彻底摧毁，这也是市场经济共识的一个重要原则。[①]

[①] 在西方国家和学术界，绝大多数人也都主张"要市场经济，不要市场社会"，即不能将市场交换的原则和方式不适当地运用于经济领域之外的社会、政治等其他领域。

也就是说，在整个社会中市场起资源配置决定性作用，其范围是有边界的。有许多东西是不可以作价而用金钱购买的，即不可进行市场交易。有些东西即使归属于你，你也决不可以向其他人出售。更不允许其他人通过买卖这些东西而从中牟利，例如，人身、人体器官、婴儿等。

按照市场经济共识，最重要的不可买卖的东西是"权利"和"权力"，即（个人）权利和（政府）权力不得进行市场交易，这是市场经济得以有效运行的前提。也就是说，只有权利和权力的获得和行使不以市场交易为原则，市场经济才能按照市场规律有效运行，并获得合意的结果，实现市场经济的价值理性，即最大限度地增进社会福利和幸福。

第一，法律面前人人平等，即法律赋予的基本权利必须平等地分配给每一个人，不得进行市场交易。人的高低贵贱、富有贫穷，均不影响其在法律上的平等地位。任何人不得以金钱或地位去获取或占有更大的权利，也不得以出让自己权利的方式获得金钱或地位。例如，选举权和被选举权不得买卖。也就是说，法律所赋予每个人的权利，既不是按市场原则进行分配，也不得按市场原则进行交易，更不能按市场原则来行使。而这恰恰是市场经济共识的重要内容之一。

第二，生命权、健康权、言论权等基本权利是"天赋人权"，没有价格，不可交易。因此，人身、健康、尊严不得进行市场买卖。例如，在现代市场经济中，禁止奴隶或人身买卖，禁止雇佣童工、禁止有害健康的恶劣劳动条件、不得以过低的工资雇佣工人等，都体现了对市场自由适用性的限制，即金钱不得为所欲为地购买不可市场交易的东西。只有这样，市场竞争才可能是公平和有效的，这就像是体育竞赛必须禁止使用兴奋剂一样。

第三，不得以金钱或其他利益输送的方式干预权力的行使。市场经济必须在一定的规则下运行，而各种规则的实行总是体现为权力的行使。如果权力的行使可以买卖，权力也成为商品，市场规则将发生系统性紊乱，市场经济就难以有效运行。所以，市场经济必须禁止商业贿赂，特别是必须严格禁止行贿政府官员，包括贿赂外国政府官员。

总之，市场经济厌恶腐败，反对寻租，必须防止金钱侵犯或侵蚀不得交易的权利和权力领域。这样，市场经济才能有效运行，并表现出它的优越性和真正价值。但是，在现实中，避免金钱与权利的交换尤其是避免金钱与权力的交换是不容易的，为此可能不得不付出一些代价，例如由于禁止权利交易而损失一些经济效益。更重要的是，市场的高效率往往也伴随着高风险，尽管厌恶腐败，但腐败现象却难以彻底消除。所以，市场经济必须有其"清洁机制"，即查处和惩治"权钱交易"和"非法买卖"的法治制度。一方面，必须"将权力关进笼子里"，不得交易；另一方面，也必须"将市场管在正道上"，不可脱轨。这样，权力不可为所欲为，市场不得超出领地，双方均不越界，市场经济才能发挥其有效配置资源和持续推动经济社会发展的最大积极作用。这也正是中共十八届三中全会提出的全面深化改革，推进国家治理体系和治理能力现代化的重要内容之一。

参考文献

《邓小平文选》第 2 卷，人民出版社 2002 年版。

《邓小平文选》第 3 卷，人民出版社 1993 年版。

冷溶、汪作玲主编：《邓小平年谱（一九七五——一九九七）》，中央文献出版社 2007 年版。

《中共中央关于全面深化改革若干重大问题的决定》，人民出版社 2013 年版。

金碚：《以公平促进效率，以效率实现公平》，《经济研究》1986 年第 7 期。

金碚：《中国工业化 60 年的经验和启示》，《求是》2009 年第 18 期。

金碚：《论民生的经济学性质》，《中国工业经济》2011 年第 1 期。

［美］伊斯雷尔·阿兹纳：《市场过程的含义》，中国社会科学出版社 2012 年版。

［美］阿瑟·奥肯：《平等与效率——重大抉择》，华夏出版社 2010 年版。
［美］J. E. 米德：《自由、公平和效率》，东方出版社 2013 年版。
［美］约瑟夫·E. 斯蒂格利茨：《不平等的代价》，机械工业出版社 2013 年版。
［美］迈克尔·J. 桑德尔：《金钱不能买什么》，中信出版社 2012 年版。

（作者单位：中国社会科学院工业经济研究所）

重温邓小平关于共同富裕的思想

张 琦

共同富裕的理念,古来有之,并非邓小平独创。但是,将共同富裕上升到社会主义本质的高度,却是邓小平的巨大贡献。今年适逢邓小平诞辰110周年,在当前全面深化改革的重要时刻,重温邓小平关于共同富裕的思想,具有特别的理论意义和实践意义。

在1992年视察南方的谈话中,邓小平明确提出:"社会主义的本质就是解放生产力,发展生产力,消灭剥削,消除两极分化,最终达到共同富裕。"这是"共同富裕"最后一次出现在邓小平的公开讲话中,也是共同富裕思想在邓小平理论体系中表述的最终版本。

共同富裕的提出

"共同富裕"首先是针对"文化大革命"的极"左"思想而提出的。在"文化大革命"中,"宁要穷的社会主义,不要富的资本主义"、"宁要社会主义的草,不要资本主义的苗"等荒诞不经的口号满天飞,以穷为荣、以富为耻、越穷越光荣的极端思想,已经成为一种新型的禁欲主义。在这种思潮下,只有贫穷才是社会主义,社会主义一定要贫穷,贫穷和社会主义成了同义语。穷,成了经济上检验社会主义的唯一标准。与此针锋相对,邓小平首先提出富而非穷才是社会主义。在这样的背景下,就有了邓小平在1978年年底《解放思想,实事求是,团结一致向前看》的著名讲话,在这篇讲话中，邓小平给出了共同富裕思想的最初表述：

在经济政策上，我认为要允许一部分地区、一部分企业、一部分工人农民，由于辛勤努力成绩大而收入先多一些，生活先好起来。一部分人生活先好起来，就必然产生极大的示范力量，影响左邻右舍，带动其他地区、其他单位的人们向他们学习。这样，就会使整个国民经济不断地波浪式地向前发展，使全国各族人民都能比较快地富裕起来。

应当指出，在邓小平关于共同富裕思想的最初表述中，其侧重点在于"富裕"而非"共同富裕"。原因在于，在当时"文化大革命"刚刚结束的情况下，破除"贫穷等于社会主义"的极"左"思潮是思想上最大的拨乱反正，打破平均主义、尽快发展经济是最为迫切的现实任务。公平固然重要，但效率更加重要。

但是，公平在中国的意识形态体系中居于十分重要的位置，且不论千百年来民众对"公"的向往不绝如缕，"公"及其近义词"平"、"均"几乎是历次农民起义所必打的旗号；即便在近代中国革命进程中，康有为关于"大同"的理念、孙中山"天下为公"的思想等，均成为号召民众实行改革或革命的重要政治理念。同样，"公"在中国共产党的价值体系中也居于核心位置。以实现共产主义为最高理想的中国共产党，早在未夺取政权的革命时期就推行了一系列具有"公"的色彩的政策，如俗称"打土豪、分田地"的土地政策等。在取得政权之后，中国共产党更是通过土地改革、城市工商业的社会主义改造、农村人民公社化等一系列革命性的举措，将"公"的理念贯彻到底，建立起了基本的社会主义制度。到了"文化大革命"极"左"时期，"公"的地位更是被推崇到极致，官方意识形态处处以公为荣，民众则谈私色变。所以，面对"文化大革命"结束后的历史遗产，不论情愿与否，"公"都是一个绕不过去的字眼。如果说"富裕"能够获得共识的话，那么"共同富裕"才能最大限度地凝聚人心，并继续在社会主义的基本制度框架内将工作重心从阶级斗争转向经济建设。另一方面，作为一名具有坚定共产主义信念的共产党人，不论是在当时还是后来，邓小平从未抛弃过"公"的理念。因此，出于客观和主观两方面的原因，尽管"富裕"是当时更加迫切的任务，但邓小平还是将"共同富裕"的理念一并提了出来。

共同富裕的争议

在上述关于共同富裕的最初表述中，邓小平还给出了实现共同富裕的途径，即"先富带动后富"。关于这一点，几十年来理论界给出了各种各样的解读和分析，并始终伴随着各式各样的质疑。争论的核心是，先富能带动后富吗？

遗憾的是，不论是邓小平本人或是其他人，都没有对"先富带动后富"给出周密的、令人信服的论证。而现实的情况是，中国经济在经历了30多年的高速增长之后，人均收入大幅增加的同时贫富差距也逐渐拉大。按照官方发布的数据，2013年我国的基尼系数已达0.473，而非官方的一些研究结果则表明，这一数字可能更高。如果以收入分配的公平程度来衡量，那么当前的收入差距状况很难说是"共同富裕"。为"共同富裕"辩护的常见论调，往往诉诸"社会主义初级阶段论"，意即，我国目前处于社会主义初级阶段，这一阶段出现的种种问题，不过是发展过程中的暂时性困扰，随着经济社会的进一步发展，这些问题终将得到解决。但是，将当前的种种问题都以"初级阶段论"塞责，并把矛盾的解决寄望于遥远的未来，这种论证既不能证伪，亦不能服众。除了为"共同富裕"辩护的声音之外，反对的声音也不绝于耳。自改革开放以来，无论是党内还是党外，时隐时现的各种"左"的思潮一直存在。无论哪种"左"的思潮，其主要着眼点之一都是日益扩大的贫富差距，有的甚至将这种差距归咎于改革本身，不仅否定"共同富裕"的可能性，进而否定1978年来以来的整个改革进程。当然这种"左"的思潮始终未能占据主流，在几次重要的历史关头，继续推进改革的主张均获得了胜利。

实际上，无论是诉诸"初级阶段论"而为"共同富裕"辩护的主张，还是否认改革能够实现"共同富裕"的质疑之声，都没有触及问题的核心。前者的辩护是无力而不充分的，后者的反对则更加荒谬，毕竟谁都不愿回到改革前"共同贫穷"的状态。如果认为共同富裕是一个合意的价值追求，同时必须在市场化的框架下实现共同富裕，那么核心的问题便是：我们究竟需要何种程度的共同富裕以及如何实现。

共同富裕的解读

如果以邓小平本人于1978年首次提出共同富裕理念为开端，到1992年南方谈话最后一次公开提到共同富裕为结束，不考虑这期间他在各种场合多次提到的有关共同富裕的论断，不难看出，共同富裕的初级版本和最终版本有微妙的差异：最终版本放弃了"先富带动后富"的论证模式。与初级版本相比，最终版本更加凝练和紧凑，并且将"富裕"和"共同富裕"都上升到了社会主义本质的高度。

几乎所有的解读者都认识到邓小平在1992年的这一论断是一个完整的整体，不能割裂开来理解。但是，关于这一论断的结构，却有不同的解读。有的认为是"手段—目的"的关系，即"解放生产力，发展生产力"是手段，"最终达到共同富裕"是目的。有的则认为是并列关系，"解放生产力，发展生产力"和"达到共同富裕"同等重要。从语义学和邓小平的整个理论体系来看，理解为并列关系更加恰当。按照这样的思路来理解邓小平关于共同富裕的思想，那么共同富裕就必须在富裕的前提下实现，如果为了追求共同富裕而阻碍了生产力的发展，那就背离了社会主义的本质。当然，如果只有富裕而没有共同富裕，那同样背离了社会主义的本质。

用另一套话语体系来理解邓小平的这一论断，"解放生产力，发展生产力"可以概括为"效率"，而"消除两极分化，最终达到共同富裕"可以概括为"公平"。效率与公平同等重要，无效率的公平不足取，不公平的效率同样不足取。没有任何先验的理由认为效率永远要优先于公平。如何因时因势地调和效率和公平之间的关系，邓小平并没有给出直接的答案，而是留给了后来者。

在邓小平南方谈话后的第二年，中共十四届三中全会通过了《中共中央关于建立社会主义市场经济体制若干问题的决定》第一次明确提出"效率优先，兼顾公平"的分配原则，是有其具体历史背景的，并非永远适用的法则。所以，在2005年中共十六届五中全会上，就出现了"更加注重社会公平"的提法。但在此之后，决策高层的这一认识并未伴随相关的大规模制度性建设，整个社会公平程度并未得到明显的改善，甚至民众主观感受到的公平程度反而继续下降。

从经济学角度来讲，任何一种具有配置（allocation）功能的制度，同时必然兼具分配（distribution）功能，无论市场制度还是非市场制度都是如此。中国的改革本质是市场化改革，通过激活市场的资源配置功能，中国已经在相当程度上实现了"富裕"，但是市场的配置功能本身并不会自动带来共同富裕，也就是说，市场自发的分配功能并不能保证一个合意的共同富裕水平。根本上，一个社会需要何种共同富裕水平，是一个公共选择的结果，如欧洲尤其是北欧各国对共同富裕的要求较高，因而再分配的力度也更大，而美国则对共同富裕的要求相对较低，故再分配的力度也较小。但是，中国作为一个社会主义国家，共同富裕的程度无论如何都不能比资本主义国家更低，否则即便比资本主义社会发展出更高的生产力水平，也不足以证明社会主义制度的优越性。

进一步，借用效率和公平的话语体系，公平程度太低或太高，均有损于效率。即便是为了追求效率,也要保证一定程度的公平,否则最终的结果是既无公平也无效率。这一点已被理论和实践所证明。所以,无论从实现共同富裕这一价值本身出发,还是从其工具的意义上来考虑,一定程度的共同富裕都是必需的。

共同富裕的实现

既然市场本身并不能自动产生合意的共同富裕水平,那么政府就要积极扮演起相应的角色。2013年中共十八届三中全会通过的《中共中央关于全面深化改革若干重大问题的决定》,明确将"促进共同富裕"列为"政府的主要职责"之一。在政府和市场关系的语境下,实现共同富裕需要充分发挥政府和市场两方面的作用。如果说市场主要是实现效率的途径和手段,那么确保公平和正义的实现就是政府的重要职责之一。

首先,确保市场竞争环境的公平是最重要的公平,也是共同富裕的前提条件。对市场上的各个主体,无论是国有企业还是民营企业,无论是大企业还是小企业,无论是本地企业还是外地企业,政府均应做到一视同仁平等对待,杜绝起跑线上的不公平。没有公平的市场竞争环境,其结果必然是既不公平也无效率。营造和维持一个公平的市场竞争环境,确保"程序正义"而非"结果正义",是政府的首要责任。

其次,政府可以对市场竞争的后果进行再分配,但要坚决避免反向再分配。政府实行再分配主要是通过财政税收体制来实现的,财政税收制度对一国的财富再分配有着至关重要的影响。从古至今,财税体制直接决定了一国汲取和动员国民财富的能力。现代国家的财税制度,突出表现为收入和支出的分离,即税收过程和财政支出过程的分离。而税收过程和财政支出过程都会对效率和公平产生影响。例如,政府运用财税政策对某一产业给予支持时,无论是事前的税收优惠,还是事后的财政补贴,既对该产业在市场竞争中的效率产生影响,同时也对各个产业之间的公平产生影响,对那些未得到财税政策支持的产业无疑是不公平的。前已述及,政府应慎用政策手段干预产业发展,同样也应慎用财税政策对产业发展进行干预。确有必要运用财税政策时,要坚决避免反向再分配。例如,目前我国以间接税为主的税制,总体上具有累退性,即穷人纳税大于富人纳税,这就造成税收环节的反向再分配;若在财政支出环节主要投向高端医疗、高等教育、高档公共设施等主要服务于富人的领域,就造成支出环节的反向再分配。这种税收和支出环节的双重反向再分配,是应当坚决避免的。

基于公平和正义对市场竞争的后果进行政府干预,一方面,要逐步建立起以直接税为主的税制,做到按能力大小、按财富多寡课税,在税收环节实现税负公平;另一方面,要在财政支出环节做到损有余补不足,而非相反。财税体制应成为政府确保社会公平和正义的主要手段,而非加大社会不公平和非正义的制度安排。

再次,要杜绝在实现公平的过程中产生新的不公平。例如,我国对种粮农户给予补贴的政策,本身是一项旨在缩小城乡差距、实现公平的再分配政策。但在实际操作中,却演变为以农户承包土地面积为标准进行补贴,"补地不补粮",由此出现土地转包甚至抛荒却仍享受种粮补贴的怪现象。土地转包或抛荒的农户和真正种粮的农户一样领取种粮补贴款,这对后者无疑是不公平的。事实上,凡是敢于将土地抛荒的农户,均能以进城打工等途径取得非农收入,其收入要比种粮的农户更高。因此,粮农补贴政策虽说总体上缩小了城乡差距,但实际中"补地不补粮"的操作方式,又进一步拉大了农村内部的收入差距。

此外,在现代国家,教育、医疗、养老、最低生活保障等传统上被认为是交给市场的领域,均在不同程度上进入政府的职责范围。在我国,这些被统称为"民生领域"或"社会事业"。理论上,"民生领域"由政府负责或部分负责的理由有三，其一，国民身体素质和知识水平的高低，直接关系到一国人力资本的数量和质量，进而直接关系到经济增长，如果追求经济增长是政府的目标之一，那么政府当然应该对"民生领域"负责；其二，教育、医疗等具有公共物品或公共服务的性质，市场无法自发提供或提供不足，因此政府应积极提供以弥补市场的不足；其三，基础教育、基本医疗、基本生存能力是人的基本权利，因贫穷而无法接受基础教育或无法享受基本医疗救助是不公平的。在这些理由当中，最有力的是第三条，政府肩负起民生领域的责任是社会公平和社会正义的基本要求。

作为社会主义国家，我们理应在民生领域比资本主义国家做得更好；作为发展中国家，我们也应量力而行，避免过度福利化。

政府有责任负担"民生领域"，并不意味着不需要市场发挥作用。并非所有民生领域都要由政府包揽，政府负责的应是最基本的民生项目。因此，基础教育、基本医疗等应由政府负责，高等教育、高端医疗应交给市场负责。此外，即便在政府负责的领域，也应尽量引入市场机制，充分发挥市场配置资源的优势。例如，在基础教育领域，目前我国的做法是"补供方"，即由各级政府直接对学校、教师进行财政补贴，用财政支出来购买教育服务，典型表现是"公立学校、事业编制"。理论和实践都证明，这是一种效率低下的"政府购买服务"方式。更好的办法是"补需方"，如政府向学生家长发放"教育券"，家长使用"教育券"来为子女购买教育服务，学校则凭"教育券"和政府进行结算。目前我国的基础教育领域，一方面是政府坚决采取划分学区、就近入学、分片管理的行政化手段配置教育资源，另一方面则是屡禁不止的择校费、赞助费、课外补习班等乱象，充分证明行政化手段配置教育资源的做法是彻底失败的。

回到邓小平关于共同富裕的思想，当前实现共同富裕的关键在于，一方面，要确保各个市场主体在起点上的公平，充分发挥市场在"解放生产力，发展生产力"方面的决定性作用；另一方面，政府要积极运用各种再分配手段，缩小市场本身产生的不公平程度，同时坚决避免政府扩大不公平程度，实现共同富裕。

当前，中华民族积极投入到全面深化改革的伟大事业中去，为实现共同富裕的美好理想而努力奋斗，或许是对一代伟人邓小平最好的缅怀和纪念。

（作者单位：中国社会科学院经济研究所）

邓小平共同富裕思想的重心
转换及实践拓展

金民卿

从理论上讲,共同富裕是社会主义的根本原则和本质要求,是中国特色社会主义的根本特征之一。但是,从现实看,分配结构失衡和收入差距拉大,已经成为当今中国一个不争的事实,甚至成为影响社会稳定的一个重要因素,并长期成为各级决策层、学术思想界和社会大众的热点话题。正因为如此,党和国家在政策决策层面努力提出新的对策思路,力图扭转收入差距扩大趋势,防止两极分化。在思考当今社会分配问题之时,邓小平的共同富裕思想显示出其特有的思想指导价值和理论标杆意义。为此,深入研究邓小平共同富裕思想的完整内涵及其理论重心转换历程,很有必要。

一 "先富带动共富"的政策构想:共同富裕思想在政策层面的启动

改革开放之前,中国的总体情况是国家由于历史原因和体制日趋僵化,而使经济社会发展缺乏生机活力,经济文化落后的状况没有得到根本性的改变,人民生活水平提高不快,社会主义的优越性未能充分显示出来。为了充分显示社会主义的优越性,就必须首先让人们生活富裕,社会主义国家富强起来。但是,平均主义的政策和体制以及"宁要贫穷的社会主义"的错误观念严重束缚着人们的思想，制约了生产力的发展。为此，邓小平提出了"先富带动共富"的大政策，调动人民群众的积极性和创造性，促进生产力的解放和发展，实现国家富强和人民富裕。共同富裕的系统思想由此逐步展开。

（一）让一部分人先富起来：一个影响和带动整个国民经济的大政策

1978年9月20日，邓小平借毛泽东之口，提出了"先富"思想。他指出："现在不能搞平均主义。毛主席讲过先让一部分人富裕起来。管理人员好的也应该待遇高一点，鼓励大家想办法。"① 同年12月13日，在《解放思想，实事求是，团结一致向前看》的讲话中，邓小平第一次完整地提出了"先富"政策："在经济政策上，我认为要允许一部分地区、一部分企业、一部分工人农民，由于辛勤努力成绩大而收入先多一些，生活先好起来。一部分人先好起来，就必然产生极大的示范力量，影响左邻右舍，带动其他地区、其他单位的人们向他们学习。这样，就会使整个国民经济不断地波浪式地向前发展，使各族人民都能比较快地富裕起来"，并明确讲这是一个"能够影响和带动整个国民经济的政策"②。

为什么邓小平在改革开放之初就提出让一部分人"先富起来"这个大政策？改革开放前，中国共产党已经有了近30年的执政历史。在此期间，中国人已经习惯了一种意识形态式的评价公式：资本主义是落后的、腐朽的，社会主义是先进的、有强大生命力的，社会主义比资本主义有着无比的优越性。然而，现实情况是：社会主义中国显然比一些资本主义发达国家落后，这除了历史原因，就是社会主义制度由于没探索到有效的实现形式，而使其优越性没有

---

① 《邓小平思想年谱（一九七五——一九九七）》，中央文献出版社1998年版，第84页。

② 《邓小平文选》第2卷，人民出版社1994年版，第152页。

充分体现出来。例如，同香港一河相隔的深圳，居民收入同对岸居民差距巨大，以至于逃港事件不断发生。面对现实，邓小平实事求是地指出："逃港，主要是生活不好，差距太大。"通过对历史和现实的思考，邓小平把问题的焦点集中到了生产力的落后上，而造成生产力落后的根本原因并不在于制度本身而在于体制、政策和观念，解决生产力落后问题，政策是关键，必须把调整政策作为一个中心问题来处理。"最大的问题是政策问题。政策对不对头，是个关键。"①

（二）让一部分人先富的政策针对的对象是平均主义的分配政策和"贫穷社会主义"的错误观念

中国历来是一个农业和农民大国，平均主义思维和传统根深蒂固。新中国成立后，我国又长期实行平均主义"大锅饭"的经济政策和分配体制，这种政策体制在一定程度上成为保护懒汉、打击群众积极性的体制性因素，严重阻碍了社会生产力的发展。邓小平多次指出："我们过去是吃大锅饭，鼓励懒汉，包括思想懒汉，管理水平、生活水平都提不高"；②"贫困不等于马克思主义。以前我们犯过平均主义、吃大锅饭的错误，影响了生产力的发展。"③ 平均主义在发展问题上的体现是"同步富裕"的"平均发展观"，这种平均发展观忽视了矛盾的特殊性，忽视了个体差别性和区域不平衡性。为此，要解放和发展社会主义社会生产力，就必须改变平均主义的经济政策，破除大锅饭的分配体制，破解同步富裕的平均发展观，提出一种有差别的分配政策，一种非均衡的发展观：即一部分人、

---

① 《邓小平年谱（一九七五——一九九七）》，中央文献出版社 2004 年版，第 238—239 页。

② 《邓小平思想年谱（一九七五——一九九七）》，中央文献出版社 1998 年版，第 84 页。

③ 同上书，第 210 页。

一部分地区先富起来。邓小平说道:"我们的政策是让一部分人、一部分地区先富起来,以带动和帮助落后的地区,先进地区帮助落后地区是一个义务。我们坚持走社会主义道路,根本目标是实现共同富裕,然而平均发展是不可能的。过去搞平均主义,吃'大锅饭',实际上是共同落后,共同贫穷,我们就是吃了这个亏。改革首先要打破平均主义,打破'大锅饭'"。①

体制和政策作为外在于头脑的东西,可以通过改革以新的政策和体制来取代之。但是,观念则内在于头脑当中,必须经过思想解放才能转变。中国经济之所以发展不快,除了平均主义的经济政策和体制性因素之外,"宁要贫穷的社会主义"错误观念也是重要原因之一,这种观念经过长期的教化和渗透已经扎根于人们的思想深处,"越贫穷越革命"几乎成为一种社会共识,劳动积极性和主体创造性受到了内在阻碍,生产力的解放和发展也就难以真正实现。为此,邓小平针锋相对地提出了"富裕社会主义"的理念,反复强调"贫穷不是社会主义,社会主义必须富裕",科学阐述富裕同社会主义的关系,把富裕作为社会主义的重要特征,在破解错误的社会主义观念的同时,推动人们在社会主义认识上的思想大解放。他多次指出,"普遍贫穷的社会主义"是极"左"面目出现的假社会主义,改革政策就是对这种假社会主义的批判和破解,搞现代化就是要加快步伐,搞富的社会主义,不是搞穷的社会主义。他明确提出:"'四人帮'鼓吹宁要贫穷的共产主义或社会主义,也不要富裕的资本主义。这是一种谬论,是对社会主义的歪曲甚至污辱。向穷的方向发展,这不能叫社会主义。社会主义总要使人民生活逐步改善,人民群众的收入不断增加,当然也包括使整个国家一步一步地富强起来。"②

---

① 《邓小平文选》第 3 卷,人民出版社 1993 年版,第 155 页。
② 《邓小平思想年谱(一九七五——一九九七)》,中央文献出版社 1998 年版,第 184 页。

（三）让一部分人先富的政策是按劳分配制度的具体体现，先富起来是有条件的

这种"先富"政策作为特定历史条件下提出的一项有强烈针对性的政策，所涉及的问题主要是在分配领域，因而它同社会主义的基本分配制度即按劳分配制度之间的关系，首先就成为邓小平反复论述的侧重点。从一开始，他就明确了"先富"政策同按劳分配制度的关系：按劳分配是社会主义的基本制度，"先富"政策是按劳分配制度的重要组成部分和在经济政策上的具体化，必须在按劳分配的制度框架内运行，不应该也不允许离开和违背这个基本制度。"先富"的条件是在社会主义条件下通过合法的手段多劳动、多贡献，如果离开了这个条件获取不合法的、不符合政策的暴利收入，那就不仅不应该鼓励反倒应该限制和取缔。

"先富"政策的提出本身就是邓小平思考如何切实贯彻按劳分配制度的产物。1978年3月，早在"先富"政策提出之前，他就指出：按劳分配的性质是社会主义的而不是资本主义的，我们一定要坚持按劳分配的社会主义原则；根据这个原则，人们的劳动是有好坏差别的，当然也就存在着分配上的差别，富裕程度上的差别，平均主义的一刀切、大锅饭是不行的[①]。按劳分配作为一个鼓励上进、制约落后的制度，应该具体化为激发人的劳动积极性的政策，"先富"政策就是按劳分配制度的具体化。

在提出"先富"政策之始，邓小平就明确界定了先富的条件："由于辛勤努力成绩大而收入先多一些，生活先好起来。"[②] 这就是说，让一部分人"先富"并不是无条件的，而首先是多劳动、多贡献的结果，是按劳分配的具体体现。1979年3月，他特别强调，我们所制定的先富带共富的政策坚持了社会主义公有制和按劳分配的原则，而不是离开了这些原则。1983年1月，他再次强调，一部分人先富起来的

---

① 《邓小平文选》第2卷，人民出版社1994年版，第101—102页。
② 同上书，第152页。

条件是"勤劳致富"。① 之后,党在不同层次的政策规定中,都把"诚实劳动"、"合法经营"等作为先富起来的基本前提。

(四)让一部分人先富的政策的目的在于解放和发展生产力,体现社会主义制度的优越性

邓小平始终强调,社会主义首要的、最根本任务就是发展生产力,社会主义的优越性归根到底要体现在它的生产力比资本主义发展得更快更高,并且在发展生产力的基础上不断改善人民的物质文化生活。为此,大力发展社会主义的社会生产力,充分体现社会主义制度的优越性,是社会主义的本质要求,是各项政策的根本目的。在提出"先富"政策之始,邓小平就特别强调,"先富"政策的目的就是要在按劳分配的框架内,通过分配政策的合理化调整,以政策带动人的劳动积极性和主动创造精神,提高劳动生产率,全面解放和发展社会主义社会生产力,充分体现社会主义制度的优越性。

"先富"政策的实践也确实达到了生产力发展的目的。它破除了贫穷社会主义的错误观念,确立了富裕社会主义的理念,推动中国人在什么是社会主义的问题上大胆解放思想,使人们的主动创造精神得到了充分的释放,为生产力的解放和发展创造了精神条件。它破除平均主义的不合理分配政策,充分调动和发挥人民群众的劳动积极性,通过激活生产力的首要的核心要素,并以此带动生产力的其他要素活跃起来,实现了以政策激发人、以人带动生产力发展的良性循环,使生产力的解放和发展成为现实。1981年,邓小平根据两年来的政策实践指出,"先富"的政策是见效的,是发展社会主义社会生产力最有效的政策,这种政策是真正坚持社会主义的。② 1983年1月,他再次指出:"一部分人先富裕起来,一部分地区先富裕起

---

① 《邓小平文选》第3卷,人民出版社1993年版,第23页。
② 《邓小平思想年谱(一九七五——一九九七)》,中央文献出版社1998年版,第184—185页。

来，是大家都拥护的新办法，新办法比老办法好。"①

（五）让一部分人先富的政策内含需要深入研究的问题，共同富裕的理论建构有待进一步展开

邓小平的共同富裕思想是一个完整的理论建构，而"先富"政策只是整个理论体系中的一个组成部分，是在特定历史条件下提出的一项具有鲜明的针对性和目的性的经济政策，其侧重点在生产力领域而不是生产关系领域，着力解决的是初次分配中的效率问题，必须要制定相应的再分配政策才能保证社会公平，这个政策本身的适用范围、时间等都需要有所界定，过度夸大它的适用范围和提高它的理论地位是不恰当的。

在社会主义制度的框架内讨论富裕问题，必然涉及先富和共富的关系，而在这个问题上，"先富"政策的侧重点则在于让一部分人先富，其自身无法解决先富带动共同富裕的问题，必须坚持其先富的前提条件，坚持它的目标指向。邓小平在提出"先富"政策时，就已经谈到了"先富"和带富问题。之后又谈道："社会主义特征是搞集体富裕，它不产生剥削阶级。"② 初步涉及了社会主义与共同富裕的关系。但是，"先富"怎样带富，为什么社会主义的特征是搞集体富裕，如何完整准确地看待"先富"和共同富裕的辩证关系等，仅仅在"先富"政策体系中并没有完全展开。也就是说，不能孤立地看待和执行"先富"政策，必须着眼于实现共同富裕的根本目标来看待它，如果离开了共同富裕的根本原则，离开了诚实劳动和合法经营的前提条件，就有可能使"先富"政策偏离了它的制度属性和目标指向，演变成为导致两极分化、分配不公的导火索。

在社会主义同富裕的关系上，"先富"政策把贫穷与富裕问题同社会主义制度及其优越性联系起来，形成了社会主义必须富裕的科

---

① 《邓小平文选》第3卷，人民出版社1993年版，第23页。
② 《邓小平文选》第2卷，人民出版社1994年版，第236页。

学论断。但是，社会主义条件下的富裕，既涉及生产力问题，也涉及生产关系特别是分配关系问题，而"先富"政策则留下了两个必须进一步思考的问题。其一，它所强调的重心是富裕。贫穷不是社会主义，社会主义必须富裕而且应该比资本主义更富裕，这是完全正确的。但是仅仅到此，问题并没有回答完整。因为，社会主义固然是不能贫穷的，但仅仅富裕也并不就是社会主义，一些资本主义国家同样也是富裕的。贫穷和富裕并不是判断社会主义和资本主义的标准。在富裕问题上，两种社会制度的区别应该是"什么样的富裕"问题，只有从这个角度来论述富裕同社会主义的关系，才能真正说清楚社会主义的优越性。其二，它的侧重点更多是集中在探索如何富裕方面。着力从打破平均主义政策调动人的积极性和创造性，进而解放和发展生产力的角度来分析如何建设社会主义，而在"谁富裕"这个涉及社会主义生产关系的问题上，其答案则是"一部分人、一部分地区"，这样一种分配关系如果无限蔓延不受限制，其结果同社会主义制度本身的要求显然是不符合的。也就是说，"先富"政策的适用领域是初次分配领域，它所重点解决的是初次分配领域中的效率问题，而不能解决再分配领域中的社会公平问题。

"先富"政策的针对对象是平均主义的经济政策和分配体制，以及"宁要贫穷的社会主义"的错误观念，其目的在于解放和发展社会生产力。世界上没有永恒的政策，一旦一种政策的针对对象已经减弱或消失，它已经不能服务于所要达到的目的时，其存在的合理性也将随之不断减弱，必须加以调整完善，或者提出新的政策代替之，否则就会成为进一步发展的障碍了。经过了30多年的改革开放和市场经济的实践，平均主义的经济政策和分配体制早已经被打破，"宁要贫穷的社会主义"的观念更是已经在改革开放的大潮中被冲刷干净。由此，"先富"政策本身也就必须随着历史条件的改变而有所调整。如果在当前条件下不加限制条件地继续推行"先富"政策，那就有可能使这个政策成为分配不公、两极分化的推波助澜者，不仅不能促进社会主义优越性，反倒成为社会主义优越性发挥的障碍。

二 共同富裕是社会主义的根本原则：共同富裕思想在制度层面的展开

"先富"政策是一把"双刃剑"：一方面，它能够极大地调动劳动者的生产积极性，促进社会生产力的大解放大发展，显示社会主义制度的活力。另一方面，随着这个政策的实施，不同人群之间收入差距日益拉大，不同地区之间的贫富差距开始出现，社会分配失衡现象初现端倪。由此，"先富"政策及其后果开始引起人们的关注和争论。党内一些人开始质疑：先富起来的地区还是不是社会主义？例如，有的人质疑经济特区的社会性质，认为特区已经成为资本主义了，必须限制其发展。有的人提出：先富起来的人是不是新生的资产阶级？例如，关于雇工问题的争论在1984年前后就已经开始，提出雇主已经是新生的资产阶级，要"动"他们。一些坚持资产阶级自由化的人，对初期的收入差距拉大现象尚感不足，竭力推波助澜，意在把中国改革方向引向西方的资本主义制度。同时，西方一些人也把中国改革看成是发展资本主义，例如，美国的华莱士就提出，珠江三角洲地区的情况同资本主义制度差不多。[1] 在此情况下，"先富带动共富"的政策构想能否顺利实现，社会财富分配失衡现象能否克服，两极分化现象能否避免，能否阻止新的资产阶级产生，这些问题都不能不引起邓小平的理论思考。共同富裕的思想必须进一步发展，而不能再仅仅停留在"先富"政策层面上。于是，从20世纪80年代中期开始，邓小平关于富裕问题的思考重心开始发生重大转换，着力从生产关系和社会制度层面上思考共同富裕同社会主义制度的关系，提出了"共同富裕是社会主义的根本原则"、

---

[1] 《邓小平文选》第3卷，人民出版社1993年版，第172页。

"两极分化就是产生新的资产阶级"等论断,把共同富裕思想推进到一个新的高度。

(一) 中国的改革开放是社会主义性质的,如果导致资本主义就是失败

面对党内外、国内外对于中国改革开放性质的质疑,邓小平反复强调:中国的现代化建设和改革开放始终是坚持社会主义方向的,是在社会主义制度的框架内发展的,如果离开了社会主义而导致了资本主义,就意味着改革走向了邪路,就失败了。

十一届三中全会以来,中国共产党始终不渝地坚持四项基本原则,其中的一条就是坚持社会主义。中国的现代化是有方向、有性质、有主词、有前景目标的现代化,其方向和性质就是社会主义,其前景目标就是共产主义。在任何时候,社会主义这个主词都不能丢掉。改革开放采取的一系列政策措施的根本目的是为了发展社会主义的生产力,绝没有也不允许背离社会主义的原则和方向。在社会主义现代化建设的过程中,我们始终毫不动摇地坚持并实现社会主义的根本原则,最终是过渡到共产主义。他指出,如果离开了社会主义大原则、大方向,走资本主义的道路,改革开放就是没有前途的,中国就只能倒退,陷入长期贫困和一盘散沙的局面。他明确断言:"我们的开放政策不会导致资本主义。如果真的导致了资本主义,那末,我们的这个政策就失败了。"[①] 实行对外开放政策,目的在于学习外国的技术,利用外资,搞好社会主义建设,决不能也不会离开社会主义道路。

针对一些资产阶级自由化分子鼓吹在中国实行全盘西化,走资本主义道路,邓小平反复指出,中国只能走社会主义道路,中国的四个现代化只能是社会主义的现代化,离开了社会主义这个方向和

[①] 《邓小平思想年谱(一九七五——一九九七)》,中央文献出版社1998年版,第308页。

本质，中国的改革开放和现代化建设是没有希望的。他说："我们干四个现代化，人们都说好，但有些人脑子里的四化同我们脑子里的四化不同。我们脑子里的四化是社会主义的四化。他们只讲四化，不讲社会主义。这就忘记了事物的本质，也就离开了中国的发展道路。"① "中国走资本主义道路不行，中国除了走社会主义道路没有别的道路可走。一旦中国抛弃社会主义，就要回到半殖民地半封建社会，不要说实现'小康'，就连温饱也没有保证。"②

（二）共同富裕是社会主义的根本原则，社会主义的致富是全民共同富裕

判断中国的现代化建设和改革开放是不是坚持了社会主义，是不是导致了资本主义，关键的评判尺度就在于是不是坚持了社会主义的根本原则。那么，社会主义的根本原则是什么呢？"一个是公有制占主体，一个是共同富裕"，这就是邓小平的回答。由此，邓小平把共同富裕提高到了社会主义根本原则的高度，赋予其社会主义社会制度的内涵。

邓小平多次谈到社会主义的根本原则，并反复强调毫不动摇地坚持这些根本原则。1985年3月，他提出："一个公有制占主体，一个共同富裕，这是我们所必须坚持的社会主义的根本原则。"③ 同年9月，他再次强调："在改革中，我们始终坚持两条根本原则，一是以社会主义公有制经济为主体，一是共同富裕。"④ 他在党内、国内是这样强调的，在对外宾的谈话中更是不断指出：三中全会以来，我们一直遵循公有制经济始终占主体地位和坚持走共同富裕的道路这两条最重要的原则。1985年8月，他在会见津巴布韦总理穆加贝

---

① 《邓小平文选》第3卷，人民出版社1993年版，第204页。
② 同上书，第206页。
③ 同上书，第111页。
④ 同上书，第142页。

时说:"社会主义有两个非常重要的方面,一是以公有制为主体,二是不搞两极分化。"我们的改革开放始终是按照这个方向走的,这就是坚持社会主义。① 1986年9月,他又通过美国记者迈克·华莱士之口向世界表示,我们的制度是以公有制为主体的,我们始终坚持的社会主义原则,第一是发展生产,第二是共同致富。②

改革开放以来,邓小平就一直强调,贫穷不是社会主义,社会主义必须富裕,社会主义条件下的人民必须致富。那么,社会主义致富同资本主义致富的根本区别在什么地方,社会主义的富裕有什么样的特殊内涵呢?对此,他明确指出,社会主义的富裕是共同富裕,资本主义的富裕则是少数人富裕,共同富裕是社会主义的特征,两极分化是资本主义的特征。1985年5月,他指出:"社会主义与资本主义不同的特点就是共同富裕,不搞两极分化。创造的财富,第一归国家,第二归人民,不会产生新的资产阶级。"③ 社会主义财富属于人民,社会主义的致富是全民共同致富。"没有贫穷的社会主义。社会主义的特点不是穷,而是富,但这种富是人民共同富裕。"④ 如果忽视了社会主义致富的这个特点,按照资本主义致富的逻辑来发展,那么中国就会只是某些局部地区少数人更快地富起来,形成一个新的资产阶级,而大多数人仍然贫穷,这也就走入了资本主义两极分化的陷阱当中。

(三)共同富裕是根本目的,让一部分人先富政策是实现共同富裕的捷径

共同富裕是社会主义的根本原则,但是改革开放以来实施的"先富"政策,势必造成不同人、不同地区在富裕程度上的差别,在

---

① 《邓小平文选》第3卷,人民出版社1993年版,第138—139页。
② 同上书,第171—172页。
③ 同上书,第123页。
④ 同上书,第265页。

致富时间上的落差。那么,这种富裕程度上的差别怎么看待?先富与共富的关系究竟应该怎么来看待?邓小平在提出"先富"政策之始就涉及先富、带富和共富问题。但那时的说法只是"影响左邻右舍,带动其他地区、其他单位的人向他们学习",如何带富和共富则没有展开。先富和共富的辩证关系,在80年代中期得到了系统的、具体的、明确的阐述:先富是手段,是途径,是工具,而共富是目的,是根本,是原则,二者是辩证统一而不是对立冲突的关系。

一方面,让一部分人先富不是最终目的,不是体现社会主义本质的东西。"先富"政策的核心功能在于使先富起来的地区和人充分发挥示范作用,激励、带动、影响其他地区、其他人,同时也从物质上帮助落后地区和后富的人。邓小平指出:"我们提倡一部分地区先富裕起来,是为了激励和带动其他地区也富裕起来,并且使先富裕起来的地区帮助落后的地区更好地发展。提倡人民中有一部分人先富裕起来,也是同样的道理。"[1] "一部分地区、一部分人可以先富起来,带动和帮助其他地区、其他的人,逐步达到共同富裕。"[2]

另一方面,共同富裕才是最终目的,是根本的大原则,是社会主义的内在要求和本质体现,而"先富"政策则是达到这个最终目的的捷径和途径,是服务于最终目的的工具性措施。他明确提出:"鼓励一部分地区、一部分人先富裕起来,也正是为了带动越来越多的人富裕起来,达到共同富裕的目的。"[3] "让一部分人、一部分地区先富起来,大原则是共同富裕。一部分地区发展快一点,带动大部分地区,这是加速发展、达到共同富裕的捷径。"[4]

---

[1]《邓小平文选》第3卷,人民出版社1993年版,第111页。
[2] 同上书,第149页。
[3] 同上书,第142页。
[4] 同上书,第166页。

(四) 中国不会搞两极分化，不容许产生新的资产阶级

共同富裕的对立面是两极分化。既然认定了共同富裕是社会主义的根本原则，那么就必须防止和反对两极分化。但是，"先富"政策是有差别的分配政策，这个差别如果无条件扩大难免会造成富者愈富、穷者愈穷的恶性膨胀，形成事实上的两极分化，其结果无疑要产生新的资产阶级。那么，中国能不能避免两极分化，是否会产生新的资产阶级呢？邓小平对此作出了明确回答：社会主义中国应该也当然能够避免两极分化，中国的改革开放不会也绝不容许产生新的资产阶级，不会导致资本主义，否则改革就是失败了。他多次指出：我们在制定和执行政策时，已经注意到了不搞两极分化这个问题，"如果导致两极分化，改革就算失败了。会不会产生新的资产阶级？个别资产阶级分子可能会出现，但不会形成一个资产阶级。"① "我们的政策是不使社会导致两极分化，就是说，不会导致富的越富，贫的越贫。坦率地说，我们不会容许产生新的资产阶级。"②

中国之所以能够避免两极分化，是因为我们始终坚持公有制为主体和共同富裕的根本原则，坚持社会主义的按劳分配制度，同时有社会主义国家政权作保证，有能力采取必要的措施来调节分配问题。他明确提出，"只要我国经济中公有制占主体地位，就可以避免两极分化。"③ 生产资料的公有制的生产关系，是实行按劳分配制度的前提，才能使社会主义的按劳分配制度在防止两极分化方面发挥重要作用，才是避免产生资产阶级的制度保证。"社会主义发展生产力，成果是属于人民的。就是说，在我们的发展过程中不会产生资产阶级，因为我们的分配原则是按劳分配。"④ 社会主义国家政权在

---

① 《邓小平文选》第3卷，人民出版社1993年版，第139页。
② 同上书，第171—172页。
③ 同上书，第149页。
④ 同上书，第254—255页。

防止两极分化方面具有强大的控制力,"对一部分先富裕起来的个人,也要有一些限制,例如,征收所得税。还有,提倡有的人富裕起来以后,自愿拿出钱来办教育、修路。"① 限制和制约靠的就是国家政权力量。

至此,邓小平的共同富裕思想,从理论上讲已经形成了一个逻辑自洽的思想系统,科学论述了"先富"起来的政策同共同富裕的原则之间的辩证关系,把政策与制度、手段与目的有机统一起来,既包含着推进社会主义生产力发展的政策建构,也包含着维护社会主义生产关系的制度规定,从社会主义富裕这个角度创造性地回答了"什么是社会主义和怎样建设社会主义"这个核心问题,从而成为邓小平理论的重要组成部分。

当然,实事求是地讲,邓小平在 20 世纪 80 年代中期关于实现共同富裕、防止两极分化、避免出现新的资产阶级的论证,大多是一种制度论证和原则论证,是从制度要求的角度作出的理论推理,而不是一种现实论证和对策论证,讲的更多的是当然论、应该论,而不是现实论、对策论,究竟能不能够在事实上实现他所提出的应当状态,即在现实中避免两极分化,阻止新的资产阶级的出现,则是需要从实际出发的。到了 20 世纪 80 年代后期,邓小平就更加现实地来看待这个问题了。

三 解决分配问题,防止两极分化:共同富裕思想在实践层面的拓展

20 世纪 80 年代后期,国际形势发生了重大转变,一些先前的社会主义国家出现了严重的社会动荡和旧制度复辟,国际共产主义运动陷入低潮。与此同时,中国在经济和政治领域也出现了一系列重

---

① 《邓小平文选》第 3 卷,人民出版社 1993 年版,第 111 页。

大问题。在经济上，从1988年开始的价格闯关遭遇障碍，暴露了我国经济发展中出现的体制结构不合理、通货膨胀、经济过热等问题。在政治上，资产阶级自由化严重泛滥，在经历了1987年年初的学潮之后，1989年又在国际大气候的影响下酿成政治风波。经济和政治上的这些重大事件，使得初现端倪的分配失衡问题凸显出来。在此情况下，共同富裕已经不仅仅是一个原则要求，而且是一个极其现实的、关乎社会稳定的大问题，必须真正解决，否则不仅改革开放的政策有可能遭到颠覆，社会主义现代化建设的事业有可能中断，而且中国社会主义制度本身的存在也有可能遇到麻烦。为此，邓小平明确提出，必须坚持共同富裕，防止两极分化，维护社会稳定，并提出了解决分配问题的具体方法和时间表。共同富裕思想在现实实践中更加丰富、更加具体化。

（一）共同富裕是维护社会稳定之基，两极分化则会诱发社会动荡

随着改革开放的日益深入和"先富"政策"双刃剑"性质的日益凸显，共同富裕问题愈发显得重要。1990年12月，邓小平明确指出："共同致富，我们从改革一开始就讲，将来总有一天要成为中心课题。社会主义不是少数人富起来、大多数人穷，不是那个样子。社会主义最大的优越性就是共同富裕，这是体现社会主义本质的一个东西。"[①] 在南方谈话中，他进一步把共同富裕纳入社会主义本质当中，看作是社会主义的最终目标，凸显了共同富裕的极端重要性。走社会主义道路就是要逐步实现共同富裕，如果对分配问题不加注意，对分配不公不加控制，两极分化就会产生，这就违背了社会主义的本质而走到资本主义的方向上了。

共同富裕还是两极分化，既关乎社会主义和资本主义的本质区

---

① 《邓小平文选》第3卷，人民出版社1993年版，第364页。

别，同时也关乎社会稳定能否维持。共同富裕是社会稳定的根本基础，而两极分化则是诱发社会动荡的重要因素。如果不能实现共同富裕而走向两极分化，就会造成严重的社会矛盾，导致严重的社会不稳定，甚至爆发新的革命。"中国要解决十亿人的贫困问题，十亿人的发展问题。如果搞资本主义，可能有少数人富裕起来，但大量的人会长期处于贫困状态，中国就会发生闹革命的问题。"① 我国的改革开放必须坚持社会主义方向，走共同富裕的路子，而不能搞资本主义的两极分化，否则就会出现社会不稳定，"如果搞两极分化，情况就不同了，民族矛盾、区域间矛盾、阶级矛盾都会发展，相应地中央和地方的矛盾也会发展，就可能出乱子。"②

（二）分配这个大问题必须解决好，否则就会导致两极分化

共同富裕如此重要，两极分化如此危险，那么，中国的分配状况究竟怎么样呢？到了 20 世纪 80 年代后期，地区发展不平衡，个人收入差距拉大，已经成为一个现实存在的、不容忽视的大问题了，若不加以控制，就难免出现分配不公和两极分化。正是因为如此，此时的邓小平已经不再仅仅从制度上、原则上论证可以避免两极分化，而是现实地承认了分配不平衡的严重性。1989 年 2 月，在会见布隆迪总统时，他实事求是地承认中国存在着地区不平衡、收入分配不合理的问题，而且这个问题解决起来并不容易。当然，邓小平还是自信地表示，我们要解决这些问题并且也能够解决。③

但是，到了 1993 年，邓小平对这个问题的看法有了较大变化，不是一般地指出了分配不公的现实存在，而且突出地强调这是一个不容易解决的、棘手的大问题。他说："十二亿人口怎样实现富裕，

---

① 《邓小平文选》第 3 卷，人民出版社 1993 年版，第 229 页。
② 同上书，第 364 页。
③ 《邓小平年谱（一九七五——一九九七）》，中央文献出版社 2004 年版，第 1266 页。

富裕起来以后财富怎样分配，这都是大问题。题目已经出来了，解决这个问题比解决发展起来的问题还困难。分配的问题大得很。我们讲要防止两极分化，实际上两极分化自然出现。要利用各种手段、各种方法、各种方案来解决这些问题。……少部分人获得那么多财富，大多数人没有，这样发展下去总有一天会出问题。分配不公，会导致两极分化，到一定时候问题就会出来。这个问题要解决。过去我们讲先发展起来。现在看，发展起来以后的问题不比不发展时少。"① 也就是说，邓小平已经清醒地意识到，改革和发展不仅仅是一个如何发展的问题，更艰难的是发展起来之后，如何解决好分配的问题。在他看来，中国的分配领域已经存在着很严重的问题，这个问题虽然解决起来不容易，但是必须要解决好，否则就会导致两极分化，就会给改革开放和社会主义现代化事业带来极大的麻烦。

（三）提出实现共同富裕的战略措施，制定解决分配问题的时间表

面对着已经存在并日益严重的分配不公问题，邓小平高瞻远瞩又脚踏实地地提出了解决问题的重大战略和具体办法，把实现共同富裕、防止两极分化提到了理论思考和政策设计的前端。

在这个问题上，"两个大局"战略特别值得注意。1988年，邓小平从区域平衡、地区共富的角度提出了两个大局的战略："沿海地区要加快对外开放，使这个拥有两亿人口的广大地带较快地先发展起来，从而带动内地更好地发展，这是一个事关大局的问题。内地要顾全这个大局。反过来，发展到一定的时候，又要求沿海拿出更多力量来帮助内地发展，这也是个大局。那时沿海也要服从这个大局。"② 两个大局的思想不仅是"带富"政策的高度升华，更是在新

---

① 《邓小平年谱（一九七五——一九九七）》，中央文献出版社2004年版，第1364页。

② 《邓小平文选》第3卷，人民出版社1993年版，第277—278页。

的起点上所提出的关系中国现代化建设前景的重大发展战略。我国从20世纪90年代开始实施的西部大开发战略，正是邓小平"两个大局"战略构想的具体落实。

邓小平不仅提出了"两个大局"的战略构想，而且从财政税收、对口扶贫、技术转让等方面，提出了一系列实现共同富裕、防止两极分化的政策措施。1990年7月，他指出："现在有些地区，允许早一点、快一点发展起来，但是到一定程度，国内也好，地区也好，集体也好，就要调节分配，调节税要管这个。"① 12月24日，他指出："沿海如何帮助内地，这是一个大问题。可以由沿海一个省包内地一个省或两个省，也不要一下子负担太重，开始时可以做某些技术转让。"② 邓小平在南方谈话中指出："发达地区要继续发展，并通过多交利税和技术转让等方式大力支持不发达地区。"③

解决问题的战略构想和具体政策已经提出，那么什么时候来解决问题呢？对此，邓小平也给出了明确的时间表，这就是：到20世纪末一定要解决分配问题。80年代后期，邓小平多次说"到一定的时候"、"到一定的程度"一定要解决分配问题，但是具体的时间并没有确定下来。经过了几年的思考和研究，终于在南方谈话中明确了这个时间表。他说道："可以设想，在本世纪末达到小康水平的时候，就要突出地提出和解决这个问题。"④ 1992年12月18日，他再次提出解决分配问题和地区差距的时间，"中国发展到一定的程度后，一定要考虑分配问题。也就是说，要考虑落后地区和发达地区的差距问题。……要研究提出分配这个问题和它的意义。到本世纪

---

① 《邓小平年谱（一九七五——一九九七）》，中央文献出版社2004年版，第1317页。
② 《邓小平文选》第3卷，人民出版社1993年版，第364页。
③ 同上书，第374页。
④ 同上书，第374页。

末就应该考虑这个问题了。"①

（四）缩小收入差距、防止两极分化，坚持走共同富裕的道路

邓小平提出解决分配问题的论断距今已经20多年了。但是，邓小平所提出的问题到现在并没有真正解决，而且正是从21世纪初开始，我国的分配问题越来越突出了。一个时期以来，我国的收入差距拉大和分配不公已经成为不争的事实，成为影响社会稳定的基础性因素。一方面，初次分配的结构不合理，以工资为主要收入来源的中低收入人群与有着投资收益的企业家、高管等高收入群体的收入差距进一步拉大，地区差别、城乡差别也呈现日益扩大趋势。另一方面，二次分配领域存在着事实上的不公正。二次分配的关键是公平，分配的内容主要是提供教育、医疗、社会服务等社会公共产品。我国的公共产品和公共服务本来就严重匮乏，而面对这种匮乏的现状，分配上又实际存在着人身等级现象，严重阻碍社会公平的城乡二元结构，以及力量悬殊非常大的利益集团。这两个方面的现实同邓小平的共同富裕思想，同社会主义本质的要求都是不相符的。

正是因为如此，党和国家的决策层高度关注分配问题，解决问题的思路也越来越趋于合理和现实。十五大报告强调，坚持按劳分配为主体、多种分配方式并存的制度，把按劳分配和按生产要素分配结合起来，规范收入分配，使收入差距趋向合理，防止两极分化。十六大报告在讲到理顺分配关系时强调，要调整和规范国家、企业和个人的分配关系，既要反对平均主义又要防止收入悬殊，初次分配注重效率，再分配注重公平，加强政府对收入分配的调节职能，调节差距过大的收入。十七大报告强调，初次分配和再分配都要处理好效率和公平的关系，再分配更加注重公平，逐步提高居民收入在国民收入分配中的比重，提高劳动报酬在初次分配中的比重，逐步扭转收入分配差

---

① 《邓小平年谱（一九七五——一九九七）》，中央文献出版社2004年版，第1356—1357页。

距扩大趋势。从"效率优先、兼顾公平",到"初次分配注重效率、再分配注重公平",再到"初次分配和再分配都要处理好效率和公平的关系,再分配更加注重公平"的演进,说明最高决策层对于扭转收入分配差距的决心是很大的,思路是明晰的。

十八大以来,公平正义、共同富裕问题越来越提到了党和国家决策的前端,成为全面深化改革的重点领域。十八大报告强调,公平正义是中国特色社会主义的内在要求,必须坚持公平正义,共同富裕是中国特色社会主义的根本原则,必须坚持走共同富裕道路,坚持社会主义基本经济制度和分配制度,调整国民收入分配格局,加大再分配调节力度,着力解决收入分配差距较大问题,使发展成果更多更公平惠及全体人民,朝着共同富裕方向稳步前进。十八届三中全会明确地把形成合理有序的收入分配格局作为全面深化改革的重要内容之一,提出要完善收入分配调控体制机制和政策体系,保护合法收入,调节过高收入,清理规范隐性收入,取缔非法收入,增加低收入者收入,扩大中等收入者比重,努力缩小城乡、区域、行业收入分配差距,逐步形成橄榄型分配格局。

把分配问题提到政策决策的重心,把共同富裕作为中国特色社会主义的根本原则和基本要求,表明了党和国家解决收入差距拉大和分配不公问题的巨大决心和政策主张。同时,必须看到:仅靠分配政策的调整,是不可能从根本上解决实现共同富裕和防止两极分化问题。因为在现阶段,根本问题在于真正坚持公有制为主体、多种所有制经济共同发展的基本经济制度,决不能搞私有化!只有这样,我们才有可靠的制度保障,以解决日益在扩大的收入分配和贫富差距问题,邓小平所提出的"消除两极分化,消灭剥削,最终达到共同富裕"的论断才能够得到最终实现。当然,这并不是一件容易的事情,需要全党全国人民的共同努力。

(作者单位:中国社会科学院马克思主义研究院)

论邓小平共同富裕思想

何 伟

邓小平共同富裕思想具有丰富的内涵。共同富裕是社会主义的本质和最终发展目标，是社会主义区别于资本主义的根本特征。发展社会主义，是为着广大人民群众都能够过上富裕的生活。实现共同富裕的前提和基础，是解放和发展生产力，不断积累和巩固富裕的物质基础。没有丰富的物质基础，只能产生共同贫穷。实现共同富裕的保证，是消灭剥削和消除两极分化。需要破除富者愈富、贫者愈贫的分配格局。邓小平同志也描绘出了实现共同富裕的路径，就是先富带动后富。邓小平共同富裕思想，既是收入分配原则，又不仅仅是分配的原则，与邓小平同志其他重要思想共同构成了邓小平理论，规划出了中国经济发展的道路和模式。

共同富裕思想，是邓小平同志在改革开放不断探索和总结经验教训的基础上，1992年在武昌、深圳、珠海、上海等地的谈话中明确和系统提出来的。共同富裕指明了社会主义的本质。"社会主义的本质，是解放生产力，发展生产力，消灭剥削，消除两极分化，最终达到共同富裕"。[1] 在邓小平同志南方谈话中，他还指出了共同富裕的路径，"一部分地区有条件先发展起来，一部分地区发展慢点，先发展起来的地区带动后发展的地区，最终达到共同富裕。"[2] 当然，共同富裕思想并不只是1992年才首次提出，而是经过了长期的

---

[1] 《邓小平文选》第3卷，人民教育出版社1993年版，第373页。
[2] 同上书，第374页。

思考和总结，实际上，早在 1978 年十一届三中全会报告中，邓小平同志就对共同富裕的路径有了较为完整的表述。"在经济政策上，我认为要允许一部分地区、一部分企业、一部分工人农民，由于辛勤努力成绩大而收入先多一些，生活先好起来。一部分人生活先好起来，就必然产生极大的示范力量，影响左邻右舍，带动其他地区、其他单位的人们向他们学习。这样，就会使整个国民经济不断地波浪式地向前发展，使全国各族人民都能比较快地富裕起来。"① 1992 年南方谈话，邓小平同志把共同富裕升华为社会主义的本质。之后，又多次强调共同富裕的重要性。

理解邓小平同志共同富裕思想的深刻内涵和历史意义，需要了解当时的历史大背景。新中国成立后和改革开放前的将近三十年中，中国实行的是计划经济发展道路，在分配领域实行的是平均主义大锅饭的模式，这种模式的结果是均等化程度高，一些学者估计改革开放前中国的基尼系数低于多数发展中国家，但是，这种均等是相对的。虽然基尼系数较低，不平等仍然存在。在农村地区人民公社和生产队里面，可能由于大锅饭和平均主义，内部人员分配较为公平，可在生产队与生产队之间，就存在着差距。在城市不同国营企业之间职工工资水平较为均等，但在不同地区之间，也存在不同。而且，由于偏重工业和二元经济结构的存在，当时农村和城市之间还存在着较大的不均等。另外，这种均等是低水平的均等。计划经济下政府对国民经济的控制力量强大，公有制占据绝对支配地位，通过剪刀差将农业部门的积累转移到工业部门，同时压低企业的费用支出和自留利润以及居民的消费水平，虽然一些年份出现了两位数的 GDP 增速，但成果并未被居民所充分获取。在宏观分配格局中国家收入份额越来越大，企业部门收入比重严重缩小，住户部门收入比重也在不断降低，再加上生活资料的短缺，限制了人民群众的

---

① 《邓小平文选》第 2 卷，人民教育出版社 1993 年版，第 152 页。

消费水平。因此，邓小平同志指出"搞平均主义，吃'大锅饭'，实际上是共同落后，共同贫穷"。1978年党的十一届三中全会确立了改革开放的政策，在沿海地区建立经济特区，吸收外资和引进国外技术，在农村地区实行家庭联产承包责任制。在改革开放初期，沿海地区由于区位优势和国家的倾斜性政策，率先发展起来，部分农村地区和群众通过在农业和非农业生产经营中辛勤劳动而发家致富，实现了"一部分人先富裕起来"。但是，沿海与内地间的差距、富人与穷人之间的差距也随之出现，从而引发了对改革开放的质疑，认为是在走资本主义道路。因此，阐明社会主义的本质，厘清共同富裕和社会主义的联系，就非常有必要。

实现共同富裕，应当把握以下几个方面。

一 协调好先富和后富的关系

先富和后富，指的是由于要素禀赋和基础条件的不同，一部分人群、地区、产业利用自身优势或者有利的政策条件，率先通过发展实现了经济条件的明显提高，而其他群体和地区相对于前者经济条件改善的幅度较小。因此，先和后划分和界定的前提和标准，依据的是发展所需要的禀赋和发展带来的成果。先富裕地区通过税收、财政转移支付，产业和技术的转移，带动后富裕地区实现发展，起到激励和示范作用。欠发达地区也应当发挥能动作用，找到准确的定位，挖掘潜在优势，抓住有利时机和与发达地区的联系，加快自身发展，不能丧失发展的内在动力，最终与发达地区的差距越来越大。我国长期以来实行的东西部省份和城市对口帮扶，在教育培训、卫生医疗、公共事业等方面实行交流和互动，正是邓小平共同富裕思想的重要体现。在先富与后富的互动中，邓小平共同富裕思想与两个大局战略思想也有机联系到一起，"沿海地区要加快对外开放，使这个拥有两亿人口的广大地带较快地先发展起来，从而带动内地更好地发展，这是一个事关大局的问题。内地要顾全这个大局。反过来，发展到一定的时候，又要求沿海拿出更多力量来帮助内地发展，这也是个大局"。①

二 共同富裕不等于同等富裕

富裕意味着生产效率的提高，回报的增加和财富的积累，物质生活和精神生活的完善，人们拥有足够的闲暇时间进行再生产活动。应当指出，共同富裕并不是消除了收入和生活水平的差异，不等于同等富裕，那样将回到绝对平均主义的老路上，历史证明这条道路是行不通的。共同富裕指明了经济社会发展的前景就是让广大人民群众都可以体面地去生活，都能够达到了这一标准，但是，由于存在脑力、体力的差别，生产效率是不同的，从而回报也有差异，允许存在差别，这与公平正义并不违背。

三 创造实现共同富裕的制度环境

实现共同富裕，需要加强制度和法制建设。先富带动后富，消灭剥削、防止两极分化，都需要依托于完善的制度体系，发挥政府的作用。邓小平同志在阐述共同富裕思想时也很重视制度和政策手段，如通过征收所得税等方式来调整先富和后富的差距。因此，完善相应的制度环境，应当成为实现共同富裕的重要手段。收入分配制度是实现共同富裕的主要制度，如在初次分配中推行工资集体协商制度，通过税收、社会保障、转移支付等制度手段调节再分配，实施对老少边穷地区的扶贫开发、促进教育公平等，都有利于走向共同富裕。

---

① 《邓小平文选》第3卷，人民教育出版社1993年版，第277—278页。

邓小平共同富裕思想，作为邓小平理论的有机组成部分，是马克思主义中国化的重要理论成果。党的十八大确立的"两个一百年"目标，实际上已经为实现共同富裕确定了具体的时期，即新中国成立一百周年时。邓小平同志共同富裕思想仍具有旺盛的生命力，指引我们在实现中华民族伟大复兴的道路上前进。

（作者单位：中国社会科学院经济研究所）

邓小平"三步走"发展战略与中国的发展道路

刘霞辉

"三步走"是中国经济社会发展长远战略的简洁而形象的概括用语,邓小平是这一战略的总设计师。在20世纪80年代之前,邓小平提出了实现"中国式的现代化"概念;1982年,中共十二大明确了"力争使全国工农业的年总产值翻两番";1987年,党的十三大前夕,邓小平明确阐述了"三步走"战略,中国长远发展的战略目标确定。

1979年邓小平提出"中国式现代化"概念

1964年年底召开的三届人大一次会议曾宣布:在20世纪内我国将全面实现工业、农业、国防和科学技术的现代化,赶上并超过世界先进水平,走在世界前列。

1979年3月在《坚持四项基本原则》的讲话中,邓小平明确提出了"中国式的现代化"的概念。"中国式的现代化"具体内涵何在?在1979年10月4日与省、自治区、直辖市党委第一书记的座谈中,邓小平做出了解释:"我们开了个大口,本世纪末实现四个现代化。后来改了个口,叫中国式的现代化,就是把标准放低一点。特别是国民生产总值,按人口平均来说不会很高……我们到20世纪末国民生产总值能不能达到人均上千美元?"也就是说,中国式的现代化标准大体上是人均国民生产总值1000美元。1979年12月6日，在会见日本首相大平正芳时邓小平讲：我们实现的四个现代化，是中国式的四个现代化。我们的四个现代化的概念，不是像你们那样的现代化概念，而是"小康之家"、"小康状态"。比如，到20世纪末国民生产总值人均1000美元。"中国式的现代化"不但有了具体的量化标准，而且有了一个中国老百姓易于理解也感到亲切的传统词汇——"小康"。

1982年提出"翻两番"奋斗目标

1982年中共十二大明确宣布了翻两番的奋斗目标：从1981年到20世纪末的20年，力争使全国工农业的年总产值翻两番，即由1980年的7100亿元增加到2000年的28000亿元左右。十二大讲"翻两番"是指经济总量，人均经济量没有具体数字。邓小平讲"小康"最初是人均1000美元的标准。而中国在1980年前后国民生产总值人均只有250美元左右。用20年的时间提高到1000美元，用邓小平的话说是"雄心壮志"。因此考虑到前面谈到的国民经济面临的一系列问题，邓小平在1981年后一度降低了"小康"标准。是年4月14日，在会见日本客人时邓小平指出：经过这一时期的摸索，看来达到1000美元也不容易，比如说八百、九百，就算八百，也算是一个小康生活了。翌年8月6日，在会见澳大利亚总理时，邓小平讲得就更明确了：我们经过反复研究之后，觉得可能1000美元还是高了一点，因为必须考虑到人口增长的因素。所以我们把20世纪末的国民生产总值人均放在争取达到800美元的水平上。此后，"翻两番"、"八百美元"几乎成了邓小平的口头禅。

1983年2月，他前往江苏、浙江、上海等地视察，一路上一个重要话题就是"翻两番"。邓小平这次南方视察无疑增强了他对实现翻两番的信心。80年代初期整个经济发展速度大大超过预期——国内生产总值年均递增1981年为5.2%，1982年9.1%，1983年10.9%，1984年高达15.2%，因而到1984年，邓小平会见外宾时再谈到翻两番已明显成竹在胸。10月22日《在中央顾问委员会第三次全体会议上的讲话》中，邓小平说，我在同外国人谈话时，讲了一句大胆的话：现在看翻两番肯定能够实现。这个话，我们过去是不敢讲的。他还说，翻两番的意义很大。这意味着到20世纪末，年国民生产总值达到一万亿美元。从总量上说，就居于世界前列了。这一万亿美元，反映到人民生活上，我们就叫小康水平。此后随着中国经济的新一轮高速增长，翻两番的目标在1998年提前实现。

"翻两番"只是中国在20世纪的经济发展目标，此外还有一个长远战略，即建成一个社会主义现代化强国。1981年9月9日，在会见日本公明党访华代表团时邓小平说，20世纪末也只能搞一个小康社会，要达到西方发达国家的水平，至少还要再加上三十年到五十年的时间，恐怕要到21世纪末。翌年5月2日，在会见卢森堡客人时他又讲道，我们的目标是在20世纪末达到一个小康水平。要接近而不是达到你们西方的水平，恐怕还要花三十年的时间，即从现在起要艰苦奋斗五十年。此后，在接见外宾时邓小平经常谈起中国的长远规划，且说法逐渐固定，即用三十年到五十年的时间接近发达国家水平。

1987年邓小平提出"三步走"发展战略

1984年10月6日，在会见参加中外经济合作问题讨论会的代表时，邓小平用更简明的"两步走"来概括中国的中长期发展战略，他说，我们第一步是实现翻两番，需要二十年，还有第二步，需要三十年到五十年，恐怕是要五十年，接近发达国家的水平。此后，他多次谈到第二个翻两番，即到21世纪中叶达到人均国民生产总值4000美元，建成中等发达水平的国家。1987年8月29日，即中共十三大召开前夕，邓小平在会见意大利共产党领导人时明确阐述了"三步走"战略：我国经济发展分三步走，20世纪走两步，达到温饱和小康，21世纪用三十年到五十年时间再走一步，达到中等发达国家水平。党的十三大明确而系统地阐述了"三步走"的发展战略，即第一步，从1981年到1990年实现国民生产总值比1980年翻一番，解决人民的温饱问题；第二步，从1991年到20世纪末，使国民生产总值再增长一倍，人民生活达到小康水平；第三步，到21世纪中叶，人均国民生产总值达到中等发达国家水平，人民生活比较富裕，基本实现现代化。

中国的社会经济发展正在按邓小平同志的设想一步步向现代化迈进，目前，中国人民在成功实现了"三步走"发展战略的第一步和第二步目标的基础上，正在为第三步战略目标的实现而奋斗。

（作者单位：中国社会科学院经济研究所）

邓小平的经济理论与中国的经济体制改革

常 欣

1978年，中国开始了改革开放的历史进程，至今已30余年。在这一过程中，中国的经济体制逐步由计划经济转到社会主义市场经济，由封闭半封闭变为全方位、多层次、宽领域的对外开放。改革开放从根本上改变了传统僵化的计划经济体制，使国家的综合经济实力和民众的生活状况发生了前所未有的变化。在中国改革开放事业不断深入推进的过程中，邓小平的经济思想提供了重要的理论基础和指导方针。

一 邓小平的理论贡献与中国改革开放序幕的开启

在改革的起步阶段，首先需要确立正确的思想路线，推动实现党和国家工作重心的转移，并深刻认识改革开放的必要性和重大意义。在这三个方面的理论突破中，邓小平的经济理论发挥了重要的推动作用。

（一）关于端正思想路线的理论突破

1976年"文化大革命"结束后，中国处在关键的历史转折点。当时，个人迷信代替了最起码的理性，形而上学和唯心主义泛滥。1977年2月7日以"文化大革命"中惯用的权威形式，即《人民日报》、《红旗》杂志、《解放军报》"两报一刊"社论名义发表的

《学好文件抓住纲》提出:"凡是毛主席作出的决策,我们都坚决维护,凡是毛主席的指示,我们都始终不渝地遵循。""两个凡是"观点的提出,促使人们开始思考"判断路线是非、思想是非、理论是非究竟以什么为标准"的问题。正是在这种背景下,展开了全国规模的关于真理标准问题的理论大讨论。

1978年5月10日,中共中央党校内部刊物发表了《实践是检验真理的唯一标准》一文,11日又以特约评论员名义在《光明日报》发表,当天新华社转发了这篇文章,12日《人民日报》和《解放军报》同时予以转载,全国绝大多数省、自治区、直辖市的报纸也陆续予以转载。这篇文章阐明了检验真理的标准只能是社会实践,理论与实践的统一是马克思主义的一个最基本的原则,任何理论都要不断接受实践的检验等马克思主义的基本道理;并阐明了革命导师是坚持用实践检验真理的榜样。这是从根本理论上对"两个凡是"观点的否定。这篇文章引起了强烈反响,也遭到了一些非议和指责。6月24日,《解放军报》发表特约评论员文章《马克思主义的一个最基本的原则》。这篇文章就针对坚持实践是检验真理唯一标准的原则所提出的责难作了比较系统的理论回应。同时,中央和地方报刊还发表了许多阐述实践是检验真理唯一标准的文章,使真理标准问题的讨论逐步深入。

在关于实践是检验真理唯一标准的大讨论中,邓小平发挥了重要的领导和推动作用。早在1977年2月,"两个凡是"刚一提出,邓小平就指出,这不是马克思主义,不是毛泽东思想。[①] 1977年4月10日,邓小平在写给中共中央的信中,针对"两个凡是"的错误观点,指出:"我们必须世世代代地用准确的完整的毛泽东思想来指

[①] 《邓小平年谱(一九七五——一九九七)》,中央文献出版社2004年版,第155页。

导我们全党、全军和全国人民。"① 之后,他又反复强调实事求是是毛泽东思想的精髓,并多次针对真理标准问题作了阐述。在1978年12月中共中央工作会议闭幕会上的讲话中,他提出了具有重要意义的"解放思想,开动脑筋,实事求是,团结一致向前看"的方针。他在具体分析了形成那种思想僵化或半僵化状态的历史条件及其危害后,充分地估计了关于真理标准讨论的重大意义。他明确指出,不打破思想僵化,不大大解放干部和群众的思想,四个现代化就没有希望。他说:"目前进行的关于实践是检验真理的唯一标准问题的讨论,实际上也是要不要解放思想的争论。大家认为进行这个争论很有必要,意义很大。从争论的情况来看,越看越重要。一个党,一个国家,一个民族,如果一切从本本出发,思想僵化,迷信盛行,那它就不能前进,它的生机就停止了,就要亡党亡国。"他还指出:"只有解放思想,坚持实事求是,一切从实际出发,理论联系实际,我们的社会主义现代化建设才能顺利进行,我们党的马列主义、毛泽东思想的理论也才能顺利发展。从这个意义上说,关于真理标准问题的争论,的确是个思想路线问题,是个政治问题,是个关系到党和国家的前途和命运的问题。"②

1978年12月召开的中共十一届三中全会,坚决批判了"两个凡是"的错误方针,高度评价了关于真理标准问题的讨论,重新确立和坚持"解放思想、实事求是"的思想路线。这实际上就为真理标准问题的讨论作了总结。

真理标准问题的理论大讨论是一场具有重要意义的思想解放运动,为改革开放奠定了坚实的思想基础。

---

① 《邓小平年谱(一九七五——一九九七)》,中央文献出版社2004年版,第157页。

② 《邓小平文选》第2卷,人民出版社1994年版,第143页。

(二) 关于转变党和国家工作重心的理论突破

中共十一届三中全会纠正了"以阶级斗争为纲"的错误方针，决定把党和国家的工作重点转移到社会主义现代化建设上来。作出这一战略决策，很重要地是基于对社会主义本质的认识和对社会主义发展阶段的把握。

早在1978年9月，邓小平就指出，"社会主义制度优越性的根本表现，就是能够允许社会生产力以旧社会所没有的速度迅速发展，使人民不断增长的物质文化生活需要能够逐步得到满足"。[1] 他认为，过去经济长期处于停滞和徘徊状态，人民生活长期停滞在很低的水平，这不是社会主义。要体现社会主义的优越性和社会主义的本质，就应抓住经济建设这个中心。

与此同时，邓小平强调，底子薄、人口多、耕地少，这是中国的现实国情；中国社会主义建设的一切方针政策都必须从这个基本国情出发，不能离开现实和超越阶段。这些论断已经包含着社会主义初级阶段的初步思想。20世纪70年代末80年代初，理论界对中国社会主义处于什么阶段的研究也趋于活跃，提出了中国社会主义处于初级阶段即不发达阶段的论点，并产生了重大社会影响[2]。1981年中共十一届六中全会通过的《关于建国以来党的若干历史问题的决议》中，第一次提出了"我们的社会主义制度还是处于初级的阶段"这一论断，并对中国社会的主要矛盾作了规范的表述：在社会主义改造基本完成以后，我国所要解决的主要矛盾，是人民日益增长的物质文化需要同落后的社会生产之间的矛盾。1982年中共十二

---

[1] 《邓小平文选》第2卷，人民出版社1994年版，第128页。

[2] 比如，从1981年起，于光远就多次主张将社会主义初级阶段的概念和基本特征写入中共中央文件。他后来还专门写了《中国社会主义初级阶段的经济》一书（中国财政经济出版社1988年第一版），系统论述了社会主义初级阶段的理论和社会主义初级阶段的经济。此书于1997年被中国社会科学院经济研究所组织的专家论证委员会评为"影响新中国经济建设的十本经济学著作"之一。

大报告再次明确中国还处在社会主义初级发展阶段的论断，并首次将"物质文明还不发达"作为社会主义初级阶段的基本特征。在社会主义初级阶段，尽管阶级矛盾和阶级斗争仍将在一定范围内长期存在，并在某种条件下还有可能激化，但阶级斗争已经不再是支配和影响其他矛盾的主要矛盾。而生产力发展水平低，不能满足人民和国家的需要，这是社会主义初级阶段的基本特征和主要矛盾。要解决这个主要矛盾，社会主义初级阶段的根本任务就是以经济建设为中心，不断解放和发展生产力。

将社会生产力的发展和人民物质文化生活的改善纳入社会主义的本质，并作出社会主义初级阶段的准确定位，同时科学地判断这一阶段的主要矛盾和社会主义社会的根本任务，这些都为中共十一届三中全会关于党和国家工作重心转移的部署提供了重要的理论支撑。

（三）关于改革开放的理论突破

在改革的起步阶段，迫切需要从理论上论证改革和开放的必要性和必然性。这方面的理论突破是与邓小平的贡献分不开的。他在总结过去经验教训的基础上，运用马克思主义改革的理论，以非凡的政治勇气和敏锐的判断力提出，中国不改革开放没有出路，国家现代化没有希望，甚至可能亡党亡国。这就把对改革开放必要性的认识提高到了命运攸关的战略高度。

关于改革的重大意义，邓小平认为，在社会主义初级阶段，特别是在当时的中国，由于长期形成的僵化体制不符合生产力发展的要求，严重束缚着生产力的发展，使社会主义制度的优越性不能得到充分发挥，甚至危及社会主义基本制度，因此改革成为迫切的历史要求。改革是社会主义生产关系和上层建筑的自我完善，是推动一切工作的动力，是发展生产力和建设中国特色社会主义的必由之路。

关于开放的重大意义，邓小平认为，现在的世界是开放的世界，当代国际经济联系越来越密切，任何国家都不可能在封闭状态下求得发展。在经济比较落后的基础上建设社会主义，尤其要发展对外经济技术交流和合作，大胆吸收和借鉴人类社会创造的一切文明成果，吸收和借鉴当今世界各国包括资本主义发达国家的先进技术和管理方法，逐步缩小同发达国家的差距。历史经验证明，中国的发展离不开世界，闭关自守只能越来越落后。

在马克思主义已有的文献中，社会主义社会需要不断改革，社会主义建设需要对外开放，这样的原则是有的。但是，把改革开放提到如此的高度，特别是把它们同建设中国特色社会主义联系起来，这在马克思主义经典著作里是没有的，因此可以看作是对马克思主义建设社会主义的理论的一个重要贡献。这一理论创新为中国的改革开放奠定了坚实的理论基础。

通过上述三方面的理论突破和创新，打破了过去盛行的个人崇拜和教条主义的精神枷锁，端正了思想路线，使党和国家的工作重心由"以阶级斗争为纲"转为"以经济建设为中心"，并确立了实行改革开放的总方针和长期基本国策，由此拉开了中国改革开放的序幕。

二　邓小平的理论贡献与社会主义市场经济体制目标的确立

从1978年确定改革的方针直到1992年中共十四大报告明确经济体制改革的目标是社会主义市场经济体制，中国在理论和实践两个方面的探索上就一直贯穿着"是计划还是市场"的选择问题。

早在1979—1981年期间，在解放思想、实事求是思想路线的鼓舞下，经济理论界的思想活跃起来，就计划与市场的关系问题展开了研究和讨论。许多经济学家在总结过去的经验教训时，批判了企图消灭货币关系的"左"倾观点，主张经济生活中应更多地发挥价值规律的作用。例如，孙冶方重新提出"千规律，万规律，价值规律第一条"；薛暮桥提出要学会利用价值规律，利用市场调节的作用等①。1979年4月，在中国社会科学院经济研究所、国家计委经济研究所、江苏省哲学社会科学研究所的联合发起下，于江苏省无锡市召开了全国第二次经济理论研讨会，即著名的"社会主义经济中价值规律作用问题讨论会"。与会人士在社会主义经济是商品经济、生产资料也是商品、价值规律在社会主义经济中仍然发挥作用、竞争是社会主义经济的内在机制等方面达成了基本共识，肯定了商品、价值和价值规律以及竞争机制在社会主义经济中的地位，并提出了计划调节与市场调节相结合的观点②。随后，理论界又进一步肯定了市场调节在社会主义经济中的地位，认为市场调节是一种经济调节手段，和资本主义没有必然的联系，可用来为社会主义经济服务。

1982年中共十二大报告正式提出"计划经济为主、市场调节为辅"的改革原则，决定对传统集中的计划经济体制进行改革，允许对部分产品的生产和流通不作计划，由市场来调节。这就打破了长期以来将计划与市场视为水火不相容的传统认识和计划经济的绝对垄断地位。但"计划经济为主、市场调节为辅"的提法实际上仍将计划经济作为社会主义经济的本质特征，强调计划手段的作用，认为市场机制仅仅具有"补充"的作用。

在社会主义市场经济理论的探索过程中，真正具有突破意义的还是1984年关于市场调节与计划体制相容性问题的理论发展。这一年，中共十二届三中全会通过《中共中央关于经济体制改革的决定》这一指导经济体制改革的纲领性文件，确认中国的社会主义经济是公有制基础上的"有计划的商品经济"，强调商品经济的充分发展是社会主义发展不可逾越的阶段，是实现中国经济现代化的必要条件；

---

① 参见张卓元《论争与发展：中国经济理论50年》，云南人民出版社1999年版。
② 参见《经济研究》编辑部编《社会主义经济中价值规律问题讨论专辑》，1979年。

强调要按经济规律尤其是价值规律办事,充分运用市场机制发展社会主义经济。有计划商品经济理论的提出,打破了将计划经济与商品经济对立起来的传统观点,标志着作为市场经济主要规律之一的价值规律在经济生活中正式得到确立。这在社会主义经济理论上实现了一次重大突破,也是对经济体制改革目标探索中的一个重大理论突破。邓小平同志对《中共中央关于经济体制改革的决定》给予很高的评价,指出:这个决定,是马克思主义的基本原理和中国社会主义实践相结合的政治经济学。[①]

在"有计划的商品经济"理论提出后,理论界围绕与之相适应的经济运行机制问题展开了探索。1987年中共十三大强调了社会主义有计划商品经济中计划与市场的内在统一性,进一步提出在社会主义有计划商品经济中,"国家调节市场,市场引导企业"[②]的新型经济运行机制。这就进一步提高了市场机制在中国经济生活中的地位。

之后,理论界就计划和市场孰为基本机制问题展开了热烈的讨论。越来越多的理论工作者开始越过单纯将市场机制作为一种辅助手段的认识,认为市场机制是社会主义经济内在的运行机制,社会主义经济不能离开市场和价值规律的作用,市场的作用范围是覆盖全社会的,而不仅是作为计划机制的补充而存在。

1992年邓小平在视察南方的谈话中进一步阐述了他对计划和市场问题的看法,认为"计划多一点还是市场多一点,不是社会主义与资本主义的本质区别。计划经济不等于社会主义,资本主义也有计划;市场经济不等于资本主义,社会主义也有市场。计划和市场

---

① 《邓小平年谱(一九七五——一九九七)》,中央文献出版社2004年版,第1006页。

② 这一提法最初是在1986年10月国家计委召开的"全国宏观经济管理问题讨论会"上,由桂世镛、王积业和李成瑞等提出的。

都是经济手段"。① 这就深刻回答了长期束缚人们思想的重大认识问题，最终解决了关于市场经济并非资本主义专有属性这一根本问题，使多年来关于计划与市场问题的论争摆脱了意识形态的束缚，为中共十四大确立社会主义市场经济体制的目标模式扫清了理论上的障碍。社会主义要建立和发展市场经济体制，这是对马克思主义的重大理论贡献和重要理论发展。随着社会主义市场经济理论的逐渐发展和成熟，中国的改革开放全面展开。

三 邓小平的理论构想与建设成熟的社会主义市场经济体制新阶段

邓小平同志在1992年的南方谈话中指出，"恐怕再有三十年的时间，我们才会在各方面形成一整套更加成熟、更加定型的制度。在这个制度下的方针、政策，也将更加定型化"②。小平同志将制度的成熟和定型大致指向2020年。小平同志的预期，与我国改革开放的进展，以及当前面临的形势和任务，大体是吻合的。因此，未来几年中国完善社会主义市场经济体制的任务将进入到建设"成熟社会主义市场经济体制"的新阶段。在成熟的社会主义市场经济体制建成以后，社会主义市场经济体制还将有一个不断完善的过程。

所谓成熟的社会主义市场经济体制，是能够自我调整、自我完善和自我演进的经济制度。其标志应主要体现在如下七个方面：

社会主义基本经济制度定型，微观基础充满活力。公有制为主体、多种所有制经济共同发展是我国社会主义初级阶段的基本经济制度。在此制度基础上，形成各种所有制经济平等使用生产要素，公平参与市场竞争，同等受到法律保护并一视同仁接受监督管理的格局。在国有经济内部，拥有开放的产权结构，国有资本有进有退、

---

① 《邓小平文选》第3卷，人民出版社1993年版，第373页。
② 同上书，第372页。

合理流动，非国有资本能够参与国有资本置换。个体私营经济转型升级、提高素质，国有资本和各类非国有资本相互渗透和融合，形成以股份制为主要形式的混合所有制经济格局。在国有企业细胞内部，形成归属清晰、流转顺畅的现代企业产权制度和健全、规范的企业法人治理机构，国有企业真正成为适应市场的法人实体和竞争主体。个体私营经济等非国有经济和国有经济共同构成社会主义市场经济体制的基础。

现代市场体系形成，市场在资源配置中的决定性作用充分发挥。拥有发达的商品和生产要素市场，充分实现市场化的要素价格形成机制。拥有完善的市场进入和退出机制，打破行业垄断和地区封锁，实现商品和各种要素在全国范围的自由流动和充分竞争。形成规范的市场交易和竞争秩序，尊重和维护消费者的权益，生产经营者之间的交易关系符合公平、公正、公开的原则。形成以道德为支撑、产权为基础、法律为保障的社会信用制度。

具有完备的与社会主义市场经济相适应的法律体系，以法治为基础的市场经济制度形成。市场经济条件下的基本财产制度更加完善，保护公民的合法财产不受侵害，保证各类性质的不同产权在市场交易中的平等权利。市场经济条件下的契约关系和信用关系更加完善，确保社会有一个正常的信用秩序。形成权责明确、行为规范、监督有效的执法体制，注重司法公正，克服地方保护主义和部门本位主义。

政府与市场的边界清晰，服务型政府形成。按照政企分开、政资分开、政事分开以及政府与市场中介组织分开的原则，合理界定政府职责范围。政府在创造良好发展环境、提供优质公共服务、维护社会公平正义中发挥基础性的作用。在调节经济方面，主要运用经济和法律手段进行间接调控。在监管市场方面，反对垄断和一切有碍竞争的消极因素，消除市场壁垒，为市场公平竞争创造和维护必要的制度环境。在提供公共服务方面，承担起基本的责任，注重改善民生状况。在社会管理方面，通过政社协同治理，维护社会公正、社会秩序和社会稳定。

利益分配格局和社会福利制度充分体现社会公平和正义。实现按劳分配与生产要素按贡献参与分配相结合。生产要素按其在财富形成中的贡献参与分配，在保证机会均等和规则平等的前提下正向激励个人的努力程度，充分激发要素供给者的积极性和创造性。拥有健全的再分配调节机制，规范的收入分配秩序，形成合理稳定的社会结构，中等收入者的比重达到总人口的60%以上。实现基本公共服务均等化，具有完善的现代国民教育体系和基本医疗卫生制度，以及覆盖城乡居民的社会保障体系，能够为市场经济提供"减震器"和"安全网"。确定合理的保障水平，避免福利支出刚性危及政府财力的可持续性，以及过度保障导致的负面激励和道德风险问题削弱经济体的活力和竞争力。

建成和谐的公民社会。一方面充分激发社会活力，发挥社会组织和社会成员的创造力。广泛吸收社会组织参与公共政策的制定，鼓励其承担更多的公共服务供给职能，形成广大公民自我管理、自我服务的社会自治制度。另一方面顺应经济成分多元化和社会力量多元化的趋势，建立与市场化相适应的社会秩序。注意平衡和协调多元力量之间的利益关系，健全各种协调利益关系的体制机制。发挥公众在社会建设和管理方面的协同作用，构建政府与社会分工协作、共同治理的制度安排。

改革和开放相互协调、相互促进的新格局形成。一方面，主动融入经济全球化和区域一体化进程、充分利用资源的全球配置方式；另一方面，又注意保障国家经济安全（包括产业安全、金融安全、能源、粮食等大宗商品安全），形成防范和化解各种外部冲击和风险的有效机制。通过一套既坚持对外开放，又保护国家利益的平衡机制，确保对外开放在更高水平上推进，并确保改革与开放互动渠道的畅通。

要建设成熟的社会主义市场经济体制，需从全面制度创新的高度，谋划改革的动力、方略和路径问题：

1. 重聚改革共识，增强改革动力

近年来，改革动力出现弱化。应该看到，一方面，在改革推进的过程中，随着改革难度的加大，由于某些改革攻坚的任务处于一定程度的"胶着"状态，也由于某些改革操作中的失误和不规范行为，降低了改革收益的预期；特别是某些个人或团体假借"市场化改革"的名义攫取私利，导致改革出现异化，损害了改革的声誉。这些都在一定程度上影响了基层民众改革热情的充分释放。另一方面，伴随改革的深化，作为改革组织者和重要推动者的政府部门，自身也成了改革的对象，在自身利益可能被危及的情况下，其积极性也会受到影响。

为此，应重建改革共识，坚持市场化取向的改革，不能动摇，不能停步。要进一步增强改革动力，一方面应着力增进基层民众从进一步改革中获得的益处；另一方面也应设法削弱政府部门从维护现有体制和从未完成的转轨中获得的益处。应较大幅度减少政府部门自身拥有的权力，排除特殊利益集团对改革的干扰，防止某些既得利益集团特别是部门和地方利益左右改革方案的制定和改革的进程，克服改革疲弱症。

2. 注重顶层设计和顶层推动

中国的经济体制改革，从前期看，总体上以破为主，兼有一定程度"破""立"并存的阶段，更多采用了"摸着石头过河"、"撞击反射"的方式推进改革，带有一定非规范性的特点；同时，由于不同地域、不同领域在改革推进的速度、力度上存在差别，政策应用的空间和改革探索的空间都比较大，政府可以通过给予优惠政策，以及赋予地区或部门在整体或某些方面的探索权力来推进改革，政府的主导性因此较强。

建设成熟的社会主义市场经济体制，将不再是前一阶段改革思维定式的简单延续和扩展，而是需要更为自觉的理性思考和更加系统的制度设计；同时，随着改革地域和领域的广泛化和改革探索权的普遍化，由政府给予优惠政策进行改革的空间变得有限，政府通过行政手段主导改革的能力也受到挑战。这些都意味着，过去比较偏重"试错"、政策调整以及行政依赖的改革方式，需要提升为更加规范化、法制化和程序化的全新方式。

3. 尊重地方和企业的改革首创精神

以建设成熟的社会主义市场经济体制为目标的改革，不少情况下既缺少现成的理论作为指引，也缺少具体的经验作为参照。这就需要充分激发来自多元社会经济主体内生或自生的改革力量，稳步有效地扩大基层和民众的参与，通过在基层实践中探索，自下而上推动改革，以降低改革的风险。特别是考虑到中国的大国特征和地区之间的不平衡性，尊重地方政府的改革首创精神能够促使地方针对本地情况进行制度创新，避免"一刀切"和僵化；同时，也有利于在地区之间开展制度竞赛，形成创新经验向地区外的溢出和示范以及地区之间的学习和模仿。事实上，中国过去30多年的改革就是在基层和民众的积极参与、推动下不断深化并取得进展的。

下一阶段，对于突破已有体制框架的来自局部的改革试验和创新，应给予鼓励，不能打压；对来自基层的改革实践经验，比较成功的部分应及时加以总结和完善；在此基础上，集中基层的智慧，将之提升到理论上来概括，提升到制度上来创新，并向全国推广。

4. 突出改革的整体性，推动改革的多层次协调配套

一是进一步推动经济体制改革内部各个环节之间的协调。

经济体制改革内部的诸项内容，既包括原来意义上的社会主义市场经济体制框架的五根基本支柱（微观经济基础、市场体系、政府管理、收入分配制度以及社会保障制度），也包括拓展意义上的与新型发展模式关系密切的若干体制机制。下一阶段，除继续深度推进各个单项改革外，还应着力提高各项改革之间推进上的协调度。

尤其是在微观层面改革与宏观层面改革、竞争性行业改革与垄断性行业改革、商品市场建设与要素市场建设、城市改革与农村改革、财富创造性体制创新与财富分享性体制创新的平衡推进，还有相当大的提升空间。

二是进一步推动经济体制改革与政治、文化、社会和生态文明体制改革之间的配套。

下一阶段，伴随社会主义市场经济的深入发展和经济体制的深刻变革，民众的民主法制意识和政治参与积极性将越来越高，人们思想活动的独立性和差异性会越来越强，社会组织结构和社会利益格局也更趋多元化和复杂化，此外资源环境约束亦不断增强，这就对全方位改革提出了更高的要求。为此，应将经济体制改革与政治、文化、社会和生态文明体制改革进一步整合起来，继续推进以社会主义市场经济为基点的经济体制改革，同时加快推进以民主政治为目标的政治体制改革、以先进文化为目标的文化体制改革、以和谐社会为目标的社会体制改革，以及以永续发展为目标的生态体制改革，形成"五位一体"制度创新基础上的新型体制格局。

（作者单位：中国社会科学院经济研究所）

邓小平经济体制改革理论与实践初探

姜长青

一 邓小平经济体制改革的背景分析

邓小平经济体制改革思想和实践，有着深刻的国情背景和时代要求，可以说是顺势而为，顺历史潮流而动。

（一）传统苏联模式的弊端

新中国成立初期，中国在两大阵营对立的情况下，选择了倒向社会主义苏联一边。苏联模式对中国社会经济政治等多方面产生了深远的影响。苏联模式的最明显的特征是高度集中或高度集权，并且体现在政治、经济和文化等体制上。在经济结构上优先发展重工业，忽视轻工业和农业的发展，形成了重工业占绝对优先地位的畸形经济结构；在所有制结构方面，实行单一的公有制，包括全民所有和集体所有两种形式。在管理体制方面，实行管理权与经营权的统一，经济以部门管理，即"条条"管理为主，中央部门集宏观经济和微观经济的决策权于一身，直接支配企业的人力、财力、物力和产、供、销大权；在经济运行机制上，实行排斥价值规律的指令性计划经济，具有高度集中性和广泛性、指令性特点。政治特征是：高度集中的以党代政领导体制；人治色彩严重，有法不依，长官意志盛行，民主法制遭到破坏；搞个人崇拜，一言堂压制不同意见，对一把手缺乏监督和制约等。苏联模式对中国社会各方面影响是深刻的,毛泽东虽然提出了以苏为鉴的问题,但在探索中国特色社会主义过程中,不自觉地陷入了苏联模式的老路。

十一届三中全会公报重申毛泽东《论十大关系》提出的基本方针,提出要全面恢复和坚持党长期以来行之有效的各项经济政策。邓小平结合"文化大革命"结束后中国和西方发达国家交往的新形势,不断总结西方吸收发达国家的新鲜经验,对一些问题进行了深入的思考。邓小平深刻地指出:"过去我们搬用别国的模式,结果阻碍了生产力的发展,在思想上导致僵化,妨碍人民和基层积极性的发挥。"①

(二)"文化大革命"及以前"左"的体制的惨痛教训

时间达十年之久的"文化大革命"是一场给中国人民带来沉重灾难的严重"左"倾错误,它把中国社会各个方面的错误推向了极端。"文化大革命"结束后重新登上中国政治舞台的大多数领导人都曾是"文化大革命"的受害者,他们对"文化大革命"及其以前的体制错误有着更切身的感受,对于体制存在弊端更清楚。当时党内高层对于经济体制改革意见是一致的,不同的只是具体的改革步骤和内容。1978年12月18—22日中共十一届三中全会讨论了加快农业生产问题和1979、1980两年国民经济计划的安排,作出了关于实行经济体制改革的决策和关于加快农业发展的决定。

以后,邓小平反复提及"文化大革命"对于中国改革的促进作用。他指出:"二十年的经验尤其是'文化大革命'的教训告诉我们,不改革不行,不制定新的政治的、经济的、社会的政策不行。"改革"就是要选择好的政策"。"我是主张改革的,不改革就没有出路,旧的那一套经过几十年的实践证明是不成功的。……中国社会

---

① 《邓小平文选》第3卷,人民出版社1993年版,第237页。

从1958年到1978年20年时间，实际上处于停滞和徘徊的状态，国家的经济和人民的生活没有得到多大的发展和提高。这种情况不改革行吗？"①

邓小平还反复提及"文化大革命"对中国改革的催化作用，因为"文化大革命"，中国社会各个层面在改革问题上思想前所未有的一致。邓小平指出："没有'文化大革命'的教训，就不可能制定十一届三中全会以来的思想、政治、组织路线和一系列政策。三中全会确定将工作重点由以阶级斗争为纲转到以发展生产力、建设四个现代化为中心，受到了全党和全国人民的拥护。为什么呢？就是因为有'文化大革命'作比较，'文化大革命'变成了我们的财富。"② 1988年7月15日他会见美国国务卿乔治·舒尔茨，在谈到中国的改革时说：中国不仅领导层支持改革，而且全国人民上上下下都要求改革。这要归功于"文化大革命"。"文化大革命"变成了全国人民的大课堂。中国有"文化大革命"和没有"文化大革命"不同，所以我们不能只讲"文化大革命"的阴暗面，它也有些作用，这种作用就是教育我们要改革开放。③

（三）中国新的发展目标对经济体制改革提出了新要求

中国共产党在十一届三中全会前后重新确立了解放思想实事求是的思想路线，并确立了改革开放的方针。因为刚从十年动乱中走出来，全国上下都想在经济建设上大干快上，把失去的十年补回来，但经济工作必须脚踏实地，有明确的任务和目标及达到这个任务和目标的手段。

中国经济要大发展，首先遇到体制的障碍，不改革旧的束缚生

---

① 《邓小平文选》第3卷，人民出版社1993年版，第237页。
② 同上书，第272页。
③ 中共中央文献研究室编：《邓小平年谱（一九七五——一九九七）》（下），中央文献出版社2004年版，第1241—1242页。

产力发展的体制，中国的经济就不能达到预期的发展，邓小平认为要发展生产力，经济体制改革是必由之路。1980年4月10日邓小平会见日本客人时指出：中国搞四个现代化建设的决心是坚定不移的，现在还只是开步走。一开步走，就发现我们许多方面不适应，面临的问题成堆，如体制臃肿、官僚主义严重、人浮于事、技术水平和管理水平低等。解决这些问题，不是容易的事，不改是不行的。

中共十二大报告提出党在新时期的总任务是：团结全国各族人民，自力更生，艰苦奋斗，逐步实现工业、农业、国防和科学技术现代化，把我国建设成为高度文明、高度民主的社会主义国家。报告提出了本世纪末的宏伟目标，就是在不断提高经济效益的前提下，力争使全国工农业的年总产值翻两番，即由1980年的7100亿元增加到2000年的2.8万亿元左右。实现这个战略目标，我国国民收入总额和主要工农业产品的产量将居于世界前列，整个国民经济的现代化过程将取得重大进展，城乡人民的收入将成倍增长，人民物质文化生活可以达到小康水平。

1983年6月30日邓小平出席中共中央工作会议。在讲话中指出：这次会议应该解决的问题都提出来了，最重要的是集中。一个是集中资金搞重点建设，一个是集中精力搞技术改造。体制改革是为了实现这两点。在谈到集中资金保证重点建设时说：我们提出翻两番，每年增长多少，都必须是没有水分的。如果"六五"达到百分之六以上的速度，"七五"达到百分之七以上，而且在能源、交通、原材料工业等方面为今后十年打好基础，集中资金保证重点建设，那我们就能更有把握地说，后十年达到百分之八以上是可能的。[①]

1985年8月30日邓小平会见日本客人时指出：现在看来，这七年的路子是走对了。这七年每年都有点进步。我们的第一个目标是

[①] 中共中央文献研究室编：《邓小平年谱（一九七五——一九九七）》（下），中央文献出版社2004年版，第918页。

到本世纪末达到小康社会。现在看来，翻两番有希望，可能超过一点，我们制定的目标是可以实现的。过去我们搞土地革命，是解放生产力，现在搞体制改革也是解放生产力，这也是一场革命。

二 邓小平经济体制改革的参照系与主要做法

中国的经济体制是在一个生产力相对落后的发展中社会主义大国进行的，这就要求改革者必须具有高度的智慧和手段，邓小平选准了经济体制改革的参照系，并在改革过程中采取了一系列符合中国国情的做法，确保了经济体制改革的顺利推进。

(一) 主要参照系

1. 发展生产力，改善人民生活

进行经济体制改革，必须有一定的参照系，不然的话，不但经济体制改革的目标定不了，就是经济体制改革的具体步骤也很难有一个让大家信服的结果。邓小平摒弃了曾经盛极一时的意识形态标准，以马克思主义的坚定立场，恢复了马克思主义的生产力标准。邓小平在1982年的一次讲话中指出：哪样叫右倾，哪样叫"左"倾，往往搞不大清楚。

邓小平领导我们党进行了真理标准的大讨论，恢复了党的实事求是的思想路线。他在1979年中央工作闭幕会上说：只有思想解放了，我们才能正确地以马列主义、毛泽东思想为指导，解决过去遗留的问题，解决新出现的一系列问题，正确地改革同生产力迅速发展不适应的生产关系和上层建筑，根据我国的实际情况，确定实现四个现代化的具体道路、方针、方法和措施。"改革促进了生产力的发展，引起了经济生活、社会生活、工作方式和精神状态的一系列深刻变化。"① "根据我们自己的经验,讲社会主义,首先就要使生产力发展,这是主要的。只有这样,才能表明社会主义的优越性。社会主义经济政策对不对,归根到底要看生产力是否发展,人民收入是否增加。这是压倒一切的标准。空讲社会主义不行,人民不相信。"② 1985年6月29日邓小平在会见阿尔及利亚客人时指出:搞社会主义,中心任务是发展社会生产力。一切有利于发展社会生产力的方法,包括利用外资和引进先进技术,我们都采用。这是个很大的试验,是书本上没有的。我们最大的试验是经济体制的改革。

2. 邓小平逐渐提出了三个有利于标准

1992年年初,邓小平在视察南方时,针对一段时期以来,党内和国内不少人在改革开放问题上迈不开步子,不敢闯,以及理论界对改革开放性质的争论,指出:"要害是姓'资'还是姓'社'的问题。判断的标准,应该主要看是否有利于发展社会主义社会的生产力,是否有利于增强社会主义国家的综合国力,是否有利于提高人民的生活水平。"从此,三个"有利于"成为人们衡量一切工作是非得失的判断标准,当然也是评判改革成败得失的重要标准。

(二) 邓小平经济体制改革的主要做法

中国的经济体制改革是在一个人口众多的发展中的社会主义大国进行的,是在一个在逐步走向国际舞台的开放的东方国家进行的,是一个立志于在20世纪末实现四个现代化的上下发展情绪很高的国家进行的。中国的改革可以说是世界上最复杂的改革,中国经济社会发展取得的巨大成就是中国经济体制改革成功的直接反映,中国经济体制改革也有着较多好的做法和经验。

1. 选准改革的突破点,推进渐进性改革

中国改革从农村开始,这不是历史的巧合,而是从中国国情作

---

① 《邓小平文选》第3卷,人民出版社1993年版,第142页。
② 《邓小平文选》第2卷,人民出版社1994年版,第314页。

出的战略性的选择。正如万里所说:"为什么家庭联产承包制首先在最贫困的地区突破?这一点很值得深思。我认为主要是因为贫困地区的农民受'大锅饭'、'瞎指挥'的祸害最深,对改革的要求最强烈最迫切。"① 农村的改革,得到了邓小平的首肯。就全国整体而言,农村改革也关乎全局。农村改革释放出来的活力,推动了整个的体制改革。

1984年10月6日邓小平会见参加中外经济合作问题讨论会全体中外代表时说:党的十一届三中全会以来,我们确定了对内经济搞活、对外经济开放的政策,没有这样的政策不可能成功。对内经济搞活,首先从农村着手。这几年进行的农村改革,是一种带革命意义的改革。与此同时,我们开始了城市改革的试验。即将召开的十二届三中全会的主题,就是城市和整个经济体制的改革。这意味着中国将出现全面改革的局面。由于城市改革的复杂性,可能会出差错,我们是走一步看一步,有不妥当的地方,改过来就是了。总之,遵循一个原则,就是实事求是。

以中共十二届三中全会为起点,中国经济制度改革的重心从农村转移到城市,国有企业改革被明确为改革的中心环节。1985年6月29日邓小平在会见阿尔及利亚客人时指出:改革先从农村开始,农村见了成效,我们才有勇气进行城市的改革。城市改革实际上是整个经济体制的改革,这是要冒很大风险的。要理顺各种经济关系需要几年时间。如果关系理顺了,到本世纪末翻两番就有把握。我们要按价值规律办事,按经济规律办事。进行全面的经济体制改革需要有勇气,胆子要大,步子要稳。这是我们党和国家当前压倒一切的最艰巨的任务。1991年10月5日邓小平在会见金日成时指出:我们的改革是先从经济上,从改善人民生活上做起,不是从政治上做起。

---

① 《万里文选》,人民出版社1995年版,第448页。

2. 以开放促改革，注重借鉴外国经验，适应国际规则来倒逼国内改革

1978 年以来，我们通过引进外资，建立了 4 个经济特区，开放了 14 个沿海港口城市，以后又建立了海南特区和浦东开发新区，建立了一系列沿边开放口岸、内地开放城市和开发区，扩大进出口贸易，对外开放的结果，不但利用了国外的资金技术和先进的管理经验等来发展中国经济，而且通过对外开放，推动了国内的经济改革。这主要包括两个方面，一是通过制定国内对外开放方面的法律，保护外资在华的利益；二是通过改革开放，迫使中国企业和政府在对外经济交往中遵守国际法，按国际经济惯例行事，从而倒逼国内的改革。适应国际惯例的对外经济运行机制已初步建立。

改革开放初期，在国内改革对一些问题还有争论的时候，国家加大了对外开放的力度。通过对外开放，引进了资金技术及先进的管理经验等，局部地区发展很快，用发展的实际成果回应了国内的某些争论，为顺利推进国内的经济体制改革提供了支持。1984 年通过的《中共中央关于经济体制改革的决定》指出："为了从根本上改变束缚生产力发展的经济体制，必须认真总结我国的历史经验，认真研究我国经济的实际状况和发展要求，同时必须吸收和借鉴当今世界各国包括资本主义发达国家的一切反映现代社会化生产规律的先进经营管理方法。"

1985 年 10 月 23 日邓小平会见美国高级企业家代表团时指出：社会主义优越性最终要体现在生产力能够更好地发展上。多年的经验表明，要发展生产力，靠过去的经济体制不能解决问题。所以，我们吸收资本主义中一些有用的方法来发展生产力。现在看得很清楚，实行对外开放政策，搞计划经济和市场经济相结合，进行一系列的体制改革，这个路子是对的。

3. 保持国内政治局势的稳定，争取最大多数人的支持，注重培养年轻的改革人才

改革是全民利益的调整，势必要触动一些人的利益，这就不可避免地引起某些人的不满。1980年4月8日邓小平会见马来西亚文化代表团时指出：体制改革是不容易的，要逐步地做。我们国家太大了，处理一个问题，就会涉及成百万、成千万人的利益，所以很不容易。国家大有国家大的困难，特别又是一个穷的大国，处理问题更不容易。因为改革对于中国来说是个新事物，没有成功的经验可以借鉴，这就要求我们及时总结自己改革中的经验教训，走一步，看一步，避免大的挫折。改革开放前，中国虽然也进行了某些改革，但由于受国内"左"的思想影响，加上政治运动不断，最后改革都归于失败。由于"文化大革命"结束后，国内实现了政治上的稳定和政策的连续性，特别是领导层团结一致，这使得体制改革工作能够顺利地进行。

1985年7月21日邓小平会见日本参议院议长木村睦男时指出：没有开放，四化就没有希望。但是我们也充分意识到开放会带来一些消极的东西。所以我们每进行一段，就要及时总结经验。现在我们不但坚持对外开放，还进行全面的经济体制改革，遇到的问题会更多，像物价、工资、管理体制的改革，都是新的问题，而且都有风险，都不可避免地会遇到障碍，要犯大大小小的错误。[①]

中国的改革除了要争取各级领导干部支持外，还要积极培养有改革意识的年轻人，让年轻人把改革事业继承发展下去，以保持改革开放政策的延续性。鉴于"文化大革命"结束后老干部大多处于工作第一线的现实，邓小平、陈云等提出了要大力培养中青年干部的任务要求。1982年5月2日邓小平会见卢森堡大公国政府首相兼国务大臣皮埃尔·维尔纳。在介绍中国情况时他指出：为了保证四个现代化的目标得以实现，我们首先注重体制改革。体制改革的目

---

① 中共中央文献研究室编：《邓小平年谱（一九七五——一九九七）》（下），中央文献出版社2004年版，第1062页。

标不仅要克服官僚主义，提高工作效率，还要使我们的各级领导干部专业化、知识化、比较年轻化。①

1982年7月26日邓小平同姚依林、宋平谈"六五"计划和长期规划。指出：体制改革，中心应当抓住两条。第一条是建立起管理体制、责任制，制定出规章制度、定额等；第二条是解决好领导班子，选出"明白人"组成领导班子，这一条可能比第一条更重要。没有"明白人"出来当家，一个单位搞不出什么成绩。

4. 把体制改革目标同国家发展战略结合起来

经济体制改革是为国家发展战略服务的。中国在改革开放初期，重新确立了四个现代化的战略目标，以后邓小平又陆续提出三步走的发展战略。邓小平在体制改革中，紧紧结合中国的发展战略目标推进改革，一方面推进了中国的经济体制改革，另一方面国家的发展战略目标也得以顺利推进。

1982年3月25日邓小平会见巴西外交部部长拉米罗·萨赖瓦·格雷罗。在介绍中国情况时指出：中国为推进四个现代化建设，当前正在抓两件大事。一是搞体制改革，克服官僚主义。精简机构，就是"拆庙搬菩萨"。这件事搞不好，我们就会丧失民心，四个现代化也没有希望。1985年7月15日邓小平在会见特立尼达和多巴哥总理乔治·迈克尔·钱伯斯时指出：我们的开放政策，一系列的政策以及我们搞的全面经济体制改革，都是一种试验。不搞改革，不坚持开放政策，我们的发展战略目标就不可能实现。②

1986年4月13日邓小平会见缅甸总理吴貌貌卡。在介绍中国的改革情况和现代化建设目标时说：如果城市经济体制改革在五年中成功了，中国的变化可以比过去的七年更大。更重要的是通过城市经济体制改革，可以为今后的十年长期稳定的发展奠定良好的基础，

---

① 中共中央文献研究室编：《邓小平年谱（一九七五——一九九七）》（下），中央文献出版社2004年版，第821页。

② 同上书，第1060页。

创造好的条件。①

1986年6月10日邓小平听取当前经济情况的汇报时指出：通过改革，要取得长期持续稳定发展的条件。②"如果现在再不实行改革，我们的现代化事业和社会主义事业就会被葬送。"③实行改革，"表明我们已经开始找到了一条建设有中国特色的社会主义的路子"。④"坚持改革开放是决定中国命运的一招。"⑤

5. 经济体制是整体改革的重要一环，要和其他方面的改革配套

改革是全面的改革，各方面的改革要相互配合、协调。邓小平一再强调改革是全面的改革，不仅包括经济体制改革、政治体制改革，还包括科技、教育等各行各业的改革。他认为："农村改革和城市改革是互相联系的。城市改革的同时，农村改革还要继续进行"；"政治体制改革同经济体制改革应该相互依赖，相互配合。只搞经济体制改革，不搞政治体制改革，经济体制改革也搞不通。"1982年4月3日邓小平同胡乔木、邓力群谈话，就实现社会主义现代化的政治保证问题发表意见。指出：全面的体制改革包括好多方面，像政治体制的改革、经济体制的改革、领导体制的改革。政治体制的改革和宪法有密切的联系。⑥

邓小平在经济体制改革过程中特别强调了经济体制改革和政治体制改革互相配套的问题。1986年6月28日邓小平出席中共中央政治局常委会议，指出：政治体制改革同经济体制改革应该相互依赖，相互配合。只搞经济体制改革，不搞政治体制改革，经济体制改革

---

① 中共中央文献研究室编：《邓小平年谱（一九七五——一九九七）》（下），中央文献出版社2004年版，第1111页。

② 《邓小平文选》第3卷，人民出版社1993年版，第160页。

③ 同上书，第150页。

④ 同上书，第142页。

⑤ 同上书，第368页。

⑥ 中共中央文献研究室编：《邓小平年谱（一九七五——一九九七）》（下），中央文献出版社2004年版，第809页。

也搞不通，因为首先遇到人的障碍。从这个角度来讲，我们所有的改革最终能不能成功，还是决定于政治体制的改革。①

1986年9月3日邓小平在会见日本客人时指出：我们提出改革时，就包括政治体制改革。现在经济体制改革每前进一步，都深深感到政治体制改革的必要性。不改革政治体制，就不能保障经济体制改革的成果，不能使经济体制改革继续前进，就会阻碍生产力的发展，阻碍四个现代化的实现。政治体制改革这个问题太困难，每项改革涉及的人和事都很广泛，很深刻，触及许多人的利益，会遇到很多的障碍，需要审慎从事。要先从一两件事上着手，不能一下子大干，那样就乱了。决策一定要慎重，看到成功的可能性较大以后再下决心。② 1986年9月13日邓小平在一次党内谈话中又提出：不搞政治体制改革，经济体制改革难于贯彻。

1987年10月25日中共十三大报告指出：经济体制改革的开展和深入，对政治体制改革提出了愈益紧迫的要求。不进行政治体制改革，经济体制改革不可能最终取得成功。并指出邓小平同志1980年8月在中央政治局扩大会议上所作的《党和国家领导制度的改革》的讲话，是进行政治体制改革的指导性文件。③

6. 从各自国家的实际出发，探索有自己特色的体制

中国有着自己的特殊的国情，有着自己的历史和文化，别的国家的任何模式、经验，中国都可以借鉴，为我所用，但中国要坚持走自己的路，建设有中国特色的社会主义。

邓小平在中国改革过程中，始终坚持实事求是，从中国实际出发。在1978年11月27日邓小平会见美国专栏作家罗伯特·诺瓦克时就指出："我相信，现在的制度如果搞得好，在某些方面加以适当

---

① 中共中央文献研究室编：《邓小平年谱（一九七五——一九九七）》（下），中央文献出版社2004年版，第1126页。

② 同上书，第1134—1135页。

③ 同上书，第1215页。

改革，我们这个制度比你们那个制度做起事来要便利得多。我们过去有些东西是学苏联的，那些东西看来是落后了。在回答中国是否采用南斯拉夫工人自治的形式问题时指出：国与国的情况有很多不一样，各有各的特点，各有各的发展体制。当然，我们要研究他们的经验，但是不能简单地吸收别人的经验，要根据自己的条件来决定。"他在中共十二大开幕词指出："把马克思主义普遍真理同我国的具体实际结合起来，走自己的道路，建设有中国特色的社会主义。"

1984年《中共中央关于经济体制改革的决定》指出：加快以城市为重点的整个经济体制改革的步伐，是当前我国形势发展的迫切需要。改革的基本任务是建立起具有中国特色的充满生机和活力的社会主义经济体制。[1] 正是由于坚持了中国特色的改革道路，没有走苏联模式及中国改革开放前的老路，也没有照搬西方、走资本主义的邪路，更没有跟随苏联走上解体的不归路。中国特色社会主义对世界一切先进文明成果兼容并包，为我所用，走出了一条中国特色社会主义改革新路。

三 邓小平经济体制改革的主要成绩

邓小平经济体制改革思想和实践在中国取得了很大的成功，首先是生产力得到快速发展，人民生活水平不断提高；其次是确立了社会主义市场经济体制的改革目标；再次是带动了其他领域的改革推进。

（一）人民生活水平提高，生产力得到快速发展

改革开放前，虽然人民的生活条件有一定的改善，但成效并不

---

[1] 中共中央文献研究室编：《邓小平年谱（一九七五——一九九七）》（下），中央文献出版社2004年版，第1006页。

是很显著。1976年全国农村每个社员从集体分得的收入只有63.3元，1977年全国有1.4亿人平均口粮在150公斤以下，处于半饥饿状态，农村贫困人口2.5亿。改革开放30年的时间里，中国城镇居民的可支配收入和农村居民的纯收入增长了6.7倍，人民的生活水平显著提高。

改革开放政策调动了人民发展生产的积极性，生产力发展了，社会主义国家的力量不断增强，社会主义制度日益巩固。1982年7月4日邓小平出席中共中央军委座谈会。指出：最近我有两次讲话，讲了对坚持社会主义制度、搞好现代化建设的四个保证。第一是体制改革，目前进行机构改革。……关于经济体制改革，这实际上是一场革命。它是不是正确？归根到底是看生产力能不能得到发展，人民的生活能不能得到提高。只要这条得到证实，谁也不能说我们关于经济体制改革的决定是胡思乱想。为什么现在我们党通过了这一决定？近几年来，我们在农村进行了改革，百分之九十的农民生活有了很大的提高。

1986年9月29日邓小平会见波兰客人时，在谈到中国政治体制改革问题时指出：我们政治体制改革总的目标是三条：第一，巩固社会主义制度；第二，发展社会主义社会的生产力；第三，发扬社会主义民主，调动广大人民的积极性。而调动人民积极性的最中心的环节，还是发展生产力，提高人民的生活水平。我们现在提出政治体制改革，是根据我国的实际情况决定的。

改革开放后，随着经济发展的增速，人民的生活水平也有了大幅度的提高。1978年人均国内生产总值仅有381元，1987年达到1112元，1992年达到2311元。1978年国家财政收入仅1132亿元，1985年翻了近一番，达到2005亿元，1993年再翻一番，达到4349亿元，财力的增加对我国促进经济发展、加强社会保障、减小城乡差距、切实改善民生、有效应对各类冲击提供了有力的资金保障。外汇储备大幅增长，国际支付能力不断增强。GDP总量1995年已实现比1980年翻两番,比预定到2000年的目标提早了5年;1997年已实现人均GDP比1980年翻两番,比预定目标提早了3年。城乡居民居住条件大为改善,贫困人口大幅减少。

(二) 确立了建设社会主义市场经济的体制目标

中国由于长期受计划经济的影响,党内高层对经济体制改革的目标并不一致,在经济体制改革起步的时候,不同意见很多。经过改革开放后几年的经济发展,邓小平对中国经济体制改革目标有了自己基于实事求是基础上的改革目标。

1984年10月20日邓小平同胡耀邦、赵紫阳、李先念、陈云主持中国共产党第十二届中央委员会第三次全体会议,会议通过《中共中央关于经济体制改革的决定》,《决定》指出:"社会主义计划经济必须自觉依据和运用价值规律,是在公有制基础上的有计划的商品经济。商品经济的充分发展,是社会经济发展的不可逾越的阶段,是实现我国经济现代化的必要条件。"邓小平在发言中指出:这个决定,是马克思主义的基本原理和中国社会主义实践相结合的政治经济学。我有这么一个评价。[1]

1984年10月22日 邓小平出席中共中央顾问委员会第三次全体会议并讲话,就刚刚通过的《决定》指出:这次经济体制改革的文件好,就是解释了什么是社会主义,有些是我们老祖宗没有说过的话,有些新话。我看讲清楚了。过去我们不可能写出这样的文件,没有前几年的实践不可能写出这样的文件,写出来,也很不容易通过,会被看作"异端"。我们用自己的实践回答了新情况下出现的一些新问题。

随着实践的推进和认识的深入,原来设定的计划和市场的框架很难适应新的形势。邓小平南方谈话是邓小平改革理论和实践的深

---

[1] 中共中央文献研究室编:《邓小平年谱(一九七五——一九九七)》(下),中央文献出版社2004年版,第1006页。

化,1992年2月28日中共中央将邓小平1月18日至2月21日在武昌、深圳、珠海、上海等地视察期间的谈话要点作为中央一九九二年第二号文件下发,讲话指出:社会主义基本制度确立以后,还要从根本上改变束缚生产力发展的经济体制,建立起充满生机和活力的社会主义经济体制,促进生产力的发展,这是改革,所以改革也是解放生产力。过去,只讲在社会主义条件下发展生产力,没有讲还要通过改革解放生产力,不完全。应该把解放生产力和发展生产力两个讲全了。他旗帜鲜明地指出:"计划经济不等于社会主义,资本主义也有计划;市场经济不等于资本主义,社会主义也有市场。计划和市场都是经济手段。"

1992年6月12日邓小平在住地同江泽民谈话。赞成使用"社会主义市场经济体制"这个提法。说:实际上我们是在这样做,深圳就是社会主义市场经济。不搞市场经济,没有竞争,没有比较,连科学技术都发展不起来。产品总是落后,也影响到消费,影响到对外贸易和出口。还说:在党校的讲话可以先发内部文件,反映好的话,就可以讲。这样十四大也就有了一个主题了。[①] 1992年10月12—18日中国共产党第十四次全国代表大会召开。江泽民在十四大报告中指出:经济体制改革的目标,是在坚持公有制和按劳分配为主体、其他经济成分和分配方式为补充的基础上,建立和完善社会主义市场经济体制。

(三)其他方面的改革也得以推进

经济是基础,随着经济基础的变化,整个上层建筑和意识形态领域都随之出现了明显的变化。经济体制改革的成功推进,使得人民的生活水平、生产力发展水平和国家的综合国力都得到明显提升。整个社会生活充满了活力和积极向上的力量,人们有更多的时间和

[①] 中共中央文献研究室编:《邓小平年谱(一九七五——一九九七)》(下),中央文献出版社2004年版,第1347—1348页。

精力去关心国家社会其他层面的改革,包括国家机构改革、干部人事制度改革等都迈开了实质性的步子,其他的如文化体制改革、教育体制改革等都拉开了序幕。

十四大报告指出"邓小平是中国社会主义改革开放和现代化建设的总设计师。他尊重实践,尊重群众,时刻关注最广大人民的利益和愿望,善于概括群众的经验和创造,敏锐地把握时代发展的脉搏和契机,既继承前人又突破陈规,表现出了开辟社会主义建设新道路的巨大政治勇气和开拓马克思主义新境界的巨大理论勇气,对建设有中国特色社会主义理论的创立做出了历史性的重大贡献"。

(作者单位:中国社会科学院经济研究所)

邓小平"三个有利于"思想及其对全面深化改革的启示

田改伟

"三个有利于"思想是邓小平理论的重要内容，是邓小平紧密结合我国改革开放的实践提出的，是邓小平运用马克思主义基本原理思考中国发展实践得出的理论成果，是马克思主义中国化的典范，直到今天还是非常值得我们深入思考和研究。

一 邓小平"三个有利于"思想提出的历史背景

促进中国的全面发展，是我国改革开放的主要目的。邓小平"三个有利于"思想正是他在不断谋划中国如何通过改革促进发展的过程中逐步提出的。

新中国的成立，奠定了中国发展进步的制度基础。中国开始作为一个独立的发展中大国屹立在世界东方，摆脱长期贫困落后的历史命运实现强国梦想是中国共产党和全国人民的共同追求。经过社会主义改造，到20世纪60年代，我国经济开始了快速的发展，为建设社会主义和捍卫无产阶级专政的人民政权奠定了强大的物质基础。然而"文化大革命"十年间，由于错误地搞"阶级斗争"为纲，中国经济发展缓慢，人民生活水平普遍低下，我国现代化事业遭遇严重挫折。如何总结"文化大革命"的教训，使中国走上秩序的轨道，迅速摆脱贫困落后的局面就成为党和国家领导人思考的重要问题。

邓小平从1975年到1979年间，先后出访了法国、日本、泰国、马来西亚、新加坡、美国等发达国家和新兴工业国家（期间也曾先后到缅甸、尼泊尔和朝鲜等不发达国家访问），亲身体验了欧美资本主义发达国家和我们周边几个中等发达国家的发展状况，在比较中对中国与这些国家的差距及我国落后的状况有了更清醒、更深刻的认识和体会，从而更增加了加快我国发展的紧迫性，也促进了邓小平对我国建设社会主义历史经验的总结。1978年5月，邓小平说："现在东方有四个小老虎：一个是南朝鲜，一个是台湾，一个是香港，一个是新加坡。它们的经济发展很快，对外贸易增长很快。它们都能把经济发展得那么快，我们难道就不能吗？我们的脑子里还都是些老东西，不会研究现在的问题，不从现在的实际出发来提出问题，解决问题。这样天天讲四个现代化，讲来讲去都会是空的。"① 这是邓小平深刻把握世界发展的趋势，在改革开放之初就思考如何实现中国的快速发展，使中国迎头赶上世界经济比较发达的国家。

生产力的发展，是社会进步的前提和基础，如何摆脱旧的僵化思想，促进社会生产力的发展是邓小平长期思考的一个重要课题。在1985年，邓小平在总结历史的时候就说："毛泽东同志是伟大的领袖，中国革命是在他的领导下取得成功的。然而他有一个重大的缺点，就是忽视发展社会生产力。不是说他不想发展生产力，但方法不都是对头的，例如搞'大跃进'、人民公社，就没有按照社会经济发展的规律办事。"② 这是邓小平对毛泽东发展生产力的历史经验和教训的总结，以前之所以在发展生产力方面屡遭挫折，就是没有很好把握发展规律，发展过多靠思想发动，方

---

① 《邓小平思想年谱（一九七五——一九九七）》，中央文献出版社1998年版，第67页。

② 《邓小平文选》第3卷，人民出版社1993年版，第116页。

式方法又过于急躁。所以邓小平在访问朝鲜时说："我们一定要以国际上先进的技术作为我们现代化的出发点。最近我们的同志出去看了一下,越看越感到我们落后。什么叫现代化?五十年代一个样,六十年代不一样了,七十年代就更不一样了。"① 这种落后所带来的紧迫感,促使邓小平开启了我国改革开放的进程,并在改革过程中始终牢牢扭住发展生产力不放松,并逐步思考衡量我国改革开放的标准。

邓小平在改革的过程中就一再强调经济发展对于我国这样落后国家建设社会主义的重要性和紧迫感。1979年10月,他在中共省、自治区、直辖市委员会第一书记座谈会上就首先指出:"经济工作是当前最大的政治,经济问题是压倒一切的政治问题。不只是当前,恐怕今后长期的工作重点都要放在经济工作上面。"② 把经济问题作为重大的政治问题来看待,把发展经济跟社会主义的命运结合起来看待,说明邓小平把握住了马克思主义的一个最基本的原理。社会主义要强大,离开一定的经济基础就是无源之水、无本之木,社会主义最终战胜资本主义就是一句空话,更谈不上优越性的发挥了。邓小平把发展经济作为重大的政治问题,着眼的就是全球资本主义和社会主义两种制度的对立和斗争,着眼于社会主义优越性的发挥,着眼于中国共产党肩负的历史使命的顺利推进。他在1980年1月在中共中央召集的干部会议上所指出:"我们一定要、也一定能拿今后的大量事实来证明,社会主义制度优于资本主义制度。这要表现在许多方面,但首先要表现在经济发展的速度和效果方面。没有这一条,再吹牛也没有用。"③

在20世纪80年代初期以后,中国的经济有了一个快速的发展,

---

① 《邓小平思想年谱(一九七五——一九九七)》,中央文献出版社1998年版,第76—77页。
② 《邓小平文选》第2卷,人民出版社1994年版,第194页。
③ 同上书,第251页。

中国的综合国力有了大幅度的提高，但是国家也出现了一些不正常的情况，1989年由于资产阶级自由化思潮的发展，全国出现了学潮，不可避免地干扰了经济的发展。邓小平在批评那些企图把中国的现代化纳入西方资本主义轨道的思想的同时，他依然认为："最终说服不相信社会主义的人要靠我们的发展"①，"中国能不能顶住霸权主义、强权政治的压力，坚持我们的社会主义制度，关键就看能不能争得较快的增长速度，实现我们的发展战略"。②他强调，在我国改革的过程中，不可避免地会出现一些非马克思主义和反马克思主义的思想甚至行为，但是对于这种思想和行为，光靠国家强制的力量是很难彻底清除的。对这些思想和行为的斗争，最好的办法是我国在马克思主义指导下，生产力获得较快的发展，使我国获得战胜各种非马克思主义和反马克思主义的物质基础。只有那样才算是真正增强了马克思主义的说服力，才会有更多人相信马克思主义、相信共产党的领导。1989年动乱被平息以后，邓小平在总结经验教训时得出的一个主要结论就是：不解决好发展问题，社会主义就坚持不住。中国如果没有十年高速经济发展的成果，人民没有从中获得实惠，"六·四"这个关我们就闯不过去。世界上一些社会主义国家发生问题，从根本上说，都是因为经济发展上不去，长期过紧日子。"人民现在为什么拥护我们？就是这十年有发展，发展很明显。"争取适度的发展速度"这不只是经济问题，实际上是个政治问题"③。1992年，邓小平南方谈话时，把发展对于社会主义国家的重要性总结为"发展才是硬道理"。④现在我们在经历了改革开放35年后重温邓小平这些话，就更加体会其蕴含的深刻道理。

---

① 《邓小平文选》第3卷，人民出版社1993年版，第204页。
② 同上书，第356页。
③ 同上书，第354页。
④ 同上书，第377页。

二 "三个有利于"标准的提出过程及主要内容

在发展经济的过程中，在我国改革的进程中，有着不同的理论和思想导向，如何用马克思主义指导我国的经济发展和改革进程是中国共产党一直思考的问题。改革开放，出现很多新的事物和新的情况，很多是人们不熟悉的，就难免有所争论，一些无谓的争论已经影响到改革的进程。因此，用什么样的标准来判断我国改革开放的具体措施和成果，不仅是我国改革进程中所面临的一个重大理论问题，也是一个重大的现实问题。因为如果没有一个马克思主义的判断标准，我国的改革就有可能走向邪路，造成国家动乱。面对这种国际国内的复杂形式，邓小平在我国改革过程中逐步提出了"三个有利于"的思想，为我国改革开放提供了一个马克思主义的判断标准。

邓小平对我国改革的目标和标准先后提过三次。

第一次是在1983年1月12日在同国家计委、国家经委和农业部门负责人谈话的时候，他说："总之，各项工作都要有助于建设有中国特色的社会主义，都要以是否有助于人民的富裕幸福，是否有助于国家的兴旺发达，作为衡量做得对或不对的标准。"① 这其实就是后来"三个有利于"思想的初步表述。

第二次是在1987年6月，邓小平在会见南斯拉夫共产主义者联盟中央主席团委员科罗舍茨时说："我们的改革要达到一个什么目的呢？总的目的是要有利于巩固社会主义制度，有利于巩固党的领导，有利于在党的领导和社会主义制度下发展生产力。"② 这是从改革的目标谈三个有利于思想。

第三次就是在1992年邓小平南方谈话的时候说：判断我国改革

---

① 《邓小平文选》第3卷，人民出版社1993年版，第23页。
② 同上书，第241页。

开放得失的标准是"应该主要看是否有利于发展社会主义社会的生产力,是否有利于增强社会主义国家的综合国力,是否有利于提高人民的生活水平"。① 这个表述后来写入党的十四大报告里面,并随后写进了党章之中,成为全党的指导思想。

从邓小平在我国改革的进程中先后多次提出的判断标准,我们可以看出,在不同的时期,它们的着重点是不同的,但是这三次提法是一脉相承的,其精神实质是一致的。

首先,这三次表述反映了我国在改革过程中不同时期所面临的主要问题是不大相同的,其侧重点是有所区别的。第一次提出时,我国改革主要解决的问题就是如何使中国摆脱贫穷落后的面貌,如何迅速地提高人民的生活水平。这也是广大人民支持改革、对改革的期望所在。第二次提出"三个有利于"的标准,正是中国刚刚经历了1986年的资产阶级自由化思潮泛滥的阶段,资产阶级自由化思潮主张中国改革走资本主义道路,否定党的领导,并且利用党在一定时期的错误来攻击党的领导地位,所以这时邓小平在总结改革的经验时,提出了这"三个有利于"的思想,作为我国改革的目标。而1992年,在经历了1989年的动乱和苏东剧变之后,我国改革向何处去,改革能否使中国防止出现苏东那样的大变动,中国的无产阶级专政的政权能否站稳脚跟?成为人们关注的焦点。由于东欧剧变和苏联解体给人们带来的震撼,在具体的改革中,不少人畏首畏尾,在什么改革方面都要问个姓"资"姓"社",实际上束缚了自己的手脚,使我国的改革一时陷入了僵局。正是在这种国际和国内大背景下,邓小平在南方谈话中发表了判断改革得失成败的"三个有利于"的标准。强调了发展生产力和人民生活提高对于我们建设社会主义的重要性。

其次,邓小平先后三次提出的判断标准,也是对我国改革认识

---

① 《邓小平文选》第3卷,人民出版社1993年版,第372页。

逐渐加深的反映。在我国改革之初，主要的动机还是很单纯的，就是努力改变生产力长期得不到发展，人民生活水平长期得不到提高的局面，通过改革，改变落后僵化的东西，实现社会主义现代化是全国上下的共识。随着我国改革的深入，触及了更多人的利益，人们的利益诉求和价值追求开始多元化，各种矛盾暴露得越来越充分，不仅存在着发展问题，还一直存在着我国改革向何处去的问题。邓小平作为一个马克思主义者，清醒地认识到了深化改革的复杂性、艰巨性，然而，改革没有回头路，中国只有通过改革才能革除那些阻碍社会发展的各个环节和障碍。没有勇气改革，中国就有可能回到贫穷落后，甚至是像"文化大革命"那样的危险，改革如果没有一个科学的标准和正确的方向，也会步苏联解体、苏共垮台的后尘，因此，在90年代初，世界社会主义处于低潮之时，世界上认为资本主义战胜了社会主义，社会主义意识形态已经"终结"的论调风行之时，邓小平提出了"三个有利于"标准，对于中国有勇气冲破一切阻碍其发展的障碍，不断深化的改革的时候无疑是有力的助推剂。

邓小平先后三次提出的判断改革成败的标准也有很多的共同之处。

首先，都强调了维护我国发展的社会主义方向，在这三次谈话中，邓小平都是强调了我国改革的社会主义方向，"是否有助于建设有中国特色社会主义"、"有利于巩固社会主义制度，有利于党的领导"、"是否有利于发展社会主义社会的生产力，是否有利于增强社会主义国家的综合国力"等，都旗帜鲜明地强调中国改革开放是我国社会主义制度的自我完善和自我发展，而不是要走西方资本主义的道路或其他什么道路。

其次，这三次提法都把结论归结到提高人民的生活水平上来。我国社会主义制度最终要赢得与西方发达国家的优势，让人们相信在这种制度下能实现中国民族的伟大复兴，最终要靠广大人民对当初选择的社会主义道路的信心，这就要把提高人民生活水平作为改革的主要目的之一。这既是党的宗旨所决定的，也是我国的状况所决定的。在指导我国改革开放的过程中，邓小平一再强调要坚持公有制的主体地位和共同富裕两个根本原则，就是强调使改革要惠及广大人民群众，使人民群众共享改革开放的成果。如果改革最终造成贫富分化，就失去了改革的意义。

再次，邓小平这三次表述都强调发展生产力，把发展生产力、社会主义的前途命运和人民群众的生活有机联系在了一起，是一个有机的整体，这是邓小平准确把握历史发展规律和时代特征做出的战略思考。历史上社会更替的主要原因就是旧的社会制度成为生产力的发展障碍。一个新生的社会制度要彻底战胜旧的社会力量，必然要把发展社会生产力放在首位。一种制度无论多么先进，离开社会生产力的发展和人民的支持，都是不会持久的。

三　邓小平"三个有利于"思想对我们推进全面深化改革的启示

进入新世纪，尤其是党的十八届三中全会以后，我国进入全面深化改革的历史时期，无论改革的深度还是改革的难度都在加大。在这个历史时期，学习和研究邓小平"三个有利于"思想，对于破除各种障碍，顺利推进当前我国各项改革，有着积极的意义。

（一）在我国发展的关键时刻，要勇于突破藩篱，助力改革向更远更深推进

在20世纪80年代末90年代初，东欧剧变、苏联解体，发达资本主义国家的工人政党也纷纷改旗易帜，世界共产主义运动陷入低潮，全世界都在质疑和批评社会主义制度，不少国家的共产党员丧失了共产主义信仰。这种世界范围的对社会主义前途命运的迷茫和彷徨不可避免地影响到我国，在经历了1989年政治动乱后，不少人对我国的改革事业产生怀疑和动摇。一个直接的后果就是对改革畏首畏尾，恐怕步苏联的后尘，在任何改革的举措上都要问问"姓资""姓社"的问题，社会上"左"右之争不断激化，已经严重影响我国改革的进一步深化。

邓小平敏锐地观察到了社会的这种变化，他一再说，资本主义战胜了社会主义，哪有这回事？一些人在改革过程中畏首畏尾，争来争去，就是怕资本主义的东西多了，怕中国走了资本主义道路。在此基础上邓小平提出判断改革成败的"三个有利于"标准，以这个标准观察市场经济，作出了社会主义也有市场、资本主义也有计划的论断，把市场经济这个传统思想认为是资本主义特有的现象纳入到社会主义制度中，建设中国特色市场经济成为中国经济体制改革的目标，一下子开阔了改革的事业，开辟了马克思主义的新境界，也助推中国改革迈上一个新的台阶。

当前我国改革迈入了新的历史阶段，党的十八届三中全会确定了我国全面深化改革的总目标，在我国经历了35年改革开放的历史时期，回答了中国改革如何改革，改革什么的问题，为下一步全面深化改革制定了时间表和路线图，必定在新的起点上助推中国改革的深化，充分显示了中国共产党的道路自信、制度自信和理论自信，全会提出了进一步解放思想、进一步解放和发展生产力、进一步解放和增强社会活力。这"三个进一步解放"与邓小平"三个有利于"思想是一脉相承的，是邓小平"三个有利于"思想在新的历史环境中的进一步发展，体现了中国改革的一贯性。

（二）深化改革要一心一意不为干扰所惑

无论是邓小平提出"三个有利于"思想，还是当前全面深化改革，都一再表明，只有一心一意推进改革，不为干扰所惑，才能够在全党形成思想和意志统一，才能统一全国各族人民思想和意志，才能够形成推进改革的强大合力。

在20世纪90年代初，中国的改革处于徘徊状态，一些人对改革持怀疑态度，担心是走了资本主义道路，有的甚至感到害怕，主张回到改革开放前的做法中去。有些人对社会主义失去信心，认为中国应该走西方所确立的私有化市场经济，分权制衡的政治制度为特征的道路。邓小平在提出"三个有利于"标准后，接着说，只要公有制占主体地位，就不会发展成资本主义，中国的改革要反右，更要反"左"，他就是在提醒全党，只有不断解放思想，排除干扰，聚精会神抓改革，才能做到一心一意谋发展，才能实现"三个有利于"所确立的标准。1992年邓小平南方谈话后至今已有20多年，中国以建立社会主义市场经济为目标的经济体制改革不断取得新的成就，政治体制改革稳步推进，社会领域及其他方面的改革都取得了前所未有的成就，取得了中国的经济总量达世界第二位、综合国力迅速持续增强、人民生活水平显著提高的成绩，创造了世界社会发展的奇迹，为下一步全面深化改革积累了丰富的经验，奠定物质和精神基础。

中国30多年的改革虽然取得了巨大成就，然而相比我国经济社会发展要求，相比人民群众期待，相比当今世界日趋激烈的国际竞争，相比实现国家长治久安，我国的改革还有很大的空间，必须坚定不移地推进。习近平在省部级主要领导干部学习贯彻十八届三中全会精神全面深化改革专题研讨班上谈到，制定出一个好文件，只是万里长征走完了第一步，"关键在于落实，要防止徒陈空文、等待观望、急功近利，必须有时不待我的紧迫意识和夙夜在公的责任意识抓实、再抓实"。提出"对党和人民事业有利的，对最广大人民有利的，对实现党和国家兴旺发达、长治久安有利的，该改的就要坚定不移改"。习近平的讲话也是一再强调全党要在全面推进深化改革上统一意志，要聚精会神、一心一意。这体现了我国改革的前后相续和我们党善于总结和继承历史经验的体现。

（三）中国的改革要始终坚持社会主义的方向不动摇

中国 30 多年改革的实践表明，无论任何时候，坚持改革的社会主义方向不动摇，是我国改革取得成功的根本保障。

走社会主义道路，是近代以来，经过无数次的挫折和奋斗得出的结论。人民选择了社会主义，选择了共产党的领导，这是中国最宏大的历史叙事。社会主义的人民性是新中国成立后广大人民支持中国道路的制度基础。中国的改革是社会主义制度的自我完善和自我发展，要想赢得广大人民群众的信任和支持，只有始终坚持社会主义道路不动摇。邓小平在这方面一向是旗帜鲜明、一以贯之的。他一再强调，坚持公有制为主体和共同富裕，是中国推进改革的基本原则。他善于从如何完善社会主义制度的大局来思考改革的举措，"三个有利于"思想，每一条都强调社会主义方向。35 年来，我们通过改革解决了发展过程中遇到的一系列问题，社会主义制度更加巩固，显示了邓小平高瞻远瞩的战略思维。

十八届三中全会把当前我国改革的总目标确定为：完善和发展中国特色社会主义制度，推进国家治理体系和治理能力现代化。这两句话构成了完整的改革目标。其中，完善和发展中国特色社会主义制度是根本和基础，后一句是前一句在当代的必然要求。今天我国全面深化改革的一个显著特征就是推动中国特色社会主义制度更加成熟更加定型，只有推进国家治理体系和治理能力的现代化，才能为国家提供一套更完备、更稳定、更管用的制度体系。只有在社会主义道路上，才能实现中华民族复兴的"中国梦"。离开社会主义，国家治理体系和治理能力现代化就失去了目标和原则，中国的改革就会走上改旗易帜的邪路。因此习近平强调，贯彻三中全会精神，"要防止一知半解、断章取义、生搬硬套，要弄清楚整体政策安排与某一具体政策的关系、系统政策链条与某一政策环节的关系、顶层设计与政策分层对接的关系、政策统一性与政策差异性的关系、长期性政策与阶段性政策的关系,既不能以局部代替整体、又不能以整体代替局部,既不能以灵活性损害原则性、又不能以原则性束缚灵活性。"① 这是我们落实全面深化改革需要把握的辩证关系,对于坚持中国改革的正确方向无疑具有指导性作用。

总之,党的十八届三中全会所确立的全面深化改革的蓝图与邓小平推进改革的"三个有利于"思想是一脉相承的,体现了我国改革进程的内在延续性和一致性。

(作者单位:中国社会科学院政治学研究所)

---

① 《完善和发展中国特色社会主义制度推进国家治理体系和治理能力现代化》,《人民日报》2014年2月18日。

同资本主义长期合作与斗争

陈众议

近年来,随着我国社会主义市场经济体系的逐步确立和完善、改革开放的日渐深化和扩大,国内外出现了不少噪音,较易诱发思想混沌的至少有这么两级:一是认为既然用了资本主义(市场经济)之器,就不要高唱社会主义之调;甚至公开指责社会主义市场经济是"挂社会主义的羊头","卖资本主义的狗肉";二是认为既然资本主义是历史的必然,与其逆之,不如顺之;是谓彻底补课。这两种观点互为因果,相反相成,在"全球化"背景下对我国思想界产生了负面影响。

一 民族利益是最大的公约数

众所周知,"全球化"早在20世纪末就已成为人文社会研究的热门话题。然而,它远非世界大同。恰恰相反,我们面前的世界很不太平,我们面对的话语也很不公平。简而言之,世界充斥着来自西方的话语霸权(它铺天盖地,对我国的意识形态以强烈的挤压)。同时,经济霸权、政治霸权相伴而生。因此,强调民族利益不仅需要,而且紧迫。在民族利益这个最大公约数中,思想界的立场、观点和方法也就有了讨论的范畴和可能。但令人惊讶的是,面对西方文化霸权,并非所有学者都心知肚明。

福柯说,话语即权力。譬如,倘使我们对"经济全球化"之类带有欺骗性的"中性"话语尚未有足够清醒的认识,那么我们必然会自我撕裂,做糊涂虫、犯幼稚病,从而断送改革开放的成果,甚至中华民族的前途,无颜面对我们的祖宗和后人。经济基础与上层建筑能割裂吗?那么,我们又当如何既坚持社会主义之道,又利用资本主义之器?马克思不认为这世界有什么纯粹的公器,事实也是如此。存在与意识,生产力和生产关系,经济基础与上层建筑,等等,从来都是相互依存、互为因果、彼此促进,又彼此斗争、交错递进、螺旋发展的。既然无法割裂,那么我们又如何平衡道器?于是,小平说了,社会主义初级阶段要"同资本主义制度长期合作和斗争"。只要我们坚持从我出发,为我所用,头脑清醒,是非分明,道器就不至于颠倒、灵肉就不至于混淆。

记得瞿秋白关于灵魂的诗章有这么几句:

如果人有灵魂的话,
何必要这个躯壳!
但是,如果没有的话,
这个躯壳又有什么用处?

这是我国早期马克思主义者对理想大义和个人生死的态度!这种舍生取义的精神如果依然是中国共产党人,即便是党内领导干部的信仰,那么市场经济这个器就并不可怕;况乎和平时期,罕有舍生取义之需,难道中国共产党人在民族大义面前连舍利取义也做不到了吗?

二 资本的两面性与欺骗性

马克思在《资本论》第三卷"资本主义发展的历史趋势"节中预言过今天:资本在完成了地区垄断和国家垄断以后走向国际

垄断。倘使不是世界进入了跨国资本主义时代，新自由主义便无法生成；同样，西方的政治家也断然不可能发明"人权高于主权"之类的时鲜谬论。盖因跨国公司不会满足于一国或几国的资源和市场。它们当然要消解各国主权，以致其剥夺在全世界畅通无阻。马克思基于历史唯物主义和他对资本及资本主义的深刻洞识预见到了这一点，并说"这种剥夺是通过资本主义生产本身的内在规律的作用，即通过资本的集中进行的。一个资本家打倒许多资本家。随着这种集中或少数资本家对多数资本家的剥夺，规模不断扩大的劳动过程的协作形式日益发展，科学日益被自觉地应用于技术方面，土地日益被有计划地利用，劳动资料日益转化为只能共同使用的劳动资料，一切生产资料因作为结合的社会劳动的生产资料使用而日益节省，各国人民日益被卷入世界市场网，从而资本主义制度日益具有国际的性质"。这不正是我们面前的"全球化"吗？

有关"全球化"的讨论固然一直集中于时间和表象，如哥伦布发现新大陆、瓦特发明蒸汽机和叶利钦结束冷战时代等，笔者却倾向于将它定性为跨国资本主义化，即资本在完成地区垄断和国家垄断之后实现的国际垄断。于是，资本之外一切皆无的时代已经来临，而坊间所谓的"经济全球化"、"文化多元化"只不过是一种美丽的错觉或理想的诉求，本质上却是一种自欺欺人。

首先，经济作为一切上层建筑和意识形态的基础，不可能实现独立的全球化进程。它必然具有政治属性，并导致相应的上层建筑和意识形态变迁（"信息高速公路"——互联网在此推波助澜）。如今，以跨国资本为核心的世界经济格局已经形成。富国如鱼得水，贫国大开血脉。资本所向披靡，顺我者昌，逆我者亡。所谓的"文化冲突"归根结底是利益冲突。如是，随着冷战的终结，科索沃战争和阿富汗、伊拉克战争和利比亚战争的结束，以及阿拉伯伊斯兰世界多米诺骨牌式的所谓民主化浪潮的发生，资本逻辑和技术（工具）理性完成合谋。至此，"文化多元化"逐渐褪去面纱、露出真容；盖因在强大的资本面前，文化生态多样性的理想主义错觉全面崩塌。资本家可以四海为家；而无产者和广大浮游的中间人言路广开，却基本上只能是自话自说。然而，正所谓有无相生，祸福相依，人类在创造文明的同时也带来了更大的危机、更多的危险。凡事如此，概莫能外。各种作用力与反作用力像钟摆，使世界莫衷一是。如此，"惊涛拍岸，卷起千堆雪"，跨国资本主义面临的第一轮危机不仅是自身危机，而且还有来自发展中国家的反动。"9·11"事件便是一个比较极端的例子（更加极端的也许还在后面）。这就是说，跨国资本在发展中国家牟取巨额利润的同时，正通过低成本及相对廉价的资源、产品和包括劳动力在内的各种生产资料形式冲击西方市场，导致西方国家危机频发，并在物质和精神双重层面上出现空前深刻的矛盾。

其次，资本无国界的事实导致了"地球村"的产生。它淡化了文化和意识形态冲突，利益冲突则日趋尖锐。但利益冲突的主体已由传统意义上的热战转向新的冷战，由民族国家对抗转向资本支配者之间的倾轧，从而使民族国家意识逐渐淡化，直至完全淡出，取而代之以更为宽泛也更为具体的利益群体或个人。近来西方国家极右思潮的抬头多少与此相关：延绵两千多年的犹太基督教文化在强大的资本逻辑面前毫无还手之力，一系列传统价值面临瓦解，致使极少数极端保守势力铤而走险。因此，"地球村"一定意义上也即"地雷村"。于是，"天作孽，犹可为；人作孽，不可活"。人类面临空前危机：没有是非，只有强弱；没有善恶，只有成败；没有美丑，只有贫富。诸如此类的是非混淆、黑白颠倒，以及"人权高于主权"之类的时鲜谬论只有在跨国资本主义时代才能出现。重要的是，诸如此类的时鲜谬论恰恰承载着跨国资本主义的核心价值。

再次，"多元化"并不意味着文化平等。它仅仅是思想领域的一种狂欢景象，很容易让人麻痹，以为这世界真的已经自由甚至大同了。从这个意义上说，"全球化"背景下的"文化多元化"其实也是一个悖论，说穿了是跨国资本主义的一元化。而整个后现代主义针对传统二元论和辩证法的解构风潮在否定简单二元对立和排中律的同时夸大了萝卜白菜各有所爱的相对性。于是，绝对的相对性取代了相对的绝对性。这恰恰顺应了跨国资本的全球化扩张：不分你我、没有中心是其文化策略、文化表征。于是，网络文化推波助澜，使世界在极端的文化相对主义和个人主义狂欢面前愈来愈莫衷一是、无所适从。于是，我们很难再用传统的方式界定文学、回答文学是什么这个古老而又常新的问题。借用昆德拉关于小说的说法，或可称当下的文学观是关乎自我的询问与回答，即甚嚣尘上的个人主义或个性化表演。盖因后现代主义留下的虚无状态显然不仅局限于形而上学范畴，其怀疑和解构本质明显具有悲观主义，甚至虚无主义倾向，并已然对世界造成了深远的影响，客观上造就了跨国资本主义时代"全球化"背景下的文化及文学的"去民族化"态势。而这种状况对谁最有利呢？当然是跨国资本。

三　合作与斗争的辩证关系

在跨国资本主义时代，没有什么可以幸免资本的影响，文学也是如此，甚至首当其冲。这就牵涉"全球化"（本质上即跨国资本主义化）时代的伪多元问题。关于这个问题，这里也只能蜻蜓点水。比方说微博，表面上看，它是自由多元的见证，加上五花八门的小报小刊，这世界确实充满了喧哗与骚动、自由与狂欢。但事实上主宰这个世界的惟有资本及其支配者。当然，坚船利炮依然重要。

且说文学与社会政治、世道人心的关系。远的不论，苏联及华约的解体、阿拉伯世界的所谓民主化裂变，文学及文学批评的作用不容忽视。拿利比亚来说，生于1942年的前作协主席和卡扎菲的次子一样曾留学英国，他表面上与卡扎菲过从甚密，但内心深处却牢骚多多、早有异心。20世纪90年代,他在三部曲(《我将献给你另一座城市》、《这是我的王国》、《一个被女人照亮的隧道》)就表现出了明确的离心力,除了在第二部中描写到一个没有秘密警察、没有政治迫害、没有强权统治的乌托邦之外,其余笔墨均落在知识分子的两难处境:一边是现代生活,一边是传统习俗;一边是西方价值,一边是伊斯兰教。埃及的纳瓦勒·赛阿维达则索性早早地与伊斯兰传统决裂,她自然也就得到了西方更大的欢迎,甚至激赏。还有刚刚斩获奥斯卡最佳外语片金像奖的伊朗影片《分居风暴》(《纳德和西敏:一次别离》)表面上说的是普普通通的一场夫妻分居风波,却被无如的烦恼和无奈的遭遇巧妙地擢升到情与理、情与法以及利与德、利与信的高度。除却看不见阿訇和看得见的法官,所有人(包括老人和孩子)都显得很可怜、很无辜。当然,影片所以得到西方的青睐,导演阿斯哈·法哈蒂与伊朗政府的摩擦是原因之一。此外,作为故事导火线(或前提)的"离开伊朗"则意味深长,尽管很容易被人忽略(妻子执意带者女儿离开伊朗,丈夫却因无法割舍罹患老年痴呆症的父亲及生活习惯等原因不与认可。女方因此提出离婚诉讼)。

  人类社会的许多情况可以通过政治经济学、社会学、统计学等专门学科来描述和计算,惟世道人心非文学艺术不能反映。至于反映得如何,则取决于作者的立场、观点、艺术水准和审美取向。顺言之,我们的许多"大片",除了投资规模大得惊人,而且愈来愈大,内涵却常常小气得可怜,不仅不能让人感同身受地体味鲜活的生活;即使拍人马屁,都不知道怎么拍、往哪里拍。而苏联后期的去意识形态化写作(其实是另一种意识形态)与白银时代作家及俄国形式主义批评的走红,联手瓦解了社会主义现实主义等(社会主义现实主义的主旋律文艺自身的问题另当别论)。同样,苏联晚期的文学批评率先为戈氏"新思维"提供了温床。"人心向背",犹如冰冻三尺非一日寒。文学在此过程中像寒风,似冻雨,潜移默化,润物无声；批评则不同，它好比哲学，具有更为鲜明、更为直接的意识形态属性。这是毋庸置疑的。如是，一旦时机成熟，批评的武器对于上层建筑便是烈火对干柴，而哗啦啦大厦倾覆多为一朝一夕之工。但后者的发生，往往还要从世道人心中去找答案，当然经济基础和上层建筑的矛盾等是更为客观，也更为重要的因素，文学艺术则如盐入水，虽化于无形，却可使其咸度陡增。正所谓人心似水，可载舟，亦可覆舟。这也是唯物辩证法的基本原理。

"三军未发，粮草先行"；资本未行，文化先动。早在20世纪60年代，美国的一些知识精英就开启了"全球化"时代的"新思维"。1960年，丹尼尔·贝尔发表了《意识形态的终结》。他主张淡化意识形态，认为意识形态对峙犹如传统殖民方式，正明显阻碍生产力的发展。1973年，他又在《后工业社会的来临》一书中认为美国等西方国家已经进入后工业时代。在他看来，后工业社会的主要特征首先是服务型、资本型经济取代生产型经济，其次是控制技术、信息技术的飞速发展。此外，在贝尔看来，迄今为止人类社会的发展过程主要有前工业社会、工业社会和后工业社会三个阶段构成。这些观点不久即演变成了轰动一时的所谓"大趋势"或"第三次浪潮"。这时，美国政府明显开始两条腿走路，即在保持军事和经济压力的同时，有意放松了对意识形态的控制，为冷战时期乃至60年代的内部矛盾（如在越战、代沟、学潮等问题上对抗）和六七十年代的反共政策蒙上了面纱。这一定程度上为后现代主义的风行创造了条件，后者则反过来（或客观上）助推了"全球化"浪潮。因为多数后现代主义者至少一度是以反对西方制度或西方文化传统为初衷的。90年代初，随着冷战的结束，美国政府全面接受了贝尔的思想，在"淡化"意识形态、加强跨国资本运作的同时，开始实施"信息高速公路"战略。二十年弹指一挥间。然而，以互联网为核心的信息技术一日千里，在创造一个个利润奇迹的同时，使世界变成了名副其实的"地球村"。

也是在20世纪70年代，法国学者利奥塔发表了《后现代状态》（1979）。他从认识的多元性切入，夸大了认识的相对性，并由此阐述了后工业时代文化的无中心、无主潮特征，从而引发了后现代主义热潮。于是，解构、消解、模糊、相对、不确定等一系列相辅相成的后现代概念开始大行其道，从而否定了认识和真理的客观性，导致了文化相对主义的盛行，客观上为意识形态的淡化提供了更为广泛，也更为坚实的学理支持。因此，无论这些学者初衷何如，他们的成果客观上顺应，甚至推动了跨国资本主义的发展。

我们不妨以生态批评为例，来说明问题的复杂性。生态批评确实对生态保护起到了积极作用，这毋庸讳言。但极端的环境保护主义就未必具有普遍效应了。盖因对于发展中国而言，首当其冲的是生存权和发展权。可现如今由于发达国家一方面把一些高能耗、高资源消耗和劳动密集型产业转移到发展中国家，另一方面又指责后者的能源消耗及温室气体排放过多。这便是最近正在热谈的碳排放问题，它无疑是美欧扔给我们和发展中国家的又一张王牌。正因为如此，美欧的一些人文学者甚至对发展提出了否定，这更是站着说话不腰疼、饱汉不知饿汉饥的极端姿态。但反过来说，没有节制的开发肯定是一种明知故犯：对来者、对他者的犯罪，也不符合自然伦理。所以这是一对矛盾，如何进退，确实充满了利益纠结。

再譬如新自由主义，固然是自由资本主义在跨国公司时代的公器，却明显具有反社会主义的意识形态。至于其反凯恩斯主义思想和资本逻辑所引发并将继续引发的资本主义内在矛盾，正是资本的可怕、资本逻辑的可怕，也是马克思之所以明知资本主义之必然而又批判之、否定之的根本原因。仅以最近一次金融危机为例：据有关方面统计，20世纪70年代以降，跨国资本市场逐渐擢升为世界第一市场。资本支配者迫不及待地开发金融产品，以至于千禧年前后世界货币市场的年交易额已经高达六百多万亿美元，是国际贸易总额的一百倍；金融危机之前全球金融产品交易总额更是高达两千多万亿美元，是全球年 GDP 总额的 70 多倍。这是资本逻辑非理性的一次大暴露，其中的泡沫成分显而易见，利益驱动和目标流向更是不言而喻。此外，资本不仅是利益，还有思想，即意识形态和价值观。譬如以美国为首的西方世界对我国的政策就不仅是利益诉求，而且还有意识形态目的。也就是说，我国与印度、巴西等崛起中国家的不同"待遇"不仅仅是因为制度，而且还有历史文化、意识形态等多重原因，尽管利益或潜在的利益冲突是关键。用伟光同志的话说，"利益是唯一推动力"。这从美欧遏制俄罗斯也可以得到印证。

由是，中国特色社会主义事业是逆水行舟。从目的论的角度看，我们既要借资本主义这个必然王国之器以壮大自己，同时又要防止西化。这无疑是一种两难选择，稍有不慎，便会犯无法弥补、不可逆转的历史性、灾难性错误。因此，同生产力相对发达的资本主义制度长期合作和斗争将是中国特色社会主义（或谓社会主义初级阶段）的必由之路。

总之，在发达社会主义和共产主义理想王国还十分遥远，而资本主义这个必然王国依然强大的这个时代，我们必须保持足够清醒的认识，并尽可能让更多同胞意识到小平同志关于"同资本主义制度长期合作和斗争"的思想，那么中华民族的中兴就不仅是梦。

（作者单位：中国社会科学院外国文学研究所）

重温"摸着石头过河"思想

欧阳英

邓小平是中国改革开放的"总设计师"。经过 30 多年的努力，中国改革开放取得了重大成就，同时也已进入攻坚阶段。回头看，改革开放进程中影响较大的一些重大思想，"摸着石头过河"思想当属其中。"摸着石头过河"可能是中国改革开放中争议最大、认识最不统一、歧义最多的命题，但是，这个命题对于中国改革开放的影响之深、贡献之大，使得人们无法回避乃至绕开它。要想走出认识上的困境，就需要溯本清源。在这里，本文对"摸着石头过河"思想提出背景、发展过程、基本内涵、哲学基础、基本特点以及理论意义等多方面内容，做全方位的考查与论证。这个过程既是力求使人们对该思想的本质形成更清醒理解的过程，也是使人们对邓小平在该思想上的特殊贡献有更明确认识的过程。

一 "摸着石头过河"思想的提出是中国共产党人集体智慧的结晶

"摸着石头过河"原本是民间歇后语，意指在事先不知道一条河的详细情况下，只能以身试水摸索着河里的石头安全过河。从现能查阅到的资料来看，最早提出"摸着石头过河"思想的是陈云。1950 年 4 月 7 日，陈云在政务院第 27 次政务会议发言中指出："物价涨不好，跌亦对生产不好。……要摸着石头过河，稳当点好。"

1951年7月20日,陈云就工商业联合会如何发挥协助人民政府和指导工商业者的作用时指出:"办法也应该稳妥,这叫摸着石头过河。搞急了是要出毛病的。毛毛草草而发生错误和稳稳当当而慢一点相比较,我们宁可采取后者。尤其是处理全国经济问题,更须注意这点。慢两三个月天不会塌,怕什么。"20世纪50年代初新中国刚刚建立,希望中国社会早日完成新民主主义革命任务,快速进入中国特色社会主义建设阶段的急躁冒进思想与做法大量泛滥,在这种情况下,陈云提出"摸着石头过河",是带有工作方法指导意义的,强调的是要谨防"'左'倾冒进思想"。

十一届三中全会以后,1980年12月16日陈云在中央工作会议上说:"我们要改革,但是步子要稳。因为我们的改革,问题复杂,不能要求过急。改革固然要靠一定的理论研究、经济统计和经济预测,更重要的还是要从试点着手,随时总结经验,也就是要'摸着石头过河'。开始时步子要小,缓缓而行。"在这次会议12月25日的闭幕会上,邓小平明确表示完全同意陈云的讲话,并说:陈云同志的"这个讲话在一系列问题上正确地总结了我国31年来经济工作的经验教训,是我们今后长期的指导方针"。尽管邓小平上述讲话是对陈云讲话内容的整体定调,但是,这种定调是带有根本性的,它已使人们认识到将"摸着石头过河"思想作为改革开放指导方针的重要性。因此,"摸着石头过河"思想的提出与最终的广泛运用体现的是中国共产党人的集体智慧,是中国共产党人集体智慧的结晶。

二 "摸着石头过河"思想经历了内涵单一到丰富的发展过程

中国共产党人对"摸着石头过河"思想内涵的解读不是一次性完成的,而是经历了一个历史发展过程。最初对"摸着石头过河"思想的理解重点放在"稳妥"。例如,陈云在20世纪50年代提出要

"摸着石头过河"时，主要是围绕"稳妥"二字展开，即提出"要'摸着石头过河'，稳当点为好"；"办法也应该稳妥，这叫摸着石头过河。搞急了是要出毛病的"；等等。但是，十一届三中全会以后，"摸着石头过河"思想的内涵除强调"稳妥"外，又增添了"勇于尝试"、"敢于探索"等新内容。20世纪80年代，陈云针对"摸着石头过河"曾进一步说道："'九溪十八涧'，总要摸着石头过，总要下河去试一试"；邓小平也指出："要摸索前进"，"改革开放胆子要大一些，敢于试验，不能像小脚女人一样"，等等。由此可见，在改革开放后，"摸着石头过河"的基本内涵是稳妥与探索的统一。

邓小平曾反复强调在改革开放实践中应该保持稳妥性与探索性的辩证统一。例如，他明确指出："开放不简单，比开放更难的是改革，必须有秩序地进行。所谓有秩序，就是既大胆又慎重，要及时总结经验，稳步前进。"又说："胆子要大，步子要稳。所谓胆子要大，就是要坚定不移地搞下去；步子要稳，发现问题就赶快改。"在1988年10月5日会见肯尼亚总统丹尼尔·阿拉普·莫伊时，邓小平还说道："讲发展，第一要有一个长期的战略设想，第二每走一步都要小心谨慎。既要大胆，坚持现行的方针和政策，又要步伐稳妥。要求过急，往往是犯大错的根源。"在这里，"大胆"、"胆子要大些"、"要大胆"等，就是讲的要勇于尝试、敢于探索；"慎重"、"步子要稳"、"步伐稳妥"等，就是针对稳妥性来谈的。

2012年年初习近平在中共中央政治局第二次集体学习时说："摸着石头过河，是富有中国特色、符合中国国情的改革方法。摸着石头过河就是摸规律，从实践中获得真知。"在此"摸着石头过河"思想被进一步赋予了"富有中国特色、符合中国国情"的"改革方法"这一新内涵，也使人们有了新的认识维度。习近平还说道："摸着石头过河和加强顶层设计是辩证统一的，推进局部的阶段性改革开放要在加强顶层设计的前提下进行，加强顶层设计要在推进局部的阶段性改革开放的基础上来谋划。要加强宏观思考和顶层设计，更加注重改革的系统性、整体性、协同性，同时也要继续鼓励大胆试验、大胆突破，不断把改革开放引向深入。"原来人们是从单一层面理解"摸着石头过河"，因此，通过进一步提出"摸着石头过河和加强顶层设计是辩证统一"的关系，实际上使人们对于"摸着石头过河"本质的认识走向更全面化。与"摸着石头过河"之间形成辩证关系的是"加强顶层设计"，而这种关系之所以是成立的，就在于加强顶层设计是"摸着石头过河"的重大补充；通过加强顶层设计，"摸着石头过河"能够扩大思想内容，在"更加注重改革的系统性、整体性、协同性"的前提下进行大胆改革探索。

三 "摸着石头过河"思想的哲学基础是"实践唯物主义"

"摸着石头过河"是反映以邓小平为核心的中国共产党第二代领导集体在没有先例可循的情况下奋力开创改革开放局面的重要实践思想，它用生动的比喻把实践先行、勇于实践的道理简明化、大众化。正因为"摸着石头过河"着重强调了实践先行、大胆实践、勇于实践等内容，因此，它与以凸显实践重要性而著称的"实践唯物主义"之间的内在联系，就是值得深入挖掘与探讨的。作为马克思主义哲学本质的重要组成部分，"实践唯物主义"对于"摸着石头过河"思想具有哲学基础的重要意义，对此可以围绕四个方面展开说明：

第一，立足于实践唯物主义，人们可以对"摸着石头过河"实践内涵的唯物主义基础有更深刻的认识。在《德意志意识形态》中，马克思恩格斯指出："实际上，而且对实践的唯物主义者即共产主义者来说，全部问题都在于使现存世界革命化，实际地反对并改变现存的事物。"因此，在实践唯物主义那里，"现存的事物"是被实际地"反对并改变"的对象，物质第一性是必须坚持的基本原则。由此可见，尽管"摸着石头过河"的基本内涵是基于实践的探索性，但是在对此思想加以进一步把握时，人们首先必须正视的应是物质第一性原则。"摸着石头过河"思想强调实践但却是立足于物质第一性原则，倘若人们只注意"摸着石头过河"思想中所包含的实践内涵而忽略了物质第一性原则，只会在实践中碰壁。正是基于这一点，"摸着石头过河"与"解放思想，实事求是"之间构成了相辅相成的关系。邓小平多次提道："我们共产党人是彻底的唯物主义者。"他在总结改革开放之所以取得如此巨大成就时，曾经有句名言："我们改革开放的成功，不是靠本本，而是靠实践，靠实事求是。"从实践唯物主义的角度来看，邓小平通过结合"实事求是"来理解"实践"一词，真正体现出实践唯物主义的精神实质。任何实践都不应抛开物质第一性原则来进行，倘若抛开了物质第一性原则，在客观上势必会导致"人有多大胆，地有多大产"、"只怕做不到，不怕想不到"之类的"主观异想型实践"的出现。邓小平最反对空谈，他曾鲜明地宣布："我是实事求是派"，并且明确提出："四个现代化靠空谈是化不出来的。"

第二，立足于实践唯物主义，人们可以对"摸着石头过河"实践内涵的认识论本质有更加深入的把握。在《关于费尔巴哈的提纲》中，马克思指出："人的思维是否具有客观的真理性，这不是一个理论的问题，而是一个实践的问题。人应该在实践中证明自己思维的真理性，即自己思维的现实性和力量，自己思维的此岸性。关于思维——离开实践的思维——的现实性或非现实性的争论，是一个纯粹经院哲学的问题。"由此可见，与传统认识论不同，马克思引入实践机制来解决认识论问题，他的认识论是与其实践唯物主义保持高度一致性的。当然，也正是基于这一点，所以，当我们立足实践唯物主义去分析"摸着石头过河"时又可以更深入地看到其认识论本质。表面看来，"摸着石头过河"仅是一种实践活动，但是从根本上说，它是认识过程与实践过程保持一致的实践活动。这也就是说，从实践活动的角度来看,"摸着石头过河"本身就是一个认识的过程,人们能够在"摸着石头过河"的过程中寻找到真理,探求到规律,把握到本质;从认识活动的角度来看,"摸着石头过河"本身又是一个实践的过程,在实践中探索真理是其最根本的本质。因此,从实践唯物主义的角度来看,"摸着石头过河"实践内涵的最深刻的认识论本质就在于它实现了实践过程与认识过程的统一,是实践过程与认识过程达成统一的样本性实践形式。关于这一点,正是前面我们提到的习近平所说的:"摸着石头过河就是摸规律,从实践中获得真知。"对于"摸着石头过河",人们更应该充分看到的是其将实践过程与认识过程置于一身的实践优势与认识优势。并且正是由于这种二重优势的存在,所以,尽管"摸着石头过河"思想的提出与对它的置疑基本上是相伴而生的,但是,立足于实践唯物主义,人们却可以清楚地看到,"摸着石头过河"这种实践形式在认识中担任了重要角色,其认识论作用并不是可以被随意乃至轻易地否定掉的。

第三,立足于实践唯物主义,人们可以对"摸着石头过河"实践内涵的唯物史观基础有更深入的理解。实践既是实践唯物主义的基石,也是唯物史观的基石,在实践的基础上实践唯物主义与唯物史观达成统一。在马克思那里,实践唯物主义研究的是实践中的一般,唯物史观研究的是实践中的个别即社会实践,因此,实践唯物主义与唯物史观在把握实践本质的问题上构成相互补充的关系。"摸着石头过河"是社会历史活动,所以,从实践唯物主义的视角来看,它是实践中的个别,人们更应该注重研究与把握的应是其唯物史观基础。只有这样,才能在"摸着石头过河"的过程中不至于走弯路、走歧路。

邓小平指出:"按照历史唯物主义的观点来讲,正确的政治领导的成果,归根到底要表现在社会生产力的发展上,人民物质文化生活的改善上。"邓小平的这种提法为人们将"摸着石头过河"方法的实践内涵建立在唯物史观的基础之上提供了基本标准。重视实践的唯物史观基础，主要包括两层含义：第一层是要重视实践的社会性；第二层是要重视生产力对于社会历史发展的重要作用。人民群众的集体实践活动是实践社会性的基本表现形式，改善人民群众物质文化是人民群众集体实践活动的主要动力，也是"摸着石头过河"应确立的具体实践目标；发展生产力是社会实践的基本内容，也是"摸着石头过河"的主要实践内容。因此，从唯物史观的角度来看，"摸着石头过河"思想的基本内涵应该涉及邓小平提出的两条基本标准，即改善人民群众物质文化生活与发展生产力。

当"摸着石头过河"以唯物史观作为其重要的理论基础的时候，它能够真正体现为思想与行动两方面的统一。这也就是说，从一方面看，当"摸着石头过河"被视为思想认识时，它能够在调动广大人民群众实践积极性的情况下，真正成为社会历史实践中的重要思想指导；从另一方面看，当"摸着石头过河"被视为实践活动时，它能够在充分发展生产力的情况下，真正成为促进社会历史发展的推动力。从现实来看，如果上述这两个方面解决得不好，将会出现人们不愿意看到的两种后果：一种后果是，当"摸着石头过河"被视为思想认识时，非但不能指导人们的实践活动，反而会成为一种"戏说"；另一种后果是，当"摸着石头过河"被视为实践活动时，非但不能成为社会历史的改造活动，反而只会被视为一种"游戏"。当前针对"摸着石头过河"在中国改革开放中的作用，人们发出了不同的声音：有人说，中国的改革开放是"摸着石头过河"，说明中国改革开放没有理论指导，走到哪算哪；有人说，中国的改革开放是"摸着石头过河"，摸不着石头掉河里淹死；也有人说，中国的改革开放是"摸着石头过河"，但摸石头的手是被控制的，不是想往哪摸就往哪摸；还有人说，用"摸着石头过河"来指导社会主义实践，必然会陷入"盲人骑瞎马，夜半临深池"的境地；……上述声音的存在反映出的是对"摸着石头过河"思想的严重误读。如果我们将"摸着石头过河"思想的实践内涵真正地建立在唯物史观的基础之上，严格地遵循唯物史观的基本内容进行"摸着石头过河"的实践活动，就可以避免让上述误读一谶成真。

第四，立足于实践唯物主义，人们可以对"摸着石头过河"实践内涵的"以人为本"的精神实质有更深入的理解。在《1844年经济学哲学手稿》中，马克思通过阐述共产主义概念首次表达了自己哲学思想的精髓，并用"实践人道主义"这一术语描述了自己哲学思想的本质特征。马克思认为，新的哲学，即实践人道主义"既不同于唯心主义，也不同于唯物主义，同时又是把这二者结合的真理"，是一种"彻底的自然主义或人道主义"。换言之，实践人道主义既不是片面强调自然也不是片面强调人的学说，而是继承了以往唯物主义和人道主义的成果，并使二者在新的基础上统一起来的新的哲学形态。与费尔巴哈的"理论人道主义"不同，马克思的实践人道主义主张通过主体的现实活动扬弃私有财产，改变对象世界的异化状态。在马克思看来，私有财产的本质不在物的形态本身，而是在主体方面的异化之中。扬弃私有财产必须抓住本质，即它是主体对人本身自我异化的扬弃。所以，实践人道主义把扬弃私有财产看作是"人的自我异化的积极的扬弃"。实践人道主义因此成为一种"积极的人道主义"，它关注的是扬弃私有财产，改变事物的现状，"按照人的样子来组织世界"。

尽管"实践人道主义"是马克思"实践唯物主义"的雏形，但是，马克思的"实践唯物主义"却是在其"实践人道主义"基础上的重大发展成果。它看到了"实践人道主义"力求通过实践消灭人的异化现象的表面性与局限性，而明确提出通过实践活动积极地改变客观世界从而改变人的生存环境。为此，马克思甚至将"革命的实践"理解为"环境的改变和人的活动或自我改变的一致"。当然上述情况的存在，并不影响马克思的"实践唯物主义"对"以人为本"思想的大力强调。从最初在《1844年经济学哲学手稿》中强调解决人的异化，到后来在《德意志意识形态》中提出应该实现"每个人的全面而自由的发展",马克思实践唯物主义始终表现出"以人为本"的特点。当我们由此出发分析"摸着石头过河"思想时可以看到,"以人为本"是"摸着石头过河"思想的精神实质,中国特色社会主义实践活动必须围绕着"以人为本"这个重要前提加以展开。邓小平曾把人民赞成不赞成、人民拥护不拥护、人民满意不满意作为判断各级党政机关是非得失的标准,同时在1992年春他还进一步提出了"三个有利于"标准。邓小平指出:"改革开放迈不开步子,不敢闯,说来说去就是怕资本主义的多了,走了资本主义的道路,是害怕姓'资'还是姓'社'的问题。判断的标准,主要看是否有利于发展社会主义社会的生产力,是否有利于增加社会主义国家的综合国力,是否有利于提高人民的生活水平。"在此,邓小平把改革开放是否成功的最终落脚点放在了人民生活水平的提高上,这种提法本身反映出来的是对"以人为本"原则的坚持与强调。坚持"以人为本"始终是中国特色社会主义实践活动的中心内容,也是衡量中国特色社会主义实践活动成功与否的重要标准。

四 "摸着石头过河"思想是把握中国特色社会主义实践本质的重要视角

马克思恩格斯在谈到唯物史观与唯心史观的区别时指出:"这种历史观和唯心主义历史观不同,它不是在每个时代中寻找某种范畴,而是始终站在现实历史的基础上,不是从观念出发来解释实践,而是从物质实践出发来解释观念的形成。"唯物主义历史观的基本思想是认为应该从实践出发去理解与解释观念,而这一思想的延伸发展就表明,任何思想、观念乃至方法的运用所反映出来的都是现实中实践的需要,而不是相反。"摸着石头过河"思想之所以会在中国特色社会主义实践中被加以积极运用,是由中国特色社会主义实践的需要与本质特点所决定的。因此,进一步说,"摸着石头过河"思想也是一种观察视角，透过它，人们可以深入地理解与把握中国特色社会主义实践具有的诸多本质性特点：

第一，中国特色社会主义实践的探索性。改革开放之后中国共产党人在对"摸着石头过河"的解释中将其中的"探索性"明确提出，这一点充分说明中国特色社会主义实践需要在探索性下功夫。邓小平指出："过去搞民主革命，要适合中国情况，走毛泽东同志开辟的农村包围城市的道路。现在搞建设，也要适合中国情况，走出一条中国式的现代化道路。"在这里"走出一条中国式的现代化道路的过程"就是中国特色社会主义实践的探索性过程。中国特色社会主义道路担负着两项任务：一项是告诉世人，社会主义道路的"中国模式"是成功的；另一项是告诉世人，社会主义道路是成功的。正因为承担着上述两项重大使命，因此，中国特色社会主义实践的探索之路必须坚定不移地走下去。

第二，中国特色社会主义实践的过程性。改革开放后对"摸着石头过河"思想的解读仍没有放弃"稳妥"二字，所反映出来的就是对中国特色社会主义实践过程性的充分重视。历史证明，任何"急攻冒进"的实践最终都会以失败告终。邓小平曾明确说道："速度过高，带来的问题不少，对改革和社会风气也有不利影响，还是稳妥一点好。一定要控制固定资产的投资规模，不要把基本建设的摊子铺大了。一定要首先抓好管理和质量，讲求经济效益和总的社会效益，这样的速度才过得硬。"对于中国特色社会主义实践过程中出现的一些问题与困难，人们应从过程的角度来加以理解，应该认清它们可能只是过程中的阶段性问题与困难，随着社会主义实践进一步的向前推进，这些问题与困难会得到逐步解决与克服。对于中国特色社会主义建设实践，人们需要有大的"过程视野"，应该着力使之能够实现分阶段、分步骤的展开，而不能企盼一蹴而就的伟大宏业，这也就是邓小平所说的："我们的方针是，胆子要大，步子要稳，走一步，看一步。"

第三，中国特色社会主义实践的目标性。"摸着石头过河"思想将建设中国特色社会主义作为前进目标，即"过河"，因此，在该思想中建设中国特色社会主义这一目标是极为明确的。邓小平反复强调："只有社会主义才能救中国，这是中国人民从五四运动到现在六十年来的切身体验中得出的不可动摇的历史结论。中国离开社会主义就必然退回到半封建半殖民地。中国绝大多数人决不允许历史倒退。"他还说道："我们坚持社会主义，要建设对资本主义具有优越性的社会主义。""我们要建设的是具有中国自己特色的社会主义。"对于什么是中国特色的社会主义，他则说："建设具有中国特色的社会主义，第一必须是社会主义，第二必须具有中国自己的特色。"这些论述深刻表明在邓小平那里社会主义道路这个目标应是矢志不移的。

第四，中国特色社会主义实践的能动性。"摸着石头过河"思想侧重强调"摸索"、"探索"的重要性，这一点充分说明必须在中国特色社会主义实践过程中充分发挥能动性。从"摸着石头过河"思想的内涵来看，当它着重强调在摸着"石头"的基础上去探索中国特色社会主义发展道路的时候，既强调了必须充分尊重探索的物质基础，同时也强调了必须大力发挥人的主观能动性，大胆去探索。1992年春，邓小平视察南方谈话指出："没有一点闯的精神，没有一点'冒'的精神，没有一股气呀、劲呀，就走不出一条好路，走不出一条新路，就干不出新的事业。"这里的"闯"、"冒"等，就是强调要积极发挥人的主观能动性。

第五，中国特色社会主义实践的工具性。"摸着石头过河"思想侧重强调了"石头"在中国特色社会主义探索实践中的重要性，这一点充分说明工具在中国特色社会主义实践的重要性。在毛泽东那里，工具被提到决定过河是否成功的重要位置，他曾明确说："我们的任务是过河，但是没有桥或没有船就不能过。不解决桥或船的问题，过河就是一句空话。"在中国特色社会主义探索实践中的"石头"主要包括两方面内容：一方面是指广大人民群众的实践活动；另一方面是指改革开放过程中的各种历史机遇。前者是中国特色社会主义探索实践能否成功的重要的主体条件，后者是中国特色社会主义探索实践能否成功的客观条件，二者缺一不可。历史机遇的存在，使得中国的社会主义实践充满变数，也使得"摸着石头过河"成为中国的社会主义实践的一种现实的境遇。邓小平十分重视机遇，他明确说："机遇存在着，问题是要善于把握"，"要善于把握时机来解决我们的发展问题"，"我们要利用机遇，把中国发展起来"。又说："要抓住机会，现在就是好机会。我就担心丧失机会。不抓呀，看到的机会就丢掉了，时间一晃就过去了。"这些论述使人们对于历史机遇重要性有了更清醒的认识。机遇是指有利于事物发展的境遇、时机与机会，或者说是在一定客观条件下有可能出现的、但事前不确定的、带有一定偶然性的机会和境遇。机遇既是客观的，但又具有偶然性，所以，对于机遇，既要具体地看，也要战略地看。站在战略高度去认识并抓住那些稍纵即逝的重大机遇，将会给社会主义事业带来美好的前景。

五 "摸着石头过河"思想是毛泽东实践思想的新运用

毛泽东指出：实践是人们"根据于一定的思想、理论、计划、方案以从事于变革客观现实"的活动。在他看来，所谓实践就是人们有目的地改造客观现实的活动。而在对认识与实践两种不同类型的能动性进行区别的过程中，毛泽东还进一步将实践更明确地规定为"主观见之于客观"的活动。他说："思想等等是主观的东西，做或行动是主观见之于客观的东西，都是人类特殊的能动性。"因此，通过毛泽东的努力，人们充分认识到实践活动是有别于认识活动的相对独立的活动，它是"主观见之于客观"的活动，是内部性和外部性的统一。

如果说毛泽东的实践思想更多的是从认识与实践的关系中去解析实践的本质与特点的话，那么可以说，"摸着石头过河"思想更多的是从实践本身去解析实践的本质与特点。因此，从认识论的角度看，"摸着石头过河"思想更多的显现出单一性与抽象性，这也可以说是该思想之所以一直受到诟病的主要原因。尽管被抽去了"认识"的"实践"在现实中是绝不存在的，但是，当对实践产生指导作用的"认识"与"实践"之间存在着不一致性（即超前或滞后于实践）时，人们需要通过保持实践的摸索性与探索性才能实现认识与实践的统一，这也就是"摸着石头过河"思想所刻意强调的内容。因此，当我们说"摸着石头过河"思想是毛泽东实践思想的新运用，主要就在于力求指明，通过将毛泽东实践概念中所应包含的"探索性"、"摸索性"等内容用一种非常明了的形式表达出来，"摸着石头过河"使人们对毛泽东"实践、认识、再实践、再认识"这句名言有了更深刻的体会。透过"摸着石头过河"思想，人们可以深入地看到，人们的认识之所以要经历"实践、认识、再实践、再认识"这样一个过程，就在于在实践与认识之间存在着不一致性的情况下，人们需要通过进行大量的探索性、摸索性的实践活动来实现认识，达成实践与认识的一致性。这也就是毛泽东在《实践论》的结尾中所说的："通过实践而发现真理，又通过实践而证实真理和发展真理。从感性认识而能动地发展到理性认识，又从理性而能动地指导革命实践，改造主观世界和客观世界。实践、认识、再实践、再认识，这种形式，循环往复以至无穷，而实践和认识之每一循环的内容，都比较地进到了高一级的程度。这就是辩证唯物论的全部认识论，这就是辩证唯物论的知行统一。"

从细分的角度来看，处于认识与实践关系中的实践分为两大类：一类是证明性实践，即：先有了一定的思想、观点与理论，然后进行实践，以论证这些思想、观点与理论。如科学实验一般就属于这类实践；另一类是探索性实践，即：尽管有明确的实践目的，但却没有现存的具体的思想、观点与理论作为指导，在这种情况下，只有通过进行大量的探索性与摸索性实践活动才能实现对客观世界规律的认识，总结并概括出思想、观点与理论，从而为进一步的实践服务。如社会实践、历史实践等一般就属于这类实践。准确地说，"摸着石头过河"思想就属于专门针对后一种实践活动而展开的实践思想，因此，它的特殊意义是不容置疑的。而且也正是基于此，我们可以进一步说"摸着石头过河"是有着自身独特的认识论价值的重要思想。

毛泽东时代面临的中心问题是马克思主义理论与中国革命的具体实践相结合的问题。在这种情况下，毛泽东讲实践，主要围绕如何使马克思主义理论在具体实践中与中国革命相结合等问题而展开，因此，在他那里主要涉及实践的"主观见之于客观"特性，这也是他的《实践论》的精髓所在。在《实践论》中，毛泽东说道："在马克思主义看来，理论是重要的，它的重要性充分地表现在列宁说过的一句话：'没有革命的理论，就不会有革命的运动。'然而马克思主义看重理论，正是，也仅仅是，因为它能够指导行动。"在这里，他强调了理论的重要性就在于能够服务于实践，指导人们的行动。

改革开放以后，中国共产党人面临的是在中国特色社会主义建设实践方面没有任何现成的模式可以套用这一重大的现实问题，这也便意味着我们不仅需要让马克思主义保持与时俱进的品质，同时也需要新的实践思想来指导社会主义建设实践，而"摸着石头过河"思想正是在这种背景下应运而生。邓小平在改革开放之初就提醒人们："我们现在所干的事业是一项新事业，马克思没有讲过，我们前人没有做过，其他社会主义国家也没有干过。所以，没有现成的经验可学，我们只能在干中学，在实践中摸索。"这段论述无疑就是中国共产党人在改革开放时期所面临的重大理论问题的真实写照。因此，可以说，作为一种承上启下的新的实践思想，"摸着石头过河"思想并不是对毛泽东实践思想的背离，而是对它的新运用，其主要意义在于让探索性实践活动从毛泽东描述的一般性实践活动中彰显出来，从而使人们能够实现有针对地解决探索性实践活动中需要面对的一系列实践问题。

六 "摸着石头过河"是中国特色社会主义理论体系建设的重要思想基石

"摸着石头过河"就是当代的实事求是思想，就是在中国特色社会主义建设实践中摸索规律、求得真知的过程，也正是在这个过程，中国特色社会主义理论体系逐渐得到了建立、发展与完善。前面我们讨论了"摸着石头过河"思想与中国特色社会主义实践之间的内在联系，而随着这种内在联系的日益明朗，中国特色社会主义理论体系建设的具体特点也逐渐得以明确。从整体上看，它们主要体现为：

第一，过程性特点。中国特色社会主义建设实践是一个探索性的过程，在这种情况下，中国特色社会主义理论体系建设势必体现出过程性特点，它的建立、发展与完善是与中国特色社会主义实践探索的推进过程紧密相连的，在这个过程中，人们不应该奢求某一种理论成果能够一劳永逸地解决中国特色社会主义实践活动中出现的一切问题。邓小平指出："我们的政策是坚定不移的，不会动摇的，一直要干下去，重要的是走一段就要总结经验。"正因为经验的总结是在"走一段"的社会主义实践的过程中实现的，所以，人们既需要以"过程视野"来理解每个理论成果的理论价值与实际意义，也需要以"过程视野"来建设中国特色社会主义理论体系。以"过程视野"来理解每个理论成果的理论价值与实际意义，意味着我们不能任意夸大或贬低它们；以"过程视野"来建设中国特色社会主义理论体系，意味着我们需要稳扎稳打将社会主义实践过程中每一次重要经验以理论形式凝结起来。

我们强调加强"顶层设计"的重要性，必须以尊重中国特色社会主义实践的过程性作为重要前提。在改革开放的过程中，会出现许多人们无法预料的新情况、新问题，它们甚至会远远超出"顶层设计"所设想的范围，由此以来，人们应该注意在中国特色社会主义理论体系建设过程中"顶层设计"的使用范围与使用的"度"，而绝不能无限地抬高其重要性，以及将其意义绝对化。"摸着石头过河"与加强"顶层设计"之间是辩证统一的关系，将它们有机地结合起来，是中国特色社会主义理论体系建设的主要发展方向。

第二，阶段性特点。阶段性特点是由过程性特点所决定。中国特色社会主义建设事业需要通过不同的实践阶段来完成不同的实践任务，以及解决不同实践中的不同问题。因此，便需要针对不同的实践阶段而提出不同的理论成果与理论指导，由此一来中国特色社会主义理论体系建设势必显示出阶段性建设特点。从改革开放以来的一系列理论成果来看，从邓小平的"发展是硬道理"到江泽民的"三个代表"重要思想，再到胡锦涛的"科学发展观"和"构建和谐社会"思想，这些思想的发展历程就是由一个个阶段性成果串联起来的中国特色社会主义理论体系建设过程。

第三，创新性特点。理论创新是中国共产党人始终不渝的精神传统。1941年9月10日毛泽东做了反对主观主义和宗派主义问题的报告，提出"要分清创造性的马克思主义和教条式的马克思主义"。所谓教条式的马克思主义就是不顾中国的实际情况而只会照抄照搬马克思主义经典著作的马克思主义，其根本是教条主义；所谓创造性的马克思主义就是中国共产党人用中国革命与建设的丰富实际去充实与发展马克思主义，其根本是创造性。在对"教条式的马克思主义"与"创造性的马克思主义"加以区分的基础上，毛泽东还直接宣布了中国革命的实践者有发展创造马克思主义理论的合法性。

"摸着石头过河"式的改革方法以探索性作为本质特点,这就要求与之相对应的中国特色社会主义理论体系建设必须具有创新性,由此一来,创新性也便成为了中国特色社会主义理论体系建设的重要前提与必然选择。"解放思想,大胆实践,不断创新"是邓小平理论的核心内涵,他明确指出:"一个党、一个国家、一个民族,如果一切从本本出发,思想僵化、迷信,那它就不能前进,它的生机就停止了,就要亡党亡国。"从"黑猫、白猫理论"、"摸着石头过河",到"贫穷不是社会主义"、"不争论"等重要思想的提出,这些理论创新至今令人警醒深思。

(作者单位:中国社会科学院哲学研究所)

社会主义本质及其实现

杨新铭

社会主义实践没有现成的经验可以学习，只有基本原则需要遵循，这一原则就是促进生产力发展，实现共同富裕。经典作家们按照社会发展的基本规律揭示了社会主义代替资本主义的历史趋势和驱动力量，并提出了社会主义社会建立后的主要任务。各国社会主义实践证明只有将马克思主义基本原理同本国实际相结合，才能取得社会主义革命与建设的成功，否则就会使社会主义遭受巨大损失。改革开放以来，邓小平在总结社会主义建设过程中正反两方面经验教训的基础上，对社会主义本质进行了论述，为我国社会主义建设开辟了道路。然而，这些经典论述依然需要根据实际的发展，不断进行调整，才能促进社会主义建设事业的发展。正如恩格斯所说的，"所谓'社会主义社会'不是一种一成不变的东西，而应当和任何其他社会制度一样，把它看成是经常变化和改革的社会"[1]。因此，必须在改革与发展过程中不断发展现有理论。

一 马克思、恩格斯对社会主义的论述

"我们这里所说的是这样的共产主义社会，它不是在它自身基础上已经发展了的，恰恰相反，是刚刚从资本主义社会中产生出来的，

---

[1] 《马克思恩格斯文集》第10卷，人民出版社2009年版，第588页。

因此它在各方面,在经济、道德和精神方面都还带着它脱胎出来的那个旧社会的痕迹。"① 这是马克思在《哥达纲领批判》中对共产主义第一阶段——社会主义社会的描述。显然,按照马克思的论述,社会主义是在资本主义自身达到发展极限后才能实现的,这是因为"无论哪一个社会形态,在它所能容纳的全部生产力发挥出来以前,是决不会灭亡的;而新的更高的生产关系,在它的物质存在条件在旧社会的胎胞里成熟以前,是决不会出现的"②。尽管如此,社会主义社会(共产主义社会)代替资本主义社会依然是社会发展的必然,因为"在资产阶级社会的胎胞里发展的生产力,同时又创造着解决这种对抗的物质条件"③。这里的物质条件就是在资本主义社会中发展起来的社会化大生产,具体包括:生产资料使用的社会化、生产过程的社会化、劳动产品的社会化、生产组织的社会化和生产管理的社会化④等五个方面。社会化生产要求生产资料本身而不仅仅是其使用的社会化,而这不可能在资本主义社会内部通过调和阶级矛盾的方式来彻底解决,当"生产资料的集中和劳动的社会化,达到同它们的资本主义外壳不能相容的地步。这个外壳就要炸毁了。资本主义私有制的丧钟就要响了。剥夺者就要被剥夺了"⑤。由此可见,资本主义社会里生产力发展的最终结果就是突破生产资料私人占有这一资本主义社会生产关系的物质基础,从而在新的生产关系上继续促进生产力的发展。为此,在共产主义第一阶段——社会主义社会的重要任务就是发展生产力,要"尽可能快地增加生产力的总量"⑥。因为生产力的巨大增长和高度发展是共产主义社会建立的

---

① 《马克思恩格斯文集》第3卷,人民出版社2009年版,第434页。
② 《马克思恩格斯文集》第2卷,人民出版社2009年版,第592页。
③ 同上书,第592页。
④ 《马克思主义政治经济学概论》编写组:《马克思主义政治经济学概论》,人民出版社、高等教育出版社2011年版,第217—219页。
⑤ 《马克思恩格斯文集》第5卷,人民出版社2009年版,第874页。
⑥ 《马克思恩格斯文集》第2卷,人民出版社2009年版,第52页。

"绝对必需的实际前提"；否则，共产主义社会"将没有任何物质基础"①，同时也不能展现出其相对于资本主义社会的优越性，最终将不可避免的导致"贫困的普遍化，在极端贫困的情况下，就必须重新开始争取必需品的斗争，全部沉浮污浊的东西又要死灰复燃"②。

基于马克思和恩格斯对于未来社会的论述，我们可以得到以下结论：第一，社会主义（共产主义）社会代替资本主义社会是生产力发展的必然，这是由生产力发展的高度社会化与生产资料私人占有这一不可调和的矛盾不可能在资本主义社会内部通过阶级调和解决的。第二，发展生产力是社会主义社会建立后首要完成的任务，它不仅是社会主义优越性的体现，同时为共产主义社会准备必要的物质条件。由此可见，生产力的发展将贯穿共产主义社会的各个阶段。

二 社会主义实践与曲折发展

根据马克思、恩格斯的理论分析，社会主义社会是资本主义高度发展以后，生产力与生产关系矛盾运动的结果，然而，事实上从俄国"十月革命"诞生第一个社会主义国家开始，到二战后世界社会主义运动的兴起，以及社会主义制度在中国的建立都没有按照马克思、恩格斯原有的设定发展。通过与俄国革命实践相结合，列宁继承并发展了马克思主义，创立了帝国主义理论，发展了无产阶级革命理论、专政理论和社会主义建设理论等，指导了俄国社会主义革命，使社会主义实践在帝国主义最薄弱的环节——俄国得以生根发芽。以毛泽东为首的中国共产党人从近代中国的历史和社会状况出发，研究中国革命的特点和中国革命的规律，发展了马克思列宁主义关于无产阶级在民主革命中的领导权的思想，创立了无产阶级

---

① 《马克思恩格斯文集》第 1 卷，人民出版社 2009 年版，第 539 页。
② 同上书，第 538 页。

领导的，工农联盟为基础的，人民大众的，反对帝国主义、封建主义和官僚资本主义的新民主主义革命的理论，夺取了新民主主义革命胜利，建立了新民主主义国家，并在新民主主义革命胜利后创造了向社会主义社会过渡的政治条件，通过社会主义工业化和社会主义改造同时并举，并逐步改造生产资料私有制的具体政策，从理论和实践上解决了在中国这样一个占世界人口近1/4的、经济文化落后的大国中建立社会主义制度的艰难任务。不仅如此，毛泽东思想还创造性地提出人民民主专政理论，丰富了马克思主义的无产阶级专政理论。二战后，社会主义运动的蓬勃发展说明，社会主义实践不能僵化地按照马克思主义原理进行，而是根据各国生产力发展状况与其具体国情作出适当调整的，否则至今也不可能有社会主义国家和社会主义制度。

尽管，马克思主义中的社会主义社会不是一成不变，而是应根据各国特点作出变化和调整的，但在社会主义建设的实践过程中还是有一些僵化的原则被执行着，如中央高度集权的计划体制、单一公有制的所有制结构、对市场机制、商品等经济规律的排斥、否定等。其中，有些是马克思、恩格斯运用历史唯物主义方法对资本主义发展趋势进行分析后得出的科学结论，但其前提是生产力的高度发达。然而，现实的社会主义国家所缺乏的恰恰是生产力"高度发达"这一社会主义社会建立所必需的物质条件。因此，在坚持社会主义基本原则的前提下，必须坚持的就是发展生产力。然而，无论是苏联、还是社会主义改造后的中国都或多或少地违背了这一基本原则，最终导致社会制度与生产力的严重脱节，最终苏联解体与东欧社会主义国家抛弃社会主义制度和共产主义信仰，使社会主义遭受了严重挫折。

社会主义制度建立与建设过程中之所以会有不同的表现，一方面是因为马克思没有对未来社会进行详细描述，当然也不可能进行详细描述，因此，只能根据本国国情走自己的革命道路，从而取得了巨大成就。另一方面，正是因为没有详细的理论支撑，一些暂时的具有优越性的制度建立起来后被僵化执行，使优越性变为障碍，阻碍了社会主义实践，拖了社会主义与资本主义制度竞争的后腿，使社会主义陷入低潮。由此可见，社会主义不是僵化的教条，而是随着生产力的发展而不断发展的，因此，必须适时地进行改革以满足生产力发展的要求，否则一旦出现制约生产力发展的因素就会不利于社会主义建设、发展。实际上，这一点经典作家早有论述，正如恩格斯曾指出的："我认为，所谓'社会主义社会'不是一种一成不变的东西，而应当和任何其他社会制度一样，把它看成是经常变化和改革的社会。"①

三　对社会主义本质的认识

就当前社会主义国家生产力的发展程度看，马克思、恩格斯设想的"按照一个统一的大的计划协调地配置自己的生产力"的物质条件还远未达到，因此，纯而又纯的公有制——社会占有全部生产资料的所有制形式，以及按照中央统一计划安排生产、生活的方式就不可能在当前实现。实际上，按照马克思的设想这一计划是"社会"而非"中央"来实现的，因为，社会主义的建成将使阶级、国家等旧的生产关系与上层建筑也将消失，随之而来的是自由人的联合体。因此，探索这一最终状态的途径就应该是承接资本主义社会的优良成果，而将与社会主义价值观相悖的排除在制度建设之外，构建向社会主义高级阶段的通道。这里需要明确的是，既然当前生产力发展不满足马克思、恩格斯等经典作家所设想的社会主义社会的物质条件，那么应该走怎样的道路呢？显然，就中国的发展而言，资本主义道路在新中国成立前就已经被证明是行不通的，这既有生

---

① 《马克思恩格斯文集》第 10 卷，人民出版社 2009 年版，第 588 页。

产力因素，也包括上层建筑的因素，还有社会、历史进程中的因素，因此，中国只能走社会主义道路。尽管如此，在中国这样一个生产力落后的国家建设社会主义依然是一项艰巨的任务，这不仅难在物质生产与技术进步等生产力发展的领域；还难在意识形态方面的混乱，即如何统一社会主义与价值规律、社会主义与市场机制等被马克思、恩格斯等经典作家论述过不会在社会主义发挥作用配置社会资源的方式。实际上，无论是前苏联，还是改革开放前的中国，在这一问题上都存在一定误区，从而造成了巨大损失。正如邓小平同志所说"什么叫社会主义，什么叫马克思主义？我们过去对这个问题的认识不是完全清醒的"。[①]

改革开放以后，在不断探索社会主义建设实践的基础上，邓小平提出了社会主义本质、社会主义初级阶段根本任务等这一系列关键概念，之所以说其关键，是因为它抓住了社会主义的主要矛盾，将对社会主义的认识从纷繁复杂的条条框框中剥离出来，将工具性质的制度安排融入社会主义这一大的制度框架内，为推进社会主义社会建设开辟了道路。那么什么是社会主义的本质呢？"社会主义的本质，是解放生产力，发展生产力，消灭剥削，消除两极分化，最终达到共同富裕。"[②] 这一精准表述从生产力和生产关系两个方面对社会主义进行了界定，而这一表述是在不断总结改革和建设正反两方面经验的基础上逐渐清晰的。改革开放之初，对于社会主义本质还只是零星的表述，如1984年，在会见第二次中日民间人士会议日方委员会代表时，邓小平指出"社会主义阶段的最根本任务就是发展生产力，社会主义的优越性归根到底要体现在它的生产力比资本主义发展得更快一些、更高一些，并且在发展生产力的基础上不断改善人民的物质文化生活。……社会主义要消灭贫穷。贫穷不是社

---

① 《邓小平文选》第3卷，人民出版社1993年版，第63页。
② 同上书，第373页。

会主义，更不是共产主义"。① 在其后，又有多次着重对发展生产力和实现共同富裕进行表述，并将共同富裕、防止两极分化作为社会主义和资本主义的区别。如1985年会见美国时代公司组织的美国高级企业家代表团时说"社会主义优越性最终要体现在生产力能够更好地发展上"。1987年会见捷克斯洛伐克总理时指出"坚持社会主义，首先要摆脱贫穷落后的状态，大大发展生产力，体现社会主义优于资本主义的特点"。② 1990年在同中央负责同志谈话时指出"社会主义最大的优越性就是共同富裕，这是体现社会主义本质的一个东西"。③

把握住社会主义的本质，为在社会主义初级阶段实行市场经济这一高效的资源配置方式奠定了理论基础。这是因为，"社会主义和市场经济之间不存在根本矛盾"。④ "资本主义和社会主义的区分不在于是计划还是市场这样的问题。社会主义也有市场经济，资本主义也有计划控制。"⑤ "计划多一点还是市场多一点，不是社会主义与资本主义的本质区别。计划经济不等于社会主义，资本主义也有计划；市场经济不等于资本主义，社会主义也有市场。计划和市场都是经济手段。"⑥ "只要对发展生产力有好处，就可以利用。它为社会主义服务，就是社会主义的；为资本主义服务，就是资本主义的。"⑦

---

① 《邓小平文选》第3卷，人民出版社1993年版，第63—64页。
② 同上书，第224页。
③ 同上书，第364页。
④ 同上书，第148页。
⑤ 同上书，第364页。
⑥ 同上书，第373页。
⑦ 同上书，第203页。

四　社会主义本质的实现

市场配置资源的优势在于其能够通过价格变化及时反映供求变化，将资源配置到最需要的地方，实现资源配置效率的提高。而市场配置资源的基础在于有效竞争的形成，这就需要按照市场规则（利润最大化）运行的市场主体。这就必须将市场主体多元化，特别是引入非公有制经济。这些非公有制经济以利润为驱动力，根据市场导向从事生产经营活动，强化了市场主体之间的竞争，提高了经济整体的运行效率。但这里存在一个理论问题，即社会主义性质如何保障？这就要求在改革中坚持两条根本原则，"一是以社会主义公有制经济为主体，一是共同富裕"。[1]

1. 如何看待公有制主体地位与社会主义性质

坚持公有制主体地位主要是维护社会主义消灭剥削的物质基础。按照马克思、恩格斯的设想，社会主义社会的所有制应该是"在协作和对土地及靠劳动本身生产的生产资料的共同占有的基础上，重新建立个人所有制"。[2] "这就是说，社会所有制涉及土地和其他生产资料，个人所有制涉及产品，也就是涉及消费品。"[3] 由此可见，社会共同占有在当前的历史阶段内表现为公有制，它是对资本主义私有制的否定，也是克服生产力发展社会化要求和生产资料私人占有矛盾的唯一解决方式。而现实的社会主义的生产力发展程度显然还没有达到这一程度，因此，发展非公有制经济有利于当前生产力的发展。实践证明，在当前阶段发展非公有制经济极大地促进了我国经济的发展。改革开放以来，非公有制经济为我国经济社会发展做出了巨大贡献，在支撑增长、促进创新、扩大就业、增

---

[1] 《邓小平文选》第3卷，人民出版社1993年版，第142页。
[2] 《马克思恩格斯文集》第5卷，人民出版社2009年版，第874页。
[3] 《马克思恩格斯文集》第9卷，人民出版社2009年版，第138页。

加税收等方面具有重要作用。2013年"两会"期间，全国工商联负责人披露，2012年非公有制企业利润达到1.82万亿元，5年来其利润增长年均达21.6%，非公有制企业在城镇基础设施投资所占的比重超过60%，税收的贡献超过了50%，GDP所占比重超过了60%，就业贡献超过80%，在新增就业中，它的贡献达到了90%[①]。

但需要指出的是，一直以来坚持公有制主体地位都是静态的看公有制和非公有制经济的发展。在改革之初，公有制经济占经济的绝对主体，发展非公有制经济不会影响公有制经济的主体地位。这就是小平同志所说的，"公有制包括全民所有制和集体所有制，现在占整个经济的百分之九十以上。同时，发展一点个体经济，吸收外国的资金和技术……这样做不会也不可能破坏社会主义经济"。[②] 现实的情况是，非公有制经济发展快于公有制经济，当前在产出、就业、税收等方面已经超过公有制经济，在资产上超过公有制经济也只是时间问题。据估算，在第二、第三产业中非公有制资产占总资产的49.78%，公有制经济占50.22%，二者基本相当[③]，而2008年这一比例是非公有制经济占47.54%，公有制经济占52.46%[④]。如果按照当前的速度，用不了4年，到2015年第二、第三产业非公有制经济资产总量将超过公有制经济。那时，社会主义性质将如何保证呢？虽然，经济基础决定上层建筑是基本规律，但上层建筑一旦稳定可以相对独立的运行，并且反作用于经济基础。因此，到底公有制经济是否在数量上占主体并不重要，因为"依靠无产阶级专政

---

① 《非公有制经济发展成政协记者会"题外话"》，新华网2013年3月6日。
② 《邓小平文选》第3卷，人民出版社1993年版，第138—139页。
③ 裴长洪：《中国公有制经济主体地位的量化估算及其发展趋势》，《中国社会科学》2014年第1期。
④ 杨新铭、杨春学：《对中国经济所有制结构现状的一种定量估算》，《经济学动态》2012年第10期。

保卫社会主义制度，这是马克思主义的一个基本观点"。① 如果政权没有了，即使公有制依然占主体，也会在很短时间内被私有化的，如前苏联一样；相反，虽然公有制不占主体，只要社会主义政权依然在，公有制经济依然控制着国民经济命脉，社会主义性质就不会丢。不仅如此，二战后欧洲主要国家先后经历了国有化和私有化浪潮，而主导这两个浪潮的分别是"左"翼政党和右翼政党主持的政府。由此可见，只要坚持人民民主专政的性质，依靠政府的力量是可以实现所有制结构的调整的。这就是小平所讲的"多搞点'三资'企业，不要怕。只要我们头脑清醒，就不怕。我们有优势，有国营大中型企业，有乡镇企业，更重要的是政权在我们手里"。② 而要不要调整，什么时候调整，则要根据社会生产力发展的状况。因此，依据生产力发展需要，继续深化调整所有制结构，改革国有企业不会改变我国社会主义社会的性质。

2. 如何实现共同富裕

虽然公有制经济在数量上不占有主体不影响社会主义性质，但是共同富裕，消除两极分化却是必须要坚持的。这是因为，"社会主义最大的优越性就是共同富裕，这是体现社会主义本质的一个东西。如果搞两极分化，情况就不同了，民族矛盾、区域间矛盾、阶级矛盾都会发展，相应地中央和地方的矛盾也会发展，就可能出乱子"。③ 实际上，如果两极分化，最可能失去人民群众对政权的支持，社会主义性质就可能受到威胁，因此，必须坚持共同富裕。然而，要实现共同富裕必须按步骤进行，"让一部分人，一部分地区先富起来，大原则是共同富裕。一部分地区发展快一点，带动大部分地区，这是加速发展、达到共同富裕的捷径"④。而社会主义制度解

---

① 《邓小平文选》第 3 卷，人民出版社 1993 年版，第 379 页。
② 同上书，第 372—373 页。
③ 同上书，第 364 页。
④ 同上书，第 166 页。

决两极分化的办法之一"就是先富起来的地区多交点利税，支持贫困地区的发展。……在本世纪末达到小康水平的时候，就要突出地提出和解决这个问题"。① 小平同志是非常有预见性的，2000 年中国基尼系数超过国际警戒线 0.4 的水平，理应进行调整，但在经济增长的驱动与利益集团的阻碍下，这一进程进展缓慢。结果是，2000 年以后收入差距急速扩大。根据国家统计局公布的数据看，2003 年基尼系数达到 0.479，到 2008 年达到峰值的 0.491，其后开始回落，但依然处于较高水平到 2012 年为 0.474。西南财经大学课题组公布的 2010 年基尼系数高达 0.61，而学术界普遍公认的基尼系数是 0.5 左右。无论按照哪个数据，中国收入差距程度都不容乐观。根据联合国的定义，基尼系数超过 0.4 意味着收入差距较大，而超过 0.5 则说明收入差距悬殊。显然，我国当前的收入差距已经处于收入悬殊的水平。需要说明的是，2000 年以后，我国收入差距超过 0.4 的国际警戒线后能够保持社会整体稳定，一方面是因为社会分割，城乡之间、地区之间、行业之间的流动性较差，从而居民相对固定在一个狭小的空间，不会有大的社会反差。另一方面是因为收入差距扩大的过程被收入增长所淡化。改革开放至今，基尼系数从 1981 年的 0.31 到现在的 0.5，增长了 60% 多，而城镇人均可支配收入增长了四十多倍，农村人均纯收入增长超过 35 倍。

　　从收入差距变化的过程看，单纯按照市场机制以及原有"先富帮后富"的路径实现收入差距的缩小，在短期内是非常困难的，甚至可能影响经济增长，伤及生产力发展。这是因为：第一，改革开放以来逐渐形成了较为强大的既得利益集团，过激的政策会导致利益集团的抵制；第二，帕累托改进式的收入差距缩小过程很难实现，存量调整过程必然伤及利益格局的分配，这需要一定的时间来让利益损失一方慢慢适应；第三，长期以来，与我国经济增长相适应的

---

① 《邓小平文选》第 3 卷，人民出版社 1993 年版，第 374 页。

技术进步再分配过程中更有利于资本一方,而要扭转这种分配格局就需要技术进步与要素禀赋结构相适应,而这也不可能在短期内完成。由此可见,鉴于我国经济发展技术进步的资本、技术密集倾向,既得利益集团的利益诉求以及发展生产力的要求等,短期内改善收入分配状况、缩小收入差距不能实现。从国际上看,任何国家的政府都必须在社会稳定(收入分配状况)与经济增长之间进行权衡。由于社会、历史、文化、传统等因素差异,发达国家衍生出了两种截然不同的模式。其中,美国崇尚效率至上,与经济增长长期共存的是较大收入差距(战后基尼系数长期处于0.4—0.5);欧洲政府通过提供高水平的社会福利实现了收入分配的公平(基尼系数在0.2—0.4),但不可否认高福利国家均面临经济增长乏力的现实。从我国的具体实际看,美国的模式是比较可取的,即在政府尽最大可能维护市场竞争规则对每个人的公平,规则公平使每个人都拥有相同的机会,从而保持了较高的社会与收入流动性,这样就消除了大家对结果(收入差距)不公平的反感。而从长期看,在保障机会均等的前提下,逐步通过税收政策调节收入分配结构,并最终实现由先富向共富的转变,体现社会主义制度优越性。

五 基本结论

从上文的分析我们可以得出以下几点结论:

第一,生产力的发展贯穿社会主义社会,因为社会主义代替资本主义是生产力发展的必然趋势,进一步促进生产力发展是社会主义优越性的体现。

第二,社会主义不是一成不变的,需要结合各国的具体实际才能发展社会主义,否则社会主义就会遭受损失。

第三,社会主义本质是促进生产力发展,实现共同富裕,保障社会主义性质的最重要力量是无产阶级专政的政权力量。

第四，实现共同富裕是有步骤的，当前应该着重实现机会均等，在促进生产力发展与经济增长的过程中，为由先富向共富转变培养社会环境、积累物质条件。

（作者单位：中国社会科学院经济研究所）

邓小平"三农"思想的历史内涵与现实意义

魏明孔　马国英

我国是一个拥有13亿人口的发展中大国。农业历来都是定天下、稳民心的战略产业。如何在市场经济下搞好"三农"问题成为中央领导人必须思考的重要问题。邓小平"三农"思想开始于20世纪50年代，80年代后期到90年代逐渐成熟，是一个较为完整的体系，也是邓小平理论的重要组成部分，不仅具有不可低估的理论意义，而且对于当前及今后"三农"工作的开展，全面小康社会的建设和亿万国民"中国梦"的实现均具有较强的现实意义。

一　邓小平"三农"思想的理论来源

"三农"问题是无产阶级革命和社会主义建设中的一个基本问题，马克思主义经典作家和毛泽东对"三农"问题都做过不少精辟的论述，是邓小平"三农"思想的理论源头。[①] 马克思、恩格斯、列宁和斯大林对"三农"问题的探索和论述主要包括三个方面：

一是关于工农联盟的论述。他们认为，建立巩固的工农联盟是社会主义革命和建设取得胜利的重要保证。马克思在总结1848年巴黎工人六月起义失败的教训时指出：在工人阶级未能发动农民反对

---

① 郑莹、朱心明：《邓小平"三农"思想研究述评》，《上海师范大学学报》（哲学社会科学版）2004年第2期。

资本统治以前，工人阶级是"不能丝毫触动资产阶级制度的"。① 恩格斯在《法德农民问题》中也明确指出："违反小农的意志，任何稳固的变革在法国都是不可能的。"② 列宁和斯大林不但强调工农联盟对于社会主义革命和建设的重要性，而且对如何巩固工农联盟的问题进行了探索。他们认为，只有尊重农民的物质利益，建立工农之间正常的经济关系，才能巩固工农联盟。③

二是关于改造小农经济的论述。小农经济是一种小生产经济，无论在资本主义制度下，还是在社会主义制度下，都是一种落后的经济形式。因此，如何改造小农经济，引导广大农民走共同富裕的社会主义道路，这是无产阶级夺取政权后一个极为重要的问题。对于小农的改造，恩格斯曾经设想在无产阶级掌握政权后，"我们对于小农的任务，首先是把他们的私人生产和私人占有变成合作社的生产和占有，但不是采用暴力，而且通过示范和为此提供社会帮助"。④ 列宁也曾指出："靠小农经济是摆脱不了贫困的"，"只有共耕制才是出路"。⑤

三是关于农业基础作用的论述。马克思主义经典作家们一致认为，农业是人类社会赖以存在和发展的基础。他们从两个方面论述了这个观点：其一，农业是人类衣食之源，生存之本。人类要生存和发展，就要解决吃饭、穿衣、住房等问题，这些问题的解决，必须依赖于农业。⑥ 其二，农业的发展是国民经济其他部门独立存在和发展的基础。马克思指出："农业劳动是其他一切劳动得以独立存在的自然基础和前提。"⑦

---

① 《马克思恩格斯选集》第 1 卷，人民出版社 1972 年版，第 42 页。
② 《马克思恩格斯选集》第 4 卷，人民出版社 1972 年版，第 308—310 页。
③ 《斯大林全集》第 8 卷，人民出版社 1954 年版，第 128—129 页。
④ 《马克思恩格斯选集》第 4 卷，人民出版社 1972 年版，第 308—310 页。
⑤ 《列宁全集》第 28 卷，人民出版社 1959 年版，第 157 页。
⑥ 《马克思恩格斯全集》第 25 卷，人民出版社 1974 年版，第 715、885 页。
⑦ 《马克思恩格斯全集》第 26 卷，人民出版社 1972 年版，第 28—29 页。

马克思主义经典作家们对"三农"问题的论述,为邓小平"三农"思想的产生奠定了初步的理论基础。在社会主义建设时期,尤其是改革开放以来,邓小平多次强调,工业与农业要相互支援,认为这是一个加强工农联盟的问题,农业是根本,要以农业为基础,要重视农民的物质利益,调动农民的生产积极性。邓小平的这些思想观点,在马克思主义经典著作中都能找到其思想渊源。

农民问题不仅是新民主主义革命的基本问题,也是社会主义革命和建设的基本问题。因此,从1953年土改完成以来,毛泽东对新中国的农民问题,农业问题都进行了长期的艰辛的探索,虽然有过失误,但是,取得了许多积极的理论成果。

毛泽东充分肯定了农民问题的重要性,指出农民问题关系到我国经济发展和政权巩固的问题。早在新民主主义革命时期,毛泽东就看到了农业问题的重要性。他认为,农业是国民经济的基础,要重视农业,按照农、轻、重的顺序安排国民经济计划。要解决农民、农业问题,就必须走社会主义道路。土改后,广大农民获得了土地,生活都有所改善,但是,除了少数农民富裕起来,大多数农民还比较穷,而且农村中出现了两极分化的趋势。毛泽东认为,小农经济仍然限制着农业生产力的发展,要进一步解放农业生产力,也必须引导农民走社会主义道路。

毛泽东探索新中国"三农"问题的积极成果,不但丰富和发展了马列主义中的"三农"思想,而且为邓小平"三农"思想的产生提供了直接的主要的理论来源。[①] 邓小平在探索我国"三农"问题时,不但汲取了马列主义中的"三农"思想,而且借鉴了毛泽东探索中取得的积极成果。不仅如此,邓小平在这方面的探索成果还超越了马克思主义的现有水平,这种超越和发展,离不开土改后到1992年党在"三农"工作上的经验教训。

[①] 谭文丽:《邓小平"三农"思想的形成及发展》,《南华大学学报》(社会科学版)2005年第3期。

二 邓小平"三农"思想的实践基础

共和国初期农业的社会主义改造之路比较成功,首先完成了土地改革,极大地调动了广大农民的政治热情和发展农业生产的积极性。之后又开展了农业合作运动,将生产资料与生产力较好地结合在一起,释放出了巨大的结构效能。自1953年开始合作化以来,全国连续三年的粮食产量和农业生产总值一直保持上升的势头。

此后一个阶段农业生产急于求成,1957年开始"左"的错误,建立人民公社,使生产关系超前变革,严重地脱离了当时的社会生产力水平和群众的觉悟水平,挫伤了农民的生产积极性,使生产力遭到很大的破坏。邓小平在总结这段历史经验时说:"一九四九年取得全国政权后,解放了生产力,土地改革把占人口百分之八十的农民的生产力解放出来了。但是解放了生产力以后,如何发展生产力这件事做得不好。主要是太急,政策偏'左',结果不但生产力没有顺利发展,反而受到了阻碍。"[①]

从1959年到1961年的三年期间,全国出现了严重的经济困难。为了摆脱经济困难的局面,党中央采取了一系列措施,纠正公社化"左"的错误。但一切纠"左"都是在充分肯定"三面红旗"的前提下作为实际工作中的具体问题去认识和纠正的,因而就不会彻底,成效甚微。当时安徽省推广责任田制,收到良好的成效,但是也饱受争议。1962年6月下旬,中共中央书记处在讨论责任田问题时,总书记兼国务院副总理邓小平同志明确地表示了支持的意见,为挽救农业危机提供了理论的依据。

邓小平关于恢复农业生产的精辟论述,尽管具有强大的生命力和针对性,但在"三面红旗"风势正浓的年代里,却不曾发挥应有

[①] 《邓小平文选》第3卷,人民出版社1993年版,第227页。

的作用。"生产到户"、"责任到田"遭到清算批判,从此终止了对农业生产责任制的探索。

邓小平在总结实行公社制度的教训后,指出:"中国社会从一九五八年到一九七八年二十年时间,实际上处于停滞和徘徊的状态,国家的经济和人民的生活没有得到多大的发展和提高。"党的十一届三中全会开始确定了把努力发展生产力作为压倒一切的中心任务,制定了改革开放政策,而且"首先又是从农村开始"。[①]

80年代初期在农村普遍实行了多种形式的农业生产责任制,主要是家庭承包制,把生产经营自主权还给农民。这不仅仅是经营方式的改革,同时也是所有制的改革,即确认农民个人财产权,这样一下子就把农民的生产积极性调动起来了。1984年10月,中共十二届三中全会以后,农村改革进入第二阶段,即重点调整农村产业结构,大力发展商品经济。邓小平纠正了过去"以粮为纲"这一传统农业观念,实行因地制宜、发展多种经营,树立了农、林、牧、渔全面发展的现代农业思想。

80年代中期,"农村改革中,我们完全没有预料到的最大的收获,就是乡镇企业发展起来了,突然冒出搞多种行业,搞商品经济,搞各种小型企业,异军突起"。[②] 乡镇企业容纳了相当数量的农业剩余劳动力,不仅增加了农民的收入,而且也改变了农村人口的职业构成,带动了农村地区的城镇化建设和发展。

如果说在60年代为了恢复农业生产,挽救农业危机,那么从党的十一届三中全会揭开改革开放的序幕到1992年确立市场经济体制的目标,我国在农村改革与建设方面取得了很大的成就。实行家庭联产承包责任制、废除人民公社制度、发展多种经营、乡镇企业的"异军突起"、农民进城务工等这一系列科学而有价值的思想,丰富和发展了邓小平"三农思想"。

[①] 《邓小平文选》第3卷,人民出版社1993年版,第237页。
[②] 同上书,第238页。

综上所述，自20世纪60年代起，尤其是改革开放以来，邓小平坚持从我国社会主义初级阶段的农村实际出发，及时深入地总结经验和教训，对我国社会主义农业的本质作出了科学判断，对农业的恢复和发展都有精辟的论述。

三 邓小平"三农"思想对现实的指导意义

邓小平"三农"思想为解决当前"三农"问题提供了科学的方法论。

首先，发展农业要靠政策，用改革的方法解决"三农"问题。邓小平一贯认为，改革是解决"三农"问题的重要方法。在当前"三农"问题中，几乎每一个问题的产生，都与旧的制度、旧的政策有着或多或少的关联，因而每个问题的解决，都离不开改革，即离不开改变旧的体制和政策，实行有利于解决"三农"问题的新制度、新政策。从这个意义上说，"三农"问题是政策问题。因此，只有深化改革，才能解决当前"三农"问题。那么，如何深化改革呢？要按照科学发展观的基本思路，进行新一轮改革。既要深化农村税费改革，实行城乡统一的税制，从根本上解决农民的负担问题，又要加强对农业的宏观调控，实行对农业和农村的支持和保护政策；既要深化农村土地制度改革，又要改变长期以来实行的"城乡分治，一国两策"的二元经济社会体制。

其次，用发展的方法解决"三农"问题。邓小平指出，改革的目的是为了解放生产力，发展生产力。"发展才是硬道理。"[①] 只有在发展特别是经济发展的基础上，其他一切问题才能迎刃而解。"三农"问题的解决也是如此。面对当前"三农"问题，我们要把发展作为"第一要务"。按照科学发展观的思路，加快发展。既要发展城

---

① 《邓小平文选》第3卷，人民出版社1993年版，第377页。

市，又要加快农村发展，以促进城乡协调发展；既要发展农村经济，又要加快农村社会事业发展，以促进农村经济与社会事业协调发展。为了加快发展，还必须坚持邓小平提出的农村发展的道路。

最后，依靠农民群众解决"三农"问题。群众路线是党的根本的领导方法和工作方法，也是邓小平解决"三农"问题的重要方法。解决当前的"三农"问题，也必须依靠农民群众，"三农"问题的核心是农民问题，而农民问题的实质是农民的利益和权利问题。只有让农民有其利，有其权，才能解决"三农"问题。

当前，我国"三农"发展和农业现代化面临越来越严重的问题。改革开放近四十年，随着中国特色新型工业化、信息化、城镇化、农业现代化的迅速发展，农业现代化越来越成为"四化"发展的短板，"三农"发展越来越走入不可持续的困境。[1]

尽管中央一贯强调"农业是重中之重"，然而由于缺乏针对"三农"复杂难题采取高瞻远瞩的总体发展战略和系统配套的创新举措，以致"三农"中一直存在的固有矛盾、难点问题和潜在危机，呈现突出加剧趋势。

在2013年12月的中央农村工作会议上，习近平提出坚持把解决好"三农"问题作为全党工作重中之重，坚持工业反哺农业、城市支持农村和多予少取放活方针，不断加大强农惠农富农政策力度，始终把"三农"工作牢牢抓住、紧紧抓好。可以说，强化农业是"强国梦"的重要组成部分。

（作者单位：中国社会科学院经济研究所）

---

[1] 王伟婉：《邓小平"三农"思想探析》，《苏州大学学报》（哲学社会科学版）2004年第2期。

邓小平的科技思想及对实现中国梦的影响

王 瑶

邓小平作为中国共产党第一代中央领导集体的重要成员，领导中国人民取得民主革命胜利，确立社会主义制度，并对中国特色社会主义现代化道路进行了初步探索，为中华民族的伟大复兴创造了基本前提和奠定了重要基础。邓小平作为第二代中央领导集体的核心，完成拨乱反正历史使命，开创改革开放新局面，将中华民族复兴的伟业向前推进了一大步。作为我党以毛主席为核心的第一代中央领导集体的主要成员之一和第二代中央领导集体的核心，40多年来，邓小平同志对我国科技事业始终给予极大的关注，做了大量的卓有成效的领导和推动工作。回顾他在我国社会主义建设各个时期的论述和实践活动，可以清楚地看到，重视科技在社会主义建设中的关键作用，是他的一贯思想。

一 邓小平关于科学技术是第一生产力的观点，从酝酿、形成到正式提出，是一个逐步发展、成熟的过程

1952年9月12日，在政务院讨论中科院工作的会议上，邓小平指出：现在从毛主席起都重视科学研究的工作，科学研究是一项基本建设，在这方面的投资就叫基本建设投资。这一论断表明，他在新中国成立之初就看到了科学研究的重要性，并把它列入了国民经济中

有重要产出意义的基本建设范畴。

1975年邓小平复出并主持中央日常工作,他亲自抓了当时处于半瘫痪、半取消状态的科研机构的整顿工作。在听取《科学院工作汇报提纲》的汇报时,肯定了汇报提纲中关于"科学技术也是生产力"的观点。

1978年3月,邓小平同志在全国科学大会上强调:四个现代化,关键是科学技术的现代化。

1988年9月5日,在会见时任捷克斯洛伐克总统胡萨克的谈话中,邓小平又进一步提出:"科学技术是生产力,而且是第一生产力。"丰富和发展了马克思主义关于科技是生产力的理论。

经过几年的深入实践和思考,邓小平同志在1992年初在南方谈话中进一步重申和完善了这个基本观点:科学技术是第一生产力。

二 邓小平科技思想有力地推动了我国科技事业的蓬勃发展

邓小平科技思想转变了人们的思想观念,推动了科研机构的改革,培养了数以千万计的科技人才,促进了高新技术及其产业的开发与发展,促进了科技成果转化为现实生产力。

(一) 转变了人们的思想观念

在邓小平科技思想的指导下,科技进步与社会、经济、文化的深层互动所产生的新的启示和理念,已经辐射和渗透到社会生产和社会生活的各个方面。从经济发展来讲,充分重视科技进步与创新,特别是人力资本在经济发展中的核心地位和推动作用,真正把经济和社会发展转移到依靠科技进步和提高劳动者素质的轨道上来;从科技工作来讲,充分认识原始创新是科学技术发展的原动力,创造有利于创新的、更加开放和鼓励竞争的环境,同时实现科学、技术、生产、服务的全程链接和紧密结合；从教育体制来讲，适应知识爆炸和多学科交叉、渗透和融合的发展趋势，改变了原有的教育方式，从传统的应试教育和以知识传授为主的教育转向学习能力教育，以及综合创新的能力的培养，也就是向素质教育转变；从文化建设来讲，把以人为本、以人为中心的观念作为重要的指导思想，按照科教兴国战略和创新、跨越式发展等要求，树立了新的科技观、人才观和价值观。邓小平的科技思想转变了人们的思想观念，使各族人民树立了"科学技术是第一生产力，科教兴国是中华民族强盛的必然选择"的新观念。各级领导的决策方式逐步从传统的决策方式转变为科学的民主的决策方式，企业的经济增长方式，也由高能耗、高投入、高污染的外延式增长模式转变为以推进科技进步和提高劳动者素质为重点的内涵式发展模式。更新经营思想和经营观念，培育市场意识、竞争意识、创业意识、法律意识、经济意识、消费意识、时间意识和战略意识，正是这些新观念、新意识驱使一批新一代的知识分子走上创业道路，出现了一支生机勃勃的创业大军。

（二）推动了科研机构的改革

1985 年 3 月，经济体制改革全面启动，在组织结构方面，鼓励科研机构进入企业或以多种方式与企业结合，增强企业的技术应用与开发能力，加强技术成果转化的中间环节，促进科研、教育、设计、生产之间的协作与联合，引导科研机构创办科技企业，从单纯科研型向科工贸一体化实体过渡。1992 年以后，在多数科研机构实行事业单位企业化管理或"一院两制"的管理模式，鼓励科研机构壮大科技企业。1995 年全国科技大会后，开始对科研机构从系统上进行结构调整，启动了以部省为单位的科研机构结构调整改革试点工作。经过十多年的不断探索和实践，科研机构面向市场的活力和自我发展能力大幅度提高，为经济建设解决了大量重大、关键性的技术难题，科研成果转化的速度和规模有了显著的提高，科研机构与企业组成了多种形式的结合体，培育了大批高新技术企业。

（三）培养了数以千万计的科技人才

邓小平指出："我们向科学技术现代化进军，要有一支浩浩荡荡的工人阶级的又红又专的科学技术大军，要有一大批世界第一流的科学家、工程技术专家。造成这样的队伍，是摆在我们面前的一个严重任务。"在邓小平科技思想的指导下，我国培养了数以千万计的科技人才。无论是从专业技术人才、科技活动人才还是研究与发展人才看，我国科技人才的数量均达到一定的规模，居世界前列。在总量增加的同时，我国科技队伍的结构也渐趋合理。从年龄结构上看，我国专业人才队伍的年龄结构日趋合理。

（四）推进高新技术及其产业的开发

高新技术的发展不仅大大推动了人类社会历史发展的进程，而且极大地影响着人类的未来。当今世界，谁在高科技领域占有一席之地，谁就会有希望掌握未来经济、社会发展的主动权，谁就会在未来世界竞争的舞台上拥有更多的发言权。面对这场关系到国家未来的世界性竞争，邓小平以一个战略家的眼光和气魄指出："任何时候，中国都必须发展自己的高科技，在世界高科技领域占有一席之地。……高科技的发展和成就，反映了一个国家和民族的能力，也是国家兴旺发达的标志。"因此，从20世纪80年代开始，我国面向新世纪着手实施一系列跨世纪工程，如：实施"863计划"工程，形成一支阵容整齐、精干的国家高技术研究队伍；实施高新技术开发区产业工程，使我国高新技术产业形成蓬勃发展之势；实施以金桥、金关、金卡为主体的"三金"工程，大大加速了我国从农业社会、工业社会跨入信息社会的步伐；实施"攀登计划"工程，使我国的科技工作在很多基础科学研究领域取得了可喜成果，在高新技术领域取得了一批具有世界先进水平的研究成果，在信息、生物、航空航天、激光、新材料、自动化、海洋、核能以及新能源利用等领域开发出一系列具有自主知识产权的高新技术成果和产品，初步形成了我国的高新技术产业，使中华民族在世界高新技术竞争中占有一席之地。在邓小平"发展高科技，实现产业化"思想的指导下，为了发展高新技术产业，我国设立了高新技术产业开发区，高新技术产业开发区是中国科技体制改革的重要成果，是符合中国国情的发展高科技产业的有效途径。更为重要的是，中国高新技术产业开发区的发展和壮大，促使中国出现了区域性高新技术产业集团，如北京的中关村和西安、深圳等高新技术产业开发区，已经成为高新技术企业密集发展、充满竞争与合作的集团，并且随着企业在高新技术开发区的聚集，专业基础设施、法律、金融和其他的专业服务得以在高新区内发展，初步构建起有效的资金网络、人才网络和各种服务网络。

（五）促进科技成果转化为现实生产力

邓小平1978年在全国科学大会上指出："当代的自然科学正以空前的规模和速度，应用于生产，使社会物质生产的各个领域面貌一新。"现代科学技术与生产力诸要素相结合，促使生产的所有因素发生了根本性的变化，进而促进产业结构和劳动结构不断调整，形成科技与经济一体化的格局。在邓小平科技思想的指导下，我国的科技成果在转化为现实生产力的过程中取得了丰硕成果。在工业方面，国有企业和生产结构的调整，使工业企业增强了技术创新意识，对新技术的迫切需求使它们认识到从技术市场中寻找先进、适用的技术是一条提高竞争能力的捷径。因此，技术市场作为工业企业与研究机构之间的桥梁，其作用日益彰显。在技术交易中，直接为工业企业服务的项目向来占据首位。许多企业通过技术市场这个桥梁，积极参与技术经营活动，提高了自身对新技术的吸纳能力和创新能力，从而增强了市场竞争的能力，在转换经营机制和建立现代企业制度方面步入了先进企业行列。

在农业方面，技术市场为开辟城乡之间技术与经济的合作渠道，建立健全农村技术服务体系，加快农业科技成果的广泛应用发挥了显著作用。目前，大量的种植、养殖、加工方面的适用技术已进入了农村的千家万户。可以说，农村技术市场的发展，为农业增产、农民增收及农村社会的稳定做出了积极贡献。由此可以看出，实行技术成果商品化，开放技术市场，把市场经济的竞争机制和约束机制引入科技系统，对科技成果的转化有很大的促进作用，科技成果的推广率明显提高。

（六）奠定了新世纪提高综合国力的科技基础

综合国力是个大系统，其中包括：经济实力、科技实力、教育实力、资源实力、政治实力、军事实力等。在发展这些实力中要特别重视科技实力，科技实力是综合国力的中坚。邓小平指出：从现在起到21世纪中叶，是实现我国现代化建设三步走战略目标的关键时期。20世纪80年代以来，在邓小平理论的指导下，我国科技事业取得了巨大成就，奠定了21世纪提高综合国力的科技基础。同时我国具备良好的社会基础，"科学技术是第一生产力"和"科教兴国"的思想已经深入人心。另外，我国已具备了良好的科技环境，建立了较完善的科技发展的制度环境。科技发展的制度环境包括支持科技开发和应用的企业管理、法律、知识产权保护以及对科技人员的激励机制等，通过现代企业制度建设，企业已逐步成为科技创新的主体。这样，既有利于加强企业间技术合作和企业与院校间的合作，又有利于提高法律对技术开发与应用的支持程度，强化对知识产权的保护，重视创新人才的培养，建立促进人才有效流动的机制和激励人才发展的机制。我国科学技术的迅猛发展，对经济、社会的发展产生着巨大的推动作用，也将给人类的生产、生活方式带来革命性的变化。我国雄厚的科学技术实力已成为提高我国的综合国力和国际地位的重要因素。

三　科技创新在实现中国梦的征程中具有全局意义

习近平总书记指出，实现中华民族伟大复兴的中国梦，就是要实现国家富强、民族振兴和人民幸福。中国梦深刻道出了中国近代以来历史发展的主题主线，深情地描绘了近代以来中华民族生生不息、不断求索、不懈奋斗的历史。改革开放30多年以来，我国在各个方面都取得了举世瞩目的伟大成就，为实现中国梦奠定了坚实的基础。当前可以说是我国自近代以来离实现中国梦最接近的一个时期，也是实现中国梦最为关键的一个时期。从广义来看，科技创新是中国梦重要组成部分。实现中国梦需要许多关键条件，其中一条就是建设创新型国家。科技创新在实现中国梦的征程中具有全局战略意义。

（一）中国梦与科技创新的关系

从狭义来看，科技创新与中国梦存在相互作用的辩证关系。近代以来，世界大国在实现强国梦的历史进程中，科技革命发挥了重要作用。中国历史发展错过了第一次、第二次科技革命和工业革命，与西方发达国家差距越拉越大。中国发展抓住了第三次科技革命和工业革命的尾巴，力争我国信息技术和信息产业的发展水平进入世界先进前列，没有被历史洪流冲掉，今天提出实现"中国梦"正当其时。历史告诉我们，科技革命带动工业革命，是一个民族的崛起、一个国家梦想成真的一个关键性先导力量。作为第一生产力的科技创新，是实现国家富强、民族振兴和人民幸福的决定性因素。因此，科技创新是实现中国梦的决定性基础力量。

科技创新不是轻而易举能够实现的，需要一个有利于创新的环境。从历史发展来看，中国梦真正变成一个民族的自觉行动发端于近代时期。近代以来，中国人民开始了艰苦卓绝的中国梦探索之旅。自鸦片战争到新中国成立，中国梦探索主题主要体现为"救亡图存"，在上层建筑层面对束缚社会生产力发展的一切制度和势力进行革命。改革开放30多年来，中国梦探索主题是寻找"中国道路"，我们选择了中国特色社会主义道路，建立了社会主义市场经济体制，坚持了科学发展观，终于促使科技创新成为推动社会经济发展的第一推动力。

（二）制约科技创新的主要因素

新中国成立初期，在中国共产党领导下，广大科技工作者秉持科技兴国的情怀，在极其艰苦的条件下奋发图强，创造了"两弹一星"的光辉业绩。改革开放以来，社会主义市场经济体制为自主创新插上腾飞的翅膀，送来了"科学的春天"，我国科技创新日新月异。但是，我们的创新能力和创新成就，与欧美相比仍然存在很大差距，我国还不是创新型国家。当前最大的不足是许多领域没有掌握核心技术，创新多为模仿型、渐进型，源头创新、突破型创新还远远不够。

要分析今天为什么我国自主创新落后于欧美，首先需要回答"李约瑟之谜"。英国科学家李约瑟1944年在《中国科学技术史》中提出了著名的"李约瑟之谜"，即"为什么直到中世纪中国还比欧洲先进，后来却让欧洲人着了先鞭呢？为什么近代科学和科学革命产生在欧洲不在中国？""李约瑟之谜"既是对中国创新的追问，也是对中国振兴梦的探询。许多学者对此进行了研究。李约瑟认为，中国古代人"重实用轻分析"的思维方式，中国古代官僚体制维护的"重农抑商"制度，是造成中国近代科技落后的两大原因。伊懋可的"高水平均衡陷阱"理论认为，中国"地少人多"鼓励人力劳动，欧洲"地多人少"鼓励机器操作，历史性发展路径造成了中国科技落后于欧洲。许多学者从文化角度进行了研究，杨振宁认为中国儒家思想重综合归纳，不重视分析推演，是抑制科技发展的主要原因。综观各种观点，都有道理，由此可见"李约瑟之谜"答案是综合性的。

上述分析中中国近代科技落后的原因在改革开放30多年里已经有了很大改变，所以我国科技创新有了很大发展。但是，上述原因并没有得到根本改变，所以我国科技创新多为模仿型、渐进型，少有源头创新、突破型创新。2005年钱学森提出著名的"钱学森之问"："现在中国没有完全发展起来，一个重要原因是没有一所大学能够按照培养科学技术发明创造人才的模式去办学，没有自己独特的创新的东西，老是冒不出杰出人才。""钱学森之问"的本质就是希望我国大学尽快转型为"创新型大学"。反观如今我国高校和科研机构，许多科技人员忙于搞短期课题赚快钱，忙于整理外国文献发表论文，忙于对发达国家到期专利的应用研究，而对长远性、战略性、基础性课题研究关注不够，加上科研基础设施落后，而且缺乏创新自信。这样的科研体制、科研机制和科研设施是难以提高源头创新能力的。

综上所述，邓小平科技思想作为邓小平理论的重要组成部分，是对马克思主义科技思想、毛泽东科技思想的继承和发展，是我国经济建设和科学技术实践、社会发展的指南。在邓小平科技思想的指导下，全社会的思想观念得以转变，"科学技术是第一生产力"、"科技兴国"的新观念深入人心，不仅大大增加了我国科研机构的数量，而且使科研机构的改革不断趋于完善。同时，培养和造就了数以千万计的科技人才，促进了高科技及其产业的形成与发展，并促进了科技成果向现实生产力的转化，为我国胜利迈进21世纪及其发展奠定了坚实的科技和经济基础。

（作者单位：中国社会科学院经济研究所）

邓小平论社会主义精神文明建设的战略地位

刘 仓

社会主义精神文明建设①命题的提出，是以邓小平为核心的中共第二代领导集体对科学社会主义理论的重大创新。总结和概括邓小平关于社会主义精神文明建设战略地位的论述，对探讨为什么和怎样建设社会主义精神文明具有指导意义，对于增强中国文化自觉、自信和自强，坚持中国特色社会主义文化发展道路、建设社会主义文化强国具有基础性作用。

一 社会主义精神文明是社会主义社会的有机组成部分

（一）社会主义精神文明是社会主义社会结构的基本组成部分

生产力和生产关系、经济基础和上层建筑构成人类社会的基本结构。上层建筑可以分为政治上层建筑和思想文化方面的上层建筑。"物质生活的生产方式制约着整个社会生活、政治生活和精神生活的

---

① 中共十五大指出："有中国特色社会主义的文化，就其主要内容来说，同改革开放以来我们一贯倡导的社会主义精神文明是一致的。文化相对于经济、政治而言，精神文明相对于物质文明而言。只有经济、政治、文化协调发展，只有两个文明都搞好，才是有中国特色社会主义。"（《十五大以来重要文献选编》上，人民出版社2000年版，第35页。）

过程。"① 一定社会的思想文化同一定社会的经济制度、政治制度一起，构成整个社会结构。唯物史观这一基本原理为中国革命和建设奠定了理论基础。在民主革命时期，党把新民主主义文化同新民主主义经济、政治一起，构成新民主主义社会。新中国成立后，党在领导人民进行社会主义经济建设、民主政治建设的同时，也不断加强以马克思主义为指导的社会主义思想文化建设。

改革开放以来，以邓小平为核心的中共第二代领导集体继承了这个基本观点。1979年9月30日，叶剑英在庆祝新中国成立30周年大会的讲话（这个讲话稿是邓小平指导起草的）中指出：我们要在改革和完善社会主义经济制度的同时，改革和完善社会主义政治制度，发展高度的社会主义民主和完备的社会主义法制。我们要在建设高度物质文明的同时，建设高度的社会主义精神文明。这些都是我们社会主义现代化的重要目标。② 明确把物质文明建设、民主政治建设、精神文明建作为社会主义建设的基本内容。10月30日，邓小平在中国文学艺术工作者第四次代表大会上强调："我们要在大幅度提高社会生产力的同时，改革和完善社会主义的经济制度和政治制度，发展高度的社会主义民主和完备的社会主义法制。我们要在建设高度物质文明的同时，提高全民族的科学文化水平，发展高尚的丰富多彩的文化生活，建设高度的社会主义精神文明。"③

从社会结构的高度探讨精神文明的地位和作用，为社会主义现代化建设总体布局打开了道路。1986年9月，中共十一届六中全会明确提出社会主义现代化建设的总体布局的构想，强调以经济建设为中心，坚定不移地进行经济体制改革和政治体制改革，坚定不移地加强精神文明建设。全党必须从总体布局的高度，正确认识社会

---

① 《马克思恩格斯选集》第2卷，人民出版社1995年版，第32页。
② 《三中全会以来重要文献选编》（上），人民出版社1982年版，第233—234页。
③ 《邓小平文选》第2卷，人民出版社1994年版，第208页。

主义精神文明建设的战略地位。① 2004年9月，中共十六届四中全会提出构建物质文明、政治文明、精神文明、社会文明"四位一体"总体布局思想。在此基础上，中共十八大明确增加了生态文明建设。体现了精神文明建设在社会主义现代化建设总体布局中的地位和作用。

（二）高度的精神文明是社会主义社会全面发展、全面进步的内在要求

"全部社会生活在本质上是实践的。"② 人类认识和改造社会的成果，是新的生产关系和新的社会政治制度的建立和发展；认识和改造自然界的成果，是物质生产的进步和物质生活的改善。人类在改造客观世界的同时，主观世界也得到改造，这方面的成果就是精神文明。精神文明表现为教育、科学、文化知识的进步和人们思想、政治、道德水平的提高。改革开放以来，邓小平在论述现代化建设时，一直强调物质文明和精神文明两手抓、两手都要硬，这才是有中国特色的社会主义。中共十二大把两个文明建设作为建设社会主义的一个战略方针问题。中共十三大提出建设富强、民主、文明的社会主义现代化国家的奋斗目标。1992年初，邓小平在南方谈话中，针对"一手硬、一手软"的教训，提出广东"不仅经济要上去，社会秩序、社会风气也要搞好，两个文明建设都要超过他们（指'亚洲四小龙'——引者注），这才是有中国特色的社会主义"。③ 社会主义精神文明是社会主义建设的内在要求和基本目标。江泽民指出："社会主义社会是全面发展、全面进步的社会。社会主义现代化建设事业是物质文明和精神文明协调发展、相辅相成的事

---

① 《十二大以来重要文献选编》（下），人民出版社1986年版，第1173—1174页。

② 《马克思恩格斯选集》第1卷，人民出版社1995年版，第56页。

③ 《邓小平文选》第3卷，人民出版社1993年版，第378页。

业，缺少任何一个方面，都不称其为有中国特色的社会主义。"①

（三）社会主义精神文明是社会主义社会的本质特征

过去在谈论社会主义区别于资本主义的本质特征的时候，比较多地关注以公有制为基础的经济制度，以按劳分配为基础的分配制度，以人们当家作主、无产阶级专政为核心的政治制度，对思想文化方面的作用的论述则较为薄弱。社会主义精神文明是反映社会主义经济和政治的思想观念上的上层建筑，应该上升为社会主义本质特征。邓小平指出："所谓精神文明，不但是指教育、科学、文化（这是完全必要的），而且是指共产主义的思想、理想、信念、道德、纪律，革命的立场和原则，人与人的同志式关系，等等。……没有这种精神文明，没有共产主义思想，没有共产主义道德，怎么能建设社会主义？"② 在这种思想指导下，中共十二大明确提出：社会主义精神文明是社会主义的重要特征，是社会主义制度优越性的重要表现。没有这种精神文明，就不可能建设社会主义。③

二 社会主义精神文明是社会主义建设的根本保证

（一）社会主义精神文明建设是总结社会主义建设历史经验的科学结论

通过总结正反两方面的历史经验制定路线、方针和政策，是中国共产党领导革命和建设的基本经验。社会主义精神文明建设命题的提出也是这样。邓小平在回顾新中国的历程时曾说，"文化大革

---

① 《江泽民文选》第1卷，人民出版社2006年版，第571页。在这篇讲话中，江泽民提出："社会文明包括物质文明也包括精神文明，缺少任何一个方面，社会就是畸形的，也不可能健康地向前发展。"这里的社会文明是一个大范畴。而后来提出"四位一体"中的社会文明的小范畴。

② 《邓小平文选》第2卷，人民出版社1994年版，第367页。

③ 《十二大以来重要文献选编》（上），人民出版社1986年版，第26—27页。

命"之前，中国的精神面貌、道德风尚是好的，人们有理想、有奔头，照顾国家、社会和左邻右舍。我们管它叫作"延安精神"。正是有这样的精神文明，我们克服了60年代严重的经济困难。① "文化大革命"带来的精神方面的问题很多，大公无私、舍己为公、艰苦奋斗等道德观点都遭到了破坏，社会风气不如过去，动不动就打砸抢；年轻的娃娃不讲礼貌了，也不照顾别人的利益、集体的利益、国家的利益。他尖锐地指出："没有好的道德观念和社会风气，即使现代化建设起来了也不好，富起来了也不好。""所以搞现代化要增加精神文明的内容"，"提倡精神文明，就是要解决社会风气不良的问题"。②

正反两方面的历史经验指明了前进的道路。邓小平指出，我们"要建立一个高度民主、高度文明的社会主义国家。所谓高度文明，就是人民要有理想，个人利益要服从整个国家和民族的利益，要守纪律，要有道德，要坚持我们历来的艰苦奋斗的传统。否则我们的事业是不会有希望的"。③ 在这种思想指导下，中共十一届六中全会通过的《关于建国以来党的若干历史问题的决议》，明确把"社会主义必需有高度的精神文明"作为十条基本经验之一。中共十二大明确把社会主义精神文明建设作为社会主义现代化建设的根本保证，强调是否坚持这样的方针，将关系到社会主义的兴衰和成败。

（二）社会主义精神文明是社会主义沿着正确方向发展的思想保证

把社会主义精神文明作为社会主义现代化建设的基本目标和根本保证，还在于精神文明对物质文明具有指导意义。物质文明建设

---

① 《邓小平年谱（一九七五——一九九七）》下，中央文献出版社2004年版，第769页。
② 同上书，第705—706、721页。
③ 同上书，第785—786页。

为精神文明的发展提供物质条件和实践经验，精神文明建设又为物质文明的发展提供思想基础、精神动力和智力支持。二者相互制约、相互促进，共同推动社会的全面发展与进步。

一定的思想理论和价值观念，指引一定的社会发展方向；社会主义精神文明保证社会主义的发展方向。邓小平指出，我们在建设社会主义社会时，一定要坚持发展物质文明和精神文明，坚持五讲四美三热爱，教育全国人民有理想、有道德、有文化、有纪律。在这四条里面，理想和纪律特别重要。过去为什么在非常困难的条件下，战胜千难万险使革命和建设取得胜利呢？就是因为我们有理想和信念。对共产主义的信念，"对马克思主义的信仰，是中国革命胜利的一种精神动力"。[①] 有了共同的理想和坚强的信念，也就有了铁的纪律，无论过去、现在和将来，这都是我们的真正优势。

在邓小平看来，建设社会主义社会，不仅需要高度发达的社会生产力，而且需要人们思想觉悟和道德素质的不断提高。如果没有科学的理论武装、高尚的道德品质、健康的思想作风、良好的社会风气，也会影响物质文明的发展方向。1986年1月17日，他针对"一手硬、一手软"的缺陷指出："经济建设这一手我们搞得相当有成绩，形势喜人，这是我们国家的成功。但风气如果坏下去，经济搞成功又有什么意义？会在另一方面变质，反过来影响整个经济变质，发展下去会形成贪污、盗窃、贿赂横行的世界。"[②] 在这个意义上，邓小平指出："不加强精神文明的建设，物质文明的建设也要受破坏，走弯路。光靠物质条件，我们的革命和建设都不可能胜利。"[③]

从历史进步的长远角度来理解社会主义精神文明建设的战略地位，具有鲜明的指导意义。中共十二大指出：思想建设决定着精神

[①] 《邓小平文选》第3卷，人民出版社1993年版，第63页。
[②] 同上书，第154页。
[③] 同上书，第144页。

文明的社会主义性质。它的主要内容，是工人阶级的、马克思主义的世界观和科学理论，是共产主义的理想、信念和道德，是同社会主义公有制相适应的主人翁思想和集体主义思想，是同社会主义政治制度相适应的权利义务观念和组织纪律观念，是为人民服务的献身精神和共产主义的劳动态度，是社会主义的爱国主义和国际主义，等等。概括起来说，最重要的就是革命的理想、道德和纪律。[①] 社会主义精神是指引社会主义沿着正确发展方向的思想基础和政治保证。

（三）社会主义精神文明建设为社会主义建设提供智力支持

作为精神文明建设的主要内容，教育科学文化为社会主义现代化建设提供直接的智力支持。当今世界，现代科学技术是新的社会生产力中最活跃的和决定性的因素。现代科学为生产技术的进步开辟道路，决定它的发展方向。社会生产力有巨大的发展，劳动生产率有大幅度的提高，最主要的是靠科学的力量、技术的力量。"科学技术日益渗透到社会物质生活和精神生活的各个领域，成为提高劳动生产率的重要的源泉，成为建设现代精神文明的重要的基石。"[②]在这个意义上，邓小平提出"科学技术是第一生产力"的论断。他指出："四个现代化，关键是科学技术的现代化。没有现代科学技术，就不可能建设现代农业、现代工业、现代国防。没有科学技术的高速度发展，也就不可能有国民经济的高速度发展。"[③]

当今国际的竞争，越来越体现在科学技术的竞争；而科技竞争的关键是人才的竞争。人是生产力中起最终决定性作用的因素。劳动者只有具备较高的科学文化水平，丰富的生产经验，先进的劳动技能，才能在现代化建设中发挥更大的作用，创造出比资本主义更高的劳动生产率。邓小平指出："有了人才优势，再加上先进的社会

---

① 《十二大以来重要文献选编》（上），人民出版社1986年版，第30页。
② 《十二大以来重要文献选编》（中），人民出版社1986年版，第661—662页。
③ 《邓小平文选》第2卷，人民出版社1994年版，第86页。

主义制度，我们的目标就有把握达到。"① 科学技术人才的培养，基础在教育。一个十亿人口的大国，教育搞上去了，人才资源的巨大优势是任何国家比不了的。邓小平为景山学校的题词："教育要面向现代化，面向世界，面向未来"，反映了教育在现代化建设中的战略地位。

邓小平明确把教育和科学作为现代化建设的战略重点。在这一思想指引下，1985年3月13日，中共中央做出《关于科学技术体制改革的决定》，5月27日，中共中央做出《关于教育体制改革的决定》。在此基础上，1995年5月6日，中共中央、国务院做出《关于加速科学技术进步的决定》，正式提出科教兴国战略。同年9月，中共十四届五中全会通过《关于制定国民经济和社会发展"九五"计划和2010年远景目标的建议》，把科教兴国战略作为推进我国国民经济和社会发展的九条重要方针之一。

（四）社会主义精神文明是社会主义发展的精神动力

一个政党、一个民族在推进社会进步的社会实践中，创造出先进的社会文化。其中蕴含的核心价值观念、精神支柱，植根于民族的基因和骨髓，成为引导社会发展的精神动力。

在中国革命和建设的伟大实践中，创造和发展了伟大的民族精神。学习和发扬这种革命精神，是中国发展的精神动力。邓小平指出："要教育全党同志发扬大公无私、服从大局、艰苦奋斗、廉洁奉公的精神，坚持共产主义思想和共产主义道德。"坚持用共产主义的思想体系指导整个工作；用共产主义道德约束共产党员和先进分子的言行；提倡和表彰"全心全意为人民服务"，"个人服从组织"，"毫不利己、专门利人"，"一不怕苦、二不怕死"。在正确的政治方向指导下，发扬革命和拼命精神，严守纪律和自我牺牲精神，先人

---

① 《邓小平文选》第3卷，人民出版社1993年版，第120页。

后己精神,压倒一切敌人、压倒一切困难的精神,坚持革命乐观主义、排除万难去争取胜利的精神,使这些精神成为中华人民共和国的精神文明的主要支柱,为世界上一切要求革命、要求进步的人们所向往,也为世界上许多精神空虚、思想苦闷的人们所羡慕。①

邓小平将共产主义理想和社会主义现代化建设联系起来,指出共产主义理想是我们的精神支柱,而理想主要是两条,"第一条是为共产主义奋斗终生,搞社会主义建设;第二条是爱国主义,就是要使祖国兴旺发达,使中华民族兴旺发达,具体讲就是把社会主义四个现代化搞好"。②爱国主义是精神文明建设的主要内容,是建设富强、民主、文明国家的精神动力。他指出:"中国人民有自己的民族自尊心和自豪感,以热爱祖国、贡献全部力量建设社会主义祖国为最大光荣,以损害社会主义祖国利益、尊严和荣誉为最大耻辱。"③

艰苦奋斗精神是中国共产党宝贵革命精神传统,也是精神文明建设的重要内容。一个政党、一个民族、一个国家是否具有艰苦奋斗精神,事关国家朝什么方向发展,发展的目的是什么,发展为了什么人、依靠什么人这些根本问题。所以,邓小平指出:"中国搞四个现代化,要老老实实地艰苦创业。"④我们国家越发展,越要抓艰苦奋斗。在邓小平看来,艰苦创业,首先高级领导干部要带头。如果领导干部吃苦在后、享受在前,利用权力搞特殊化,那么就会败坏党风,也会影响社会风气。因此,"提倡艰苦创业精神,也有助于克服腐败现象"。⑤从这个意义上说,精神文明是社会主义健康发展的思想保证。

---

① 《邓小平文选》第2卷,人民出版社1994年版,第367—368页。
② 《邓小平年谱(一九七五——一九九七)》(下),中央文献出版社2004年版,第1061页。
③ 《邓小平文选》第3卷,人民出版社1993年版,第3页。
④ 《邓小平文选》第2卷,人民出版社1994年版,第257页。
⑤ 《邓小平文选》第3卷,人民出版社1993年版,第306页。

三 社会主义精神文明是改革开放沿着正确方向发展的政治保证

在改革开放中推进社会主义建设,是当代中国最显著的特征。谈到改革开放,就涉及是否会改变中国社会主义性质的问题。1985年8月21日,邓小平在会见外宾时提出:"世界上对我国的经济改革有两种评论。有些评论家认为改革会使中国放弃社会主义,另一些评论家则认为中国不会放弃社会主义。后一种看法比较有眼光。"[①] 在他看来,改革开放是为了扫除生产力发展的障碍,是社会主义制度的自我完善和发展。之所以不会改变社会主义性质,是因为它是坚持四项基本原则的改革开放,是坚持社会主义精神文明的改革开放。

(一) 社会主义精神文明保证改革开放的正确方向

保证改革开放的正确方向,最根本的原则就是坚持社会主义经济制度和政治制度,而制度层面的质的规定性,离不开社会主义的思想理论、道德规范和价值取向,这就需要加强社会主义精神文明建设。邓小平指出:我们干的是社会主义事业,最终目的是实现共产主义。我们采取的所有开放、搞活、改革等方面的政策,目的都是为了发展社会主义经济。如果我们的政策导致两极分化,我们就失败了;如果产生了什么新的资产阶级,那我们就真是走了邪路了。总之,一个公有制占主体,一个共同富裕,这是我们所必须坚持的社会主义的根本原则。要特别教育我们的下一代下两代,一定要树立共产主义的远大理想。一定不能让我们的青少年作资本主义腐朽思想的俘虏,那绝对不行。[②]

---

① 《邓小平文选》第3卷,人民出版社1993年版,第134页。
② 同上书,第110—111页。

（二）社会主义精神文明建设是反对资产阶级自由化的思想长城

改革开放以来，受国内外政治因素的影响，出现了一股自由化思潮，其主要表现有散布精神污染、关于人道主义与异化问题以及宣称社会主义不如资本主义等论调。邓小平指出："精神污染的实质是散布形形色色的资产阶级和其他剥削阶级腐朽没落的思想，散布对于社会主义、共产主义事业和对于共产党领导的不信任情绪。"① 精神污染实际上是搞资产阶级自由化；而资产阶级自由化实质上是要把中国引导到资本主义道路。1986年9月28日，邓小平在中共十二届六中全会上尖锐地指出，自由化实际上是要把中国现行的政策引导到走资本主义道路。我们搞的四个现代化有个名字，就是社会主义四个现代化。② 在邓小平的坚持下，会议通过的《关于社会主义精神文明建设指导方针的决议》明确写入反对资产阶级自由化的内容，指出："搞资产阶级自由化，即否定社会主义制度、主张资本主义制度，是根本违背人民利益和历史潮流，为广大人民所坚决反对的。"③ 这个论断把问题的实质说得很明确，在原则问题上毫不含糊。

邓小平指出，自由化和四项基本原则是根本对立的。在整个现代化建设时期，都要坚持四项基本原则，反对资产阶级自由化。他指出，"四个坚持"中最核心的是党的领导和社会主义，是社会主义精神文明建设的指导思想和核心内容。加强精神文明建设，是坚持四项基本原则，反对资产阶级自由化，使改革开放沿着正确方向发展的根本保证。

一般来说，从思想认识层面反对资产阶级自由化，反对全盘西化，反对否定党的领导和社会主义制度，不能采取政治运动方式，

---

① 《邓小平文选》第3卷，人民出版社1993年版，第40页。
② 同上书，第181页。
③ 《十二大以来重要文献选编》（下），人民出版社1986年版，第184页。

而应采取思想政治教育的方式。加强政治思想工作,"其中心就是建设社会主义精神文明"。① 邓小平在总结"八九政治风波"的教训时说:"四个坚持本身没有错,如果说有错误的话,就是坚持四项基本原则还不够一贯,没有把它作为基本思想来教育人民,教育学生,教育全体干部和共产党员。这次事件的性质,就是资产阶级自由化和四个坚持的对立。四个坚持、思想政治工作、反对资产阶级自由化、反对精神污染,我们不是没有讲,而是缺乏一贯性,没有行动,甚至讲得都很少。不是错在四个坚持本身,而是错在坚持得不够一贯,教育和思想政治工作太差。"② 加强精神文明建设,可以筑起防范自由化的思想城墙。

(三)加强社会主义精神文明建设可以消除剥削阶级腐朽思想的影响

实行对内搞活、对外开放,是推进社会主义现代化建设的正确政策。但是也会带来吸毒、卖淫、嫖娼、经济犯罪、贪污、贿赂等资产阶级和封建主义的腐朽现象。邓小平联系新中国成立初期消灭黄赌毒等历史经验,强调只有共产党领导的社会主义才能消灭这些腐朽的东西。他指出:"我们为社会主义奋斗,不但是因为社会主义有条件比资本主义更快地发展生产力,而且因为只有社会主义才能消除资本主义和其他剥削制度所必然产生的种种贪婪、腐败和不公正现象。"③ 为了消除这些腐朽思想的影响,"需要加强精神文明建设"。④

---

① 《邓小平年谱(一九七五——一九九七)》(下),中央文献出版社2004年版,第743页。
② 《邓小平文选》第3卷,人民出版社1993年版,第305页。
③ 同上书,第143页。
④ 《邓小平年谱(一九七五——一九九七)》(下),中央文献出版社2004年版,第1139页。

（四）社会主义精神文明是发挥社会主义制度优越性的体现

社会主义相对于资本主义的优越性，体现在生产资料公有制基础上的社会化大生产，体现在能够创造更高的劳动生产率，体现在人民当家作主的政治制度，也体现在思想觉悟和道德水平的提高等方面。邓小平指出，社会主义的经济是以公有制为基础的，生产是为了最大限度地满足人民的物质、文化需要，而不是为了剥削。由于社会主义制度的这些特点，我国人民能有共同的政治经济社会理想，共同的道德标准。以上这些，资本主义社会永远不可能有。资本主义无论如何不能摆脱百万富翁的超级利润，不能摆脱剥削和掠夺，不能摆脱经济危机，不能形成共同的理想和道德，不能避免各种极端严重的犯罪、堕落、绝望。社会主义精神文明是体现社会主义优越于资本主义的重要方面。

1980年8月18日，邓小平在中央政治局扩大会议上，提出要"划清社会主义同资本主义的界限"的命题，强调要批判资产阶级和小资产阶级思想的影响。他说："在社会主义社会中，国家、集体和个人的利益在根本上是一致的，如果有矛盾，个人的利益要服从国家和集体的利益。为了国家和集体的利益，为了人民大众的利益，一切有革命觉悟的先进分子必要时都应当牺牲自己的利益。我们要向全体人民、全体青少年努力宣传这种高尚的道德。"如果任何人都向"钱"看，那样"社会主义和资本主义还有什么区别"？！[①]

认识到社会主义制度的优越性，并不表示拒绝吸收资本主义创造的文明成果。资本主义在几百年的发展中，创造了先进的自然科学、技术科学和社会科学成果，建立了比较完善的政治制度、管理方式。邓小平指出："社会主义要赢得与资本主义相比较的优势，就必须大胆吸收和借鉴人类社会创造的一切文明成果，吸收和借鉴当

---

① 《邓小平文选》第2卷，人民出版社1994年版，第337页。

今世界各国包括资本主义发达国家的一切反映现代社会化生产规律的先进经营方式、管理方法。"① 但是，对于资本主义文化领域的东西，一定要用马克思主义的立场、观点和方法进行分析、鉴别和批判，决不是学习和引进资本主义制度和各种丑恶颓废的东西。这种兼收并蓄的文化观也体现了中国社会主义文化的自觉、自信和自强的品质。

中共十二届六中全会指出："社会主义精神文明建设的战略地位，决定了它必须是推动社会主义现代化建设的精神文明建设，必须是促进全面改革和实行对外开放的精神文明建设，必须是坚持四项基本原则的精神文明建设。这就是社会主义精神文明建设的基本指导方针。"② 反映了精神文明建设对于改革开放正确发展方向的意义。

当然，中国社会主义还将长期处于初级阶段，实现现代化、实现中华民族伟大复兴，还需要中国人民长期的艰苦奋斗。邓小平指出："我们要用发展生产力和科学技术的实践，用精神文明、物质文明建设的实践，证明社会主义制度优于资本主义制度，让发达的资本主义国家的人民认识到，社会主义确实比资本主义好。"③

四　社会主义精神文明对于培养接班人和建设者的意义

推动社会主义社会的全面发展与全面进步，归根到底是为了人的全面而自由的发展创造条件。社会主义社会是共产主义社会的低级阶段。社会主义的本质，是解放和发展生产力，消灭剥削、消灭

---

① 《邓小平文选》第3卷，人民出版社1993年版，第373页。
② 《十二大以来重要文献选编》（下），人民出版社1988年版，第1175页。
③ 《邓小平年谱（一九七五——一九九七）》（下），中央文献出版社2004年版，第1255页。

两极分化，最终达到共同富裕。社会主义不仅要为过渡到共产主义社会创造丰富的物质条件，而且要推动人的思想道德素质和教育科学文化素质的提高，培养适应新社会要求的建设者和接班人。

（一）社会主义精神文明对于培养"四有"新人的意义

恩格斯指出："文化上的每一个进步，都是迈向自由的一步。"[①]毛泽东也说，无产阶级和革命人民"改造客观世界，也改造自己的主观世界"。[②] 邓小平继承了这些思想，明确指出："建设社会主义的精神文明，最根本的是要使广大人民有共产主义的理想，有道德，有文化，守纪律。"[③] 要教育干部成为"四有"干部，教育人民成为"四有"新人，明确表达了新社会的主人应具备的基本素质。

所谓"有理想"，从长远来说，就是共产主义的理想。这是引导中国社会主义建设的指导思想。从当前阶段来说，就是社会主义现代化。共同的理想和信念，是团结和凝聚人民投身现代化建设的最大公约数。人民的团结是战胜一切艰难险阻的根本力量；而要实现团结就要有共同的理想和坚定的信念。中国社会主义现代化的共同理想，马克思主义的信念，是团结全党和全国人民的精神支柱。没有这样的理想和信念，就没有凝聚力。因此，邓小平强调："我们马克思主义者过去闹革命，就是为社会主义、共产主义崇高理想而奋斗。现在我们搞经济改革，仍然要坚持社会主义道路，坚持共产主义的远大理想，年轻一代尤其要懂得这一点。"[④]

所谓"讲道德"，有对党员干部的要求和对群众的要求之别。共产主义道德是与社会主义公有制和人民当家作主相联系的思想品质和精神境界。共产党是无产阶级的政党，以全心全意为人民服务为

[①] 《马克思恩格斯选集》第3卷，人民出版社1995年版，第456页。
[②] 《毛泽东选集》第1卷，人民出版社1991年版，第296页。
[③] 《邓小平文选》第3卷，人民出版社1993年版，第28页。
[④] 同上书，第116页。

宗旨，以实现共产主义为远大理想，这就要求共产党员树立无产阶级的世界观、人生观和道德观，身体力行共产主义道德，一切以人民利益为最高准绳。邓小平强调："党和政府愈是实行各项经济改革和对外开放的政策，党员尤其是党的高级负责干部，就愈要高度重视、愈要身体力行共产主义思想和共产主义道德。否则，我们自己在精神上解除了武装，还怎么能教育青年，还怎么能领导国家和人民建设社会主义！"① 如果党员干部道德败坏，当官做老爷，损人利己，那么必然被人民群众所唾弃。

共产党员的先锋模范作用可以为培育良好的社会道德风尚树立榜样；而健康进步的社会风气也可以激励更多人选择崇高的理念。因此，邓小平要求在全党和全国范围内有领导、有计划地提倡社会主义道德风尚，热爱祖国，提倡民族自尊心和自信心，进行坚持社会主义道路、反对资产阶级思想侵蚀的教育。在这种思想指导下，1982年12月，五届全国人大五次会议通过的《宪法》规定：国家提倡爱祖国、爱人民、爱劳动、爱科学、爱社会主义的公德，在人民中进行爱国主义、集体主义和国际主义、共产主义的教育，进行辩证唯物主义和历史唯物主义的教育，反对资本主义的、封建主义的和其他的腐朽思想。

所谓"守纪律"，就要求党员群众遵守国家的法律、法规、条例和政策。邓小平指出："中国要坚持社会主义制度，要发展社会主义经济，要实现四个现代化，没有理想是不行的，没有纪律也是不行的。"② 将中国这么大的国家团结起来，一靠理想；二靠纪律。否则，就会像旧中国那样一盘散沙，政局不稳，社会混乱，什么事情都搞不成，更不用说实现民族复兴的梦想。因此，邓小平强调："对一切无纪律、无政府、违反法制的现象，都必须坚决反对和纠正。否则我们就决不能建设社会主义，也决不能实现现代化。合理的纪

---

① 《邓小平文选》第2卷，人民出版社1994年版，第367页。
② 《邓小平文选》第3卷，人民出版社1993年版，第124页。

律同社会主义民主不但不是互相对立的，而且是互相保证的。"①

（二）社会主义精神文明建设对保持执政党先进性的意义

有什么样的思想理论、道德品质和精神状态，反映一个政党的性质、宗旨和形象。邓小平提出："把我们党建设成为有战斗力的马克思主义政党，成为领导全国人民进行社会主义物质文明和精神文明建设的坚强核心。"② 执政党首先要具备社会主义精神文明的素质和特点，才能够胜任这一历史任务和光荣称谓。中共十二届六中全会指出："各级党组织和广大党员在精神文明建设中的责任，一是加强自身的精神文明建设，特别是搞好党风；二是以模范行动和艰苦工作，组织和推动全社会的精神文明建设。"③

邓小平关于思想道德建设方面的论述主要包含以下层次：第一，马克思主义是精神文明建设的指导思想；第二，共产主义信念、社会主义理想是精神文明建设的方向和主题；第三，共产主义和社会主义道德观念、组织纪律是精神文明建设的主要内容；第四，爱国主义、艰苦奋斗等精神是精神文明建设的动力。此外还包含建立在社会主义经济基础和上层建筑基础上的平等、团结、友爱、互助等新型社会关系。这些都是反映社会主义本质的价值观念，涵盖了社会主义核心价值体系的基本内容。这些基本内容及其实现程度，是衡量共产党执政能力高低的重要标准，也是衡量执政党先进性的重要标志。

邓小平要求执政的共产党培养领导精神文明建设的能力和素质，可谓呕心沥血、鞠躬尽瘁。他非常赞同陈云所说的"执政党的党风问题是有关党的生死存亡的问题"，多次强调搞好"精神文明建设，首先要着眼于党风和社会风气的根本好转"。而"端正党风，是端正

---

① 《邓小平文选》第2卷，人民出版社1994年版，第360页。
② 《邓小平文选》第3卷，人民出版社1993年版，第39页。
③ 《十二大以来重要文献选编》（下），人民出版社1986年版，第1188页。

社会风气的关键"。"搞精神文明关键是以身作则"①,加强对党员和群众的思想政治教育。如果执政党的领导干部忘记理想、信念、宗旨,以权谋私、损人利己、违法乱纪,怎么能够胜任领导精神文明建设的责任呢?只有搞好党风,人民群众才会向党学习,才能转变社会风气,才能在坚持四项基本原则基础上深化改革开放。正如陈云所说:"在党内,忽视精神文明建设,忽视思想政治工作,就不可能有好的党风;在社会上,忽视精神文明建设,忽视共产主义思想教育,就不可能有好的社会风气。总之,忽视社会主义精神文明建设,我们的整个事业就可能偏离马克思主义,偏离社会主义道路。"② 正如中共十二大指出:党的思想建设是全社会精神文明建设的支柱,共产党员应当首先在思想道德方面起模范作用。

改革开放之后,各种政治思想观念错综复杂。或者片面强调发展生产力而忽视思想道德建设;或者主张先搞物质文明而后搞精神文明;或者倡导改革开放而放弃四项基本原则;或担心走资本主义邪路而拒绝改革开放。邓小平关于社会主义精神文明建设战略地位和作用的论述,回答了诸多政治思想问题的挑战,初步解决了"为什么和怎么样要建设社会主义精神文明"以及"中国向何处去"的根本问题。这是马克思主义与中国实际相结合的伟大创见,也为中国特色社会主义文化建设奠定了基础。此后,中共中央在论述社会主义现代化建设总体布局,建设先进文化、和谐文化,坚持文化发展道路、建设文化强国、推动中华文化走出去、增强文化软实力等理论问题时,莫不源于邓小平关于社会主义精神文明战略地位的论述。

(作者单位:中国社会科学院当代中国研究所)

---

① 《邓小平文选》第3卷,人民出版社1993年版,第7页。
② 《陈云文选》第3卷,人民出版社1995年版,第355页。

邓小平与中国特色社会主义文化

欧阳雪梅

邓小平是中国特色社会主义文化的开创者,他的贡献主要表现在,在重大的历史转折时期,领导思想文化领域的拨乱反正,肯定毛泽东思想的指导地位,巩固了马克思主义在意识形态的主导地位;坚持正确的文化方针,调整党的文化政策,确立了"文艺为人民服务、为社会主义服务"的方向;明确精神文明是社会主义的重要特征,精神文明建设在中国特色社会主义事业总体布局中的战略地位与作用;提出尊重知识、尊重人才;推动文化的对外开放,实现了中华文化的现代化转换,开辟了一条宽广的中国特色社会主义文化发展道路,迎来了新时期的文化发展与繁荣。

一 巩固马克思主义在思想文化领域的指导地位

中国化的马克思主义——毛泽东思想是中国社会主义文化的灵魂,新中国成立后,很快被确立为思想文化领域的指导思想。但随着"左"倾思想的发展,其科学性没有得到坚持,尤其是"文化大革命"中,政治强力干预文化,禁锢了文化的发展。要实现根本性的转变,首先要打破思想僵化、迷信盛行的局面,把人们从各种教条中解放出来,这是文化发展的前提。针对"两个凡是"的错误,邓小平虽然尚未复出,但是仍以高度的责任感给中央写信,提出要完整准确地理解毛泽东思想。5月24日,邓小平在与王震、邓力群的谈话中明确指出"两个凡是"不符合马克思主义①。为冲破"两个凡是"的思想禁锢，邓小平积极支持关于真理标准问题的讨论，号召："我们一定要肃清林彪、'四人帮'的流毒，拨乱反正，打破精神枷锁，使我们的思想来个大解放。"② 在他的推动下，真理标准问题讨论由无组织的小范围的争论变成全国性的有组织、大范围的讨论，使毛泽东思想的精髓——实事求是深入人心，并在中共十一届三中全会上重新确立为党的思想路线，真理标准问题讨论也作为一场伟大的马克思主义教育运动载入史册。这就恢复了毛泽东思想的本来面目：它不是教条而是行动的指南，它提供的不是教义，而是观察问题和解决问题的立场、观点和方法。

邓小平提倡解放思想以清除长期以来"左"的思想束缚，又防止矫枉过正。针对极少数人利用党拨乱反正的时机，打着"社会改革"的幌子，曲解"解放思想"的口号，采取"攻其一点，不及其余"的手法，攻击毛泽东，出现一股全盘否定毛泽东的历史地位和毛泽东思想科学价值的错误思潮，他旗帜鲜明地指出："毛泽东思想培育了我们整整一代人……没有毛泽东思想，就没有今天的中国共产党，这也丝毫不是什么夸张。毛泽东思想永远是我们全党、全军、全国各民族人民的最宝贵的精神财富。"③ 在1979年春中央召开的理论工作务虚会上，邓小平把坚持马列主义、毛泽东思想作为必须坚持四项基本原则之一。他帮助人们用历史和辩证的观点观察问题、分析问题，指出：毛泽东是人不是神，"同任何别人一样，也有他的缺点和错误"。"在分析他的缺点和错误的时候，我们当然要承认个人的责任，但是更重要的是要分析历史的复杂的背景。只有这样，我们才是公正地、科学地、也就是马克思主义地对待历史，对待历史人物。"④ 为此，邓

---

① 《邓小平文选》第2卷，人民出版社1994年版，第38页。
② 同上书，第119页。
③ 同上书，第148—149页。
④ 同上书，第172—173页。

小平亲自主持起草《关于建国以来党的若干历史问题的决议》（以下简称《决议》），实事求是地评价毛泽东思想和新中国成立后的历史，总结历史的经验教训，避免陷于历史唯心主义和历史虚无主义。1981年党的十一届六中全会通过的《决议》，"根本否定了'文化大革命'和'无产阶级专政下继续革命'的理论，同时坚决顶住否定毛泽东同志和毛泽东思想的错误思潮，维护了毛泽东同志的历史地位，肯定了毛泽东思想的指导作用"①。《决议》把毛泽东晚年的错误与毛泽东思想科学体系区分开来，指出："毛泽东思想是马克思列宁主义在中国的运用和发展，是被实践证明了的关于中国革命的正确的理论原则和经验总结，是中国共产党集体智慧的结晶。我党许多卓越领导人对它的形成和发展都作出了重要贡献，毛泽东同志的科学著作是它的集中概括。"② 这就廓清了思想的迷雾，凝聚共识，化解危机，巩固了马克思主义的指导地位，实现了他所提出的解放思想，实事求是，团结一致向前看的预期目标，并适应新的实际和发展要求创立了邓小平理论，开拓了马克思主义的新境界。"我们搞改革开放，把工作重心放在经济建设上，没有丢马克思，没有丢列宁，也没有丢毛泽东。"③ 随着国内局势的发展和国际局势的变化，越来越显示出这个重大决策的勇气和远见。

二 调整文化的政策，确立"两为"方向

邓小平1975年主持全面整顿，贯彻毛泽东"党的文艺政策应该调整一下"的精神，对极"左"文化政策进行了一些纠正。如提出对文艺作品不能求全责备，"样板戏不能一花独放"，否则就会阻碍

---

① 《江泽民文选》第1卷，人民出版社2006年版，第214页。
② 《〈关于建国以来党的若干历史问题的决议〉注释本》，人民出版社1983年版，第47—48页。
③ 《邓小平文选》第3卷，人民出版社1993年版，第369页。

文艺发展；提倡文艺作品题材多样化，不能把"三突出"的理论绝对化，并积极推动电影《创业》的重新上映和《海霞》的公开上映。这是在文化领域拨乱反正的初步尝试。邓小平在1977年复出后，总结和反思新中国成立后文化发展正反两方面经验，领导文化政策调整，重建文化秩序。针对文化领域乍暖还寒，历史的惯性依然发挥着巨大作用的状况，他强调实施"双百"方针。8月初，他在主持召开科学和教育工作座谈会上指出："讨论当中可能会出来一些错误的意见，也不可怕。我们要坚持百家争鸣的方针，允许争论。不同学派之间要互相尊重，取长补短。要提倡学术交流。"① 在党的理论务虚会上，他郑重提出："无论如何，思想理论问题的研究和讨论，一定要坚决执行百花齐放、百家争鸣的方针，一定要坚决执行不抓辫子、不戴帽子、不打棍子的'三不主义'的方针"②，意在调动大家的积极性和创造性，促进文化繁荣。

1979年10月30日，第四次文代会召开，邓小平代表中央致《祝词》，对新中国文化建设实践遇到的一些重大问题进行回答，阐明了新时期文艺发展的原则立场。他指出："要继续坚持毛泽东同志提出的文艺为最广大的人民群众、首先为工农兵服务的方向，坚持百花齐放、推陈出新、洋为中用、古为今用的方针，在艺术创作上提倡不同形式和风格的自由发展，在艺术理论上提倡不同观点和学派的自由讨论。"并集中阐释文艺与人民、文艺与生活、文艺与政治的关系等问题。他说："我们的文艺属于人民"，"文艺工作者要努力学习马列主义、毛泽东思想，提高自己认识生活、分析生活、透过现象抓住事物本质的能力"。"人民是文艺工作者的母亲。一切进步文艺工作者的艺术生命，就在于他们同人民之间的血肉联系。""人民需要艺术，艺术更需要人民。自觉地在人民的生活中汲取题材、主题、情节、语言、诗情和画意，用人民创造历史的奋发精神

---

① 《邓小平文选》第2卷，人民出版社1994年版，第57页。
② 同上书，第183页。

来哺育自己，这就是我们社会主义文艺事业兴旺发达的根本道路。""作品的思想成就和艺术成就，应当由人民来评定。"① 肯定了毛泽东以人民为本位的文化观，又对文艺与人民的关系作了符合时代精神的新阐释，从本质上揭示文艺与生活的辩证关系：文艺家要从人民生活中吸收营养创造文艺事业，又把最好的精神产品奉献给人民。创作题材上，"英雄人物的业绩和普通人们的劳动、斗争和悲欢离合，现代人的生活和古代人的生活，都应当在文艺中得到反映"。② 表现手法要日益丰富多彩，敢于创新。要满足人民精神生活多方面的需要，只要能够使人们从中得到教育和启发，得到娱乐和美的享受，"都应当在我们的文艺园地里占有自己的位置"。③ 不再只重视文化的意识形态属性，认可了文化的娱乐和审美的功能，丰富了文化内容。关于文艺与政治的关系，《祝词》没有提之前一直强调的"文艺为政治服务"。文艺与政治的关系关键在于党对文艺的领导方式。邓小平指出："党对文艺工作的领导，不是发号施令，不是要求文学艺术从属于临时的、具体的、直接的政治任务，而是根据文学艺术的特征和发展规律，帮助文艺工作者获得条件来不断繁荣文学艺术事业，提高文学艺术水平，创作出无愧于我们伟大人民、伟大时代的优秀的文学艺术作品和表演艺术成果。"④ 要从各个方面包括物质条件方面，营造保证文艺工作者能"充分发挥自己的聪明才智"的良好氛围，"衙门作风必须抛弃"，"行政命令必须废止"。强调"文艺这种复杂的精神劳动，非常需要文艺家发挥个人的创造精神。写什么和怎样写，只能由文艺家在艺术实践中去探索和逐步求得解决。在这方面，不要横加干涉"。⑤ 尊重文艺和文艺家的主体作用，

---

① 《邓小平文选》第2卷，人民出版社1994年版，第209、211—212页。
② 同上书，第210页。
③ 同上书，第210页。
④ 同上书，第213页。
⑤ 同上书，第213页。

为文艺松绑,改善文艺发展的环境,对繁荣新时期的文艺具有重要意义。

1980年1月16日,在中共中央召集的干部会议上,邓小平明确表示,"不继续提文艺从属于政治这样的口号,因为这个口号容易成为对文艺横加干涉的理论根据,长期的实践证明它对文艺的发展利少害多"。同时也指出:"文艺是不可能脱离政治的。任何进步的、革命的文艺工作者都不能不考虑作品的社会影响,不能不考虑人民的利益、国家的利益、党的利益。"① 在革命年代,"工农兵"占人口的90%以上,是人民的主体。在当前和平建设时期,"工农兵"已远远不能涵盖文艺的服务对象,社会主义现代化是最大的政治。根据邓小平等的意见,7月26日,《人民日报》发表社论《文艺为人民服务、为社会主义服务》,明确以"文艺为人民服务、为社会主义服务"取代"文艺为工农兵服务,为无产阶级政治服务"的方针。社论认为,这个新的口号概括了文艺工作的总任务和根本目的,它包括了为政治服务,但比起孤立地提为政治服务更全面、更科学。邓小平领导完成了拨乱反正的任务,实现新时期社会主义文艺政策的重大调整,既为文艺建设提出质的规定性,又为文艺建设实践的健康发展指明了方向。

邓小平在领导改革开放的进程中,以开放的视野接纳新的文化现象和鼓励新的文化探索,但始终坚持文化建设的社会主义方向。他反复强调"必须大力加强党对思想战线的领导","从中央到地方,各级党委的主要负责人一定要重视理论界文艺界以及整个思想战线的情况、问题和工作"。② 这种领导不是具体的、直接的,而应当是政治原则、政治方向的领导,是党的路线、方针、政策上的把握和引导。具体而言,即帮助广大文化工作者树立正确的世界观,学会用辩证唯物主义和历史唯物主义的观点观察、分析问题,引导

---

① 《邓小平文选》第2卷,人民出版社1994年版,第255—256页。
② 《邓小平文选》第3卷,人民出版社1993年版,第45页。

文艺工作者加强同时代、同人民的联系，促使他们与党的事业同心同德。党报党刊要无条件地宣传党的主张，"使马克思主义的和社会主义、共产主义的宣传，特别是在一切重大理论性、原则性问题上的正确观点，在思想界真正发挥主导作用"。① 关注思想动向，对社会思潮进行引导。20世纪80年代初，提出对电影《苦恋》要进行批判，摆事实，讲道理。在思想界、理论界发生了关于人道主义和异化问题的争论时，他指示要"写有分量的文章，马克思主义者要出来说话"，"文艺、理论界可组织自由参加性质的座谈，允许辩论，不打棍子"。② 他告诫大家，对思想领域的倾向斗争，要从实际出发，"有'左'就反'左'，有右就反右"。③ 不能把"双百"方针理解为取消四项基本原则。各种各样的观点、主张、理论都可以争鸣，可以自由讨论，违反了这个原则，那就超越了言论自由的限度。坚持社会效益第一，重视文化创作生产的内容质量和文化内涵。他严肃指出："思想文化教育卫生部门，都要以社会效益为一切活动的唯一准则，它们所属的企业也要以社会效益为最高准则。思想文化界要多出好的精神产品，要坚决制止坏产品的生产、进口和流传。"④

三 提出建设高度的社会主义精神文明

邓小平明确精神文明是社会主义的重要特征，突出精神文明建设在中国社会主义事业总体布局中的战略地位和作用，是对党的文化建设理论的重大创新。他认为，社会主义社会是全面发展、全面

---

① 《邓小平文选》第3卷，人民出版社1993年版，第46页。
② 《邓小平年谱（一九七五——一九九七）》（下），中央文献出版社2005年版，第938、953页。
③ 《邓小平文选》第2卷，人民出版社1994年版，第379页。
④ 《邓小平文选》第3卷，人民出版社1993年版，第145页。

进步的社会，物质文明和精神文明必须协调发展，物质文明和精神文明都搞好，才是中国特色的社会主义。他指出："在社会主义国家，一个真正的马克思主义政党在执政以后，一定要致力于发展生产力，并在这个基础上逐步提高人民的生活水平。这就是建设物质文明。"① "我们要在建设高度物质文明的同时，提高全民族的科学文化水平，发展高尚的丰富多彩的文化生活，建设高度的社会主义精神文明。"② 精神文明建设是物质文明建设的重要保证："不加强精神文明的建设，物质文明的建设也要受破坏，走弯路。光靠物质条件，我们的革命和建设都不可能胜利。"③ 一再强调必须一手抓物质文明建设，一手抓精神文明建设，"两手抓，两手都要硬"。这标志着"以经济建设为中心"，适应中国特色社会主义事业需要的新的文化范式的确立。邓小平阐明了精神文明建设的内容："所谓精神文明，不但是指教育、科学、文化（这是完全必要的），而且是指共产主义的思想、理想、信念、道德、纪律，革命的立场和原则，人与人的同志式关系，等等。"④ 精神文明建设包括教育科学文化建设和思想道德建设，根本任务是培养"有理想、有道德、有文化、有纪律"的社会主义新人。精神文明是社会主义建设的目标。

在"四有"当中，邓小平最强调的是有理想。他说："人的因素重要，不是指普通的人，而是指认识到人民自己的利益并为之而奋斗的有坚定信念的人。""我们过去几十年艰苦奋斗，就是靠用坚定的信念把人民团结起来，为人民自己的利益而奋斗。没有这样的信念，就没有凝聚力。没有这样的信念，就没有一切。"⑤ 有共同的理想，还要有铁的纪律。他指出："纪律和自由是对立统一的关

---

① 《邓小平文选》第 3 卷，人民出版社 1993 年版，第 28 页。
② 《邓小平文选》第 2 卷，人民出版社 1994 年版，第 208 页。
③ 《邓小平文选》第 3 卷，人民出版社 1993 年版，第 144 页。
④ 《邓小平文选》第 2 卷，人民出版社 1994 年版，第 367 页。
⑤ 《邓小平文选》第 3 卷，人民出版社 1993 年版，第 190 页。

系","我们这么大一个国家,怎样才能团结起来、组织起来呢?一靠理想,二靠纪律"。① 把二者绝对对立起来,盲目追求极端民主和个人自由,不仅在理论上是错误的,在实践上也是有害的。他非常重视培育有知识有文化的社会主义新人。他说:"我们要掌握和发展现代科学文化知识和各行各业的新技术新工艺,要创造比资本主义更高的劳动生产率,把我国建设成为现代化的社会主义强国,并且在上层建筑领域最终战胜资产阶级的影响,就必须培养具有高度科学文化水平的劳动者,必须造就宏大的又红又专的工人阶级知识分子队伍。"② 人的全面发展内在地包含着人的道德水平的提高和全社会的道德进步,培育有高尚道德的社会主义新人是精神文明建设题中之义。

精神文明重在建设,根本的问题在于教育人。邓小平主张要从青少年抓起。"革命的理想,共产主义的品德,要从小开始培养。"③ 十年内乱造成了人们理想信念的扭曲和道德的滑坡、文化教育的停滞,新时期"实行开放政策必然会带来一些坏的东西,影响我们的人民。要说有风险,这是最大的风险。我们用法律和教育这两个手段来解决这个问题"。④ 大量的思想认识问题要通过教育去解决,"一定要注意引导",只能说服,不能压服,这是一贯必须坚持的原则。教育一定要联系实际,要经过充分的调查研究,进行有充分说服力的教育,不能简单、片面、武断。他认为,思想战线上的战士,都应当是人类灵魂工程师。在当前这个转变时期,在社会主义精神文明建设和整个社会主义建设事业中,他们在思想教育方面的责任尤其重大。"作为灵魂工程师,应当高举马克思主义的、社会主义的旗帜,用自己的文章、作品、教学、讲演、表演,教育和引导人民

---

① 《邓小平文选》第3卷,人民出版社1993年版,第111页。
② 《邓小平文选》第2卷,人民出版社1994年版,第104页。
③ 同上书,第105页。
④ 《邓小平文选》第3卷,人民出版社1993年版,第156页。

正确地对待历史,认识现实,坚信社会主义和党的领导,鼓舞人民奋发努力,积极向上,真正做到有理想、有道德、有文化、守纪律,为伟大壮丽的社会主义现代化建设事业而英勇奋斗。"①

由此,以马克思主义为指导,以有理想、有道德、有文化、有纪律为目标,努力提高全民族的思想道德素质和科学文化素质,继承优良传统而又体现时代要求与现代化相适应的社会主义精神文明建设构架初步形成。

四 尊重知识、尊重人才

邓小平响亮地提出"尊重知识,尊重人才"的口号。他指出:我们要实现现代化,"靠空讲不能实现现代化,必须有知识,有人才"。"一定要在党内造成一种空气:尊重知识、尊重人才。"② 因为"只有有了成批的杰出人才,才能带动我们整个中华民族科学文化水平的提高"。③ 在极"左"的思潮影响下,"知识越多越反动",我国知识分子被套上了沉重的精神枷锁。邓小平在领导全面整顿的过程中,对"四人帮"给科技人员扣的"白专"帽子不以为然,表示:"说什么'白专',只要对中华人民共和国有好处,比闹派性、拉后腿的人好得多。"④ 并采取一些措施纠正那种轻视知识和不尊重知识分子的劳动的错误倾向。他恢复工作后,自告奋勇抓科技和教育,领导拨乱反正工作。1977年8月8日,邓小平在科学和教育工作座谈会上讲话,矛头就直指"四人帮"强加在知识分子头上的"两个估计"(即"文化大革命"前17年教育战线是资产阶级专了无产阶级的政,是"黑线专政";知识分子的大多数世界观基本上是资产阶

---

① 《邓小平文选》第3卷,人民出版社1993年版,第40页。
② 《邓小平文选》第2卷,人民出版社1994年版,第40—41页。
③ 同上书,第96页。
④ 同上书,第32页。

级的，是资产阶级知识分子），肯定了 17 年科学教育工作的成绩，提出要恢复知识分子的地位和名誉。9 月 19 日，他与教育部负责同志谈话，指出："'两个估计'是不符合实际。"① 在 1978 年 3 月召开的全国科学大会上全面阐述了知识分子是工人阶级一部分、是党的一支依靠的力量的观点，确立了知识分子在社会主义建设事业中的地位，消除他们心头的阴影和顾虑，调动积极性。为建设一个宏大的人才队伍，他在 1975 年提出要挑选优秀的高中毕业生直接上大学。1977 年 8 月，他领导恢复高考招生制度。从 1977 年秋天到 1978 年夏天，全国共有 1160 万人参加了高考。这是新时期文化建设是一项基础性的变革，不仅扭转了人才队伍日益萎缩的局面，而且从根本上改变了社会对知识、知识分子的态度。为创造有利于人才成长的条件，他提出，"把知识分子团结起来，要有制度"。② "我们不仅要在思想上，而且要从工作制度上创造有利于杰出人才涌现和成长的必要条件。"③ 要求在可能的条件下，改善和提高知识分子的生活待遇，使他们能够减少后顾之忧，表示愿意当"后勤部部长"。强调人才只有大胆使用，才能培养出来。"我们要开一条路出来，让有才能的人很快成长，不要老是把人才卡住。人才不断涌出，我们的事业才有希望。"④ 他非常重视青年文化工作者的培养，认为年富力强，思想敏锐，是我们文化事业的未来，是保证文化发展活力之所在。他"希望中国出现一大批三四十岁的优秀的科学家、教育家、文学家和其他各种专家"。⑤ 他把善于发现人才，团结人才，使用人才，作为衡量一个领导者是否成熟的主要标志之一。尊重知识、尊重人才贯穿于邓小平理论发展的始终，并把它"作为一个战略方针，

---

① 《邓小平文选》第 2 卷，人民出版社 1994 年版，第 67 页。
② 《邓小平论统一战线》，中央文献出版社 1991 年版，第 159 页。
③ 《邓小平文选》第 2 卷，人民出版社 1994 年版，第 213 页。
④ 《邓小平文选》第 3 卷，人民出版社 1993 年版，第 18 页。
⑤ 同上书，第 179 页。

一个战略措施"① 来着手解决，这不仅奠定了社会主义文化的繁荣发展的人才基础，而且激发全民族的创造活力，对中华民族的迅速崛起提供了丰富的人才资源和智力支持。

五 以开放的视野推动中国文化的现代化发展

站在时代新的起点，面向世界，大胆吸收和借鉴人类社会创造的一切文明成果，以发展中国社会主义文化是邓小平文化建设思想的一大特色。他指出，"所有文艺工作者，都应当认真钻研、吸收、融化和发展古今中外艺术技巧中一切好的东西，创造出具有民族风格和时代特色的完美的艺术形式"。② 对于古代的优秀文化，要运用阶级分析、历史分析的方法，分清"文化遗产中民族性精华同封建性糟粕的界限"，再将传统的、积极的、有益的文化经过改造，变为当今的文化内容，即古为今用。任何民族、国家，都需要学习别的国家、别的民族的长处。对于西方资产阶级文化，他认为要学习，而且要善于学习。他指出："我们要向资本主义发达国家学习先进的科学、技术、经营管理方法以及其他一切对我们有益的知识和文化，闭关自守、故步自封是愚蠢的。"③ "中国在西方国家产业革命以后变得落后了，一个重要原因就是闭关自守。建国以后，人家封锁我们，在某种程度上我们也还是闭关自守"④。现在的世界是开放的世界，和平与发展成为世界主题，我们已经具备了近代以来从未有过的好的国际国内条件，同世界文化的对话、交流与合作成为可能。"社会主义要赢得与资本主义相比较的优势，就必须大胆吸收和借鉴人类社会创造的一切文明成果，吸收和借鉴当今世界各国包括资本

---

① 《邓小平文选》第3卷，人民出版社1993年版，第275—276页。
② 《邓小平文选》第2卷，人民出版社1994年版，第212页。
③ 《邓小平文选》第3卷，人民出版社1993年版，第44页。
④ 同上书，第64页。

主义发达国家的一切反映现代社会化生产规律的先进经营方式、管理方法"①，"把世界上的先进成果作为我们发展的起点"②。"洋为中用"不再是一种标识或者口号。邓小平亲自打开了中国文化与世界交流的大门。1977—1978年，他先后会见了丁肇中、李政道、杨振宁、吴健雄、袁家骝等海外著名科学家，一方面，诚挚地邀请他们回国访问、讲学、考察；另一方面，希望他们支持帮助开辟最初的留学渠道。1978年6月23日，邓小平在视察清华大学时提出了当年向国外派出3000人、次年派出1万人的建议。他说："要成千上万地派，不是只派十个八个。请教育部研究一下，在这方面多花些钱是值得的。"③ 国家随即作出了扩大派遣留学生的决策，1978年我国向28个国家派遣了480名留学生。1979年邓小平访美，开启了中美政府间包括高能物理等基础科学在内的交流与合作的大门，中美两国签署了合作的执行协议，为我国基础科学从封闭走向开放创造了良好的国际环境。在社会科学领域，新的思潮和新的研究方法相继被介绍到国内，促进了我国社会科学与世界的交流，新的学术观点、学术视角层出不穷，取得了一大批具有较高水平的成果。从此，对外文化交流与科技合作向着多形式、多渠道、多层次的方向纵深发展，中国开始真正从世界舞台的角度审视和发展中国文化。他提出的教育必须"面向现代化，面向世界，面向未来"，后来发展为整个文化建设的基本方针。

对待西方文化，邓小平坚持以我为主的中国主体性原则，反对良莠不辨、片面接受，强调："属于文化领域的东西，一定要用马克思主义对它们的思想内容和表现方法进行分析、鉴别和批判。西方如今仍然有不少正直进步的学者、作家、艺术家在进行各种严肃的

---

① 《邓小平文选》第3卷，人民出版社1993年版，第373页。
② 《邓小平年谱（一九七五——一九九七）》（上），中央文献出版社2004年版，第369页。
③ 同上书，第331页。

有价值的著作和创作,他们的作品我们当然要着重介绍。但是,现在有些同志对于西方各种哲学的、经济学的、社会政治的和文学艺术的思潮,不分析、不鉴别、不批判,而是一窝蜂地盲目推崇。"[1]他反对迷信西方文化,食洋不化,作茧自缚,警惕资本主义文化中对我们有害的东西泛滥,坚决反对资产阶级自由化。

解放思想、实事求是,是邓小平科学世界观最鲜明的特征。他不但以巨大的政治勇气和理论勇气,承先启后,完成拨乱反正的任务,重新确认党的正确的文化方针原则,而且以高度的文化自觉,与时俱进,提出社会主义精神文明建设理论,坚持了文化发展的社会主义方向,把中华文化放在世界视野中,推动其现代化转型,成功地走出了一条中国特色社会主义的文化建设道路。邓小平文化思想的贡献是巨大的,其影响是非常深远的。

(作者单位:中国社会科学院当代中国研究所)

---

[1] 《邓小平文选》第3卷,人民出版社1993年版,第44页。

邓小平文艺理论的历史意义

张 炯

邓小平同志离开我们已二十周年，他为中国革命和社会主义建设所建树的丰功伟绩，他所留下的丰富的精神遗产，永远不会被后人忘记，将永远焕发着指引历史前进的光辉。

邓小平理论，包括他的文艺理论，都是中国共产党运用马克思主义与中国革命实践相结合的新阶段的结晶，是继毛泽东思想之后的中国化马克思主义的新成果。它继承了毛泽东思想的科学传统，又在中国社会主义建设的新的历史时期发展了毛泽东思想。从而为中国特色社会主义建设开辟了一个新的时代。

邓小平同志早在晋察冀工作的时期，就发表过有关文艺的理论见解。但他的文艺理论主要见于我国改革开放的新时期。这个时期肇始，他不但发表了《完整地准确地理解毛泽东思想》、《高举毛泽东思想旗帜，坚持实事求是的原则》和《解放思想，实事求是，团结一致向前看》等重要论著，还在《中国文学艺术工作者第四次代表大会上的祝词》、《目前的形势和任务》、《关于思想战线上的问题的谈话》、《建设社会主义的物质文明和精神文明》、《党在组织战线和思想战线上的迫切任务》等重要文献中，多方面地阐述了他的文艺主张和理论观点。他的文艺理论思想的重大历史意义，为我国文艺的发展开创了高度繁荣的新时代。

一

　　首先，邓小平同志正确地阐明文艺与政治的关系，确立了文艺为人民、社会主义服务的方向。

　　文艺为人民，为工农兵服务，为无产阶级政治服务的思想，以往的马克思主义经典作家曾经阐述过。列宁关于"艺术是属于人民的，它必须在广大劳动群众的底层有其最深厚的根基。它必须为这些群众所了解和爱好。它必须结合这些群众的感情、思想和意志，并提高他们"①的观点，毛泽东关于"我们的文学艺术都是为人民大众的，首先是为工农兵的，为工农兵所利用，为工农兵而创作"的观点，都是人们所熟悉的。而毛泽东更认为"在现今世界上，一切文化或文学艺术都是属于一定的阶级，属于一定的政治路线"。②新中国成立后，更提出"文艺必须为政治服务的思想"。这些观点自然都有一定的历史根据，并与当时的革命斗争形势密切相联系。但从更宽泛的历史视野，从社会主义时期的文艺实践来考察，"文艺必须为政治服务"的提法，在理论上并不周延，实践中也已产生不可忽视的弊端。因为，文艺的题材和主题都非常宽泛，有些文艺作品如山水诗、花鸟画、更不用说音乐、舞蹈、雕塑、杂技和书法的作品，许多都并不从属于一定阶级或一定的政治路线，它的审美功能往往满足各阶层的众多人们的需要。限定文艺必须为政治服务或为工农兵服务，与文艺客观存在的生态状况并不完全吻合，而且曾产生了要求文艺为不同时期的政治中心任务服务，出现"写中心，演中心、唱中心、画中心"的偏颇；"文化大革命"中"四人帮"之流更利用上述口号大搞"阴谋文艺"，为他们的反动政治服务。考虑到上述情形，邓小平同志在中国文学艺术工作者第四次代表大会期

---

　　① 《列宁论文学与艺术》（下），《与蔡特金的谈话》，人民文学出版社1983年版。
　　② 《毛泽东选集》第3卷，人民出版社1993年版。

间，以极大的勇气纠正了上述提法的偏颇，决定以"文艺为人民、为社会主义服务"的口号代替"为政治服务"的旧口号。后来，他在《目前的形势和任务》一文中指出，"不继续提文艺从属于政治这样的口号，因为这个口号容易成为对文艺横加干涉的理论根据，长期的实践证明它对文艺的发展利少害多。但是，这当然不是说文艺可以脱离政治。文艺是不可能脱离政治的"。文艺之所以不可能脱离政治，因为政治是经济利益的集中表现，涉及社会中的每一个人。文艺家作为社会的一分子，必然会有自己的政治立场、政治观点和感情诉求，并会自觉或不自觉地在自己的作品中表现出来。而现实社会的政治制度、政府政策也总会有涉及文艺管理的方面。但这与主张文艺必须为政治服务是有区别的。事实上，文艺由于它的审美特点，能够满足最广大的人民群众的审美需求，而在社会主义时代，人民的利益与社会主义完全一致，社会主义本质上就是为人民谋幸福的。因此，能够满足人民审美需求的文艺作品，客观上便等于为巩固和发展社会主义服务。而社会主义作为大的历史方向，本身就包含人民的政治诉求和政治利益。为社会主义服务便包含有为政治服务的内涵。以故，用"为人民、为社会主义服务"的新口号代替"为政治服务"的旧口号，不仅能够更完全地揭示文艺与政治的关系，而且能够促进社会主义时代文艺题材、主题、形式、风格的多样化，促进社会主义文艺更加繁荣！也更加符合社会主义文艺的本质特点和历史规律。

二

其次，邓小平同志把文艺发展提到社会主义精神文明建设的高度，坚决反对文艺表现剥削阶级的腐朽思想倾向。

文艺历来蕴含丰富的文化内容。它不但是文化的重要载体，也是传播文化的最有力的媒介。在人类长期的历史中，文艺不仅表现不同时代不同民族的灵魂，而且塑造不同时代不同民族的灵魂。但因文化既有先进与反动之分，其中的思想倾向也有不同阶级的烙印，不同历史时期的人类精神文明，也会具有革故鼎新，推陈出新的发展。在社会主义时代，文艺对社会主义精神文明建设的作用自不可忽视。邓小平同志在马克思主义经典作家中正是首个把文艺的功用提到社会主义精神文明建设的高度。他从历史唯物主义的基本原理和我国社会实践的经验出发，指出，在社会主义国家，一个真正的马克思主义政党在执政以后，一定要致力于发展生产力，并在这个基础上逐步提高人民的生活水平。这就是建设物质文明。过去很长一段时间，我们忽视了发展生产力，所以现在我们要特别注意建设物质文明。与此同时，还要建设社会主义精神文明，最根本的是要使广大人民有共产主义的理想，有道德，有文化，守纪律。国际主义、爱国主义都属于精神文明的范畴。他特别提倡文学艺术作品要重视塑造具有上述思想品格的社会主义新人的形象。他号召"文艺工作者要同教育工作者、理论工作者、新闻工作者、政治工作者以及其他有关同志相互合作，在意识形态领域中，同各种妨害四个现代化的思想习惯进行长期的、有效的斗争。要批判剥削阶级思想和小生产守旧狭隘心理的影响，批判无政府主义、极端个人主义，克服官僚主义。要恢复和发扬我们党和人民的革命传统，培养和树立优良的道德风尚，为建设高度发达的社会主义精神文明做出积极的贡献"。① 他尖锐地指出，"不加强精神文明的建设，物质文明的建设也要受破坏，走弯路。光靠物质条件，我们的革命和建设都不可能胜利"。② 他认为，"思想文化界要多出好的精神产品，要坚决制止坏产品的生产、进口和流传。资产阶级自由化的宣传，也就是走资本主义道路的宣传，一定要坚决反对"。③ 邓小平同志正是从推动

---

① 《邓小平文选（1975—1982）》，人民出版社1983年版，第181页。
② 《邓小平文选》第3卷，人民出版社1993年版，第144页。
③ 同上书，第145页。

先进文化、先进思想的视角,从上层建筑意识形态必须为巩固和发展社会主义经济基础的历史唯物主义原理来看待和论述文艺与精神文明的历史作用的。

再次,邓小平同志号召尊重艺术规律,加强和改善党对文艺的领导,坚决贯彻"洋为中用,古为今用","推陈出新","百花齐放,百家争鸣"的方针。

理论必须反映客观存在的真理和规律,这样才能为我们的工作提供正确的指导。我们党从来就重视对客观事物的规律性的认识。早在延安整风运动中,毛泽东同志就号召我们加强调查研究,从客观存在中引出其固有的规律,以此作为理论工作的科学追求。邓小平文艺理论就十分重视对于文艺规律的认识和尊重。上述阐释文艺与政治的关系问题,就深刻地体现了他对文艺规律的把握。他的《在中国文学艺术工作者代表大会上的祝词》(以下简称《祝词》)更充分表现他对艺术规律的重视。《祝词》号召党要加强和改善对于文艺的领导时,便要求各级党委要"根据文学艺术的特征和发展规律,帮助文艺工作者获得条件来不断繁荣文学艺术事业"。《祝词》还引用列宁关于文艺事业"绝对必须保证有个人创造性和个人爱好的广阔天地,有思想和幻想、形式和内容的广阔天地"的论断,指出,"文艺这种复杂的精神劳动,非常需要文艺家发挥个人的创造精神。写什么和怎么写,只能由文艺家在艺术实践中去探索和逐步求得解决。在这方面,不要横加干涉"。《祝词》重申要"坚持百花齐放、推陈出新、洋为中用,古为今用的方针,在艺术创作上提倡不同形式和风格的自由发展,在艺术理论上提倡不同观点和学派的自由讨论"。这都充分表明,邓小平同志是何等重视文艺规律,并按照客观存在的文艺规律去指导文艺的繁荣与发展。

最后,邓小平同志十分重视文艺队伍的培养,重视文艺家作为"人类灵魂工程师"的重要作用。

像一切事业的建设和发展都离不开人才,文艺事业也一样。毛泽东同志当年就指出，我们不但要有武化的军队，还要有文化的军队。邓小平同志的《在中国文学艺术工作者第四次代表大会上的祝词》中也指出，"必须十分重视文艺人才的培养"。"我们不仅要从思想上，而且要从工作制度上创造有利于杰出人才涌现和成长的必要条件。"他要求文艺工作者"要努力学习马列主义、毛泽东思想，提高自己认识生活、分析生活、透过现象抓住事物本质的能力"。并且希望文艺工作者"成为名副其实的人类灵魂工程师"。他要求文艺工作者"要给人民以营养，必须自己先吸收营养。……应该自觉地在人民的生活中汲取题材、主题、情节、语言、诗情和画意，用人民创造历史的奋发精神来哺育自己"。他还期待和祝愿"文艺队伍更加团结壮大。不论是专业的或是业余的文艺工作者，一切社会主义的和爱国的文艺工作者，一切维护祖国统一的文艺工作者，都要更好地互相帮助、互相学习，把全部精力集中于文艺的创作、研究或评论"。他要求"在文艺队伍内部，在各种类、各流派的文艺工作者之间，在从事创作与从事文艺批评的同志之间，在文艺家与广大读者之间，都要提倡同志式的、友好的讨论，提倡摆事实，讲道理。允许批评，允许反批评；要坚持真理，修正错误"。他特别重视对青年文艺工作者的培养。并指出"老一代文艺工作者，在发现和培养青年文艺工作者方面负有重要的责任"。他认为，"青年文艺工作者年富力强，思想敏锐，是我们文艺事业的未来，应当热情帮助并严格要求他们，使他们既不脱离生活，又能在思想上、艺术上不断进步"。毫无疑问，他的这些教导，也都是符合艺术规律的、总结了我们党多年领导和发展文艺事业的宝贵经验的。

由此可见，邓小平文艺理论回答了社会主义建设时期繁荣文艺的一系列根本问题，并把文艺理论的基础研究与对策研究统一起来，深刻地反映了、阐明了社会主义文艺发展的规律。正是在邓小平文艺理论的指引下，新时期我国文艺才迎来了空前繁荣的局面，无论文学、戏剧、电影、电视、美术、音乐、雕塑、杂技、书法各个领域，都出现了百花齐放，万紫千红的繁荣景象。如以长篇小说创作为例，在新中国成立初的 17 年，我国新创作出版的长篇小说不过 320 部。"文化大革命"中仅创作出版了 140 部。而新时期以来则超过 2 万部。最近两三年，每年达三千到四千部。于此可见文艺繁荣之一斑。当然，我国文艺事业中仍然存在某些不足和弊端，这跟市场经济条件下的社会状况有关，也跟我们贯彻邓小平文艺理论还不够有力相关。我们必须正确认识邓小平文艺理论对我国文艺的繁荣和社会主义精神文明的建设所做的突出历史贡献。更加深入地认真学习和贯彻邓小平文艺理论，使我们的文艺事业沿着正确的轨道争取更大的胜利！

（作者单位：中国社会科学院文学研究所）

略论邓小平对列宁文艺思想的继承与发展

吴晓都

改革开放三十年来中国的文学艺术理论和批评获得了空前的繁荣与发展。这些巨大的成就是在邓小平理论的指引下，全国文艺理工作者和批评家们辛勤探索的丰硕成果。作为邓小平理论重要思想构成的邓小平文艺思想对于新时期以来的文艺思想界的思想解放起了巨大的推动作用，至今具有深刻的指导和启迪意义。

在经历"十年浩劫"后，改革开放开启了科学的春天，文艺的春天，也造就了文艺思想园地的百花齐放。实践是检验真理的唯一标准，1978年春天的这次理论标准的讨论和邓小平同志对文艺工作的系列重要讲话使文艺思想界澄清了思想界过去的迷雾，砸碎了"四人帮"横加在文艺创作上的桎梏，文艺理论界和批评界更加准确地把握了马克思主义文艺思想的精髓，明确了文艺为人民服务，为社会主义的正确方向。

邓小平同志提出文艺为人民服务为社会主义服务的方针是对马克思主义文艺思想的科学的完整的继承和发展。社会主义的文化建设从马克思主义创立之日起就是马克思主义经典作家始终关注的人类文化发展的重大课题。在19世纪，马克思恩格斯设想了未来无产阶级文化的建设的方向，而随着国际社会主义运动的蓬勃壮大和快速发展，特别是俄国十月革命的成功和世界上第一个社会主义国家的建立，原本只是由工人阶级参与的社会主义文化事业逐渐扩大了它的概念范畴，社会主义新兴国家的文化建设不断充实和丰富了它的内涵和外延。具体说来，就是列宁提出了"艺术属于人民"的文艺思想。在领导从农业国俄国向工业国苏联过渡的新型社会主义国家在文化建设的过程中，列宁与时俱进地扩大了文化建设主体内涵，扩充了文化建设的队伍，扩展了文化建设主体，拓宽了文化服务的对象。列宁在与德国革命家蔡特金关于苏维埃文化建设的发展路向和途经的讨论中，就明确指出，在苏维埃时代，社会主义文化建设已经不再仅仅是工人阶级的事业，那同时也是农民的事业。因为，世界上第一个社会主义的国家是由工人和农民两大劳动主体建立的政体联盟。文化建设的主体不是像早期马克思主义经典作家所设想的那样，由单一的工人阶级来孤军奋战，而是必须团结占俄国人数大多数的觉悟了的农民兄弟来一起参与新兴的社会主义国家的文化建设。艺术属于人民，这便与时俱进地扩大了社会主义文化建设的主力军和生力军。这里的人民的概念，改变了原来单一的只有城市无产阶级也即工人阶级作为文化主体的历史局限，这有利于更加广泛地团结文化人士来建设社会主义的新文化。于是，新兴农民作家和旧俄国社会过来的同情下层人民和革命的作家都团结在人民艺术的旗帜下，共同为苏维埃的文化建设，特别是文艺建设作出了努力。艺术属于人民，也是针对当时那些"庸俗社会学"的文艺观念而提出的，列宁批评了那些不利于文化发展的极"左"的教条，保障了最广大的人民享有文化艺术的权利。

列宁在《共青团的任务》中指出，必须用人类全部的文明成果来建设我们的新文化。这些千百年来人类共同创造的文化财富也必须由全体人民来享用、继承和发展，包括工人、农民、进步知识分子在内的人民大众正是这些文化和文明成果的真正主人。正是在这个最广阔的文化继承和发展的时代需求上，列宁提出了有利于文化发展的"艺术属于人民"这个经典论断。

小平同志在新时期之初在论述文艺发展方针时继承了马克思主义文化理论，特别是列宁文艺思想的精髓，及时调整了过去的文艺创作方针，把文艺为工农兵服务的提法调整和完善为文艺为人民服务为社会主义服务。小平同志在反思社会主义建设的经验教训时，特别注重列宁的思想和实践。他认为，在如何建设社会主义的问题上，与同时代和后来者相比，"可能列宁的思路比较好，搞了个新经济政策"。①

文艺为人民服务的提法就强调了我们的文艺应该为更加广大的人民大众服务，这里的人民的概念就包容了工、农、兵、知识分子和城乡其他劳动者，彰显了我们的文艺是为社会主义的全部建设者服务的宗旨，使我们的文艺能够最大限度地团结人民。

提出和重视文艺为人民服务的方针，就要求我们的文艺工作者必须像列宁所要求的那样，使文艺创作"必须在广大劳动群众的底层有其最深厚的根基。它必须为这些群众所了解和爱好。它必须结合这些群众的感情、思想和意志，并提高他们。它必须在群众中间唤起艺术家，并使他们得到发展"。② 这里实际上，这里就提出文艺的"人民性"问题。就是说，文艺的"人民性"与人民群众喜闻乐见的审美接受方式和表达方式密切关联。而文艺的"人民性"又与文艺的"民间性"紧密相关。文艺创作者真正要在作品中体现人民性，就必须很好地掌握历史悠久的民间文艺创作传统，而这些传统往往蕴藏在旧有的文艺形式之中。邓小平同志熟悉中华传统文化，也谙熟文艺创作的这个基本规律。所以，他早在解放战争时期就指出："采用旧形式反映新内容的方法也是必要的，因旧形式在民间具有根深蒂固的潜势力，深为群众所喜爱，且其本身亦有可利用的价值。但采用旧形式必须以表现现实内容为主，方法则应是批判的有选择的利用。"③ 创作的素材和题材从人民中来，从民间来，运用传统的形式表达新时代的内容和主题，展现人民生活的新面貌，这始

---

① 《邓小平文选》第3卷，人民出版社1993年版，第139页。
② 《列宁文艺思想论集》，中国社会科学出版社1986年版，第376页。
③ 《邓小平文选》第1卷，人民出版社1994年版，第27页。

终是新中国文艺生存和发展的重要特点之一。古为今用，推陈出新，在坚实的民间文化的基石上充分发挥中华民族的传统文艺形式的潜力和作用，对于发展和繁荣人民的文艺，满足接受民族文艺传统形式熏陶的广大人民大众的文化需求，是我们文艺发展不可忽视的重要途径与方法之一。邓小平重视文艺的传统，并要求从传统的文化资源中寻求新时代可资借鉴的形式以表达新内容的思想是对列宁文艺人民性思想的忠实继承和发展。

文学史实和文学发展的规律早已证明，文艺的发展离不开宽松的文化环境。邓小平同志指出："我们要永远坚持百花齐放、百家争鸣的方针。"[①] 他强调："世界上的事物是变化多端的，社会越发展越复杂，没有'百花齐放、百家争鸣'，我们的思想就会简单化，就跟不上世事、社会发展的变化。"[②] 与时俱进地坚持双百方针，这也是马克思主义文化建设和发展的一个基本要求。列宁领导的苏维埃国家文化建设实际上马克思主义文化理论第一次在社会主义国家中实践与探索。列宁遵从文艺发展的基本规律。这就是在苏俄文化界尊重和保障艺术家和文学家们的创作自由，让他们拥有"个人创造性和个人爱好的广阔天地，有思想和幻想、形式和内容的广阔天地"。文学史家马克·斯诺宁在《现代俄国文学史》中特别提到在苏俄新经济政策实施期间，俄罗斯文艺界传统与现代流派并存，继承与创新并重，特别是小说界出现了一个"文艺复兴"时期，大量反映新时代题材的"新史诗"小说应运而生，创作高度繁荣。而马克·斯诺宁赞誉的这个文艺繁荣局面，正是列宁在坚持文艺的党性原则的前提下主张保障各种艺术流派生存权利，维护广大俄罗斯作家创作自由文艺政策的积极成果。邓小平同志在第四次全国文代会上的祝词中也继承列宁的文艺思想的精髓，也特别强调了，"文艺这

[①] 《邓小平文选》第2卷，人民出版社1994年版，第256页。
[②] 《邓小平年谱（一九零四——一九七四）》（下），中央文献出版社2009年版，第1354页。

种复杂的精神劳动,非常需要文艺家发挥个人的创造精神"。

邓小平文艺思想是从一个文化大国的悠久传统的语境来建构的。他指出,"我国历史悠久、地域辽阔,人口众多,不同民族、不同职业、不同年龄、不同经历和不同教育程度的人们,有多样的生活习俗、文化传统和艺术爱好。雄伟和细腻,严肃和诙谐,抒情和哲理,只要能够使人们得到教育和启发,得到娱乐和美的享受,都应当在我们的文艺园地里占有自己的位置。英雄人物的业绩和普通人们的劳动、斗争和悲欢离合,现代人的生活和古代人的生活,都应当在文艺中得到反映。我国古代和外国的文艺作品、表演艺术中一切进步的和优秀的东西,都应当借鉴和学习"。① 小平同志的文艺观具有反映历史与现实的宏大的时空包容度。他要求文艺工作者在创作中眼光远大,题材多样,典型塑造各异,追求思想的深度,古为今用,洋为中用,以中国现代文学先驱鲁迅拿来主义的海纳百川气度,多方吸收古今中外的文艺资源以创造丰富多样的文艺产品。

在文艺发展的方向上,邓小平文艺思想历来坚持文艺家所肩负的重大社会责任感。小平同志指出,"不论是对于满足人民精神生活多方面的需要,对于培养社会主义新人,对于提高整个社会的思想、文化、道德水平,文艺工作都负有其他部门所不能代替的重要责任"②。文以载道,寓教于乐,东西方进步的文艺传统自古以来都有重视文艺的社会责任和教育功能的传统。文学是生活的教科书,当然不是仅仅是指文学作品向读者,青少年读者传授普通的生活知识或生活技能,而重在强调通过优秀的文艺作品培养读者高尚的道德情操,启发觉悟,成长为一个有益于社会和人民的人。法国进步作家雨果说过:"作品改造读者的心灵",在此进步的文学社会功用观基础上,俄罗斯的进步文艺界提出了"作家是人类灵魂的工程师"的文艺教育观念。而今我们进入了建设中国特色的社会主义的新时

---

① 《邓小平文选》第 2 卷,人民出版社 1994 年版,第 210 页。
② 同上书,第 209 页。

代，我们的文艺工作者应该重温和进一步践行小平同志关于加强文艺工作者社会责任感注重培养社会主义新人的思想，努力创造形式新颖激励向上的文艺作品，为提高整个社会文明素质和道德文化水平。尤其是在从传统的计划经济社会向资源全面市场化配置的市场经济社会转型的时期，在创造满足人民精神生活多方面需要的文艺产品的同时，坚守文艺创作的道德底线，用优秀的文艺作品鼓舞读者，为全面建设小康社会营造一个健康文化氛围。

当今，中国的文化事业和文化产业在蓬勃地健康发展。特别是作为社会主义市场经济的重要组成部分的文化产业像初升的朝阳，生机正旺，收获颇丰。邓小平同志早就指出："文化也是一门行业，一个领域，这个领域是为劳动者服务的。随着生产的发展，精神需要就增大了。"[①]也就是说，像人民不断增长的物质需要一样，人民大众的文化需求也随着社会主义市场经济的发展不断地增长和扩展。社会主义的文化建设不仅仅是一个精神层面的工作，也不仅仅是对社会主义意识形态领域的阵地坚守与发展，而且也是为人民大众提供健康有益消费的现代文化产业活动，通过这个产业活动能够向社会主义市场经济的实践主体提供丰富多彩的文化产品，在满足人民精神需求和文化消费需求的同时，也能为国家发展创造可观经济收入。邓小平同志关于文化是一门行业的思想实际上也是马克思主义文化理论在当代的合乎规律的发展。列宁在苏维埃国家建立之初就敏锐地发现了当代文化活动的积极的经济潜力。他在与俄罗斯文化学家教育家，时任苏俄教育人民委员的卢那察尔斯基讨论电影事业发展的前景时就敏锐地预见了电影在普及大众文化的同时会给苏维埃国家带来非常可观的经济收入。人们十分熟悉列宁有关共产主义的一个著名公式：共产主义就是苏维埃政权加全国电气化。电影正是随着苏维埃俄国电气化的普及而登上文化建设的平台的。列宁精

[①]《邓小平年谱（一九七五——一九九七）》（上），中央文献出版社1998年版，第361页。

辟地指出："应该坚定地明白，对于我们而言，在所有的艺术门类中，电影是最重要的一种。"在当时，电影不仅是先进的文化载体、先进的传媒技术，而且在列宁看来，这种先进的新型的文化载体本身就蕴藏着巨大的经济价值。他及时指示苏维埃文化工作者要尽快地把握电影技术和电影艺术，尽快发挥电影文化在宣教活动中的重要作用，同时也启发主管电影事业的领导者要及时充分地发挥电影这种新媒体蕴含的经济作用，增加国家的收入。列宁确信，只要管理得法，电影事业会有很大的收益。列宁甚至还具体指示要多拍一些健康有趣的影片，推广普及到广阔的农村去。虽然，列宁还没有用文化产业这个概念，但是，他的这个具有预见的文化生产的思想与我们今天在邓小平理论指导下创新发展的文化产业的思路有内在的一致性。今天，包括影视、出版、文创、演艺、微博、微信等在内的文化产业正是为劳动者服务，满足人民精神需求一个个的潜力巨大的发展行业，在这些文化产业领域里已经取得了举世瞩目的成就。邓小平同志关于文化也是行业的思想，是继承了马克思主义结合中国当代文化建设发展的实际探索的结晶，这些思想对于中国文化产业今后的发展仍然具有重要的启迪意义。

（作者单位：中国社会科学院外国文学研究所）

邓小平的宗教观述论

曾传辉

邓小平理论是以邓小平为主要创立者、以建设有中国特色社会主义为主题的理论。邓小平理论主要是指以邓小平为领导核心的中共第二代领导集体的政治智慧。因此，邓小平理论的宗教观与邓小平的宗教观，它们的外延虽然大部分是重合的，但也有区别。前者是中国共产党第二代领导集体制定的宗教理论和宗教政策；后者是邓小平亲自表述的宗教观，它是前者的精髓和指导成分，但又不止于前者，还包括第一代领导集体时期革命和建设过程中邓小平表述过的宗教观和在制定那个时期宗教政策中发挥的重要作用。本文论域集中在后者，即综述邓小平个人在各个历史时期表述的宗教观及其在制定中国共产党的宗教政策上所起的作用。

本文从邓小平个人早年的文化熏陶出发，重点从他在新民主主义革命时期和改革开放时期关于民族宗教问题论述中，探讨他的宗教观及其地位和影响。

一 青少年时代的文化熏陶

邓小平于1904年出生于四川省广安县（现升为地级市）协兴乡牌坊村。因此他的童年和少年时期，正值清末民初时局动荡、文化巨变、人心思迁之际。他父亲邓绍昌（字文明）曾就读于成都法政学校①,生他的时候才18岁,是一位新旧角色交替、思想混杂的人物,曾经作过乡村教师②、县团练局长(警卫总办)、乡长,也作过当时在四川民间普遍存在的自助性帮会组织"袍哥"的"掌旗大爷"(首领)。③据笔者了解,袍哥组织主要以义气相交结,组织青壮年男子互助助人,防匪防盗,宗教神秘色彩并不浓厚;清末为同盟会改编利用,成为"保路运动"和"护国军"依靠的群众基础,邓绍昌也参加过响应辛亥革命的地方武装暴动。邓小平5岁进入私塾,受过全套传统的蒙学教育,记诵过《四书》《五经》等儒学经典,他父亲给他起的名字本来叫邓先圣,因私塾先生认为对孔圣先师有失恭敬,遂改名希贤。④这件事情反映出邓父受资产阶级民主主义革命思潮影响颇深,有一定的反孔反儒的倾向。邓小平的母亲是典型的贤妻良母,勤劳持家,并无记载有什么特别的宗教信仰。邓小平10岁即考入新式学堂读高小,15岁时因在重庆躲避仇家的父亲听说有留法勤工俭学之事,即捎信召其离开广安老家,赴重庆入读留法勤工俭学预备学校。其时正值五四运动席卷全国,马克思主义开始传入中国;邓小平也与广大重庆青年学生一道,在重庆响应参与了这场运动。邓小平次年赴法,不久即参加了那里的共产主义青年组织,走上了职业革命家的道路。留法期间,各种思潮在留学生中传播,邓小平一开始就接受了共产主义学说,旅法期间并无受到传教影响的记载。他在后来总结自己的思想历程的时候曾说过:"总

---

① 中共中央文献研究室邓小平研究组:《邓小平自述》,国际文化出版社公司2009年版,第237页。

② 中共中央文献研究室邓小平研究组:《邓小平自述》,国际文化出版社公司2009年版,第5页。邓本人自述为"父业教育"。

③ 邓榕:《我的父亲邓小平——激情年华》,中央文献出版社2000年版,第51页。

④ 同上书,第57页。

上所说，我从来就未受过其他思想的浸入，一直就是相当共产主义的。"①

因此，邓小平早年家庭影响和社会教育是传统文化底蕴之上的资产阶级民主革命思想，宗教氛围非常淡漠，亦无强烈的反宗教意识。

二 新民主主义革命时期的宗教观

在革命战争年代和新中国成立初期的社会主义改造时期，邓小平非常重视统一战线工作，强调对教堂和庙宇等宗教活动场所的保护工作，坚决贯彻党的宗教信仰自由政策。1948年6月6日时任中央中原局第一书记、中原军区及中原野战军政治委员的邓小平同志在为中原局起草的关于《贯彻执行中共中央关于土改与整党工作的指示》，根据中央关于土改和整党工作的精神，根据中原区的实际情况，制定了一整套适合新解放区的土改和整党政策，其中有针对性地指出，保护包括宗教场所在内的城乡共同建筑符合人民的利益，对党在群众中的政治影响具有至关重要的意义。他写道：

> 我们对于城市乡村的公共建筑物、工厂、作坊、学校、文化事业、教堂、庙宇，乃至地富的房屋、家具、树木等等，作了相当普遍的严重的破坏，且以军队最为严重，引起人民的极大反感，群众说："共产党军事好，政治不好！"我们许多领导同志，至今还没有真正觉悟到这种农业社会主义的破坏性是反动的罪恶的行为，对于人民的利益和党的政治影响都是难以估计的损失。②

---

① 邓榕：《我的父亲邓小平——激情年华》，中央文献出版社2000年版，第112页。

② 《邓小平文选》第1卷，人民出版社1994年版，第113—114页。

这个指示报送中央以后，毛泽东于6月28日代中共中央复电完全同意，并增写了两段文字。他在转发文件时写给刘少奇、朱德、周恩来的信中说："有了中原局的这个文件，中央就不需要再发类似文件了。"① 这个文件表明，以毛、刘、周、朱为代表的中共中央将群众的宗教信仰当成公共事务的重要组成部分，关系到党与人民群众的血肉联系，为学校、教堂、寺庙等城乡公共建筑在战争中遭到严重破坏感到非常痛心，斥之为"农业社会主义的破坏性"，是"反动罪恶的行为"！这个文件将宗教建筑与文化事业相提并论，这种思想与毛泽东同一时期关于宗教文化的思想是一致的。毛泽东分别于1947年10月在陕北葭县白云寺、1948年3月在山西五台山对身边工作人员和周恩来、任弼时等领导同志说过，宗教建筑、宗教哲学、宗教美术、宗教音乐等是中华民族重要的文化遗产，要好好保护。② 不过，毛泽东的这些言论都是口头表述，并未述诸笔端，只能通过当事者多年以后的回忆录流传至今。这些转述和回忆的文字，是二手材料，并不具备学术上精确性。在毛泽东作上述表达的时候，邓小平并不在场，但在他起草的这份文件中，仍然表达了相似的意思。这份文件是以党政军机关的名义下发的，具有权威性，得到毛泽东和党中央全部赞同并转发。几年前，我们曾将1952年毛泽东在会见西藏致敬团时所说"要发展西藏的文化"、"文化包括宗教"作为中国共产党"宗教文化论"最早的正式出处③，现在看来随着我们研究的深入和扩大，这个时间还要提前，而且首先做出正式书面

---

① 中共中央文献研究室邓小平研究组：《邓小平自述》，国际文化出版社公司2009年版，第267页。

② 参见龚学增《中国共产党的宗教文化观》，以及曾传辉《2011年度马克思主义宗教观前沿研究报告·对本学科中国特色学术话语体系的评述》，载曾传辉主编《马克思主义宗教观研究（2012）》，社会科学文献出版社2013年版。

③ 参见曾传辉《20世纪50年代西藏的宗教与政治》第四章第二节第一题《创设理论》，社会科学文献出版社2011年版。此书内部刊印2010，有关内容更早曾于2009年在世界宗教研究所马克思主义宗教观研讨会上发表。

表述的领导人物是邓小平。"宗教文化论"在改革开放后取得了广泛的共识，为中国共产党恢复和贯彻执行党的宗教信仰自由政策、大力开展宗教学术研究一直发挥着极为重要的作用。这份文件表明，邓小平在中国共产党关于"宗教是文化"理论的形成和表述过程中起到过十分重要的作用。这一段史料的思想史意义在我们过去的研究工作中并未得到发掘，引起足够重视，有必要在此提醒注意，特予强调。

在新民主主义革命时期，邓小平的宗教观还集中体现在他在参与制订和平解放西藏的方略过程中所发表的观点和所起的重要作用方面。1949年，随着解放战争在中国内地全面胜利，中共中央决定进军西藏。经过西北局调研，认为从西北线进军比西南线更困难，中央遂将进军西藏的任务主要交由西南局承担，西北局配合。其时正值成都解放，西南军区司令员贺龙接到任务后，找在蓉的藏学家和西康省刘文辉旧部开展调研，形成了和平解放西藏的战略决策，得到中央批准。关于争取和平解放西藏谈判的条件，中央原本已经批准了青海省委书记张仲良于1950年5月1日提出的"六项条件"，但西南局认为这六项条件不够策略，向中央回电提出四条更加宽泛的条件，得到中央的肯定。西北局"六条"中有四条涉及对西藏现行政治、军事和经济制度进行改造，包括对西藏当权者重新进行选举、惩办破坏和平解放的人等。而西南局提出的"四条"的核心思想是"西藏现行各种制度暂维原状"，"西藏改革的问题将来根据人民的意志协商解决"，对西藏当局具有更大的吸引力，有利于消除他们的顾虑，实现和平解放西藏。这是邓小平主导下西南局所提谈判条款中策略最成功之处。在宗教政策方面，西南局"四条"采取了贺龙和十八军政策研究室吸取在蓉的藏学家们的意见，提出了"保护寺庙"和"尊重西藏人民宗教信仰和风俗习惯"的主张。中央收到报告后，明确指出："西南局的四条较好。"在驱逐帝国主义出西藏、让西藏重新回到祖国大家庭的大前提下，利用"一切可能"的条件，对西藏上层做政治争取的工作，发挥"最大限度地争取和分化作用"，实现和平解放西藏的政治目的。中央指示并进一步指出，西藏现行各种制度"暂维原状"的字眼可以不用。

根据中央的指示，西南局经过10天的反复研究，由邓小平亲自起草了关于西藏和平解放的十项条件，上报中央，得到批准，简称"十大政策"、"十条约法"。其中关于宗教信仰自由，第三条规定："西藏现行各种政治制度，维持原状，概不变更。达赖活佛之地位及职权不予变更，各级官员照常供职。"第四条规定："实行宗教自由，保护喇嘛寺庙，尊重西藏人民的宗教信仰和风俗习惯。"这成为后来中央人民政府与西藏地方政府达成《关于和平解放西藏办法的协议》（简称"十七条"）的基础。①

邓小平在争取和平解放西藏方面提出的民族宗教主张，得到毛泽东和党中央的充分肯定，成为20世纪50年代处理西藏问题的大政方针，既是对历代中央政府"因俗施事"的民族宗教政策的继承和发扬，也是一切从实际出发、理论联系实际的马克思主义思想路线在民族宗教政策上的应用和体现。

"十大政策"体现了邓小平怎样的宗教观，我们可以结合他在2个月后《在欢迎西南地区中央民族访问团大会上的讲话》（又称《关于西南少数民族问题》②）来进行分析。第一，他相信以马克思主义、毛泽东思想为指导一定能够解决好民族宗教问题。他说：

> 在世界上，马列主义是能够解决民族问题的。在中国，马列主义与中国革命实践相结合的毛泽东思想，也是能够解决这个问题的。只要我们真正按照共同纲领去做，只要我们从政治

---

① 西藏和平解放"十七条"形成过程及邓小平在其中所起的重要作用，请参阅曾传辉《20世纪50年代西藏的政治与宗教》第三章第一节，社会科学文献出版社2011年版。

② 《邓小平文选》第1卷，人民出版社1994年版，第161—171页。

上、经济上、文化上诚心诚意地帮助他们，就会把事情办好。①

第二，制定民族宗教政策的出发点或目的，就是一切为了团结，而是否做到团结，也是检验民族宗教工作的标准。他说：

> 现在我们民族工作的中心任务是搞好团结，消除隔阂。只要不出乱子，能够开始消除隔阂，搞好团结，就是工作做得好，就是成绩。②

第三，开展民族宗教工作，一定要在摸清当时当地具体情况的基础上，从客观实际出发制定方针策略，求实求稳，不能凭主观热情，犯急性病。他说：

> 当然我们还是要做工作，不能因为怕患急性病就睡起觉来，要稳步地做，摸准情况前进。团结的基础巩固一步，工作也就前进一步。③

一般认为，邓小平"摸着石头过河"的思想的出处就在这次讲话，上面这段话的意思最接近这个比喻的，是这个比喻的书面表述。

藏族地区在当时条件下，进步力量还特别弱小，民族和宗教上层的影响特别大，就不宜从外部去发动阶级斗争，不能在那里搞减租，更不搞土改，但在苗族地区，少数民族群众主动要求土改，因为他们大多数租佃的是汉人地主的土地，那这些地区也可以搞土改。

第四，做好民族宗教工作，要以发展经济为基础。他说：

---

① 《邓小平文选》第 1 卷，人民出版社 1994 年版，第 163 页。
② 同上书，第 164 页。
③ 同上书，第 164—165 页。

实行民族区域自治，不把经济搞好，那个自治就是空的。少数民族是想在区域自治里面得到些好处，一系列的经济问题不解决，就会出乱子。毛主席对西藏问题就确定了两条，第一是实行民族区域自治，第二是进军西藏"不吃地方"。这两条搞好了，才能解决西藏问题，才能团结起来巩固国防。这两条对所有少数民族地区都是适用的。政治要以经济做基础，基础不坚固还行吗？①

第五，做好民族宗教工作，要以诚相待，相互尊重，要照顾大多数人的意见，更要特别注重上层分子的作用。他说，由于我们在和平解决西藏问题上面提出了"十项条件"，解放军进军西康以后严格执行《三大纪律八项注意》，尊重藏民的风俗习惯、宗教信仰，不住喇嘛寺等，这样就赢得了藏族同胞的信任。"所以这个政策的影响很大，其力量不可低估。"② 当然，在尊重少数民族和宗教信仰方面，我们的干部能够入乡随俗的就尽量做到入乡随俗，但是有些风俗习惯一下学不会或者不能适应的，也要向他们实事求是，老老实实地解释清楚，"也勉强不得，请他们原谅"③。笔者以为，这种诚恳的态度，同样适用于共产党干部如何处理与宗教徒之间世界观差异方面。今天我们讲中国共产党在处理与宗教徒的关系时，做到"政治上团结合作，信仰上相互尊重"，正是对这种经验和论述的进一步概括和提炼。

所有这些事情，政治的也好，经济的也好，文化的也好，现在都要开始去做。所有这一切工作，都要掌握一个原则，就

---

① 《邓小平文选》第 1 卷，人民出版社 1994 年版，第 167 页。
② 同上书，第 163 页。
③ 同上书，第 170 页。

是要同少数民族商量。他们赞成就做，赞成一部分就做一部分，赞成大部分就做大部分，全部赞成就全部做。一定要他们赞成，要大多数人赞成，特别是上层分子赞成，上层分子不赞成就不做，上层分子赞成才算数。①

第六，要从政治、经济和文化三方面全方位开展工作，提高其本民族的文化，才能消除历史上长期形成的民族隔阂，才能建成由和谐的民族宗教关系构成的中华大家庭。他说：

> 要使他们相信，在政治上，中国境内各民族是真正平等的；在经济上，他们的生活会得到改善；在文化上，也会得到提高。所谓文化，主要是指他们本民族的文化。如果我们不在这三方面取得成效，这种历史的隔阂、历史的裂痕就不可能消除。我们中华人民共和国是一个多民族的国家，只有在消除民族隔阂的基础上，经过各族人民的共同努力，才能真正形成中华民族美好的大家庭。②

这里他讲的是民族文化，由于藏民族文化以宗教为主干，因此也适用于宗教文化。至于如何提升，他在讲话中特别提到了要发展少数民族地区的教育卫生事业。当然至关重要的，是他在讲话中反复提到的"进步人士"、"进步力量"、"进步组织"、"推动进步"等，就是要越来越多的少数民族同胞在政治上的逐步觉悟。从这个角度来讲，这种"提高"民族宗教文化的思想，可以说实际上包含了"宗教适应论"的胚芽。

---

① 《邓小平文选》第 1 卷，人民出版社 1994 年版，第 168 页。
② 同上书，第 162 页。

三 改革开放以后的宗教观

（一）社会主义条件下，中国宗教界的爱国人士取得了很大的进步

十一届三中全会召开以来，要使宗教工作上拨乱反正、恢复宗教信仰自由政策，遇到的第一个问题就是如何评价宗教在社会主义条件下的社会作用。1979年6月15日，他在政协五届二次会议的开幕词中明确指出：

> 我国各兄弟民族经过民主改革和社会主义改造，早已陆续走上社会主义道路，结成了社会主义的团结友爱、互助合作的新型民族关系。各民族的不同宗教的爱国人士有了很大的进步。[①]

这是对改革开放初期我国民族宗教形势的基本评估。30多年过去了，今天来看我国的民族宗教形势尽管发生了很大的变化，各种宗教都经历了快速地恢复和发展，国内宗教形势有所分化，国际宗教形势与国内的联系和互动也越来越密切，宗教工作面临的形势要复杂很多，考验也更加严峻，但宗教界的爱国进步的力量仍然占据主导地位。这个基本的观察没有变化，不能否认。重温小平同志的意见，具有历久弥新的感觉。

（二）要充分认识宗教社会作用的双重性，既要实行宗教信仰自由政策，也要防止出现宗教狂热

1979年10月15日邓小平会见英国知名人士代表团，并接受电

[①] 《邓小平文选》第2卷，人民出版社1994年版，第186页。

视采访。他指出：

> 马克思主义者认为，像宗教这样的问题不是用行政方法能够解决的。林彪、"四人帮"破坏了我们一贯的宗教政策，我们现在开始恢复老的政策。宗教信仰自由涉及民族政策，特别是我们中国，要实行正确的民族政策，必须实行宗教信仰自由。①

1980年4月19日，邓小平在《人民日报》发表《一件具有深远意义的盛事》一文，通过纪念唐代高僧鉴真，充分肯定了宗教人士在国际文化交流中积极作用。同年8月26日，邓小平在与十世班禅谈话时再次指出要在实行宗教信仰自由的同时，防止出现宗教狂热：

> 对于宗教，不能用行政命令的办法；但宗教方面也不能搞狂热，否则同社会主义，同人民的利益相违背。②

这两次讲话，核心意思相同，但前者比后者更加详尽。他这里讲对宗教不能用行政命令的办法，主要是针对"文化大革命"期间宗教自由政策受到冲击的情况必须加以纠正，不能用行政命令的办法人为地消灭宗教或助长宗教。因此，十一届三中全会以后恢复了宗教信仰自由政策，相当长的时间里都在落实政策，其中最难的就是归还宗教房产，有的时候要最高领导人批示才能解决。1982年6月11日邓小平在赵朴初希望适当解决文物管理部门占有并破坏广州著名古刹六榕寺的来信上作出批示："似可由中央统战部商同广东省

---

① 中央文献研究室编：《邓小平思想年编》，中央文献出版社2011年版，第267页。

② 同上书，第329页。

委提出解决办法,并告赵朴初同志。"① 9月16日,中共广东省委办公厅向中共中央和赵朴初报送《关于六榕寺交还宗教部门管理的情况报告》。报告中指出:在八月底以前广州市文管处干部、职工已全部撤出六榕寺,从九月一日起,六榕寺已移交广州市佛教协会和六榕寺僧人自行管理。

在改革开放初期,宗教在中国内地,在汉族群众中的影响力还比较小;国外对中国的宗教渗透没有20世纪90年代那么深广,中西方宗教人权斗争还不是十分激烈。因此他在讲到要恢复宗教信仰自由政策时提到的另一个重点是与少数民族政策相关,一些少数民族人口中的绝大多数都信教,因此要落实民族政策,就不能不实行宗教信仰自由政策。

从宗教方面来讲,也不能搞宗教狂热,不能同社会主义制度、同人民利益相违背,这句话实际上用反面否定的方式,强调地表达了宗教与社会主义社会相适应的意义。

(三)要加强宗教政策的研究,建立符合中国社会主义社会实际情况的宗教理论和宗教政策

"文化大革命"结束,1977年6月中央统战部正式恢复工作,7月邓小平恢复工作,他积极主张恢复和完善党的统一战线工作。1977年9月29日下午,他在会见到参加庆祝新中国成立28周年庆祝活动的华侨、华人、台港澳同胞旅行团部分成员时指出:前不久,恢复了中央统战部。过去,"四人帮"破坏统一战线,统一战线都没有了。现在,把"庙"建立起来,有个"菩萨"在里面管事,要把爱国人士、民主人士、宗教人士等等都更好地团结起来。

1979年2月,中共中央批准了中共中央统战部《关于建议为全

---

① 中央文献研究室编:《邓小平思想年谱》,中央文献出版社2004年版,第826页。

国统战、民族、宗教工作部门摘掉"执行投降主义路线"帽子的请示报告》，撤销了1964年强加给李维汉的所谓"长期以来在统一战线、民族、宗教工作方面坚持一条反党、反中央、反毛主席的修正主义路线，反对无产阶级专政，反对社会主义革命，向资产阶级和封建农奴主投降，严重损害了党的事业"①的罪名，明确指出，给统一战线工作和民族、宗教工作扣上"执行投降主义、修正主义路线"的罪名，是完全没有根据的，应一律推倒。

1979年9月1日，在和华国锋、李先念、王震、邓颖超、乌兰夫、胡耀邦等听取第十四次全国统战工作会议情况的汇报谈话时，指出：

  加强统战工作是必要的，好多年没有开会，抓一下，对。现在你们提出的更多的是民族资产阶级的问题，民族、宗教问题还没有议，这些方面有很多问题。②

在邓小平的重视下，1980年12月8日，中共中央书记处听取了中共中央统战部、国务院宗教事务局关于宗教工作情况的汇报。10日，中央书记处对宗教工作进行了讨论。会议决定，由中央统战部负责，针对当时的情况和问题，起草一个阐述中国共产党关于宗教问题的方针政策的文件，由中央下发。

对宗教工作的系统总结，是在中央书记处听取宗教工作汇报以后，在中共中央总书记胡耀邦直接主持指导下进行的。根据中央书记处的决定，中央统战部和国务院宗教事务局组织力量，对当时全国宗教的情况和问题进行了大量的调查研究，作了不少起草文件的

---

  ① 中共中央文献研究室综合研究组、国务院宗教事务局政策法规司编：《新时期宗教工作文献选编》，宗教文化出版社1995年版，第1页。

  ② 中央文献研究室编：《邓小平思想年谱》，中央文献出版社2004年版，第550页。

前期工作。中国社会科学院世界宗教研究所等单位为起草文件提供了有关宗教政策、宗教情况和宗教理论等方面的材料。中央书记处直接组织力量起草了《关于我国社会主义时期宗教问题的基本观点和基本政策》。在文件起草过程中先后征求了党内外许多人的意见。1982年3月29日，邓小平审阅并同意中共中央书记处会议提出的《关于我国社会主义时期宗教问题的基本观点和基本政策》和《中共中央关于印发〈关于我国社会主义时期宗教问题的基本观点和基本政策〉的通知》。[①] 1982年3月31日，作为党内19号文件下发。文件对新中国成立以来宗教工作正反两方面的历史经验进行了总结，是中国共产党首个系统论述宗教问题的基本观点和基本政策的文件。

1982年12月，第五届全国人民代表大会第五次会议审议通过了新宪法。新宪法将党的正确的宗教政策上升为国家根本大法的内容之一，成为国家制定和执行宗教法规、政策，处理中国宗教问题的根本法律依据和保证。根据邓小平关于要恢复过去的宗教政策、同时加以补充和完善的指示，新宪法第三十六条的宗教条款以1954年宪法为基础，同时又根据新形势发展的需要增加了新的内容。新宪法明确规定中华人民共和国公民有宗教信仰自由；在总结历史经验的基础上，规定任何国家机关、社会团体和个人不得强制公民信仰宗教或者不信仰宗教，不得歧视信仰宗教的公民和不信仰宗教的公民；明确了信教公民在履行宗教信仰自由权利的同时对国家和社会所应承担的主要义务。规定国家保护正常的宗教活动。任何人不得利用宗教进行破坏社会秩序、损害公民身体健康、妨碍国家教育制度的活动；明确规定了处理中国宗教团体同外国宗教团体关系的原则，强调宗教团体和宗教事务不受外国势力的支配。充分体现了邓小平关于宗教双重性的思想精髓。

[①] 中央文献研究室编：《邓小平思想年谱（一九七五——一九九七）》，中央文献出版社2004年版，第808页。

（四）既要贯彻落实宗教自由政策，也要加强共产主义信念与科学世界观宣传教育

就在上文提及1979年10月15日与英国知名人士代表团的谈话中，邓小平在谈过要恢复宗教信仰自由政策之后，紧接着就坦诚地表示，中国共产党建国以来的正确方针在没有受到错误路线干扰的情况下，都是一方面实行宗教信仰自由，另一方面进行无神论宣传：

> 我们建国以来历来实行宗教信仰自由。当然，我们也进行无神论的宣传。①

在这次谈话中，他将共产党人对社会主义和共产主义理想的追求称为信念，并表示要用这种信念教育后代，希望他们永远保持下去。他说：

> 我们有自己的信念，我们希望永远保持社会主义制度，我们正在用这样的信念教育我们的后代。②

联系到1941年5月他在对部队文化工作的讲话，我们可以更加全面深入地了解两方面工作的辩证关系。他讲：

> 提倡科学，宣扬真理，反对愚昧无知、迷信落后，加强马列主义的宣传。这不管对人民群众或部队，都是同等重要的。③

宗教信仰不能成为迷信。迷信是对信仰自由的滥用，是对道德、

---

① 中央文献研究室编：《邓小平思想年谱（一九七五——一九九七）》，中央文献出版社2011年版，第134页。
② 同上书，第267页。
③ 《邓小平文选》第1卷，人民出版社1993年版，第25页。

法律和理性的僭越,自然会造成与科学真理的对立。加强马克思主义信仰与科学世界观教育与实行宗教信仰自由政策并不矛盾,相反正是预防和反对愚昧无知、迷信落后,使宗教信仰自由得到长久有序发展的重要保证。这与邓小平关于不要搞宗教狂热的思想也是连贯一致的,实际上是如何保证不要出现宗教狂热的方法论,是一种理论深化。

共产主义信念与关于来世和天国的宗教信仰不同,它是认识到什么是最广大人民根本利益并为之而奋斗的精神力量。邓小平1986年11月9日会见日本首相中曾根康弘时曾阐述过这种信念的实质和作用,他说:

> 最重要的是人的团结,要团结就要有共同的理想和坚定的信念。……没有这样的信念,就没有凝聚力。没有这样的信念,就没有一切。我们共产党人的最高理想是实现共产主义,在不同历史阶段又有代表那个阶段最广大人民利益的奋斗纲领。因此我们才能够团结和动员最广大的人民群众,叫做万众一心。……人的因素重要,不是指普通的人,而是指认识到人民自己的利益并为之而奋斗的有坚定信念的人。[①]

具有共产主义信念的人是人民群众中的先进分子。共产主义信念一旦深入人心,就可以使人民团结一心,产生巨大的向心力。宗教信仰对受其影响的公民也能起到凝聚和团结的作用,但因受到世界观唯心主义本质的限制,并不具备先进性;相反如果它不在道德和法律的范围实行,还容易被邪恶势力所歪曲和利用,对人民类社会产生巨大的破坏作用。

---

① 《邓小平文选》第3卷,人民出版社1993年版,第190页。

四 邓小平宗教观的思想特色和现实指导意义

邓小平的宗教观是中国共产党的宗教观的重要组成部分，对我国社会主义革命和建设时期的宗教理论的发展和政策的制定做出了非同寻常的贡献，尤其改革开放以后他以伟大战略家高屋建瓴的宏大视野，为恢复和完善宗教信仰自由政策指明了大方向，为社会主义条件下我国宗教理论和宗教政策的系统化奠定了坚实的基础。

综观他在各个历史时期的宗教观，虽然因主客观条件不同，强调的重点和内容繁简有别，但都贯穿着三个显著的特点：一是明确的目的性，他的宗教观都是为实现党在各个历史时期的纲领服务的；二是清晰的务实性，为了实现一定的纲领，就必须在摸准情况的基础上，根据不同地区的不同情况制定相应的民族宗教政策；三是精湛的辩证性，在认识宗教的性质作用和制定相应的政策时，他从来不只讲矛盾统一体的一个方面而忽视另一方面，而是在处理宗教问题时既要防"左"，也要防右。毛泽东和邓小平都是当代中国的唯物辩证法大师，他们将"允执欼中"的治国之道应用得炉火纯青。在争取和平解放西藏的过程中，邓小平制订的方略得到毛泽东的充分肯定，事实证明，实施的结果是中央与原西藏地方政府顺利达成了和平解放西藏的协议，达赖喇嘛从亚东回到拉萨，与西藏工委合作共事8年。

"文化大革命"期间党犯了极"左"错误，偏离了唯物辩证法原则，宗教信仰自由政策受到波及。在改革开放初期，邓小平力主恢复宗教信仰自由政策，重点是反"左"，同时也要防右。随着改革的不断推进，社会上和党内出现了激进的自由化思潮和运动，中国社会面临再度陷入动荡的危险。在关键的时候，邓小平以伟大的无产阶级和中华民族领袖无私无畏的气魄，冒着个人声誉可能被民粹主义立场污名化的风险，置个人千秋功过毁誉于度外，果断站出来，力挽狂澜，使国家免于再度陷入动乱和分裂，社会主义改革事业继续稳步有序地深入推进。经过60多年的发展，中国的综合国力已经进入世界强国之林，而环视世界众多第三世界国家，包括一些前社会主义国家，在实行了各种颜色革命、进行了激进的政治经济自由化之后，生产力长期停滞甚至严重倒退，社会动荡，国家分裂，民不聊生。除了有野心的个别"精英"有更多机会博出位，一夜出名，甚至掌握国家权力外，国家民族和普通百姓并未得到益处。两对照，我们对小平同志的高瞻远瞩的胆识和无私无畏的胸襟，更是由衷敬佩和景仰。

在改革进入深水区的今天，邓小平同志虽然已经离我们而去，但他的思想遗产的光辉仍然在使我们受益。我国的宗教形势出现了许多新的变化，各种宗教信徒人数普遍有了大幅的增长，一些宗教的场所倍增，传统的民间信仰、民间宗教有相当程度的复苏，新的宗教成分不断传入和产生；与此同时思想意识混乱，宗教乱象频发，宗教商品化、市场化与原教旨主义相伴而生，齐头并进，国内外敌对势力对宗教的利用日益猖獗。在新的形势下，我们要以小平同志为榜样，继承和发扬他高度的唯物辩证法理论应用水平，面对更加复杂的国际国内形势，做到不偏不倚、不"左"不右、秉持中道，全面深入地开展调查研究，根据具体情况对我们的宗教理论和政策做一些局部的调整，是完全必要和可行的。这是我们在纪念邓小平诞辰110周年的时候，重温他的宗教观时特别要加以记取和学习的地方。

（作者单位：中国社会科学院世界宗教研究所）

邓小平"三个面向"重要思想与现代语言学研究

张伯江

"三个面向"的提法，最早是邓小平同志针对学校教育提出的。1983年10月1日，邓小平同志为景山学校题词："教育要面向现代化，面向世界，面向未来。"① 改革开放初期，我国的基础教育无论在教学内容、教育理念和教学手段上都还比较落后，邓小平同志"三个面向"的教育思想提出了一个针对性很强的极高的标准。其后，这"三个面向"不仅成为基础教育的根本方针，也成为高等教育的指导思想；其思想内涵不仅包括学校的文化知识教育，也延伸到思想政治教育和更广泛的文化建设领域。可以说"三个面向"是邓小平教育思想最根本的核心内容，具有强烈的时代特色和深远的理论意义。

以江泽民同志为核心的党中央进一步发展了邓小平同志开创的中国特色社会主义理论，提出了"三个代表"重要思想，其中"始终代表先进文化的发展方向"这一点，江泽民同志在纪念中国共产党成立80周年的讲话中做出过明确的阐释，那就是"面向现代化、面向世界、面向未来的，民族的、科学的、大众的社会主义文化"。从这时起，"三个面向"更成为发展社会主义文化根本统领思想的组成部分。

---

① 《邓小平文选》第3卷，人民出版社1993年版，第35页。

2009年10月1日，胡锦涛同志在庆祝新中国成立60周年时发表的讲话中说："六十年来，在以毛泽东同志、邓小平同志、江泽民同志为核心的党的三代中央领导集体和党的十六大以来的党中央领导下，勤劳智慧的我国各族人民同心同德、艰苦奋斗，战胜各种艰难曲折和风险考验，取得了举世瞩目的伟大成就，谱写了自强不息的壮丽凯歌。今天，一个面向现代化、面向世界、面向未来的社会主义中国巍然屹立在世界东方。"

可以看出，在中国特色社会主义理论的发展过程中，"三个面向"思想的地位越来越重要，从最初作为教育发展方向的提出，到后来成为社会主义文化建设的重要属性，到今天成为国家形象的精辟刻画。概括地说，这一重要思想，经历了从兴教方略，到兴文方略，再到兴国方略的几度提升。这一变化并非偶然。我党历来把教育事业看作立国之本，是提高全民族科学文化水平、把中国带向现代化的千秋大业，所以，"三个面向"的教育方向也自然成为发展我国科教文化事业的一个方向性的思路；而一个国家发展水平的象征，同样要放到世界范围内、用现代化的指标以及发展趋势去衡量。可以说，这个变化也从一个侧面折射了中国特色社会主义理论思想的成熟过程。

2011年底召开的党的十七届六中全会，是党的历史上第一次以全会的形式专题研究文化发展问题，并通过了改革开放以来最为详尽的文化发展纲领《中共中央关于深化文化体制改革推动社会主义文化大发展大繁荣若干重大问题的决定》（以下简称《决定》）。《决定》对社会主义文化的发展方向做了最全面的表述："坚持中国特色社会主义文化发展道路，深化文化体制改革，推动社会主义文化大发展大繁荣，必须全面贯彻党的十七大精神，高举中国特色社会主义伟大旗帜，以马克思列宁主义、毛泽东思想、邓小平理论和'三个代表'重要思想为指导，深入贯彻落实科学发展观，坚持社会主义先进文化前进方向，以科学发展为主题，以建设社会主义核心价值体系为根本任务，以满足人民精神文化需求为出发点和落脚点，以改革创新为动力，发展面向现代化、面向世界、面向未来的，民族的科学的大众的社会主义文化，培养高度的文化自觉和文化自信，提高全民族文明素质，增强国家文化软实力，弘扬中华文化，努力建设社会主义文化强国。"

党的十八大把文化事业放到"五位一体"的总体发展格局中，在谈到增强文化整体实力和竞争力时，强调要大力发展的几项事业中，第一项就是"发展哲学社会科学"。这并非偶然，因为哲学社会科学是文化建设的理论基础。早在2004年3月，中共中央发出的《关于进一步繁荣发展哲学社会科学的意见》（以下简称《意见》）中就明确提出："繁荣发展哲学社会科学事关党和国家事业发展的全局。哲学社会科学是人们认识世界、改造世界的重要工具，是推动历史发展和社会进步的重要力量。哲学社会科学的研究能力和成果是综合国力的重要组成部分。"《意见》提出了繁荣发展哲学社会科学的总体目标："努力建设面向现代化、面向世界、面向未来，具有中国特色的哲学社会科学。力争用10年左右时间，形成全面反映马克思列宁主义、毛泽东思想、邓小平理论和'三个代表'重要思想的教材体系，形成具有时代特点、结构合理、门类齐全的学科体系，形成人尽其才、人才辈出的人才培养选拔和管理机制，充分发挥我国哲学社会科学认识世界、传承文明、创新理论、咨政育人、服务社会的重要作用。"为了实现这一目标，中国社会科学院大力推进哲学社会科学创新体系建设，向着建设成以马克思主义为指导的人才荟萃、体制完善、机制灵活、学科布局合理、在国内位居前列、在国际上有广泛影响的哲学社会科学研究机构的目标而努力。可以说，努力建设好面向现代化、面向世界、面向未来的中国哲学社会科学，就是直接为"三个面向"的社会主义文化建设提供最坚实的基础。

我国现代意义上的学术研究起步较晚，许多学科具有一定的传统基础，但在科学性方面存在天然的欠缺，"五四"之后，由于现代学术观念的引入，得到了突飞猛进的发展，尤其是以中国文化现象作为研究对象的一些学科。中国传统的语言研究是以"注经"为目的的，由于上古时期的经书文字形式已与后代活的语言产生了很大的差距，明清两代的许多学者"皓首穷经"地研究古人那些经文中的语音、文字和词义问题，形成了音韵、文字和训诂等具有一定深度的学科。但是这些"学问"除了帮助人们了解一些上古词义和语音、文字的知识以外，显现不出多少现实意义，尤其是，它们本应在方言分歧、交际困难这种现实需求面前发挥重要作用，学者们却没有这种意识。直到20世纪初叶，中西方学术壁垒打开之后，一些有识之士借用欧洲历史比较语言学的方法重新审视清代学者留下的那一笔财富，才建立起全新的汉语音韵学这门学科，使得中国的语言面貌及中国学者的独到贡献为世界所知，才在此基础上大规模地开展了现代汉语方言的全面研究，在扫除文盲、开展基于现代汉语普通话的基础教育、增进全国范围的语言文字交流方面发挥了无可替代的重要作用，汉语语言学不仅为世界语言学理论做出了有价值的贡献，更在祖国的文化事业建设方面居功至伟。这一切，都是中国学术界第一次"面向世界"调整自己的研究方向、充分学习世界先进方法、同时深入挖掘传统优势的成功范例。

"面向世界"的学术眼光不仅唤醒了一些传统学科，在现代学术的框架中发挥出了独特的效力，也引发了一些全新的思路和视角，启发中国学者建立起一些自身传统上所没有的新的学科。现代语法学就是典型代表。语法揭示人们组词造句的规律，是语言学习的最重要的工具。清代以前的传统学者不重视当代活的语言，只把精力放在古书上，所以只有对零星语法虚词的研究，并没有对汉语造句规律的语法学研究。鸦片战争后，中国学者意识到，文化的落后是我们国力衰弱的深刻原因，中国的语法学就是在上一个世纪之交，肩负着救国图存的使命而建立起来并发挥了重要作用的。中国语法学一百多年的发展历史上，究竟该模仿和照搬西方语法研究模式还是立足于汉语实际走自己的道路，究竟该融入世界语言学的主流还是另起炉灶到传统语言学中去"退而结网",都产生过激烈的思想交锋,甚至也有过照搬苏联模式的曲折经历。"文化大革命"结束后,国门重新打开,中国学者发现我们很多方面已经落后于国际主流的语言学研究。这个历史的关头,是关上门来继续自己的摸索,还是勇敢地迎上世界潮流,让汉语研究在世界语言研究的舞台上发出自己的声音,当中西方研究取向再一次发生冲突的时候,是"面向世界"的总体方向引导了中国学者做出了正确的选择。

汉语语法研究的经历不仅使我们深刻体验了"面向世界"的必要性,也让我们体会到"面向现代化"和"面向未来"的重要意义。西方学者一直重视跨语言的研究,注重语言共性和语言差异的观察,这本是一件好事,但也产生一个文化观上的副产品,就是认为语言有先进的和落后的之分,因此造成了肇因于语言的文化歧视现象。比如,经过语言结构的对比研究,把世界上的语言分为孤立语、屈折语和粘着语三种。汉语属于孤立语,英语、俄语等属于屈折语,日语、朝鲜语等属于粘着语。有相当多的西方学者在很长一段时间内认为屈折语是语言发展的高级阶段,屈折语比粘着语进步,粘着语又比孤立语进步。汉语就是属于最落后的语言之列了。出于对这种歧视的抗争,也有学者根据部分事实宣称孤立语是最经济、最合理的语言,说汉语是最先进的语言。这种各执一端的状态导致了语言文化观上的对立情绪,人们无法用一种公允的眼光面对这种多元化的文化现象。"面向现代化"与"面向未来"的思想,就是时刻着眼于当代世界的新变化,准确把握时代脉搏,抛弃落后的、不利于自身发展的旧观念。这样做,既为我们自己争取到合理的发展空间,也便于在一个平和的环境中与世界共同发展。一个国家的经济建设如此,学术发展也是如此。如今,文化多元化的观点已经取得世界大多数学者的共识,语言学是这种思潮的弄潮儿。当代语言学对语言共性和语言类型的关注达到空前的热情,这也为汉语研究提供了前所未有的学术环境。当代语言类型学对世界上的语言一视同仁，关注的重点不是哪种先进、哪种落后，而是相信世界上不同语言类型的存在是各民族自己文化选择的结果；应该关注的，是人类语言为什么存在抽象的共性，而在具体表现上又千差万别。研究发现，世界上的语言之间不仅具有相同的基本语法范畴和语法关系、语用原则，而且共同的语言模型在不同语言中的变异也是有迹可循的，也就是说，各种语言表面上的差异其实也都是在共通的原则之下做出的选择，语言学既要关心语言有哪些种不同的变化类型，也要关心语言类型的变化有哪些限制。在这种思想背景下，汉语研究极大地开阔了视野，结合我国境内民族语言种类繁多、汉语方言变化繁复的特点，做出了一系列令世界瞩目的专题研究。这些研究不仅极大地丰富了世界语言学的宝库，也加深了我们对汉语自身的认识；既推进了我国语言学的发展，也通过对我国境内民族语言和汉语方言的全面考察为我国的基础文化建设做出了重要贡献。如果没有观念的更新和现代化的取向，是不可能取得这样的成绩的。我国前辈语言学家吕叔湘先生早在1985年就对"三个面向"思想做出积极回应，号召年青一代学人"站远些，站高些，对所钻研的事物的整体作一鸟瞰"，依照"三个面向"审视学术研究方向，反思文化遗产。①

我们的改革开放经历了从吸收引进和学习先进技术为主到努力实现自主创新的过程，学术研究也是一样。"文化大革命"刚结束时，我国人文社会科学各个学科相对落后于世界，当时首要的任务是学习国外先进的方法和理论。经过短短十年左右的努力，我国人文社会科学许多学科已经赶上或接近国际水平，实现了与国际意义上的对话与沟通。与此同时，中国社会科学工作者也从未停止过关于本国学术发展道路的思考。是跟在西方学者的研究兴趣后面亦步亦趋，还是着眼于我国实际问题的现实需求、着眼于中国人文社会科学问题的未来发展需求，是必须做出清醒选择的。"面向未来"这

---

① 吕叔湘《汉语文的特点和当前的语文问题》，《中国青年报》1985年1月至2月，又见《吕叔湘全集》第十一卷，辽宁教育出版社2002年版，第200—214页。

句话的深刻含义也就在于此。

以上我们结合学术研究实例论证"三个面向"立足于我国实际问题、着眼于世界视野和未来需求的发展道路。一条思想认识脉络正在随着我们对半个多世纪哲学社会科学基础理论研究历程的描述而逐渐清晰起来，那就是中国的哲学社会科学工作者从深刻的文化反思到树立起坚强的文化自信的心路历程。的确，改革开放以后，我们或许由于长期的闭塞而较多地关注理论上向世界先进水平取齐，一度忽视了对自身优秀文化遗产的重视。当我们在与世界的对话中获得了一定的自信时，很自然地，本民族的文化资源就成了取之不尽的深厚滋养。以习近平同志为总书记的党中央领导集体对这一点尤其清醒，习近平同志在2013年12月30日主持中共中央政治局就提高国家文化软实力研究的第十二次集体学习中讲话指出："提高国家文化软实力，要努力展示中华文化独特魅力。要使中华民族最基本的文化基因与当代文化相适应、与现代社会相协调，以人们喜闻乐见、具有广泛参与性的方式推广开来，把跨越时空、超越国度、富有永恒魅力、具有当代价值的文化精神弘扬起来，把继承传统优秀文化又弘扬时代精神、立足本国又面向世界的当代中国文化创新成果传播出去。"[①] 这个讲话彰显了极强的文化自信精神，可以说是新一代中央领导集体引领社会主义文化发展方向的一个既继往开来又颇具新意的一个明显信号。我们觉得，作为一个基础理论研究者，我们的使命就是立足于中国文化沃土，同时面向现代化、面向世界、面向未来地扎扎实实做好我们的学术研究工作，不断为提升民族文化自信提供丰厚的学术支撑和理论支持，这就是我们人文科学学者为建设社会主义文化强国、增强国家文化软实力应做的贡献。

（作者单位：中国社会科学院语言研究所）

[①] 习近平：《建设社会主义文化强国，着力提高国家文化软实力》，《人民日报》2014年1月1日第1版。

试论邓小平新中国历史评价的理论价值与现实意义

曹守亮

邓小平作为新中国以毛泽东为首的第一代中央领导集体的重要成员，在新中国前三十年与毛泽东一道对社会主义实践作了艰辛探索。"文化大革命"结束后，邓小平作为第二代中央领导集体的核心对新中国的历史评价问题，倾注了大量心血，领导中国共产党对新中国历史作出了科学评价，统一了思想，凝聚了共识，保证了中国改革开放发展的社会主义方向。

一　中共十一届三中全会前后倡导新中国历史经验总结的兴起

1977年10月9日，叶剑英在中央党校开学典礼上讲话，倡导理论联系实际，提出要用心研究党的历史，特别是着重研究"文化大革命"以来的历史，正确总结党的历史经验。尽管叶剑英是在强调以党史研究的视角来推进"文化大革命"以来的历史研究，但对国史研究也具有推动作用。无论从事党史研究还是国史研究首先碰到的问题就是是非标准问题。这同各个领域的拨乱反正一样，都同"两个凡是"方针发生了尖锐矛盾。于是一场思想界、理论界就"究竟以什么为标准来认识和判定历史是非"的激烈争论便开始了。1978年《人民日报》先后发表了《文风与认识路线》、《标准只有一个》。经过胡耀邦审定的《实践是检验真理的唯一标准》一文先于5月10日在中央党校内部刊物《理论动态》上发表，紧接着11日在《光明日报》头版发表。文章发表后一方面引起了热烈关注，《人民日报》、《解放军报》与《解放日报》等报刊予以全文转载；另一方面引来了一系列责难，被认为是"实际上把矛头指向毛泽东思想"，被认为是"反毛"、"砍旗"、"丢纲"。这样一场关系到中国共产党的思想路线原则分歧和争论必然要进一步展开，邓小平、陈云、叶剑英、李先念、胡耀邦、徐向前、罗瑞卿、谭震林等一批老同志纷纷表明态度，公开支持这一讨论的开展，这一讨论很快越出理论界的范围，在党政军各界引起热烈反响，形成了全国性的群众性大讨论。据统计，1978年下半年，除中央单位外，各地就这一主题召开的研讨会达70余次，报刊上发表的文章650多篇。[①] 通过真理标准问题大讨论在全党全国范围内普及了马克思主义哲学知识，为国史、党史研究的开展奠定了理论基础和群众基础。可以说，实践是检验真理的唯一标准作为判断是非的准绳和标杆，真正发挥思想解放作用是通过对新中国历史研究发挥出来的。

1978年12月召开的十一届三中全会果断停止了以阶级斗争为纲的思想路线，工作中心转到建设社会主义经济、实现四个现代化方面来，这在客观上需要对数量众多的冤假错案给予平反，而要做到这一点，就必须对党的历史，尤其是新中国历史作出恰当的历史结论。中央工作会议和十一届三中全会对党中央在理论战线提出上的崇高任务是"领导、教育全党和全国人民历史地、科学地认识毛泽东同志的伟大功绩，完整地、准确地掌握毛泽东思想的科学体系，把马列主义、毛泽东思想的普遍原理同社会主义现代化建设的具体

[①] 《中华人民共和国史》编写组：《中华人民共和国史》，高等教育出版社、人民出版社2013年版，第258页。

实践结合起来，并在新的历史条件下加以发展"。① 这表明对于毛泽东与毛泽东思想的认识与评价是党中央在理论战线上的重要任务，只有对毛泽东给予正确评价，对毛泽东思想的科学体系加以正确把握，才能为顺利实现马克思主义普遍真理与中国社会主义现代化建设的具体实践结合起来，推动思想认识成果的新发展。

由于各种因素的制约，中央工作会议和党的十一届三中全会对新中国历史的评价还是初步的、笼统的。整体上局限于对经验的总结。正如胡乔木所言的，两次会议除了实现了党的工作中心的转变之外，就是"回顾、总结了我们党在三十年中间领导中国社会主义经济建设的基本经验"，"回顾、总结了党在建国以来，特别是二十年来，主要是一九六六年以来的许多根本的问题，重大的历史问题，总结了党的生活的历史经验"②。全会对于"文化大革命"也是提出了原则性的结论，有暂时搁置的意味。全会认为，"对于文化大革命，也应当历史地、科学地、实事求是地去看待它。毛泽东同志发动这样一场大革命，主要是鉴于苏联变修，从反修防修出发的。至于实际过程中发生的缺点、错误、适当的时候作为经验教训加以总结，统一全党和全国人民的认识，是必要的，但是不应匆忙地进行。这既不影响我们实事求是地解决历史上的一切遗留问题，更不影响我们集中力量加快实现四个现代化这一当前最伟大的历史任务"③。很显然，三中全会对于"文化大革命"观点沿袭了邓小平1978年12月13日在中央工作会议闭幕会上的讲话中的观点。只是邓小平提出的观点，在今天看来对于正确理解新中国前后两个三十年之间一脉相承的关系具有更为重要的价值。邓小平强调："文化大革命已经

---

① 《中国共产党第十一届中央委员会第三次全体会议公报》，中共中央文献研究室编：《三中全会以来重要文献选编》（上），中央文献出版社2011年版，第11页。

② 胡乔木：《党的十一届三中全会的重大意义》，《胡乔木传》编写组编：《胡乔木谈中共党史》，人民出版社1999年版，第2页。

③ 《中国共产党第十一届中央委员会第三次全体会议公报》，中共中央文献研究室编：《三中全会以来重要文献选编》（上），中央文献出版社2011年版，第11页。

成为我国社会主义历史发展中的一个阶段,总要总结,但是不必匆忙去做。要对这一个历史阶段做出科学的评价,需要做认真的研究工作,有些事要经过更长一点的时间才能充分理解和作出评价,那时再来说明这一段历史,可能会比我们今天说得更好。"[1] 从当时的实际情形看,人们对于"文化大革命"的反思研究并没有因此搁置起来,而是不间断地开展起来。从某种意义上,甚至可以认为新时期以来共和国史研究的最初开展,就是来自对"文化大革命史"反思。在这里,历史的积淀与那个时代人们对于历史是非的渴望相比只能是退居其次的位置了。从这一点上,我们也许体味到每个时代人们对历史需求的差异。后代人对历史不断作出阐释和解读来追求历史事实,反映出的是不同时代的价值趋向,而当代人对历史探求的热情更多地反映了人们对历史是非的探究。理论上再清晰不过的在弄清事实基础上再作出价值判断,在研究中往往是同步进行的,并不可能先后截然分开。

二 叶剑英国庆三十年讲话与邓小平历史评价的思想转折

"文化大革命"结束后,中国再次面临着"向何处去"的历史抉择。在这样的认识下,如何评价毛泽东及毛泽东思想,如何评价"文化大革命"以及新中国成立以来30年的历史就成为摆在党中央和理论工作者面前的重要任务。尽管全会也指出:"对于文化大革命,也应当历史地、科学地、实事求是地去看待它,适当的时候作为经验教训加以总结,但是不应该匆忙进行。"[2] 很显然,全会的这

---

[1] 邓小平:《解放思想 实事求是,团结一致向前看》,中共中央文献研究室编:《三中全会以来重要文献选编》(上),中央文献出版社2011年版,第25—26页。

[2] 中共中央文献研究室编:《邓小平年谱(一九七五——一九九七)》(上),中央文献出版社2004年版,第455页。

一认识延续了刚刚落幕的中央工作会议闭幕会上《解放思想，实事求是，团结一致向前看》讲话中的观点："关于文化大革命，也应该科学地历史地来看。文化大革命已经成为我国社会主义历史发展中的一个阶段，总要总结，但是不必匆忙去做。要对这样一个历史阶段做出科学的评价，需要做认真的研究工作，有些事要经过更长一点的时间才能充分理解和作出评价，那时再来说明这一段历史，可能会比我们今天说得更好。"① 这些观点均贯彻了邓小平的主张。1979年3月，邓小平在一次讲话中仍然坚持谨慎地对待毛泽东评价和"文化大革命"评价问题。他说："否定毛主席，就是否定了中华人民共和国，否定了整个这一段历史。现在的关键是安定团结。处理遗留问题，为的是集中力量向前看。像评价文化大革命这样的问题，可以暂时放下。"② 之所以这样做，并不是邓小平不想作出结论，但当时的主观和客观形势都不成熟，显示出思想上的谨慎和政治上的稳健。这些话语，一方面是邓小平对一些在中央工作会议上"被胜利冲昏头脑"的人的警告；另一方面也说明在邓小平看来中国不可能很快解决所有问题，不可以想当然地急于求成。尽管当时出于维护社会稳定的目的出发与政治策略的需要，邓小平等领导人认为中央可以暂时不对毛泽东和新中国的历史，尤其是"文化大革命"作出评价③，但为了看清楚未来的道路，统一处于理论争论和思想混乱状态中的人们的认识，反驳理论界出现的资产阶级自由化思潮和历史虚无主义思潮对毛泽东和新中国历史的污蔑否定之词，对共和国历史进行深入研究、系统总结已经事实上提上了党中央和理论界的日程。

---

① 中共中央文献研究室编：《邓小平思想年谱（一九七五——一九九七）》，中央文献出版社2004年版，第203—204页。

② 中共中央文献研究室编：《邓小平年谱（一九七五——一九九七）》（上），中央文献出版社2004年版，第493页。

③ ［美］傅高义：《邓小平时代》，冯克利译，生活·读书·新知三联书店2013年版，第241页。

1979年6月，中共中央安排叶剑英在新中国成立30周年国庆典礼上代表中共中央、全国人大常委会和国务院作重要讲话，这个讲话之所以重要，是因为中央希望通过这个讲话对新中国30年的曲折发展历史作个总结，以达到统一思想界和理论界基本认识的目的。在讲话稿起草和反复修改的过程中，邓小平在对待新中国前三十年历史的态度开始发生变化。1979年8月下旬，邓小平在同胡耀邦、胡乔木、邓力群谈如何修改讲话稿时提出，"对历史是应该做点回顾的"①。9月4日，邓小平就讲话稿进一步修改时强调了回顾历史的重要性。他指出：讲话稿"还是要讲在三十年的历史上毛主席是有伟大功绩的，我们的一切成就是在毛泽东思想照耀下取得的"，"过去的三十年，是坚持、发扬四项基本原则同背离、破坏四项基本原则的斗争。我们的斗争尽管受到这样那样的干扰、破坏，但我们终于克服了这些干扰、破坏，我们始终是坚持社会主义，坚持无产阶级专政，坚持党的领导，坚持马列主义、毛泽东思想的。要在坚持四项基本原则的大前提下写这个讲话。要使人看了这个讲话以后得出一个总的印象，我们的党和人民现在是真正坚持毛泽东思想，是完整准确地学习、运用毛泽东思想，是真正将毛主席为我们制定的路线、方针、政策付之实现，不是搞只言片语"。② 邓小平就修改讲话稿所提出的这些观点具有很强的针对性，使得胡乔木等人对讲话稿的修改富有操作性。邓小平的话是对胡乔木主张对过去30年历史作一结论的有力支持。胡乔木在关于要不要在讲话稿中对新中国30年的问题做结论的争论是主张做结论的，他认为："我们考虑，认为还是要作一些最基本的总结。如果不作，党内的思想是否就统一了呢？对过去的历史做一些总结性的说明，总的说是有助于党内思想的统一而不是有害于党内思想的统一。有些重要的问题，你不去讲，

---

① 中共中央文献研究室编：《邓小平年谱（一九七五——一九九七）》（上），中央文献出版社2004年版，第549页。

② 同上书，第552—553页。

这方面的分歧仍然还是存在。……如果这个讲话对30年的问题一概回避，对一些重要的问题在建国30周年庆祝会不敢涉及，那么，在全党全国人民面前一直全世界，都会有损于党中央的威信。"① 因此，邓小平和胡乔木的认识是一致的，所以，才有了讲话稿中对毛泽东思想的解释问题、对"文化大革命"看法的回应问题、对社会主义制度的优越性问题、"四人帮"会不会卷土重来问题等的分析和评论，在当时的条件下，这个讲话没有对新中国前30年的历史作出全面的总结，但也确实如邓小平所希望的，达到了"一个新的水平"。全面的总结"只能在另外的时间经过另外的会议，经过详细讨论，作出正式的专门的文件"②。正是因为有了这样的共识，才有了讲话中"中共中央认为，对过去三十年特别是文化大革命十年的历史，应当在适当的时候，经过专门的会议，作出正式的总结，但是，在庆祝建国三十周年的时候，有必要给予初步的基本估价"。③

1979年9月29日，庆祝中华人民共和国成立三十周年大会如期召开。叶剑英作了题为《光荣伟大的三十年》的主题讲话，对新中国成立三十年以来的历史经验作了初步的概括总结，给出了恰当的评价，认为是"光荣伟大的三十年"。讲话"高度评价了毛泽东、周恩来、朱德等老一辈革命家的不朽功绩，全面回顾了建国三十年来的战斗历程，深刻批判了林彪、'四人帮'反革命集团蓄意制造和推行的极左路线，初步总结了社会主义革命和社会主义建设的基本经验"。④讲话稿将中华人民共和国成立以来的三十年概括为"光荣伟大的三十年"，"是中国人民同国内外敌对势力进行复杂斗争的三十年，是经历了曲折道路而取得社会主义革命和社会主义建设巨大

---

① 《胡乔木文集》第2卷，人民出版社1993年版，第117页。
② 同上书，第119页。
③ 叶剑英：《在庆祝中华人民共和国成立三十周年大会上的讲话》，《人民日报》1979年9月30日第1版。
④ 中共中央文献研究室编：《邓小平年谱（一九七五——一九九七）》（上），中央文献出版社2004年版，第562页。

胜利的三十年",同时又认为:"走过的道路并不平坦,既有过比较顺利的发展,也有过严重的挫折。同全国人民作出的艰苦努力相比,同社会主义制度应当发挥的优越性相比,我们的成就很不够。我们必须认真地总结经验教训,努力取得更大的成就。"[1] 这个"基本估价"对于整个讲话处于立论的基础地位是对众多观点的有力支撑,对于正确认识新中国30年历史,廓清当时理论界存在的许多历史迷雾、澄清历史是非发挥了积极作用,被誉为"进行社会主义建设新长征的伟大的纲领性文件","在全国和全世界引起了极其强烈的反响"[2]。讲话在对一些具体重大问题的分析上,也具有较高的学术价值,被有的学者称之为"讲话在一些重大问题上突破了过去所讲问题的范围"[3],这为"全党正确总结历史经验,特别是澄清新中国成立以来的一些重大是非问题奠定了基础"[4]。

讲话中的许多观点如关于毛泽东和毛泽东思想的评价、关于"文化大革命"的认识等思想"在原则上把是非分清楚了,仅仅在责任上没有作具体说明"[5],这首先是决策者政治策略的需要,也为第二个历史决议的形成奠定了一定的理论基础。叶剑英国庆30周年讲话不仅圆满地达到了从整体上总结历史的目的,而且还构成了党中央所讲的进一步历史总结的基础。正如邓小平对讲话的认识,它

---

[1] 叶剑英:《在庆祝中华人民共和国成立三十周年大会上的讲话》,《人民日报》1979年9月30日第1版。

[2] 廖盖隆:《社会主义建设新长征的纲领性文件(一九七九年十一月一日)》,廖盖隆:《党史探索——历史经验和建设社会主义的道路问题》,中共中央党校出版社1983年版,第72、73页。

[3] 王海光:《从国庆讲话到历史决议——党的第二代领导集体对建国以来历史经验的总结》,2001年6月9日"中国共产党与现代中国"学术讨论会提交论文,中国延安。

[4] 齐鹏飞主编:《中华人民共和国史》,中国人民大学出版社2009年版,第285页。

[5] 《胡乔木文集》第2卷,人民出版社1993年版,第130页。

构成了历史决议的纲要①,历史决议很自然地要在讲话的基础上细化与拓展、具体化与深化。讲话在《人民日报》正式发表之后,在思想界产生了积极影响,凝聚了共识,教育了群众,为第二个历史决议的诞生奠定了群众基础。叶剑英讲话稿的起草和修改从程序上看已经具备了上下互动、多层参与、充分酝酿、多次反复等特点,为第二个历史决议的起草积累了经验。这也形成了共和国史研究史上特殊而又成功的研究机制,具有鲜明的特色。

三 《关于建国以来党的若干历史问题的决议》: 邓小平新中国历史评价的典范之作

随着思想界广泛地开展批评"两个凡是"与"真理标准问题"的讨论,拨乱反正工作和大规模平反冤假错案等工作得以深入开展。1978年12月,党的十一届三中全会胜利召开,完成了政治路线、组织路线和思想路线的拨乱反正,形成了以邓小平为核心的中央领导集体。公审林彪、江青两个反革命集团和全面解决历史遗留问题与调整社会关系,尤其是党的十一届五中全会为刘少奇平反,将拨乱反正进一步推向深入,形势的发展,使"党的指导思想上的拨乱反正"②成为客观需要,对"文化大革命"及其以前的错误,对新中国建立以来取得的伟大成就和宝贵经验。对毛泽东同志的历史功绩和毛泽东思想的指导地位,这样一些重大而复杂的问题,作出公开的、郑重的、系统的和明确的结论,以兑现党中央的承诺成为摆在中共中央面前的一个重要历史任务,考验着党的政治勇气和理论智慧。在邓小平看来,制定历史决议对完成党的指导思想的拨乱反正

---

① 中共中央文献研究室编:《邓小平年谱(一九七五——一九九七)》(上),中央文献出版社2004年版,第574页。

② 欧阳淞、高永中主编:《改革开放口述史》,中国人民大学出版社2014年版,第138页。

具有重要的意义是毋庸置疑的，更为重要的是，邓小平还认识到由他们这一代中央领导集体作出历史决议，还是出于教育许多人，尤其是青年人，是青年人树立正确的历史观的时代责任。这反映在邓小平在1980年11月26日会见罗马尼亚政府总理的谈话中。邓小平强调："我们正在搞一个关于若干历史问题的决议，要对三十一年的历史作个总结。这是党内外的普遍要求。过去的问题已经结束了，需要作个总结，不走这一步不行。许多人，特别是青年人，看'文化大革命'那一段多一些，而没有看到整个历史；看了十年，而没有看到整个五十九的党史，没有看到毛泽东同志的整个贡献。这涉及到对毛泽东同志的一生如何评价问题，我们必须现在解决，不能由后代来解决，因为他们不了解整个历史。我们之所以要把公审林彪、江青两个反革命集团放在公布若干历史问题的决议的文件之前，就是为了说他们是犯罪，而毛泽东同志是犯有错误。"① 邓小平之所以主张由暂时搁置对"文化大革命"到积极倡导对"文化大革命"作出评价，是由诸多原因促成了这一转变。第一，十一届三中全会的召开，邓小平在党内的政治地位已经巩固。第二，"两案"审理的顺利进行，已经事实上将"两案"与毛泽东划清了界限。第三，随着大规模平反冤假错案的深入进行，思想上的拨乱反正已经是势不可免。第四，随着真理标准问题讨论的深化，人们对哲学是非标准的探讨势必引起人们对于自身历史的反省。因为哲学理论若不应用于实践，只能是虚无缥缈的，而只有用来反省自身的历史才能由批判的武器，变成武器的批判，显示出应有的力量。第五，国内外兴起的攻击中国共产党的"非毛化"思潮，也迫使中国共产党必须对"文化大革命"与对毛泽东和毛泽东思想在中国之地位作出回应。第六，人们，尤其是年轻人由于不了解历史，对中国共产党产生了很大的误解和偏见，需要认真加以纠正，以便统一思想认识，团结全

---

① 中共中央文献研究室编：《邓小平年谱（一九七五——一九九七）》（上），中央文献出版社2004年版，第695页。

国各族人民致力于社会主义现代化建设。

中共十一届四中全会结束后,即1979年10月,起草《关于建国以来党的若干历史问题的决议》便提上了中央的工作日程。起草工作实在中共中央政治局和中央书记处领导下,由邓小平、胡耀邦主持进行的,起草小组主要由胡乔木负责,处于领导层面的还有邓力群和吴冷西,起草小组成员流动性也比较大,比较固定的主要有:袁木、郑惠、邵华泽、卢之超、龚育之、石仲泉、席宣、杨增和[①]。10月下旬,邓小平就1980年部分重要工作的安排问题,同胡耀邦、姚依林、邓力群谈话,将起草历史问题决议列为排在修改党章、修改宪法和抓经济工作之后的第四大项重要工作。邓小平说:"起草建国以来党的历史问题决议,现在着手,明年六中全会讨论通过。还有,有了国庆讲话,历史决议就好写了。以讲话为纲要,考虑具体化、深化。"[②] 1980年,国内出现了一股否定毛主席的历史功绩,否定毛泽东思想的潮流,人们的思想一度出现混乱。[③] 中共中央也被一些别有用心的人诬为正在进行"非毛化"运动。在这样的形势下,党中央对毛泽东作出符合历史实际的评价成为一种无法回避的现实政治问题。1980年3月,邓小平认为当年应该抓好的大事中就只有写好若干历史问题的决议和搞好长期规划两件了。[④] 对起草历史决议的背景和形势,邓小平在后来历史决议起草过程中的讲话中又给予了多次分析和强调。1981年5月15日,邓小平指出:"这个问题弄清楚,对我们以后的发展,怎样搞得更快一些、更好一些,很有关

[①] 欧阳淞、高永中主编:《改革开放口述史》,中国人民大学出版社2014年版,第143页。

[②] 中共中央文献研究室编:《邓小平年谱(一九七五——一九九七)》(上),中央文献出版社2004年版,第574页。

[③] 殷宝洪:《忠诚于党 一代楷模——读〈黄克诚传〉有感》,《人民日报》2013年3月26日第24版。

[④] 中共中央文献研究室编:《邓小平年谱(一九七五——一九九七)》(上),中央文献出版社2004年版,第610页。

系。不弄清楚,总会有来自'左'的或右的方面的干扰。"① 5 月 19 日,邓小平又指出:"这个决议,过去也有同志提出,是不是不急于搞?不行,都在等。从国内来说,党内党外都在等,你不拿出一个东西来,重大的问题就没有一个统一的说法。国际上也在等,人们看中国,怀疑我们安定团结的政治局面,其中也包括这个文件拿得出来拿不出来,早拿出来晚拿出来。所以,不能再晚了,晚了不利。"② 邓小平的这一观点,在中共高层中得到了陈云、胡乔木的支持和呼应,胡乔木引用陈云的话指出:"陈云同志讲,一定要在我们这一代人还在的时候,把毛主席的功过敲定,一锤子敲定。一点一点讲清楚。这样,党的思想才会统一,人民的思想才会统一。如果我们不这样做将来就有可能出新赫鲁晓夫,把毛主席真正打倒,不但会把毛主席否定,而且会把我们这些作含糊笼统决议的人加以否定。因此,必须对这个问题讲得很透彻。"③ 党中央对新中国历史,尤其是对毛泽东和"文化大革命"作出适当的评价,给出一个确定的说法,在党内达成了共识,可以说是势之必然。

在历史决议起草和修改的过程中,党中央和邓小平对历史决议所要解决的核心问题说明和阐述有 30 次之多。邓小平关于历史决议问题的谈话和指示对于历史决议的形成起到了主导性的作用。1980 年 3 月 19 日,邓小平与胡耀邦、胡乔木与邓力群的谈话中明确提出了起草历史决议的中心意思:"第一,确立毛泽东同志的历史地位,坚持和发展毛泽东思想。这是最核心的一条。不仅今天,而且今后,我们都要高举毛泽东思想的旗帜。要写毛泽东思想的历史,毛泽东思想形成的过程。要正确评价毛泽东思想、科学地确立毛泽东思想

---

① 中共中央文献研究室编:《邓小平年谱(一九七五——一九九七)》(下),中央文献出版社 2004 年版,第 742 页。

② 同上。

③ 胡乔木:《要把毛主席晚年的错误同毛泽东思想加以区别》,《胡乔木传》编写组编:《胡乔木谈中共党史》,人民出版社 1999 年版,第 75 页。

的指导地位。第二，对建国三十年来历史上的大事，哪些是正确的，哪些是错误的，要进行实事求是的分析，包括一些负责同志的功过是非，要做出公正的评价。第三，通过这个决议对过去的事情做个基本的总结。这个总结宜粗不宜细。总结过去是为了引导大家团结一致向前看。总的指导思想，就是这三条。其中，最重要、最根本、最关键的还是第一条。"① 这就为历史决议的形成指明了根本方向，在这里，邓小平作为历史决议形成过程中的灵魂人物也就为中国的发展，为中国社会主义的发展确定了方向。

1980年10月25日，邓小平在看了一些四千人讨论的简报后再一次阐发了毛泽东与毛泽东思想之于中国共产党历史、新中国历史的重要意义，阐发了正确评价毛泽东和毛泽东思想所具有的现实政治意义。他指出："毛泽东思想这个旗帜丢不得。丢了这个旗帜，实际上就否定了我们党的光辉历史。对毛泽东同志的评价，对毛泽东思想的阐发，不是仅仅涉及毛泽东同志个人的问题，这同我们党、我们国家的整个历史是分不开的。要看到这个全局。决议稿中阐述毛泽东思想这一部分不能不要，这不只是个理论问题，尤其是个政治问题，是国际国内的很大的政治问题。如果不写或写不好这个部分，整个决议不如不做。基本点还是那些。从许多方面来说，现在我们还是把毛泽东同志已经提出、但是没有做的事情做起来，把他反对错了的改正过来，把他没有做好的事情做好。今后相当长的时期，还是做这件事情。当然，我们也有发展，而且还要继续发展。对于错误，包括毛泽东同志的错误，一定要毫不含糊地进行批评，但是一定要实事求是，分析各种不同的情况，不能把所有的问题都归结到个人品质上。"② 1981年5月19日，邓小平指出："决议的中心是两个问题，一个是毛泽东同志的功绩是第一位，还是错误是第

---

① 中共中央文献研究室编：《邓小平年谱（一九七五——一九九七）》（上），中央文献出版社2004年版，第610页。

② 同上书，第684页。

一位？第二，我们三十二年，特别是'文化大革命'前十年，成绩是主要的，还是错误是主要的？是漆黑一团，还是光明是主要的？还有第三个问题，就是这些错误是毛泽东同志一个人的，还是别人也有点份？这个决议稿中多处提到我们党中央要承担责任，别的同志要承担点责任，恐怕这比较符合实际。第四，毛泽东同志犯了错误，这是一个伟大的革命家犯错误，是一个伟大的马克思主义者犯错误。"[1] 从以上邓小平对历史决议起草者的谈话中我们不难看出邓小平对新中国历史的认识，以及新中国历史中的主要问题的认识既越来越具体，也越来越有针对性了，尤其难得的是，邓小平抓住了"文化大革命"前后两个历史时期继承与发展、沿承与创新的关系。他对于改革开放新时期的历史定位，充分说明新中国改革开放前后两个时期源与流的本质，显示出一个战略家的高瞻远瞩。

1981年6月27日，中共十一届六中全会通过的《关于建国以来党的若干历史问题的决议》，是一篇重要的历史文献，"它至少取得同1945年党的历史决议一样的成功"[2]，"标志着在党的指导思想上胜利地完成了拨乱反正的历史任务"[3]，"奠定了改革开放的政治基础"[4]。这篇文献讲的虽是党的历史问题，但同时也是事关国家和民族兴衰荣辱的重大历史问题，制定决议的过程，除邓小平之外，陈云、胡耀邦等党和国家领导人也具体指导了决议的起草工作。

党内四千多名高中级干部进行了长达数月的认真讨论，出了大

---

[1] 中共中央文献研究室编：《邓小平年谱（一九七五——一九九七）》（下），中央文献出版社2004年版，第742页。

[2] ［英］理查德·伊文思：《邓小平传》，田山译，国际文化出版公司2013年版，第289页。

[3] 中共中央文献研究室：《关于建国以来党的若干历史问题的决议注释本》，人民出版社1983年版，第1页。

[4] 《坚守底线　推进变革——纪念〈关于建国以来党的若干历史问题的决议〉发表30周年》，《中国改革》2011年第10期。

批大批的简报。邓小平看了一些简报后,认为"许多意见很好,要求我们把好的意见都吸收进来"①。四千人讨论稿大约有五万字,经过吸收意见,修改之后的稿子变成了不到三万字。5月19日,经过政治局扩大会议讨论的稿子,又吸收了几十条意见,字数也变成了32000字,就是在十一届六中全会的预备会议上,中央委员又提出了大量的意见和建议,起草小组在修改时,吸收的实质性意见将近100条,字数也增加到35000字。非常难得的是,6月22日至25日,中央还召开了在京各民主党派、无党派人士和全国政协部分老同志共130人参加的座谈会,征求他们对决议稿的意见。历史决议的起草和讨论的过程,"大家畅所欲言,集思广益,共同负责,集体修改,集中大家智慧,进行集体创作"②,可以说是"一次高层次集体研究国史的过程,为此后的国史研究指明了正确的理论方向"③,同时也是一次范围广泛、影响深远的国史教育,普及了正确的国史知识,培养了人们对国史的研究热情和兴趣。有的人说,毛泽东的功过讲清楚了,理直气顺了,心里的石头落了地了。还有的人说,《决议》就像把他从天上请到人间,感觉他老人家也是人,离我们更近了,我们对他老人家更亲了。④ 由此可见,历史决议对普通人民的影响也是巨大的。真理不辩不明。历史决议在起草的过程中吸收了大量的合理建议和意见,同时也有许多建议和意见虽然没有吸收,但也给出了说明。例如关于否定"文化大革命"时期的中国共产党

---

① 欧阳淞、高永中主编:《改革开放口述史》,中国人民大学出版社2014年版,第147页。

② 邓力群:《中央起草历史问题决议的指导思想》,《邓力群文集》第1卷,当代中国出版社1998年版,第553页。

③ 朱佳木:《论中华人民共和国史研究》,《中国社会科学》2009年第1期。

④ 邓力群:《中央起草历史问题决议的指导思想》,《邓力群文集》第1卷,当代中国出版社1998年版,第553—554页。

的存在的问题、否定八届十二中全会、九大的合法性问题等。① 历史决议的制定和通过在全党全国，尤其是在理论界和思想界发挥了廓清迷雾、驱散阴霾的作用。

　　历史决议制定过程中所体现出来的马克思主义方法论是值得称道和学习的。有的学者将历史决议所体现出来的科学分析方法概括为以下六点：第一，要分清指导思想上的正确和错误。第二，指导思想正确不是肯定一切。还可能在这个问题、那个问题、这个事件、那个工作中间有错误。第三，指导思想错误也不能否定一切。对错误还要作种种的具体分析，包括：分析错误有没有支配全局，错误在一段时间是不是占了主导地位，错误是不是得到过纠正，这种纠正是不是彻底。第四，指导思想上的正确和错误同全党和全国人民的努力有联系，又有区别。在正确的思想指导下，全党全国人民的努力就会取得很大成绩。但是，不能说指导思想错了，全党全国人民的努力就没有任何的正确、任何的成绩。第五，对错误的责任要作分析。第六，对错误的原因要作分析。主观原因和客观原因、社会历史原因，都要作分析。② 正是由于很好地运用了上述马克思主义的辩证唯物主义和历史唯物主义的分析方法才使得历史决议能够经得住实践的检验，也经得住时间的检验。在笔者看来，历史决议创造性地运用这些方法所作的阐述主要有：

　　第一，从中国共产党成立以来60多年的整体历史着眼。如果不从党的整个历史，尤其是新中国的整个历史着眼，只看一个历史片段，那就不可能正确评价毛泽东同志的历史功过，也就不能够正确评价毛泽东思想的历史地位。正如邓小平所言："很多人不知道我们党的历史，我们是怎样奋斗的，怎样成功的，他们不清楚。他们只

---

　　① 中共中央文献研究室编：《邓小平年谱（一九七五——一九九七）》（下），中央文献出版社2004年版，第730页。

　　② 龚育之：《关于建国以来历史决议的起草》，欧阳淞、高永中主编：《改革开放口述史》，中国人民大学出版社2014年版，第151页。

看到'文化大革命'、'四人帮',因此对毛泽东持否定态度",至于毛泽东思想,"它是在建党以后,尤其在遵义会议以后逐渐形成的,我们党的七大肯定了毛泽东思想。那时说,毛泽东思想是马克思列宁主义理论和中国革命实践之统一的思想,就是这个概念。年轻人不懂得这个历史"。① 鉴于此,陈云提出要在正在起草的历史决议中增加解放前党的历史时,得到了邓小平的高度评价和积极响应,受到了起草小组的高度重视。② 历史决议起草者增加了新中国成立前28年党史的内容后,才使得60年的党史、毛泽东思想的形成过程以及新中国的历史等可以作为一个整体来考察。经过讨论,最终历史决议的撰写者将党在新中国成立前28年的历史从征求意见稿中的"前言"上升为一个独立部分,就充分反映了人们的上述认识。

第二,在社会主义初级阶段正确把握阶级斗争。历史决议指出:"在剥削阶级作为阶级消灭之后,阶级斗争已经不是主要矛盾。由于国内的因素和国家的影响,阶级斗争还将在一定范围内长期存在,在某种条件下还有可能激化。既要反对把阶级斗争扩大化的观点,又要反对认为阶级斗争已经熄灭的观点","必须正确认识我国社会内部大量存在的不属于阶级斗争范围的各种社会矛盾,采取不同于阶级斗争的方法来正确地加以解决,否则也会危及社会的安定团结"。③ 这一认识来之不易,是邓小平、陈云、胡乔木等人在总结"文化大革命"等"左"的错误基础上,经过反复讨论得出来的。1979年1月3日,胡乔木就曾在中共中央宣传部的碰头会上探讨过这个问题,提出了在社会主义社会,阶级斗争在什么范围、什么条

---

① 中共中央文献研究室编:《邓小平年谱(一九七五——一九九七)》(下),中央文献出版社2004年版,第733—734页。

② 中共中央文献研究室编:《陈云年谱(1905—1995)》(下),中央文献出版社2000年版,第270、271页。

③ 中共中央党史研究室第一、二、三研究部编:《两个历史问题的决议及十一届三中全会以来党对历史的回顾(简明注释本)》,中共党史出版社2013年版,第118页。

件下存在，以及如何看待社会主义条件下阶级斗争的地位和作用等问题。[①] 1980年前后邓小平对"文化大革命"教训的总结主要是从社会主义的本质角度进行的，认为社会主义首先是发展生产力。3月，邓小平在同胡耀邦、胡乔木、邓力群等人就历史决议起草问题发表了重要的见解。"革命是要搞阶级斗争，但革命不只是搞阶级斗争。生产力方面的革命也是革命，而且是很重要的革命，从历史的发展来讲是最根本的革命"[②]，而且邓小平认为毛泽东"最大的弱点是在社会主义建设中忽视生产力的发展"[③]。共同的认识将社会主义时期阶级斗争的认识向前推进了一大步。当然，关于阶级斗争与发展生产力之间关系的反省理论界在"文化大革命"结束后已经比较深入开展起来，并且已经取得了可观的成果[④]，邓、胡等人的探讨与反思恰是在理论界反省的基础上进行的。其中，1980年6月，胡乔木还指出了批判唯生产力论在助长"左"的错误过程中的危害。[⑤]

第三，要把毛泽东晚年错误同毛泽东思想加以区别。历史决议指出了完全否定毛泽东思想科学价值和对中国革命建设的指导作用，

[①] 胡乔木：《关于社会主义时期阶级斗争的一些提法》，《胡乔木传》编写组编《胡乔木谈中共党史》，人民出版社1999年版，第24—28页。

[②] 中共中央文献研究室编：《邓小平年谱（一九七五——一九九七）》（上），中央文献出版社2004年版，第614页。

[③] 同上书，第741页。

[④] "文化大革命"结束后，理论界展开了对"四人帮"的揭批工作，认为"四人帮"全面地攻击和反对马克思主义的哲学、政治经济学和科学社会主义。他们"批判唯生产力论"的理论实质是上层建筑决定经济基础、决定生产力、决定社会历史的发展。他们把否定生产力的最终决定作用的历史唯心主义观点加以具体化，抛出一系列反马克思主义的谬论。诸如：社会主义制度不要物质基础，一有了物质基础资本主义就要复辟；；八亿人民主要是搞上层建筑，只能以十分之一的实际活动搞生产；社会主义可以没有文化；八亿人民生活再苦也没有关系，社会主义国家只能"穷"。参见林子力、有林《批判"四人帮"对"唯生产力论"的批判·序言》，人民出版社1978年版，第1—3页。

[⑤] 胡乔木：《毛泽东在追求一种社会主义》，载《胡乔木传》编写组编《胡乔木谈中共党史》，人民出版社1999年版，第72页。

不愿意承认毛泽东晚年犯了错误,并且在新的实践中坚持错误的两种态度都是完全错误的,认为这两种错误的认识根源就是没有把"经过长期历史考验形成为科学体系的毛泽东思想,同毛泽东晚年所犯的错误区别开来"。① 1980 年 9 月,胡乔木曾对这个问题加以阐发:"毛泽东思想里面不包括他的错误,我觉得这不算什么奇怪的事情。……所谓毛泽东思想,就是毛泽东的学说。他既然成为一种学说,那么,当然它是有逻辑性的,不然怎么能成为学说呢?不合逻辑的东西,当然不能放到这个学说里面。"② 从探索的实际效果看,分清楚毛泽东探索的正确与错误,分清楚探索的具体论断(包括正确的论断和实践与错误的论断和实践)与毛泽东思想的关系,还是十分必要的。正如邓小平在 1979 年 3 月所指出的:"我们坚持和要当作行动指南的是马列主义、毛泽东思想的基本原理,或者说是由这些基本原理构成的科学体系。至于个别的论断,那末,无论马克思、列宁和毛泽东同志,都不免有这样那样的失误。但这些都不属于马列主义、毛泽东思想的基本原理所构成的科学体系。"③ 这就旗帜鲜明地反驳了当时的思想界存在的以毛泽东的错误探索否定毛泽东思想、以毛泽东的错误全面否定毛泽东的声音,也回答了只拥护"正确的毛泽东思想"而不拥护"错误的毛泽东思想"的说法的错误所在。

第四,对于"文化大革命"等探索错误进行理性剖析,深刻地总结了其中的经验教训,使其转化为宝贵的精神财富。历史决议起草的过程中,事实上是探讨了毛泽东思想的科学体系在新中国成立

---

① 中共中央党史研究室第一、二、三研究部编:《两个历史问题的决议及十一届三中全会以来党对历史的回顾(简明注释本)》,中共党史出版社 2013 年版,第 115 页。

② 胡乔木:《〈历史决议〉中对"文化大革命"的几个论断》,《胡乔木谈中共党史》,人民出版社 1999 年版,第 125 页。

③ 邓小平:《坚持四项基本原则》,中共中央文献研究室编:《三中全会以来重要文献选编》(上),中央文献出版社 2011 年版,第 84 页。

以来的新发展和毛泽东晚年所犯错误的逻辑体系之间的关系。因为如果不探讨后者,就很难把这两个关系搞清楚。至于前者,历史决议已经作了全面、系统的探讨,这里不作赘述,关于后者,胡乔木有专门的说明。他指出,毛泽东在中共八大之后,逐渐形成了通过限制商品、限制货币、限制工资发展社会主义的设想,"相当带乌托邦色彩"①。这种想法在世界社会主义思潮中是一种思潮,认为世界上没有一个国家实现了社会主义,只有中国在"文化大革命"中实现了社会主义。这股世界社会主义思潮随着中国"文化大革命"的结束,毛泽东过于理想化实践的失败而对社会主义感到失望。因此,毛泽东晚年对社会主义的探索从理论到实践与毛泽东思想的科学体系是矛盾的,毛泽东晚年自己违背了毛泽东思想,"毛泽东同志的错误在于他违反了自己正确的东西"②。从民主革命到社会主义革命到八大,从1957年正确处理人民内部矛盾到1962年七千人大会,形成的社会主义思想是符合马克思主义的,而从1958年成都会议上反对资产阶级法权到北戴河会议讲要实行供给制,再到十年"文化大革命",形成了社会主义思想偏离了马克思主义。这两种倾向在相当时期内共存于毛泽东的头脑中,有时正确的倾向占据主导地位,有时错误的倾向占据优势,最终在"文化大革命"运动中错误的倾向占据了主导。这就是邓小平所指出的"毛泽东同志到了晚年,确实是思想不那么一贯了,有些话是相互矛盾的"③ 认识的思想根源所在。应该承认,这两种倾向都是毛泽东对什么是社会主义,以及如何建设社会主义的探索,即便是毛泽东晚年的错误也是在追求一种

---

① 胡乔木:《毛主席在追求一种社会主义》,《胡乔木谈中共党史》,人民出版社1999年版,第72页。

② 中共中央文献研究室编:《邓小平年谱(一九七五——一九九七)》(上),中央文献出版社2004年版,第649—650页。

③ 中共中央文献研究室编:《三中全会以来重要文献选编》(上),中央文献出版社2011年版,第394页。

社会主义，只不过这种社会主义是"现实的社会主义所不容许的"①，带有很强的不现实的色彩。这就为中国共产党探索正确的认识奠定了思想基础。也正是在这个意义上讲，"文化大革命已经成为我国社会主义历史发展中的一个阶段"②的认识才变得严肃而又富有历史的和现实的说服力。值得注意的是，胡乔木在《中国为什么会犯二十年的"左"倾错误》等文章中作了系统阐述，发展了历史决议对上述两种倾向的认识。

第五，历史决议在探索"什么是社会主义，以及如何建设社会主义"问题上作出重要贡献，是连接以毛泽东和邓小平为首的两代中央领导集体探索社会主义本质内涵的继往开来之作，是一篇光辉的马克思主义文献。历史决议作为对中国共产党领导下全国人民建设社会主义的理论探索成果，既深刻地认识到了毛泽东所探索的社会主义是一种富有乌托邦色彩的为中国现实所不容许的社会主义，同时也艰难地探索一种现实所"容许"的社会主义，也就是在现实条件和形势下，经过努力能够建成的社会主义。正如1979年1月9日，胡乔木在中国社会科学院全院大会上的报告中对"堵不住资本主义的路，就迈不开社会主义的步"口号作了深入分析，认为首先应该搞清楚什么是资本主义，什么是社会主义③，这是促进经济发展的前提，尤其是农业发展的前提。1980年6月胡乔木面对"文化大革命"失败后世界工人阶级、"左"翼知识分子对社会主义本质的迷茫所指出的"究竟什么是社会主义？我们的决议要恰当地答复这

---

① 胡乔木：《毛主席在追求一种社会主义》，《胡乔木谈中共党史》，人民出版社1999年版，第70页。
② 邓小平：《解放思想，实事求是，团结一致向前看》，中共中央文献研究室编：《三中全会以来重要文献选编》（上），中央文献出版社2011年版，第25页。
③ 胡乔木：《党的十一届三中全会的重大意义》，《胡乔木文集》第2卷，人民出版社1993年版，第108页。

个问题,虽然不能充分地全部地一劳永逸地答复"。① 应该说高举毛泽东思想的旗帜本身就是对社会主义的坚持,而对这一理论问题在新的历史条件下作出阐释就是对社会主义和毛泽东思想的发展。历史决议指出:"社会主义不但要消灭一切剥削制度和剥削阶级,而且要大大发展生产力,完善和发展社会主义的生产关系和上层建筑,并在这个基础上逐步消灭一切阶级差别,逐步消灭一切主要由于社会生产力发展不足而造成的重大社会差别和社会不平等,直到共产主义的实现。我们现在为建设社会主义现代化国家而进行的斗争,正是这个伟大革命的一个阶段。"② 历史决议中的这个答复很完满地实现了胡乔木"不能仅仅是生产力发展水平方面的,而且还要有其它的一些原则"③ 的设想。历史决议不仅重新突出了邓小平强调的"过去的三十年是坚持、发扬四项基本原则同背离、破坏四项基本原则的斗争","要把坚持四项基本原则同三十年的整个历史衔接起来"④ 设想,而且还将四项基本原则看作是能否实现党在新的历史时期奋斗目标的根本保证。从这个意义上看,历史决议实现了对"究竟什么是社会主义"这一重大理论问题作出中国共产党自己回答的设想。对于如何建设社会主义,历史决议在总结"文化大革命"教训的基础上,将党和国家的工作重心"转移到以经济建设为中心的社会主义现代化建设上来,大大发展社会生产力,并在这个基础上逐步改善人民的物质文化生活",除非发生大规模的外敌入侵,决

---

① 胡乔木:《要把毛主席晚年的错误同毛泽东思想加以区别》,《胡乔木谈中共党史》,人民出版社1999年版,第76页。
② 《中国共产党中央委员会关于建国以来的党的若干历史问题的决议》,中共中央文献研究室编:《三中全会以来重要文献选编》(下),中央文献出版社2011年版,第172页。
③ 胡乔木:《要把毛主席晚年的错误同毛泽东思想加以区别》,《胡乔木谈中共党史》,人民出版社1999年版,第76页。
④ 中共中央文献研究室编:《邓小平年谱(一九七五——一九九七)》(上),中央文献出版社2004年版,第552页。

不能离开这个重点。具体说来，历史决议基于对新中国成立以来正反两方面的经验教训，特别是"文化大革命"的教训中作了基本矛盾、基本国情、生产关系对生产力的反作用、正确认识社会主义时期的阶级斗争、逐步建设高度民主的社会主义政治制度、社会主义必须有高度的精神文明、改善和发展社会主义的民族关系、在战争危险依然存在的国际条件下，必须加强现代化的国防建设、必须继续坚持反对帝国主义霸权主义殖民主义和种族主义维护世界和平、必须把中国共产党建设成具有健全的民主集中制的党等十个方面的总结。① 这是对新中国三十多年建设社会主义经验教训的高度总结，也是对未来如何建设社会主义的系统阐述，在世界社会主义政治学说发展史上占有重要地位。这一学说关于转入和平发展时期的"革命比过去的革命更深刻、更艰巨，不但需要很长的历史时期才能完成，而且仍然需要许多代人坚持不懈、严守纪律的艰苦奋斗，英勇牺牲"② 的论断，为中国特色社会主义中社会主义初级阶段思想的系统和完善奠定了基础。

与其他理论问题相比，邓小平对新中国历史研究倾注了更多的心血和智慧，是20世纪70年代末80年代初期中国共产党关于新中国历史评价的灵魂人物。邓小平对新中国历史的认识，主要集中在不同场合的谈话中，既有专门对叶剑英国庆三十年讲话和历史决议起草小组的指导，也有一般性的讲话；既有中央通过的决议，也有分散在不同地方的谈话。综合起来看，这些讲话中所包含的观点和认识鲜明地体现了邓小平对新中国历史的把握，在当时发挥了廓清理论迷雾、统一思想认识的现实意义，同时还在探索社会主义本质内涵方面迈出了坚实一步。从共和国史研究视角看，邓小平这些认

---

① 参见《中国共产党中央委员会关于建国以来的党的若干历史问题的决议》，中共中央文献研究室编：《三中全会以来重要文献选编》（下），中央文献出版社2011年版，第168—172页。

② 同上书，第172页。

识在研究旨趣、组织机制和评价方法等方面均有所创新，是共和国史研究史上光辉的一页，占有开启山林、烛照后世的特殊地位。

（作者单位：中国社会科学院当代中国研究所）

邓小平与 1957 年整风反右

张金才

针对执政后部分党员干部思想作风中出现的新问题，中国共产党在 1957 年开展了以正确处理人民内部矛盾为主题的整风运动，发动群众向党提出批评建议，这是发扬社会主义民主的正常步骤。但在整风过程中，极少数资产阶级右派分子乘机鼓吹所谓"大鸣大放"，向党和新生的社会主义制度放肆地发动进攻，妄图取代共产党的领导，扭转社会主义方向，致使运动后期由党内整风转向反击右派。在这场整风运动和反右派斗争中，时任党的总书记的邓小平参与领导和组织了这一运动的全过程。

一

全党整风实际上是 1956 年中共八大提出来的。在整风运动的酝酿过程中，邓小平于 1957 年三四月间视察了太原、兰州、西安三个城市的建设工作，就党的领导和群众监督等问题发表一系列讲话，提出许多重要思想，为整风运动进行了政治动员。

1957 年 3 月 18 日，邓小平在山西省直机关干部和太原市机关干部、厂矿企业负责人大会上谈到党的领导问题时指出：党的领导的好坏，关键在于能否依靠群众，能否不断加强思想政治工作，克服我们队伍中的主观主义、官僚主义、宗派主义。如果脱离实际，脱离群众，看不起群众，遇事不同群众商量，不同非党人士商量，天天看领导的脸色,将来一定要栽大跟头。①4月5日,他在甘肃省兰州市干部会议上谈到党的领导时再次指出:搞建设我们还没有入门,能不能在比较短的时间学会搞建设,不犯大的错误,关键在于党的领导,关键在于党能否依靠群众,不断地克服自己队伍中的主观主义(特别是教条主义)、官僚主义和宗派主义。②4月8日,邓小平在西安干部会议上谈到干部思想情况和工作作风时指出:几年来,党内主观主义、官僚主义、宗派主义比过去是多了,不是更少了;脱离群众的现象比过去是多了,不是更少了;一些不健康的思想和作风比过去是更厉害了,不是更少了。其表现是骄傲自满、摆老资格、滥用党的威信、说假话、闹地位、闹享受,等等。这些现象,值得全党严重注意。在谈到共产党要接受监督时又指出:宪法上规定了党的领导,党要领导得好,就要不断地克服主观主义、官僚主义、宗派主义,就要受监督,就要扩大党和国家的民主生活。如果我们不受监督,不注意扩大党和国家的民主生活,就一定要脱离群众,犯大错误。③这些讲话论述了克服党内存在的主观主义、官僚主义、宗派主义对加强党的领导的重要意义,为整风运动的开展进行了思想准备。

1957年4月25日,邓小平在审改彭真批送的中共中央《关于整风运动的指示(初稿)》时加写:"党员个人则应检查自己的思想和作风"、"检查不从团结全国各民族出发的大民族主义"、"并且采取积极态度去帮助犯错误的人改正错误"等内容;把"检查对于党的'百花齐放、百家争鸣'的方针执行情况"一句改写为:"检查对于党的'百花齐放、百家争鸣'、'长期共存、互相监督'的方针执行

---

① 《邓小平年谱(一九零四——一九七四)》(下),中央文献出版社2009年版,第1351页。
② 同上书,第1353页。
③ 同上书,第1355页;《邓小平文选》第1卷,人民出版社1994年版,第270页。

情况"，① 明确了党员在整风运动中进行对照检查的内容，并突出了"长期共存、互相监督"的重要性。4月27日，邓小平出席陈云主持召开的中共中央政治局会议。会议原则通过《关于整风运动的指示》。4月29日，邓小平参加毛泽东召集的会议，讨论整风运动有关问题。4月30日，又出席毛泽东主持的最高国务会议（扩大），讨论整风运动问题。会上，毛泽东指定由邓小平负责找党外人士和民盟、九三学社等开座谈会，对有职有权和学校党委制的问题征求意见。② 经过充分准备后，5月1日，《人民日报》全文刊载《中国共产党中央委员会关于整风运动的指示》。此后，全党整风运动正式开始。

为使整风取得实效，中共中央邀请党外人士帮助共产党整风，并于5月4日专门发出《关于请党外人士帮助整风的指示》。这以后，全党整风进入集中征求党外人士意见阶段。党外人士积极帮助共产党整风，各种意见在不同场合都提了出来。邓小平同毛泽东等中共中央领导人一样，衷心欢迎党外人士和党员群众的善意批评和建议。

5月14日，邓小平起草中共中央《关于报道党外人士对党政各方面工作的批评的指示》（以下简称《指示》）。《指示》指出：最近各地党外人士正在开展对于党、政各方面工作的批评，这是很好的现象，这不但会大大帮助我党的整风，消除党同党外人士的隔阂，而且可以在群众中暴露右派分子的面貌。③ 5月18日，他在审改《人民日报》社论稿《继续争鸣，结合整风》时，在"在这些日子里，党外人士对于我们的党和国家工作的批评，不管如何尖锐，基本上是诚恳的"一句后加写："绝大多数意见是正确的、有益处的。只要各部门、各地方的领导机关和领导同志，善于接受一切有益的

---

① 《邓小平年谱（一九零四——一九七四）》（下），中央文献出版社2009年版，第1358页。

② 同上书，第1359—1360页。

③ 同上书，第1363页。

批评，认真研究各方面所提的意见，切实纠正工作中的缺点和错误，就一定可以达到拆除党内外之间的深沟高墙、加强人民内部团结和大大改进工作的目的。近来，有的地方开始这样做了，已经发生良好的效果。"① 5月23日、27日，邓小平在两次会议上所作的关于整风运动的报告中指出：目前开展的党外人士批评运动，实际上就是党内整风运动的开始，是运动的第一阶段的重要部分，凡是放得开的地方，已经产生了好的效果。首先，运动暴露了党和政府工作中大量的毛病，暴露了党的组织和党员在思想作风和工作方法上的严重的错误和缺点，就是所谓三大主义。中央估计，百分之九十以上的意见是诚恳的，是有益处的，是好的、对的，是击中要害的。这些意见对我们整风有很大的帮助，对我们改进工作、联系群众有很大的帮助。所以，我们必须严肃地对待党外人士的批评，虚心地听取他们的批评。他们指出的凡是对的，我们应该认真地改正。② 这些都表明邓小平对待党外人士的批评意见是严肃认真的，态度是积极诚恳的。

二

中国共产党本来是诚心诚意地欢迎党外人士帮助我们整风，真心听取他们对我们党缺点错误的批评意见。但不料有极少数资产阶级右派分子乘机向党和社会主义制度发动进攻，掀起了一股反党反社会主义的思潮，抛出了一系列反党反社会主义的错误言论。比如，他们把共产党在国家和社会生活中的领导地位攻击为"党天下"，说什么在全国范围内，不论大小单位，"都要安排一个党员做头儿，事无巨细，都要看党员的颜色行事"，"党这样做，是不是'莫非王

---

① 《邓小平年谱（一九零四——一九七四）》（下），中央文献出版社2009年版，第1365页。

② 同上书，第1367页。

土'那样的思想，从而形成了现在这样一个一家天下的清一色局面"。"这个'党天下'的思想问题是一切宗派主义现象的最终根源，是党和非党之间矛盾的基本所在。"他们公然反对共产党执政，鼓吹共产党和各民主党派"轮流执政"（又叫"轮流坐庄"），说什么"一党执政有害处"，"如果不要共产党一党执政，而要共产党和各民主党派通过竞选来轮流执政，由各党各派提出不同的政纲来，由群众自由的选择，这就好得多"。他们肆意攻击社会主义制度，说什么"现在政治黑暗，道德败坏，各机关都是官僚机构，比国民党还坏。人民生活降低，处于半饥饿状态"，"根本的办法是改变社会主义制度"，"请共产党下台"，"中共组织退出机关、学校"。他们全盘否定我们党进行的历次政治运动，说什么"过去几个大运动，都是共产党整人"，"肃反是对人类道德的进攻，对人类心灵的摧残"。他们还把矛头直指党中央、毛主席，说什么"三害"（指官僚主义、主观主义、宗派主义）"应向党中央和毛主席那里挖"，"最近大家对小和尚提了不少意见，但对老和尚没有人提意见"；"现在学生上街，市民跟上去"，"形势非常严重"，"已经天下大乱了，毛主席他们混不下去了，该下台了"，等等。① 邓小平后来多次说过，"那时候有的人确实杀气腾腾"。② 时隔50多年，现在回过头去再来看这些言论，仍能感受到当时那种"杀气腾腾"的气氛。

为了在全国人民中间澄清根本的大是大非，维护新生的社会主义制度，教育广大党员和人民，中共中央决定对极少数右派分子的猖狂进攻实行坚决反击。这是完全正确和必要的。"如果放弃这种斗争，不在问题发生的范围内鲜明地击退极少数右派分子的进攻，就

---

① 转引自薄一波《若干重大决策与事件的回顾》（下），中共党史出版社2008年版，第430—431页。
② 《邓小平文选》第2卷，人民出版社1994年版，第294页。

会造成思想上和政治上的严重混乱。"①

从5月中旬到6月初,中共中央就反击右派斗争的策略接连发出指示。5月14日,中共中央发出邓小平起草的《关于报道党外人士对党政各方面工作的批评的指示》。指示要求"对于党外人士的错误的批评,特别是对右倾分子的言论,目前不要反驳,以便使他们畅所欲言。我们各地的报纸应该继续充分报道党外人士的言论,特别是对于右倾分子、反共分子的言论,必须原样地、不加粉饰地报道出来,使群众明了他们的面目,这对于教育群众、教育中间分子,有很大的好处"。指示还指出:近来许多党报加以删节,是不妥当的,这实际上是帮助了右倾分子,并且使人感到是我们惧怕这些言论。这种现象,请你们立即加以纠正。② 5月16日,中共中央发出《关于对待当前党外人士批评的指示》。这个指示在肯定党外批评意见主流的同时,对如何对待右翼言论作了部署。6月8日,中共中央又发出《关于组织力量准备反击右派分子进攻的指示》。这份指示对反击右派作出进一步的分析和安排。此后,"一场全国规模的群众性的急风暴雨式的反右派运动猛烈地开展起来了"。③

反右派斗争开展起来后,邓小平多次作关于整风反右问题的报告,阐述反右派斗争的必要性,对反右派斗争进行指导。7月4日,他在有在京中共中央委员、候补中央委员和中央、国家机关各部委、解放军各大单位和北京市及各高等学校负责人参加的会议上作的关于整风反右问题报告中强调反右派斗争的必要性时指出:这次反右斗争比以往任何一次政治思想改造运动都深刻得多,是一场思想斗争和政治斗争。资产阶级思想反映到政治、军事、经济、文化各方

---

① 《中国共产党历史》第2卷(1949—1978)上册,中共党史出版社2011年版,第456页。

② 《中共中央文件选集(1949.10—1966.5)》第25册,人民出版社2013年版,第342页;《邓小平年谱(一九零四——一九七四)》(下),中央文献出版社2009年版,第1363页。

③ 胡绳主编:《中国共产党的七十年》,中共党史出版社1991年版,第346页。

面，甚至反映到党内来，应当引起重视。右派的思想言论还有市场，特别是在青年学生中市场更大。因此，反右斗争必须继续深入。通过这个斗争，可以教育党团员和人民群众。在谈到反右派的方法时指出：不应采取简单口号的办法，而应说理，因为这是思想意识形态的斗争，要在这方面取得大的收获，就得花费一定的时间。①

7月8日，邓小平在中共中央书记处召开的各省、自治区、直辖市党委负责人电话会议上所作的关于整风反右问题的报告中谈到如何开展下一阶段整风反右运动时指出：现在要注意两个方面的问题，一方面，对右派要狠，来不得温情主义；另一方面，必须充分揭露事实，坚持说理原则，防止简单粗暴的方法。所谓"狠"，就是要有充分的论点和事实。用简单粗暴的方法达不到这个目的。反对温情主义同反对粗暴是一致的，"狠"同说理的原则是一致的。还指出：前一时期，我们集中力量对"左"派、中间分子做工作，现在对右派也要做工作，要向右派指明出路。对右派斗争的方式要以小型会议为主。采用群众大会的方式，容易简单化。要坚持说理，越是说理越有利。②

从以上报告可以看出，邓小平同当时党中央主要领导人毛泽东一样，对思想政治领域和反右派斗争的形势作了过于严重的估计；但另一方面，邓小平又一再强调运动不能采取简单粗暴的做法，打击面不能太宽，对应该打击的对象也要按照不同情况区别对待。

7月12日，邓小平在有中央和国家机关各部副部以上干部、在京中央委员、候补中央委员参加的会议上作的《关于当前整风情况和今后工作的意见》的报告中谈到对右派的处理问题时指出：对右派分子点名要慎重，不要忙于做组织结论，组织处理过早坏处很多。在谈到改进工作问题时又指出：右派分子的很多意见虽然是错误的，但大多数人的意见是针对我们的缺点提出来的。对他们提出来的缺

---

① 《邓小平年谱（一九零四——一九七四）》（下），中央文献出版社2009年版，第1376—1377页。

② 同上书，第1378—1379页。

点，我们要认真改正，不能搪塞了事，马马虎虎。只有我们认真改正缺点，才有利于争取中间分子。以后要人家提意见，人家才敢提。①

8月23日，邓小平在主持召开的中共中央书记处会议上讨论反右派斗争问题时指出：对有些科学家，特别是有建树的真正的自然科学家，有科学水平的，只要不搞政治活动，中央确定采取不斗、讲清楚的办法。②

9月1日，邓小平在审改中共中央《关于严肃对待党内右派分子问题的指示》稿时加写："在运动中，对于一个党员应否划为右派分子，应该同党外人士应否划为右派分子一样，采取非常慎重的态度，对于党龄较老的党员尤其应该如此"等内容。③

9月2日，邓小平在审阅周恩来批送的中共中央《关于自然科学方面反右派斗争的指示》稿时，在原稿谈到对于自然科学界方面的反右派斗争"应当按照不同的情况，区别对待"句后加写："特别是对于那些有重大成就的科学家和技术工作人员，除个别情节严重非斗不可者外，应一律采取坚决保护过关的方针。"④

9月19日，邓小平在主持召开的中共中央书记处会议上讨论整风反右运动有关问题时指出：右派中凡有真才实学的都继续用。我们赞成他搞科学，只反对他反社会主义。他们完全可以改变，为社会主义服务。⑤

9月23日，邓小平在中共八届三中全会上所作的关于整风运动的报告中谈到反右派斗争问题时指出：我们应该把反右派斗争进行到底，但是要防止打击面过宽和简单粗暴的危险；要注意严格掌握

---

① 《邓小平年谱（一九零四——一九七四）》（下），中央文献出版社2009年版，第1380页。
② 同上书，第1386页。
③ 同上书，第1387页。
④ 同上书，第1388页。
⑤ 同上书，第1392页。

划分极右分子、右派分子和中右分子的界限,对划分不当的必须随时纠正;要十分注意团结中间派的工作,并且注意促进右派分子的分化,帮助其中已有悔改表现的人逐步改造。还指出:为了教育广大群众,特别是解除中间分子的顾虑,反右派斗争本身也必须特别注意坚持说理、摆事实、以理服人的原则,防止简单粗暴,竭力避免夸大和片面性;对于中间分子和工人、农民的错误观点,要采取耐心说服教育的方法;对于学术上的争论,尤其要反对轻率和武断。对于右派分子的处理也要恰当。必须使反右派斗争的结果有利于而不是不利于"百花齐放、百家争鸣"方针的贯彻执行,有利于而不是不利于培养人民群众敢讲话的风气。①

10月9日,邓小平在中共八届三中全会闭幕会上谈到中共中央关于《划分右派分子的标准》时指出:主要精神是把右派的范围限于社会主义革命高潮以后,重点是大鸣大放时期,限于反对社会主义和反对共产党,而把一般历史上的老账、个别问题的意见和学术性问题撇开。右派分子的处理,原则上应该是严肃与宽大相结合,政治思想上要斗透,处理则不宜过分。对中右分子也应该团结、教育、改造。② 上述讲话,都在一定程度上限制了反右派斗争的扩大化。

尽管邓小平和毛泽东等中央领导人试图把政治打击的范围尽量缩小到极右派,加大争取中间派的力度,但由于党对当时整个阶级斗争的形势作了过分严重的估计,反右派斗争出现了严重扩大化。7、8、9三个月,全国划成右派分子的人数迅速上升。到10月上旬中共八届三中全会召开时,全国已划右派分子达到6万多人。到1958年整个运动结束时,共有55万人被划为右派分子。

反右派斗争严重扩大化造成了不幸的后果。一大批知识分子、

---

① 《邓小平年谱(一九零四——一九七四)》(下),中央文献出版社2009年版,第1393—1394页。

② 同上书,第1395—1396页。

爱国人士和党内干部被错划为右派分子，使他们和家属长期遭受委屈和打击，不能为国家的社会主义建设事业发挥他们的聪明才智。全国55万余被划为右派分子的人半数以上失去了公职，相当多数被送劳动教养或监督劳动，有些人流离失所，家破人亡。少数在原单位留用的，也大多用非所长。这不仅是他们本人的不幸，也是国家、民族的不幸。①

三

反右派斗争扩大化的原因是多方面的，需要具体分析；反右派斗争扩大化的教训是深刻的，需要认真总结。事实证明，一方面，在社会主义条件下，意识形态领域的斗争确实没有随着生产资料私有制的社会主义改造的基本完成而自然结束，否定和反对社会主义制度的政治思潮依然存在。但怎样处理和领导好这个领域的斗争，是个非常复杂的问题，党在这方面还缺乏经验。另一方面，当时反对社会主义制度和党的领导的敌对势力也确实存在，不过这些人在国内毕竟是极少数，同这种敌对势力的斗争本该在问题发生的范围内进行。但在整风运动的发展过程中，党对阶级斗争的形势作了过于严重的判断，对极少数资产阶级右派分子向共产党和社会主义制度进攻的形势作了过分严重的估计，把本应在一定范围内进行的斗争，扩展成一场全党和全国范围的大规模的思想战争和政治战争，这就不可避免地导致了反右派斗争的严重扩大化。在这方面，邓小平同当时党中央主要领导人毛泽东一样，对反右派斗争的形势估计过于严重了。1980年2月29日，邓小平在中共十一届五中全会第三次会议上的讲话中说："一九五七年反右派，我们是积极分子，反右派扩大化我就有责任，我是总书记呀。"②

---

① 参见李维汉《回忆与研究》（下），中共党史出版社2013年版，第651页。
② 《邓小平文选》第2卷，人民出版社1994年版，第277页。

对于1957年反右派斗争，邓小平后来多次强调是必要的，问题在于扩大化。这个评价是正确的，也是实事求是的。1979年9月1日，他在听取第14次全国统战工作会议情况汇报时插话说："一九五七年的反右派斗争，在当时条件下是必要的，但有扩大化，特别是在后期。说改正百分之九十几，不准确，其中有一部分是党的宽大处理。当时有些人是杀气腾腾，包括党内有些人言论很恶劣。"①

1980年1月16日，邓小平在中共中央召集的干部会议上的讲话中指出："一九五七年的反右是必要的，没有错。同志们可以回想一下，一九五七年的问题是个什么问题呢？一九四九年到一九五七年，我们用八年时间基本上完成了农业、手工业和资本主义工商业的社会主义改造，进入社会主义。这个时候出来一股思潮，它的核心是反对社会主义，反对党的领导。有些人是杀气腾腾的啊！当时不反击这种思潮是不行的。问题出在哪里呢？问题是随着运动的发展，扩大化了，打击面宽了，打击的分量也太重。大批的人确实处理得不适当，太重，他们多年受了委屈，不能为人民发挥他们的聪明才智，这不但是他们个人的损失，也是整个国家的损失。所以，给右派分子全部摘掉帽子，改正对其中大多数人的处理，并给他们分配适当的工作，就是一件很必要的、重大的政治措施。但是不能由此得出结论，说一九五七年不存在反对社会主义的思潮，或者对这种思潮不应该反击。总之，一九五七年的反右本身没有错，问题是扩大化了。"② 同年3月19日，他在同中央负责同志谈话时再次指出："一九五七年反右派斗争还是要肯定。三大改造完成以后，确实有一股势力、一股思潮是反社会主义的，是资产阶级性质的。反击这股思潮是必要的。我多次说过，那时候有的人确实杀气腾腾，想要否定共产党的领导，扭转社会主义的方向，不反击，我们就不能前进。

---

① 《邓小平论统一战线》，中央文献出版社1991年版，第161页。
② 《邓小平文选》第2卷，人民出版社1994年版，第243—244页。

错误在于扩大化。"①

1981年3月27日,邓小平在同中国人民解放军总政治部负责同志谈话时指出:"一九五七年的反右派斗争,我多次讲过,那个时候确实有人杀气腾腾,但是我们处理得过了,扩大化了。当然,不能把当时所有被批判的人都说成什么问题、什么错误都没有。我看对反右派斗争,还是两句话:一句是必要的,一句是扩大化了。"② 同年7月17日,他在同中共中央宣传部门负责同志谈话时再次指出:"一九五七年反右派是扩大化了,扩大化是错误的,但当时反右派的确有必要。"③ 事实证明,这些论断是经得起历史检验的。

(作者单位:中国社会科学院当代中国研究所)

---

① 《邓小平文选》第2卷,人民出版社1994年版,第294页。
② 同上书,第380页。
③ 同上书,第390页。

邓小平论苏东剧变

张树华

邓小平一生与苏联、东欧有过多次交集。1924年邓小平在法国勤工俭学。1926年他经过德国和波兰到苏联留学一年，此后数次到过苏联。他曾和诸多领导人一起学习借鉴苏联的经验，曾是中苏十年论战的重要参与者①。邓小平认为苏联东欧在世界上发挥着举足轻重的作用。正是凭借对苏东多年的关注和了解，当苏联、东欧等国家和地区的社会主义发生历史的倒退之前，邓小平惊人地预测了这场剧变；苏东剧变发生过程中，邓小平等人采取了正确的措施来应对这场剧变；苏东剧变发生后，邓小平又及时总结剧变产生的教训，为中国更好地发展中国特色社会主义提供了借鉴。

一 辩证地看待苏联模式

（一）要学习苏联社会主义建设的经验

俄国十月革命之后不久，即建立了世界上第一个社会主义国家。学习苏联（俄）立时成了中国人最紧迫的任务。新中国成立后，由于帝国主义国家的封锁，我们被迫采取"一边倒"的政策，大力学习苏联的经验。1957年4月8日邓小平在西安干部会上所作报告说："但总的来说，没有他们的帮助，我们不可能有这样大的成绩。我们

---

① 《邓小平文选》第3卷，人民出版社1993年版，第291页。

要继续学习苏联，还要会学。学习苏联好的东西对我们用处很大，借鉴苏联错误的东西，对我们也有很大的益处。我们要善于接受苏联的经验教训，这样就可以少受损失。当然我们也要学习世界上一切先进的经验，世界各国，包括美国在内，有先进的东西我们也要学。但首先是学习苏联，因为现在只有苏联和其他兄弟国家帮助我们，美国对我们搞禁运嘛！"①

（二）要避免僵化，要坚持和发展马克思主义

社会主义国家以马克思主义为指导。然而，苏联东欧等国家和地区在思想方法上出现了系列的问题。1977年11月3日，邓小平在会见美籍华人王浩教授时指出："苏联从斯大林时期开始，他们的思想方法实际上是形而上学，认为一切都是苏联的最好，其实很多并不是这样，结果自己把自己封锁起来，变成思想僵化。这妨碍了他们科学技术的发展，他们落后了。"② 思想上的僵化必然导致社会主义实践出现问题。1989年5月16日邓小平会见苏共中央总书记戈尔巴乔夫时说："马克思去世以后一百多年，究竟发生了什么变化，在变化的条件下，如何认识和发展马克思主义，没有搞清楚。绝不能要求马克思为解决他去世之后上百年、几百年所产生的问题提供现成答案。列宁同样也不能承担为他去世以后五十年、一百年所产生的问题提供现成答案的任务。真正的马克思列宁主义者必须根据现在的情况，认识、继承和发展马克思列宁主义。"③ 邓小平的这番话实际指出苏联人将马克思主义教条化了。戈尔巴乔夫提出"新思维"、"人道的民主的社会主义"等思想，邓小平均要求予以密切关注。指导思想的混乱必然导致行动上的失误。

---

① 《邓小平文选》第1卷，人民出版社1994年版，第263—264页。
② 《邓小平年谱（一九七五——一九九七）》，中央文献出版社2004年版，第235页。
③ 《邓小平文选》第3卷，人民出版社1993年版，第291页。

(三) 要从本国实际出发，探寻社会主义发展与改革的规律

对社会主义认识不清必然导致社会主义实践的失误。1985年8月28日邓小平会见津巴布韦非洲民族联盟主席、政府总理穆加贝时说："社会主义究竟是个什么样子，苏联搞了很多年，也并没有完全搞清楚。可能列宁的思路比较好，搞了个新经济政策，但是后来苏联的模式僵化了。中国革命取得成功，就是因为把马列主义的普遍原则用到自己的实际中去。"①1987年2月6日邓小平同中央几位领导同志谈话时说："为什么一谈市场就说是资本主义，只有计划才是社会主义呢？计划和市场都是方法嘛。只要对发展生产力有好处，就可以利用。它为社会主义服务，就是社会主义的；为资本主义服务，就是资本主义的。好像一谈计划就是社会主义，这也是不对的，日本就有一个企划厅嘛，美国也有计划嘛。我们以前是学苏联的，搞计划经济。后来又讲计划经济为主，现在不要再讲这个了。"② 由于苏联对什么是社会主义认识不清，混淆了计划与市场的关系，必然导致苏联的社会主义建设出现问题。

(四) 要辩证地看待苏联模式，坚持改革与开放

由于指导思想的僵化，对什么是社会主义认识不清，苏联的社会主义实践也处在摸索过程之中，苏联在探索过程中形成的模式也存在这样或那样的问题。1980年1月16日邓小平在中共中央召集的干部会议上的讲话中指出："社会主义制度并不等于建设社会主义的具体做法。苏联搞社会主义，从一九一七年十月革命算起，已经六十三年了，但是怎么搞社会主义，它也吹不起牛皮。"③ 苏联的这种僵化的模式不仅影响着苏联，还影响着中国和东欧地区。1988年5

---

① 《邓小平文选》第3卷，人民出版社1993年版，第139页。
② 同上书，第203页。
③ 《邓小平文选》第2卷，人民出版社1994年版，第250页。

月18日邓小平会见莫桑比克总统希萨诺时说:"我们过去照搬苏联搞社会主义的模式,带来很多问题。我们很早就发现了,但没有解决好。我们现在要解决好这个问题,我们要建设的是具有中国自己特色的社会主义。"①1986年9月29日邓小平会见波兰统一工人党中央第一书记、国务委员会主席雅鲁泽尔斯基时说:"我们两国原来的政治体制都是从苏联模式来的。看来这个模式在苏联也不是很成功的。即使在苏联是百分之百的成功,但是它能够符合中国的实际情况吗?能够符合波兰的实际情况吗?各国的实际情况是不相同的。我们现在提出政治体制改革,是根据我国的实际情况决定的。"② 正是基于此,苏联模式必然会引起经济和政治上的系列问题。

苏联高度集中的计划经济模式在早期曾起到巨大的作用,短短近20年的时间,苏联即成为世界上仅次于美国的第二大工业国。但由于长期固守一定的模式,不及时尝试改革,苏联模式导致了经济上的停滞和倒退。1984年10月22日邓小平在中央顾问委员会第三次全体会议上的讲话指出:"据说苏联是百分之二十的国民生产总值用于国防,为什么他翻不起身来,就是负担太沉重。"③ 这种倒退不仅是苏联国内的,它还引起世界多国的连锁反应。1985年3月4日邓小平会见日本商工会议所访华团时说:"现在世界人口是四十几亿,第三世界人口大约占世界人口的四分之三。其余四分之一的人口在发达国家,包括苏联,东欧(东欧不能算很发达),西欧,北美,日本,大洋洲的澳大利亚、新西兰,共十一二亿人口。很难说这十一二亿人口的继续发展能够建筑在三十多亿人口的继续贫困的基础上。"④ 少数相对发达国家的经济倒退也影响着世界经济政治格局。

---

① 《邓小平文选》第3卷,人民出版社1993年版,第261页。
② 同上书,第178页。
③ 同上书,第88页。
④ 同上书,第106页。

二 稳住阵脚、冷静观察苏东变局、处理好国际关系

正是由于内外双重因素的影响，邓小平预测到苏东剧变不可避免。1989年9月4日邓小平同几位中央负责同志的谈话时说："东欧、苏联乱，我看也不可避免，至于乱到什么程度，现在不好预料，还要很冷静地观察。"① "帝国主义肯定想要社会主义国家变质。现在的问题不是苏联的旗帜倒不倒，苏联肯定要乱，而是中国的旗帜倒不倒。"② 邓小平以其敏锐的洞察力预测了苏东剧变的发生。

1989年至1991年，苏东剧变不可避免地发生了。事件发生前后，邓小平做出了相应的部署，以应对苏东剧变给中国的社会主义建设和世界社会主义运动带来的冲击和影响。这些预防举措主要如下：

第一，要冷静观察，认清形势。

重大国际事件发生后，要善于观察形势。1989年9月4日邓小平同几位中央负责同志谈话时指出："对于国际局势，概括起来就是三句话：第一句话，冷静观察；第二句话，稳住阵脚；第三句话，沉着应付。不要急，也急不得。要冷静、冷静、再冷静，埋头实干，做好一件事，我们自己的事。"③ 在观察清楚形势的基础上再做决定。他说："美苏垄断一切的情况正在变化。世界格局将来是三极也好，四极也好，五极也好，苏联总还是多极中的一个，不管它怎么削弱，甚至有几个加盟共和国退出去。"④ 即使苏联解体之后，俄罗

---

① 《邓小平文选》第3卷，人民出版社1993年版，第320页。
② 同上书，第320页。
③ 同上书，第321页。
④ 同上书，第353页。

斯也还是世界中的一极，要重视苏联出问题的影响。当苏联解体之后，要学会在黑暗中看到光明："对国际形势还要继续观察，有些问题不是一下子看得清楚，总之不能看成一片漆黑，不能认为形势恶化到多么严重的地步，不能把我们说成是处在多么不利的地位。实际上情况并不尽然。世界上矛盾多得很，大得很，一些深刻的矛盾刚刚暴露出来。我们可利用的矛盾存在着，对我们有利的条件存在着，机遇存在着，问题是要善于把握。"① 中国正可以化弊为利，利用矛盾谋取自身的发展。

第二，要相互尊重。

国与国之间的关系又突出表现为党与党之间的关系。1987年6月12日邓小平会见南斯拉夫共产主义者联盟中央主席团委员科罗舍茨时指出："至于过去的经验，也值得总结一下。我想有一点最重要，就是任何大党、中党、小党，都要相互尊重对方的选择和经验，对别的党、别的国家的事情不应该随便指手划脚。对执政党是这样，对没有执政的党也应该是这样。比如法国党和意大利党，过去我们同他们谈的也是这个问题，就是应该尊重他们的经验，尊重他们的选择。如果他们犯了错误，由他们自己去纠正。同样，他们对我们也应该如此，允许我们犯错误，有了错误以后，由我们自己来纠正。因为每一个国家、每一个党都有自己的经历，情况千差万别。我们反对'老子党'，这一点我们是反对得对了。我们也不赞成有什么'中心'。但我们自己也犯了点随便指手划脚的错误。"② 无论国家政权怎样更迭，党与党之间要相互尊重，这构成国家之间正常交往的前提。

第三，埋头建设。

正确处理国与国之间关系的一个很重要的前提即是把国内的建设搞上去。1990年3月3日邓小平同几位中央负责同志谈话时指出：

---

① 《邓小平文选》第3卷，人民出版社1993年版，第354页。
② 同上书，第236—237页。

"综观全局，不管怎么变化，我们要真正扎扎实实地抓好这十年建设，不要耽搁。这十年时间能够实现第二个翻番，就是我们最了不起的胜利。"① 他还说："世界上一些国家发生问题，从根本上说，都是因为经济上不去。""人民现在为什么拥护我们？就是这十年有发展，发展很明显。假设我们有五年不发展，或者是低速度发展，这不只是经济问题，实际上是个政治问题。""最根本的因素，还是经济增长速度，而且要体现在人民的生活逐步地好起来。""中国能不能顶住霸权主义、强权政治的压力，坚持我们的社会主义制度，关键就看能不能争得较快的增长速度，实现我们的发展战略。"② 世界社会主义国家处于动荡环境之中，中国在维护好稳定的前提下，需要坚持以经济建设为中心，不断发展经济，搞好社会主义现代化建设。只有经济上去了，人民生活改善了，中国的社会主义才不会变质。

第四，结束过去，面向未来。

历史终归是过去的，但历史又必须面向未来。针对中苏关系中的系列问题，1989年5月16日邓小平会见苏共中央总书记戈尔巴乔夫时说："我讲这么长，叫'结束过去'。目的是使苏联同志们理解我们是怎样认识这个'过去'的，脑子里装的是什么东西。历史帐讲了，这些问题一风吹，这也是这次会晤取得的一个成果。双方讲了，就完了，过去就结束了。"③ 1989年10月31日邓小平会见美国前总统尼克松时"我们在同苏联和东欧国家改变几十年不和关系的时候，总是首先肯定应该结束过去，开辟未来"。④ 对苏东剧变之后中国该怎么面对这些国家，1990年7月11日邓小平

---

① 《邓小平文选》第3卷，人民出版社1993年版，第354页。
② 《邓小平年谱（一九七五——一九九七）》，中央文献出版社2004年版，第1310页。
③ 《邓小平文选》第3卷，人民出版社1993年版，第295页。
④ 同上书，第330页。

会见加拿大前总理特鲁多时指出:"尽管东欧、苏联出了问题,尽管西方七国制裁我们,我们坚持一个方针:同苏联继续打交道,搞好关系;同美国继续打交道,搞好关系;同日本、欧洲国家也继续打交道,搞好关系。这一方针,一天都没有动摇过。中国度量是够大的,这点小风波吹不倒我们。"① 虽然过去处在社会主义阵营的苏东地区变色了,但中国依然要同他们交往,处理好同他们的关系。

第五,扩大开放,加强往来。

邓小平一直关注中国同苏东地区的关系。对于在苏东剧变中国家性质发生改变的国家,中国依然需要抛弃意识形态的分歧,加强同他们的合作。1990年3月3日邓小平同几位中央负责同志谈话时说:"我们对外政策还是两条,第一条是反对霸权主义、强权政治,维护世界和平;第二条是建立国际政治新秩序和经济新秩序。这两条要反复讲。具体的做法,还是要坚持同所有国家都来往,对苏联对美国都要加强来往。不管苏联怎么变化,我们都要同它在和平共处五项原则的基础上从容地发展关系,包括政治关系,不搞意识形态的争论。"② 中国加强对外开放的力度,在苏东地区社会主义国家发生性质改变之后,也需要和他们开展经济政治和文化上的往来。

第六,要警惕西方的和平演变政策。

乱源于内因,但外在的因素又会对内乱起到推波助澜的作用。1989年9月16日邓小平会见美籍华裔学者李政道教授时说:"西方世界确实希望中国动乱。不但希望中国动乱,也希望苏联、东欧都乱。美国,还有西方其他一些国家,对社会主义国家搞和平演变。美国现在有一种提法:打一场无硝烟的世界大战。我们要警惕。"③

---

① 《邓小平文选》第3卷,人民出版社1993年版,第359页。
② 同上书,第353页。
③ 同上书,第325—326页。

1989年11月23日邓小平同志会见南方委员会主席、坦桑尼亚革命党主席尼雷尔时说:"我希望冷战结束,但现在我感到失望。可能是一个冷战结束了,另外两个冷战又已经开始。一个是针对整个南方、第三世界的,另一个是针对社会主义的。西方国家正在打一场没有硝烟的第三次世界大战。所谓没有硝烟,就是要社会主义国家和平演变。东欧的事情对我们说来并不感到意外,迟早要出现的。东欧的问题首先出在内部。西方国家对中国也是一样,他们不喜欢中国坚持社会主义道路。"① 美国等西方国家对苏东地区的渗透加剧了这些地区的局势恶化。

三 汲取苏共失败的深刻教训,为中国发展指明方向

苏东剧变发生后,邓小平又及时总结剧变产生的教训,认为执政党蜕变是苏联解体的根本原因,为中国更好地发展中国特色社会主义提供了借鉴。苏联剧变的根本原因不在于"斯大林模式"即苏联社会主义模式,而在于从赫鲁晓夫集团到戈尔巴乔夫集团逐渐脱离、背离乃至最终背叛马克思列宁主义、社会主义和最广大人民群众根本利益所致。从一定意义上讲,共产党的纯洁性和先进性不仅决定着党的执政能力的性质与方向,而且决定其能力之大小。苏联解体有着多种原因,但苏共的蜕化变质是根本的原因。邓小平同志晚年语重心长地告诫全党:"中国要出问题,还是出在共产党内部。"② 这就要求我们党:

一是在指导思想上必须坚持马克思列宁主义,加强思想政治建设。 苏东剧变在于指导思想上逐渐背离了马克思列宁主义。没有革命的理论,便没有革命的行动和运动;而错误的理论就必然会导致

---

① 《邓小平文选》第3卷,人民出版社1993年版,第344页。
② 同上书,第380页。

错误的行动和错误的运动。这就是理论的重要作用。从一定意义上讲，苏共所取得的所有成就都是正确理论指导的结果，苏共之所以亡党，是从赫鲁晓夫领导集团到戈尔巴乔夫领导集团，逐渐脱离乃至最终背叛马克思列宁主义的结果。戈尔巴乔夫认为马克思列宁主义不能作为苏共唯一的指导思想，苏联的社会主义是变了形的、曲解了的社会主义，改革的任务就是要摧毁这个制度，在苏联实现"人道的民主的社会主义"。领导集团背叛马克思列宁主义的直接后果是造成全党和全社会指导思想的混乱，最终导致苏共亡党、苏联解体。苏东剧变后，马克思主义"过时论"甚嚣尘上。邓小平同志在1992年南方谈话中斩钉截铁地说："不要惊慌失措，不要认为马克思主义就消失了，没用了，失败了。哪有这回事！"① "我坚信，世界上赞成马克思主义的人会多起来的。"② 在十分困难的情况下，中国、越南等社会主义国家，通过对实践经验的总结和理论创新，进一步实行改革开放，探索具有本国特色的社会主义道路，推进了世界社会主义事业，发展了马克思主义。社会主义的古巴、朝鲜和老挝也坚持从本国国情出发，顽强地坚持符合本国国情的社会主义，也都取得独特、可喜的成就。2008年爆发的国际金融危机和全球范围内重新呼唤马克思，充分证明了邓小平论断的正确和远见。③

二是加强领导集体建设，把党和国家最高领导权掌握在忠诚的马克思列宁主义者手中。苏联上层领导由于马克思主义修养不足，经常满足于顾问班子、专家和助手们写的万金油式的套话和千篇一律的官话。④ 这就使得苏共最终被迫彻底放弃了自己曾经几

---

① 《邓小平文选》第3卷，人民出版社1993年版，第383页。
② 同上书，第382页。
③ 李慎明：《对习近平总书记所讲社会主义的体悟》，中国社会科学出版社2014年版。
④ 李慎明主编：《居安思危：苏共亡党二十年的思考》，社会科学文献出版社2011年版，第178页。

十年如一日坚守的马克思列宁主义的根本立场，将政治意识形态的阵地拱手让给了资产阶级反对派。1992年，邓小平语重心长地嘱托我们："关键在人"；"中国要出问题，还是出在共产党内部。对这个问题要清醒，要注意培养人"①。这就需要正确认识和处理制度与人的关系。人是生产力中最革命、最活跃的因素。生产力决定生产关系，生产关系的总和组成社会的经济基础，经济基础决定上层建筑。而制度是上层建筑的组成。所以，从根本上说，人决定制度。

三是必须始终坚持"一个中心、两个基本点"的基本路线。 1992年春天，邓小平同志在视察南方时的谈话中指出："要坚持党的十一届三中全会以来的路线、方针、政策，关键是坚持'一个中心、两个基本点'。""基本路线要管一百年，动摇不得。"② 改革开放以来，我国在各方面取得的巨大成就，充分说明党的基本路线的正确。毛泽东曾说："政治路线确定之后，干部就是决定的因素。"③ 组织路线是贯彻思想路线和政治路线的重要保证。苏共在实际工作中逐渐背离民主集中制，是导致和马克思列宁主义决裂的又一根本原因。在坚持四项基本原则的过程中，我们也必须始终高度重视坚持无产阶级专政即人民民主专政。邓小平同志1992年在南方谈话中指出："依靠无产阶级专政保卫社会主义制度，这是马克思主义的一个基本观点。马克思说过，阶级斗争学说不是他的发明，真正的发明是关于无产阶级专政的理论。历史经验证明，刚刚掌握政权的新兴阶级，一般来说，总是弱于敌对阶级的力量，因此要用专政的手段来巩固政权。对人民实行民主，对敌人实行专政，这就是人民民主专政。运用人民民主专政的力量，巩固人民的政权，是正义的事

---

① 《邓小平文选》第3卷，人民出版社1993年版，第380页。
② 同上书，第370—371页。
③ 《毛泽东选集》第2卷，人民出版社1991年版，第526页。

情，没有什么输理的地方。"① 毫无疑问，我们要坚决反对阶级斗争扩大化，要认真汲取过去"左"的错误的教训，决不能重犯阶级斗争扩大化的错误。对外，我们当然可以也应该少讲阶级斗争和无产阶级专政，但是在我们内部，特别是在思考和部署工作之时，不能不讲、不考虑阶级斗争依然存在这一客观现实。不考虑客观存在的阶级斗争，我们就会吃大亏。

四是必须坚持改革的正确方向，实现共同富裕。只重视解决经济增长和社会就业，不逐步解决所有制和分配中的问题，也就是说不逐步实现共同富裕，经济增长和较高的社会就业率就不可能维持长久，社会最终也不会稳定。所有制与分配，才是衡量我国的性质最根本的原则。这就是只有社会主义才能救中国的这一十分通俗而又深刻的道理。1992年12月18日，邓小平说："如果仅仅是少数人富有，那就会落到资本主义去了。"1993年9月16日邓小平又说："分配的问题大得很。我们讲要防止两极分化，实际上两极分化自然出现"，"少部分人获得那么多财富，大多数人没有，这样发展下去总有一天会出问题"。② 邓小平、江泽民、胡锦涛和习近平同志多次强调要高度重视解决分配问题，这些重要指示意义深远。

五是警惕和平演变。苏联解体的国际因素在于国内外敌对势力的西化、分化阴谋。邓小平同志在南方谈话中还特别告诫说："帝国主义搞和平演变，把希望寄托在我们以后的几代人身上。"③ 在今后一些年内，我们更应该高度重视国际方面的阶级斗争，高度警惕国内外敌对势力相互勾结，对我西化、分化的图谋。在新的形势下，更应特别注意以美国为首的西方强国搞"金融操纵"、"意识操纵"、

---

① 《邓小平文选》第3卷，人民出版社1993年版，第379页。
② 《邓小平年谱（一九七五——一九九七）》（下），中央文献出版社2004年版，第1364页。
③ 《邓小平文选》第3卷，人民出版社1993年版，第380页。

"非政府组织渗透"、利用互联网煽动搞"街头政治"等各种新形式，企图对我国搞"颜色革命"。①

（作者单位：中国社会科学院信息情报研究院）

---

① 李慎明：《对习近平总书记所讲社会主义的体悟》，中国社会科学出版社2014年版。

邓小平与1979—1982年的中国对美外交

王巧荣

1979—1982年间中国对美外交经历了一个急剧的变化过程。1979年邓小平出访美国，两国关系全面启动，开局良好；因里根政府坚持向中国台湾出售武器两国关系推向危机的边缘；之后经过调整再度扬航。在这4年中国对美外交的发展过程中，邓小平作为当时中国对美政策的主要决策者之一，为推动和稳定中美关系的发展，发挥了关键性的作用。本文在分析研究现有中文文献资料基础上，结合美国近年来解密的相关档案资料，参考其他相关英文资料，对邓小平在这4年中国对美外交中所发挥的作用及其主要考虑进行了深入探讨。

一 1979—1980年，邓小平积极推动对美外交的全面发展

中美建交后的蜜月期对于两国关系而言是"美满"的，中美高层互访频繁，两国间政治、经济、文化及军事安全等领域的关系逐步得以建立。两国相互理解增多，两国关系的战略基础得到进一步巩固。特别是1979年1月底2月初邓小平访美，对推动建交初期中国对美外交的全面开展发挥了积极作用。

首先，增进了中国对美的了解。中美两国长达三十年的不正常关系，使两国人民间的相互了解很有限。两国间长期特别是在对抗

时期的相互抨击和指责，使两国的普通民众对对方的理解非常片面，而且负面居多。加之在"文化大革命"时期，由于极"左"思潮影响，中国对国际国内局势的判断都带有极大的主观色彩。在国际局势判断上，仍然认为战争与革命是时代的主题，没有认识到第三次科技浪潮对国际社会带来的深远影响；国内政策仍然以阶级斗争为纲，没有搞清楚社会主义的本质和根本任务，错失了利用新的科技革命发展经济的有利时机。党的十一届三中全会，把党和国家的工作重心转移到以发展生产力为中心的经济建设上来，作出了改革开放的重大决策。实行对外开放，加强对外交流，学习世界上一切先进技术和经验，加快中国实现四个现代化的步伐成为必然选择。邓小平访美期间，除了与美国政界就双方关心的一些问题进行磋商外，还有一个目的就是了解美国人民，了解他们的生活，了解他们建设的经验，学习一切对我们有用的东西。在美期间，邓小平同美国经济、工业、商业、文化、教育等各方面的人士进行了广泛地接触；参观了福特汽车公司的装配厂、林登·约翰逊航天中心、波音飞机公司装配厂等。通过这些参观和访问，邓小平对美国的经济、科学技术、教育和文化的发展状况有了比较全面的了解，进一步认识到两国在这些领域里有着广阔的合作空间。

其次，巩固了中美两国合作的战略基础。中美两国从对峙走向缓和，最后建立起正常的外交关系，一个重要的原因是两国战略利益的共同性——共同对付苏联霸权主义扩张。但由于中美两国社会制度不同，两国在国际政治中的出发点不同，因此，两国在处理国际关系，包括对苏联的战略和策略问题上，存在许多不一致的地方。访美期间，邓小平与卡特总统先后进行了三次会谈。两国领导人就国际形势和双边关系问题广泛地交换了意见。对于国际局势，邓小平指出，今天的世界很不安宁，存在着战争的危险，主要来自苏联。第三世界和第二世界应联合起来反对霸权主义。对付苏联称霸世界，美国理所当然是一个主要力量。苏联终究是要发动战争的。如果我们工作做得好,可能推迟战争爆发;如果无所作为,形势会更加复杂。卡特同意邓小平的看法,赞成美中加强合作,在一些麻烦的地区协调行动。他强调美国及其北约盟国的力量正在加强,苏联面临很多困难,在国际上更加孤立。对于美苏限制战略武器会谈,邓小平说,我们不反对美苏签订这种协议,但我们认为它管不住苏联,约束不住苏联的扩张政策。重要的是要做扎扎实实的工作,即中、美、日、西欧以及第三世界要联合起来,破坏苏联的战略计划。① 通过会谈,双方在一系列重大国际问题上的看法趋于接近。

最后,促进了中国对美外交的全面启动。访美期间,邓小平和美国政府就两国在经济、科技、教育和文化领域里的合作问题进行了广泛磋商,并且取得了一些成果。如邓小平和卡特分别代表两国政府签署了科技合作协定和文化协定;中国国务院副总理方毅和美国总统科学顾问普雷斯签署了两国在教育、农业、空间等方面合作的谅解的换文;方毅和美国能源部部长施莱辛格签署了两国在高能物理方面合作的协议;中国外长黄华和美国国务卿万斯签署了关于建立领事关系和互设总领馆的协议;中美双方同意为互派常驻新闻记者提供方便,并同意签订贸易、航空、海运协定,双方将在美国财政部部长和商务部部长访问中国期间就此问题进一步商谈。这些成果是中美建交后第一批合作成果,为中美关系在这些领域里的发展奠定了基础。同时,也为中美合作向其他领域扩展起到了推动作用。因此,邓小平在中美科技合作协定和文化协定签字仪式上说:"我们曾经预期在中美关系正常化以后,两国的友好合作将在广泛的领域里迅速地开展。今天所签订的协定就是我们的第一批成果。但是,在我们两国之间还有许多合作的领域有待我们去开辟,许多渠

---

① Memorandum of Conversation, Washington, January 29, 1979, 10:40 a.m. - 12:30 p.m., FRUS 1977-1980 Vol. XIII, pp. 744-748.

道有待我们去沟通。我们还要继续努力。"①

为落实邓小平访美期间与美国达成的一些共识，中国相关领域和部门积极开展对美外交。仅1979年、1980年两年，中国访问美国的经济、文化、军事及科技部门的高级官员达13人次。中国与美合作的领域不断扩大。两国先后签署了科技合作协定、文化协定、领事关系协议、中美贸易关系协定、中美民航协定、中美海运协定和中美纺织品协议；两国还成立了中美联合科技委员会和中美联合经济委员会。中美合作领域的日益扩大，促进了双边贸易关系的发展，双边贸易额急剧上升。据中国海关统计，1980年中美贸易额为48.1亿美元，比1979年24.5亿美元增加了近一倍。② 双方军事安全关系也得到空前发展。1980年1月，美国国防部部长布朗成功对中国进行了访问，中美两国防务机构之间接触有了一个良好开端。此后，美国国防部副部长威廉·佩里也应邀访华；中国中央军事委员会秘书长耿飚和副总参谋长刘华清对美国进行访问。此外，中美军方还开始了多种合作项目，包括医疗、后勤、军事学校的校际交流等。

邓小平在这两年中积极推动对美国外交的全面发展，主要出于维护国家战略利益的考虑。当时主要有两个考虑：一是出于对国家安全利益的考虑。自20世纪60年代末起，苏联不断在中苏边境及中蒙边境增加兵力，对中国北部的安全环境构成严重威胁。1978年12月25日，越南在苏联的支持下，再次向柬埔寨发动大规模的进攻，侵占柬埔寨的大片领土。③ 与此同时，越南还不断在中越边境制造一系列武装入侵和挑衅事件。1979年12月，苏联出兵干预阿富汗

---

① 《邓副总理和卡特总统　签署中美科技合作协定和文化协定并发表讲话》，《人民日报》1979年2月2日。

② 中国统计局编：《中国统计年鉴1981年》，中国统计出版社1982年版，第366页。

③ 《新华月报》1978年第12期，第292页。

内政，并对阿进行大举入侵。苏联在中国东南和南部周边的这些间接或直接扩张行径，使中国安全的压力进一步增大。联合美国对抗苏联扩张的威胁，是1972年以来中国领导人对美的基本政策，邓小平也试图通过推动对美外交的全面发展，改善中国的安全环境。二是出于对中国发展利益的考虑。十一届三中全会后，一心一意搞建设、实现四个现代化成为新时期中国首要的发展战略。然而，要进行大规模的现代化建设，我们面临资金、技术等匮乏的困难，邓小平等第二代领导集体把美国作为中国吸收资金，先进技术和管理经验的重要来源地，试图通过中美经贸等各领域合作关系的发展，加快中国现代化建设的步伐。

二 1981—1982年8月，邓小平在积极稳定中美关系大局的同时，开始对中美外交的方向问题进行深入思考

正当中美关系全面启动之际，两国关系却因台湾问题面临危机。邓小平一方面采取措施，积极稳定中美关系的大局，但在国家核心利益问题上决不退让；另一方面，为了更好地维护中国的国家利益，开始思考中美关系的发展方向问题。

台湾问题特别是美国售台武器问题是中美建交谈判时遗留下来的问题。1978年12月15日，就在中美建交公报达成的前一天，美国驻北京联络处主任伍德科克奉命紧急求见邓小平，向他说明，在1979年12月31日以后，美国将继续对台湾销售一些武器。邓小平断然反对，指出：美国继续向台湾出售武器，实质上是保留了美台防御条约，售台武器将成为中国寻求以一种理性的和平的方式解决台湾问题的各种努力的障碍，进而使武力成为最后的选择。邓小平尽管不同意建交后美国继续向台湾出售武器，但建议在不影响发表建交公报的前提下以后再讨论该问题，并强调若美国总统卡特公开

谈及这一问题，中方会立即做出反应。① 后来双方达成了建交协议，美国售台武器问题暂时搁置起来。尽管建交时这个问题没有解决，但中国方面明确表示，反对美国继续向台湾出售武器。1979年4月10日，美国国会通过《与台湾关系法》，使刚刚建交的中美关系面临挑战。该法不仅有一些严重违背《中美建交联合公报》基本原则精神的条款，而且还明确规定：美国应"向台湾提供防御性武器"和"向台湾提供使其能保持足够自卫能力所需数量的防御物资和防御服务"。② 邓小平对美国《与台湾关系法》的出台感到愤慨。4月19日，邓小平在会见美国参议院外事委员会访华团时表示：对美国"国会通过的《与台湾关系法》，中国是不满意的，这个法案最本质的一个问题，是实际上不承认只有一个中国，法案的许多条款还是要保护台湾"。"这个法案实际上否定了中美关系正常化的政治基础。我奉劝美国朋友注意这个问题，这样的事情不能干了。"③ 4月28日，中国外交部正式向美国驻华使馆提出抗议照会，指出《与台湾关系法》的许多条款都违反了中美建交协议，给两国关系造成伤害。中国政府决不同意美国继续向台湾出售武器，④ 反对按照《与台湾关系法》来处理美台关系。不过，在卡特政府时期，美国在涉台问题上相对比较克制，台湾问题在中美间没有引起太大波澜。

里根入主白宫后，其政府内一些保守势力极力鼓吹向中国台湾出售先进的武器，发展与中国台湾的"官方"关系。里根本人也表

---

① Text of a Peking meeting between Ambassador Leonard Woodcock and Chinese Vice Premier Teng Hsiao-Ping regarding a U. S. explanation for Taiwan's access to the purchase of U. S. military equipment after 12/31/79. Cable. Department of State. TOP SECRET. Issue Date：Dec 15，1978. Declassified document reference system，DDRS－273855－I 1－9.

② Taiwan Relation Act，http：//www. cfr. org/publication/8454/.

③ 中共中央文献研究室编：《邓小平年谱（一九七五——一九九七）》（上），中央文献出版社2004年版，第507—508页。

④ 刘连第、汪大为编著：《中美关系轨迹——建交以来大事纵览》，时事出版社1995年版，第9页。

示他要充分实施《与台湾关系法》,① 甚至一再扬言中国政府对此无权过问。里根政府一意孤行,坚持向台湾出售武器,把刚刚启动的中美关系推向危机的边缘。1981年1月27日,《纽约时报》报道:美国政府正面临需要决定是否向中国台湾出售FX战斗机的问题。② 此后,半年多的时间,美国国内就是否向中国台湾出售FX战斗机展开激烈的争论。鉴于里根政府上台前后表现出强烈的亲台立场,中方对此密切关注并一再向美方表达其原则立场。为了防止因美国售台武器问题使中美关系失控,1981年10月底起,中美开始就此问题进行磋商和谈判。经过艰苦的谈判,中美双方于1982年8月中旬就美国向台湾出售武器问题达成协议,8月17日,双方发表了《中华人民共和国和美利坚合众国联合公报》,简称《八·一七公报》。③ 虽然它没能彻底解决美国售台武器问题,但它使中美关系因美国售台武器所引起的危机暂时得到了缓解。

在中美两国围绕美国售台武器问题进行交涉和磋商的过程中,邓小平一直密切关注事态的发展,通过多个渠道向美方表达了中方的原则立场,在坚决维护中国国家利益的前提下,从双方的长远利益出发,积极稳定中美关系发展的大局。1980年11月15日,邓小平接受了美国《基督教科学箴言报》总编辑厄尔·费尔的采访,就发展中美关系阐明了中国方面的看法。他说:"……多次听到,发展中美关系是美国两党的政策。希望里根执政后不要使这种关系停滞,更不要倒退,需要继续发展两国的关系,这是全球战略所要求的。这是一个最富和一个最穷的国家打交道。中国虽仍然是个穷国、但

---

① The President's News Conference June 16, 1981, Public papers of presidents, Ronald Reagan, 1981, http://www.presidency.ucsb.edu.

② New Jets for Taiwan: An Issue Surrounded by Nettles, New York Times, Jan 27, 1981.

③ 《就分步骤直到最后彻底解决美国向台湾出售武器问题——中美两国政府发表联合公报》,《人民日报》1982年8月18日。

从战略上讲，还不是一个微不足道的国家。"① 1982 年 5 月 8 日，邓小平在会见美国副总统布什时说："你是比较了解中国的。你作为中国的老朋友，我们衷心欢迎你。我们希望通过你这次到北京来，能够把两国之间存在的一些阴影、一些云雾一扫而光。"② 邓小平还为中美关系如何稳定发展指明了方向，他指出，首先，两国要从战略全局的视角考量双方关系。1981 年 11 月 22 日，在会见美国前副总统蒙代尔时，邓小平说，"中美关系不只是同中美两国利益有关的问题，而且是一个全球战略的问题。只有把这个问题放在全球战略角度、也就是政治角度来考虑，才能处理好这个问题"③；其次，相互尊重对方的国家利益是两国关系稳定的基础。1982 年 6 月 1 日，邓小平在会见美国参议员多数党领袖小霍华德·贝克时说，"只有中美双方本着既维护自身的国家利益、又尊重对方的国家利益的精神来处理所面临的问题，两国才能建立良好的关系，并使这种关系继续得到发展，而不受到损害"。④

通过与多个美国访华代表团、政界人士及国际媒介机构的接触、会谈及访谈，邓小平对美国国内各方对中美关系的看法及对台湾问题的立场有了深入的了解，也向美国传递了中国方面的原则立场。这些沟通和交流，对于刚刚启动又面临危机的中美关系来说非常重要。中美之间长达三十年的隔离，给两国间造成了根深蒂固的相互不信任和隔阂，通过交流，增进相互了解，对于排除中美关系发展道路上的隐患和障碍，推动中美关系的良好发展是必需的。在广泛交流的基础上，通过双方共同的努力，可以逐步缓解建交初期中美

---

① 《就当前国内外一些重要问题——邓小平答美国记者问》，《人民日报》1980 年 11 月 24 日。

② 《邓小平会见美国副总统布什时说　希望把中美间的阴影和云雾一扫而光》，《人民日报》1982 年 5 月 9 日。

③ 《邓小平会见美国前副总统蒙代尔时说　要从全球战略角度考虑中美关系》，《人民日报》1981 年 11 月 23 日。

④ 《邓小平会见美国参议员贝克》，《人民日报》1982 年 6 月 2 日。

关系中的危机和摩擦，使中美关系发展的轨迹逐步稳定下来。

里根执政后，中美关系中的台湾问题实质上是美国的一些顽固保守势力，对中美建交的一些原则不满，企图在台湾问题上做点文章，挑战中美建交公报中关于"一个中国的原则"。而"一个中国的原则"是中美建交的基础，正是有了美国政府如下承诺："美国承认中华人民共和国政府是中国的唯一合法政府，在此范围内，美国人民将同台湾人民保持文化、商务和其他非官方关系"，① 中美才得以建立正式外交关系。里根政府在台湾问题上表现出要突破中美关系既定框架的意图，显然超出了中方容忍的底线。而台湾问题是涉及中国领土主权的核心利益问题，在这个问题上，中方没有退路。这促使邓小平等中国领导人开始对中国对美外交政策进行反思。

从1981年1月起，中央外事工作领导小组多次开会，讨论对美政策问题。在此基础上，6月13日，中共中央政治局常委召开扩大会议，讨论中美关系问题。邓小平在会上指出：对美国一定要有最坏情况的打算。不要怕中美关系倒退，更不要怕停滞。对在停滞、倒退的情况下如何同美国交往，要认真准备。② 虽然中国领导人的主要目的是促进中美关系的稳定发展，但也开始为调整对美政策做进一步的打算。中美建交最初两年，两国间各领域里的关系都得到前所未有的发展，其中两国安全合作关系的发展尤为迅速。1981年8月，中方推迟了中国人民解放军副总参谋长刘华清率团访美活动，该访问是6月美国国务卿黑格访华期间商定的，拟磋商两国防务机构间的交流问题。③ 借此降低与美战略合作的调门。此后，邓小平与多名美国前高

---

① 《中华人民共和国和美利坚合众国关于建立外交关系的联合公报》，《人民日报》1979年12月17日。

② 《邓小平年谱（一九七五——一九九七）》（下），中央文献出版社2004年版，第748页。

③ 《黑格在京举行记者招待会》，《人民日报》1981年6月17日；Issues in U. S. ‐ China Security Relations, Unclassified, Report, Excised Copy, March 24, 1982, Digital National Security Archive, China and the U. S., CH00614, p. 13.

官政要会谈中,一再强调台湾问题对中美关系的影响,并指出:台湾问题是中美关系发展的一种阴影。这个问题如果处理不好,可以使中美关系的发展停滞,甚至倒退。① 邓小平关于台湾问题的原则立场给来访的美国前政要们留下深刻印象。美国前总统卡特回国后,在9月初通过黑格转给里根的备忘录中,谈到邓小平讲台湾问题对中国人民的重要性时的严肃表情。他深切地感到尽管中国领导人都表示希望中美关系继续发展,但这取决于美国如何处理台湾问题。② 1982年后,中国领导人在谈到国际局势时,不仅强调苏联的扩张,而是对两个超级大国在全球的争霸行为都进行抨击。1982年1月,国家主席李先念在春节团拜会上对美国霸权政策进行了严厉的批评。他指出:我们坚决反对到处伸手妄图称霸世界和干涉别国内政的霸权主义,也坚决反对侵占别国领土的扩张主义。不管霸权主义者和扩张主义者把手伸向哪里,我们都坚决反对。我们决不会拿原则做交易,更不会靠乞求过日子。任何人妄想侵犯我国主权,干涉我国内政,阻挠我国统一,我们都绝对不允许,永远不允许。③ 4月20日,国务院总理赵紫阳在欢迎索马里第二副总统库勒米的宴会上,指出:在当今的世界上,超级大国争夺霸权的斗争遍及各个角落。它们要对别国、特别是对第三世界国家进行控制、颠覆、剥削和侵略,并使世界和平与安宁受到严重威胁。④ 中国领导人对美国在全球战略中作用的认识这种变化,必将引起他们对美决策的变化。

---

① 《邓小平年谱(一九七五——一九九七)》(下),中央文献出版社2004年版,第765页。

② Text of a message for President Ronald Reagan from former President Jimmy Carter reporting on Carter's visit to China. He describes the political scene and the attitude of Chinese leaders toward normalization of relations with the U. S. Memo, White House. OMITTED. Issue Date: Sep 9, 1981, Declassified Documents Reference System, DDRS - 273612 - i1 - 2.

③ 《李先念同志在春节团拜会上讲话指出》,《人民日报》1982年1月25日。

④ 《赵紫阳举行宴会 热烈欢迎索马里第二副总统库勒米》,《人民日报》1982年4月20日。

三 1982年8—12月,邓小平决定调整中国对美外交政策,与美保持距离

经过近两年深入思考,邓小平等中国领导人对台湾问题、美国国内政治对中美关系的影响有了深刻的认识,同时,对美国在国际局势中的作用的认识也有了变化,这促使他们对中国对美外交政策做出调整。由于美国是当时国际社会两极格局中的一极,中美关系对中国对外战略具有关键意义的影响,因而,对美政策的调整直接导致中国对外战略的调整。

《八·一七公报》暂时缓和了中美间的危机,但并没有解决美对台军售问题。由于受美国国内政治的影响,美国对台军售问题将作为一个潜在的制约因素不时会给未来中美关系发展制造麻烦,甚至是危机。为了更好维护国家利益,同时从反对霸权主义的立场出发,中国领导人决定调整对美外交政策。8月20日,中国外长黄华与联合国秘书长德奎利亚尔会谈中强调了中国的外交方针,他说:我们外交政策的基本点是反对霸权主义,维护世界和平,不管这种霸权主义来自何方,中国不会依附任何一个超级大国。①

与此同时,中国也开始寻求与苏关系的缓和。里根执政后,奉行实力求和平的政策,对苏采取强硬的战略推回政策,加紧与苏在全球的争夺,致使美苏缓和中断。而苏联入侵阿富汗、支持越南侵略印度支那,加剧了中苏对抗,也使苏联陷入两线作战的两难。苏联在全球大肆扩张和与美军备竞赛也对它的经济造成严重影响,国内经济多年停滞不前。为了缓解其内外交困的局面,同时也主要是为了改善苏联与美国在全球战略争夺中的被动局面,苏联领导人向中国抛出了橄榄枝。1982年3月24日,勃列日涅夫在中亚塔什干谈

---

① 《黄华同佩雷斯·德奎利亚尔举行会谈》,《人民日报》1982年8月21日。

到对华政策时称：从苏联方面来说，过去和现在都没有对中华人民共和国进行任何威胁。我们过去没有、现在也没有对中国提出任何领土要求，并准备在任何时候就现存的边界问题举行谈判，以便达成彼此可以接受的解决办法。我们还准备讨论关于在苏中边界地区加强互相信任方面可能采取的措施。①在勃列日涅夫塔什干讲话之后，中方立即给予回应。3月26日，外交部发言人在中外记者新闻发布上就勃列日涅夫讲话发表谈话说："我们注意到3月24日苏联勃列日涅夫主席在塔什干发表的关于中苏关系的讲话。我们坚决拒绝讲话中对中国的攻击。在中苏两国关系和国际事务中，我们重视的是苏联的实际行动。"②4月16日，邓小平在会见来华访问的罗马尼亚总统齐奥塞斯库时，请他见到勃列日涅夫时带话：叫他先做一两件事看看，从柬埔寨、阿富汗事情上做起也可以，从中苏边界或蒙古撤出他的军队也可以。先从一两件事做起。③6月，苏联派出体育代表团参加中国举行的北京国际田径邀请赛，这是自1965年以来第一次，联想到中美"乒乓外交"，这更具有特殊的政治、外交意义。中苏关系缓和，从长远来说，有利于我们实现为国内经济建设创造良好国际环境的外交目标。但在中美就美国售台武器问题谈判的关键，中国领导人为了使中美谈判能够完成，对苏联领导人发出的缓和信号的回应还是相当谨慎的。8月10日，中美关于美国对台军售问题谈判完成后，中国政府立即派外交部苏欧司司长于洪亮赴莫斯科，向苏联副外长传递了中方建议双方共同努力改善中苏关系的信息。④至此，中国调整对美外交的时机已经成熟。

1982年9月，中共十二大确立的新时期独立自主的外交方针，

---

① 《勃列日涅夫言论》（18集），上海译文出版社1986年，第80—81页。

② 《就勃列日涅夫在塔什干的讲话 我国外交部发言人发表谈话》，《人民日报》1982年3月27日。

③ 《邓小平年谱（一九七五——一九九七）》（下），中央文献出版社2004年版，第815页。

④ 同上书，第835页。

便是近两年来邓小平等中国领导人对美政策思考的直接结果。独立自主原则是新中国成立以来中国外交始终坚持的一项基本原则，中共十二大再次强调独立自主方针，最为突出的特点是中国不同任何大国结盟。这就明确宣示中国在战略层面上与美国拉开距离。

邓小平决定中国在战略上与美拉开距离的直接原因是里根执政后，在台湾问题上试图突破中美两国建交时达成的既定框架，对中国的主权利益及人民的感情造成伤害。这一调整的直接结果导致了中国政府对外战略的调整。就中国对美外交而言，这一调整也是对中美建交最初两年中国对与美国合作过高预期的一种理性回归。建交初期，中国出于与美战略合作的需要，中方以极大的热情推动中美关系向前发展。受制于此，在美国《与台湾关系法》出台后，中方反应相当克制，只是在外交渠道和首脑外交的场合表示了反对。官方媒体如《人民日报》当时没做任何反应。这在一定程度上给美国一些保守势力造成了一种错觉，他们错误地认为：中国很弱很穷，装备又落后，所以中国是无足轻重的，是一个不值得重视的国家。中国现在有求于美国，而美国无求于中国，如果美国政府对苏联采取强硬政策，像台湾这样的问题，中国可以吞下去。[1] 此外，在中美安全合作关系中，中国在美国对华技术转让方面受到的不平等待遇也使邓小平大为不满。[2] 经过两年正式交往，中国对中美两国制度的差异、发展水平的差异有了更深的了解，同时对由此而产生两国不同的国家利益也有了更为深入的认识，进而使中国领导人对如何发展与美合作关系有了较为理性的认识。需要指出的是，中国对美外交政策的调整，出发点不是要断绝与美的关系，而是要稳定与美的关系。尽管中国领导人在多

---

[1] 《邓小平年谱（一九七五——一九九七）》（下），中央文献出版社2004年版，第703—704页。

[2] In a memorandum to President Ronald Reagan, National Security Adviser William Clark summarizes former President Richard M. Nixon's 9/6 – 9/11/82 trip to China, Memo. WHITE HOUSE. CONFIDENTIAL. Issue Date: Sep 25, 1982, Declassified Documents Reference System, DDRS – 302843 – i1 – 26.

个场合也一再声称，万不得已，中美关系只好倒退。但当时中国面临的国际安全环境和国内发展环境，都使邓小平等中国领导人认识到促进中美关系的发展是对美外交的最优选择。这也是在中国对美外交调整后，两国关系不仅没有停顿，反而走向稳定发展的主要原因。邓小平决定寻求与苏联关系的缓和，长远来说，是为了给中国国内经济建设创造一个有利的国际环境，但在1980年初，主要是想通过中苏关系缓和改善中国在中美战略合作中的被动地位。中国政府对苏缓和信号回应的节奏就说明了这一点。

综上所述，中美建交初期，邓小平以极大热忱积极推动中美关系的全面发展。然而，台湾问题特别是美国对台军售问题使刚刚启动的中美关系面临严峻挑战，邓小平在维护国家利益的前提下，高瞻远瞩，积极灵活应对，促进了两国间矛盾和危机的缓解。与此同时，邓小平又对面临危机的中美关系进行了深入思考，最终果断决定调整中国对美外交政策，与美拉开距离。邓小平这一时期中国对美外交决策的主要依据是维护中国战略利益，美国作为当时世界两极格局中的一局，作为当时世界上最发达的国家，无论是对中国的国际安全战略，或是国内发展战略都有着重要的影响，因而，邓小平一直把积极推动和稳定中美关系发展的大局作为中国对美外交的主要内容。中国对美外交政策的调整，乃至中国外交战略的调整并不是要断绝与美国的关系，只是在战略上与美拉开距离，以使中国在战略上获得更多的主动。因而，中国对美外交政策调整，出发点还是想促进中美关系的稳定发展。这也是在中国对美外交政策调整后，两国关系不仅没有停顿，反而走向稳定发展的主要原因。

（作者单位：中国社会科学院当代中国研究所）

邓小平探索和开创中国特色精兵之路的历史贡献

张星星

邓小平从1975年1月出任中共中央军委副主席兼中国人民解放军总参谋长、1981年6月当选为中央军委主席,到1989年11月辞去中央军委主席职务,曾长时间参与和主持中央军委领导工作。在这一时期,邓小平以极大的精力关注军队建设,从整顿军队入手,指导人民解放军完成了拨乱反正,实现了历史性的战略转变,开创了中国特色精兵之路,使中国共产党创建和领导的人民军队在建设现代化正规化革命军队的道路上阔步前进。邓小平对新时期中国特色精兵之路的探索,是开创中国特色社会主义道路的重要内容,邓小平新时期国防和军队建设思想,也成为邓小平理论的重要组成部分。

一 整顿军队——探索中国特色精兵之路的重要开端

自1959年林彪主持军队日常工作后,由于"左"倾错误的发展,对人民解放军建设造成了严重破坏。特别是在1974年,江青一伙借"批林批孔"运动之机,以个人名义或派人向军队一些单位写信、送材料,企图"放火烧荒",搞乱和插手军队。在这严峻的历史关头,邓小平在毛泽东的提议和周恩来的支持下,于1975年初走上中国党、政、军的主要领导位置。他担任了中共中央副主席、国务院第一副总理，负责主持中央的党政日常工作；同时又出任中央军委副主席兼总参谋长，同叶剑英一道负责中央军委日常工作。他紧紧抓住当时出现的有利转机，以叱咤风云的政治魄力和运筹帷幄的领导才能，以整顿军队为突破口，为扭转军队建设方向做出了艰辛努力。

1975年1月19日，邓小平根据毛泽东的指示，在各大军区负责人座谈会上提出，军委的一个大题目就是"军队要整顿"[①]。25日，他又来到军队最高指挥机构，向总参谋部机关团以上干部发表讲话，严肃地指出了"军队被搞得相当乱"、"军队臃肿不堪"、"军队的纪律很差"等长期积累的问题，进一步阐述了"军队要整顿"的思想[②]，以整顿军队为起点，拉开了1975年全面整顿的序幕。为贯彻"军队要整顿"的思想，中央军委于6月24日至7月15日在北京召开扩大会议。7月14日，邓小平在会上发表讲话，又用肿、散、骄、奢、惰五个字概括了军队建设中存在的突出问题，强调要把整顿军队和准备打仗作为军委的主要工作，作为军队工作的纲。[③] 会后，经毛泽东批准，中共中央于7月19日向全党转发了邓小平等的讲话，对全军和全国各条战线的整顿工作起到了重要的指导作用。

按照中央军委的部署，人民解放军迅速展开了各项整顿工作。特别是在以下几个方面取得了明显成效：一是精简军队员额。根据总参谋部拟制的《压缩军队定额调整编制体制的方案》，全军部队从1975年第四季度开始到1976年陆续进行整编，陆军步兵总人数减少46.4万人，海军和空军也分别进行了较大规模的精简，全军总人数共减少13.6%。二是调整领导班子。军委扩大会议闭幕后，在以叶

[①] 《邓小平年谱（一九七五——一九九七）》（上），中央文献出版社2004年版，第8页。

[②] 《邓小平文选》第2卷，人民出版社1994年版，第1、2页。

[③] 同上书，第20页。

剑英为组长的领导小组主持下，对军委各总部、各军兵种、各大军区等25个大单位的领导班子进行调整，撤换了一批在"文化大革命"中犯有严重错误的干部，一批主要领导在全军范围进行了交流。8月16日，邓小平致信毛泽东，呈报"军委关于各大单位干部调整的报告和名单"，并得到毛泽东批示①。三是强化军队纪律。军委扩大会议期间，中央军委领导以个别谈话方式，向多数军队高级干部通报了毛泽东对"四人帮"的批评，要求高级干部坚决听从中共中央、中央军委的指挥，注意形势，掌握动向，站稳立场，保持警惕，决不允许任何野心家插手军队。四是落实干部政策。到1975年11月，军队落实干部政策已复查结案的达到87%，解放了一大批久经考验的老干部，对抵制"四人帮"妄图搞乱军队、篡夺军权的阴谋，保证党中央对军队的领导权和指挥权，起到了重要作用。五是稳定基层干部。军委扩大会议后，决定停止执行1969年以来军队营以下干部一律作复员安置、不保留干部身份的政策，解除了部队基层干部的后顾之忧，受到全军官兵和复转军人的热烈拥护。

军队整顿工作实际上是同"文化大革命"唱反调的，是军队工作拨乱反正的开始，是军队改革的试验，其实质是要从根本上扭转"文化大革命"的错误理论和政策对军队建设的严重影响。虽然这次整顿工作，由于受江青反革命集团的干扰破坏，未能按照中央军委的部署全面完成，但是整顿军队的决策和各项方针原则，抓住了人民解放军建设面临的主要矛盾和突出问题，为新时期进一步实现军队建设的拨乱反正和战略转变提供了经验，成为邓小平探索新时期军队建设道路的开端。特别是整顿军队的各项措施，挫败了江青反革命集团乱军夺权的阴谋，强化了中共中央、中央军委对军队的领导，为后来胜利粉碎"四人帮"奠定了重要基础。

---

① 《邓小平年谱（一九七五——一九九七）》（上），中央文献出版社2004年版，第82页。

二 苦学苦练——军队建设中心工作的战略转移

在1975年的军委扩大会议上,邓小平针对长期以来"政治挂帅"、"突出政治"等"左"倾错误的影响和部队"只搞文,不搞武"的现象,明确提出:"要把训练放在战略问题的一个重要位置上。"① 自抗美援朝战争结束后,人民解放军从1953年下半年开始,全面转入以军事训练为主的正规化教育训练。1953年底召开的全国军事系统党的高级干部会议确定,要以军事训练作为"现代化军队建设中长期的、经常的中心工作"②。但是,由于1958年错误地开展对所谓"教条主义"和"资产阶级军事路线"的斗争,1964年又提出"突出政治"的口号,部队的军事训练受到严重干扰和冲击。特别是"文化大革命"发动之后,部队的训练工作基本废弛,严重影响了军队建设和战斗力的提高。

根据1975年军委扩大会议的决策和部署,总参谋部、总政治部、总后勤部联合成立总部训练小组,以加强对军事训练工作的领导。全军部队认真落实总部规定的训练任务,各级干部放手大胆地抓训练,各部队在强化专业技术训练的基础上,加强了战斗技术、战术合成和新式武器装备的训练,基本恢复了军事训练的规模和水平。1977年,邓小平重新担任中央军委副主席兼总参谋长之后,再次强调:"军队的教育训练提高到战略地位","一个方面是部队本身要提倡苦学苦练";"另一方面是通过办学校来解决干部问题"③。同年12月召开的中央军委全会,通过了《关于加强部队教育训练的决定》、《关于办好军队院校的决定》和《关于加速我军武器装备现代化的决定》等文件,对新时期军队建设作出了整体规划和部署。

---

① 《邓小平文选》第2卷,人民出版社1994年版,第21页。
② 《建国以来重要文献选编》第5册,中央文献出版社1993年版,第51页。
③ 《邓小平文选》第2卷,人民出版社1994年版,第60、61页。

中央军委的决定明确要求全军部队，要把加强教育训练作为关系军队建设和战争准备全局的重大问题，有力地指导和推动了部队正规训练的发展，迅速在全军范围形成了军事训练热潮，基本实现了军队建设中心工作的战略转移。

1980年3月，邓小平在中央军委常委扩大会议上提出，要进一步解决好部队训练中存在的问题，"不能总是停留在练射击、刺杀、投手榴弹的水平上"[①]，强调要学习现代化战争知识、提高指挥现代化战争的能力。根据中央军委的部署和要求，全军部队以改革训练内容为中心，逐步展开了对部队教育训练的积极探索和改革。1983年11月，总参谋部、总政治部、总后勤部为总结和推广部队教育训练改革的经验，联合召开全军教育训练改革座谈会。翌年1月，中央军委批准颁发三总部《关于全军教育训练改革的若干问题》，对全军教育训练的深入改革作出了具体规定和部署。文件强调，军队教育训练改革的目的是要适应未来反侵略战争和军队建设的需要，要切实把教育训练摆到军队建设的战略地位，把军事理论学习作为教育训练改革的先导，把诸军兵种合同作战训练作为中心课题，提高部队的合同作战能力、快速反应能力、电子对抗能力、后勤保障能力和野战生存能力。全军部队按照新时期军队建设和现代化战争的要求，进一步加大了军事训练内容、方法、手段和体系的改革力度，采取从单兵训练、到分队训练、再到合同训练逐步提升的改革步骤，形成了逐级训练、逐级合成、逐级形成战斗力的训练内容体系，有效地提高了部队在现代战争条件下的整体作战能力。

与此同时，按照中央军委《关于办好军队院校的决定》，军队院校教育迅速得到恢复和发展。到1979年底，军队院校基本恢复到"文化大革命"前的状况，形成了较为完整的初、中、高三级院校教育体系。1980年12月，经中央军委批准，三总部联合印发《关于

---

① 《邓小平文选》第2卷，人民出版社1994年版，第289页。

经过院校培训提拔干部的规定》，决定实行经过院校培训提拔干部的制度，进一步推动了军队院校教育的发展。

人民解放军教育训练和改革的不断强化，从根本上扭转了"文化大革命"及其以前一段时间军队"只搞文不搞武"、不重视军事训练的状况，率先实现了军队建设中心工作的战略转变，提高了部队的战术技术水平和干部的组织指挥能力，使人民解放军的军事训练达到了一个新的水平。把军队的教育训练提高到战略地位，是邓小平开创中国特色精兵之路的重大举措，是把人民解放军建成现代化、正规化革命军队的重要指导原则。

三　战略目标——建设强大的现代化、正规化的革命军队

1953年底至1954年初召开的全国军事系统党的高级干部会议正式决定，要把建设一支优良的现代化革命军队作为军队建设的总方针和总任务，使人民解放军跨入了向现代化进军的新阶段。但是，50年代末期以来，由于受到党内"左"倾错误的影响，特别是"文化大革命"的干扰和破坏，军队的现代化、正规化建设发生了严重曲折。1975年邓小平提出"军队要整顿"，其根本目的就是要使军队建设回到现代化、正规化建设的正确轨道上来。1977年邓小平回到中央军委领导岗位之后，多次提出了加强军队的现代化建设问题。

1981年6月，邓小平在中共十一届六中全会上当选为中央军委主席。9月，人民解放军在华北地区举行新时期第一次大规模的现代条件下诸军兵种协同战役演习。9月19日，邓小平在演习阅兵式上发表重要讲话，向全军部队发出了"必须把我军建设成为一支强大的现代化、正规化的革命军队"的伟大号召[1]，明确提出了新时

---

[1] 《邓小平文选》第2卷，人民出版社1994年版，第395页。

期军队建设的总目标。翌年9月，中共十二大提出了"全面开创社会主义现代化建设新局面"的宏伟计划，同时也对新时期军队建设的总目标作了进一步阐述，强调"要努力加强人民解放军的建设，把我军建成一支强大的现代化、正规化的革命军队，进一步提高我军在现代战争条件下的自卫能力"。会后，总政治部发出《关于学习、传达和贯彻十二大文件的通知》，要求全军部队深入学习和领会新时期军队建设的总目标，进一步认清军队建设的方向。

人民解放军的革命化、现代化、正规化建设，三个方面紧密联系、相互促进，每个方面都关系军队建设的全局，构成了新时期军队建设的系统工程。邓小平特别强调，中心是解决现代化问题。1978年5月，他在同总参谋部领导谈话时即指出：要把军队指挥系统现代化问题"提到议程上来"，"指导思想要明确，就是要解决现代化问题"[①]。他认为，人民解放军经过长期战争与和平的严峻考验，始终保持高度的政治觉悟、严格的组织纪律和优良的战斗作风，始终是人民的子弟兵，这是我们这支军队的传统优势。但是，同我们面临的更强大的对手比，主要问题是在现代化上还差很大一截。具体地讲，主要是官兵科学文化素质较差，部队装备现代化水平较低，干部指挥现代化战争的能力不够。中央军委明确指出：新时期军队建设面临的主要矛盾，是现代化水平与现代战争需要不相适应的问题。集中解决这个主要矛盾，是时代发展的要求，是维护国家安全的要求，是提高军队战斗力的关键所在。在邓小平和中央军委的正确指导下，军队建设迅速转到以现代化为中心的发展道路上来。

围绕解决军队的现代化建设问题，邓小平提出和阐述了一系列重要思想。主要包括：培养现代化的军事人才是军队现代化的基础工程和关键所在，要把军队办成一个大学校，建立通过军队院校培养军官的制度，努力提高官兵的科学文化水平，学习现代战争知识，

[①] 《邓小平军事文集》第3卷，军事科学出版社、中央文献出版社2004年版，第105页。

提高干部指挥现代化战争的能力，培养和造就一大批合格的现代化军事人才；武器装备现代化是整个军队现代化的物质基础，也是衡量军队现代化程度的主要标志，要在国民经济不断发展的基础上，加强现代化武器装备特别是尖端武器的研制和生产，改善和提高部队装备的现代化水平，加速实现国防现代化；编制体制是实现人与武器有机结合的军事组织形式，是军队现代化的一个重要方面，要在精简消肿的基础上，建立适应现代战争特点、有利于提高合成指挥效率和军队战斗力的组织指挥体制。

建设强大的现代化、正规化的革命军队总目标的确立，使人民解放军在经历了长时间的曲折发展之后，重新回到了正确的建设轨道上来。这一总目标把军队的革命化、现代化、正规化建设有机结合和统一起来，适应了人民解放军建设面临的主要矛盾，适应了捍卫国家安全、维护祖国统一的需要，适应了国际形势和现代战争的发展趋势，为加强人民军队建设、开创中国特色精兵之路指明了方向。

四　精兵之路——军队建设指导思想的战略性转变

自20世纪60年代之初，中共中央、中央军委根据当时的国际形势和周边安全环境，一直认为世界战争不可避免，战争威胁迫在眉睫。特别是60年代中期后，军队长期处于准备早打、大打、打核战争的临战状态。这种对战争形势的判断和军队建设指导思想，对维护当时的国家安全起到了重要作用，但同70年代以来国际形势的变化和新时期党和国家工作重心的战略转移，已明显不相适应。针对这一问题，邓小平在1975年和1977年后多次提出军队"消肿"问题，强调"军队要提高战斗力，提高工作效率，不'消肿'不行"[①]。为此，人民解放军在完成1975年确定的"消肿"任务后，

---

① 《邓小平文选》第2卷，人民出版社1994年版，第285页。

又在1980年和1982年进行了两次较大规模的精简整编。1985年5月23日至6月6日，中央军委召开扩大会议，根据邓小平对国际形势的新判断，作出了军队建设指导思想实行战略性转变的重大决策，即从准备早打、大打、打核战争的临战状态，转到和平时期建设和应付与准备局部战争的轨道上来。

实行这一战略性转变，必须正确处理国防和军队建设与经济建设的关系，大幅度压缩军队规模。继1980年和1982年两次精简整编之后，邓小平在1985年中央军委扩大会议上郑重宣布：中国人民解放军将裁减军队员额100万人。百万大裁军的重大举措，是人民解放军历史上编制员额和组织体制最大的一次变动，是军队建设指导思想实行战略性转变、开创中国特色精兵之路的主要标志。到1987年初，人民解放军在全国的大力支持下，完成了裁军百万的艰巨任务。在这次精简整编当中，共撤销大军区4个，减少军级单位31个，裁撤师、团级单位4054个，军队总员额裁减至300万人；精简了总部、大军区和大单位机关，总参谋部机关减少员额60%，总政治部机关减少30.4%，总后勤部机关减少52%；撤并了部分军队院校，原军事学院、政治学院、后勤学院合并为国防大学；裁减部队，淘汰陈旧装备，将原陆军整编为多兵种合成的集团军。这次精简整编和编制体制改革，使人民解放军按照中央军委确定的"精兵、合成、平战结合、提高效能"的四项原则，在军队建设和提高战斗力方面达到一个新的水平。

根据军队建设指导思想的战略性转变，邓小平提出："军队要一切服从国家建设这个大局。"① 军队要服从国家经济建设大局，是坚持以经济建设为中心、加快社会主义现代化建设的一个重大原则，也是国防和军队建设必须坚持与服从的重大原则。为贯彻这一原则，国家适度调整和控制了国防费投入的比例，同时，人民解放军积极

---

① 《邓小平文选》第3卷，人民出版社1993年版，第100页。

支援和参加国家经济建设,开放了一批机场、码头、港口、铁路专用线、军用通信线、营房、仓库、场地等军用设施,转交民用或军民合用,以解国家和地方经济建设的急需,收到了显著的社会效益和经济效益。

国防和军队现代化建设是实现社会主义现代化的重要方面,也涉及国家建设和安全的大局。邓小平指出:"四个现代化,其中就有一个国防现代化……如果不搞国防现代化,那岂不是只有三个现代化了?"[1] 人民解放军遵照邓小平提出的军队要在"大局下面行动"、"要忍耐几年"的指示精神,识大局,顾大体,在国防费严重不足的情况下,努力发扬爱国奉献精神和艰苦奋斗作风,坚持过紧日子、苦日子,想方设法把军队的事情办好。全军部队充分利用较长时间内大仗打不起来的相对和平环境,在服从国家经济建设大局的前提下,有计划有步骤地加强军队以现代化为中心的各项建设,提高军政素质,增强现代条件下的作战能力,圆满完成了党和人民赋予的训练、战备、保卫边海防、抢险救灾等重大任务。

国防和军队建设指导思想的战略性转变,军队服从和服务于国家经济建设大局的原则,对保障和推动中国新时期经济建设的快速发展起到了重要作用,国家经济技术实力的增强也为推进军队现代化建设奠定了更加可靠的物质和技术基础。邓小平曾指出:"我看,到本世纪末我们肯定会超过翻两番的目标,到那个时候我们经济力量强了,就可以拿出比较多的钱来更新装备。"[2] 正如邓小平所预见,随着20世纪90年代特别是21世纪以来国际形势、世界军事变革和中国安全形势的变化,加快国防和军队现代化建设步伐,实现国防和军队建设与经济建设协调发展,已经愈益突出地摆上党和国家的重要位置,同时这也是邓小平开创中国特色精兵之路的题中应有之义。

---

[1] 《邓小平文选》第3卷,人民出版社1993年版,第128页。
[2] 同上书,第128—129页。

五　永葆本色——始终不渝地坚持党的绝对领导和人民军队性质

走中国特色的精兵之路，必须始终不渝地保持人民解放军的优良传统，坚持党的绝对领导和人民军队的性质。邓小平对人民解放军的性质作出了科学概括，指出："这个性质是，党的军队，社会主义国家的军队，人民的军队。这与世界各国的军队不同。"人民解放军作为党的军队、国家的军队、人民的军队，三者具有内在的一致性，这种一致性集中体现为党对军队的绝对领导，体现为党的领导同中国最广大人民根本利益的一致性。1989年11月，邓小平辞去中央军委主席职务时对参加军委扩大会议的全体同志再次语重心长地指出："我确信，我们的军队能够始终不渝地坚持自己的性质。……我们的军队始终要忠于党，忠于人民，忠于国家，忠于社会主义。"[1]

坚持和完善党对军队的绝对领导。1975年1月，邓小平出任中央军委副主席、总参谋长职务时即指出："我们这个军队有好传统。从井冈山起，毛泽东同志就为我军建立了非常好的制度，树立了非常好的作风。我们这个军队是党指挥枪，不是枪指挥党。"[2] 为加强和完善党对军队的绝对领导，1982年12月五届全国人大五次会议通过的《中华人民共和国宪法》规定：设立中华人民共和国中央军事委员会，领导全国的武装力量。中华人民共和国中央军事委员会和中国共产党中央军事委员会，其职能和成员都是同一的，既确保了党对军队的绝对领导，又体现了党和国家对军队领导的一致性，体现了人民解放军作为国家主要武装力量的职能、地位和任务，巩固了人民解放军作为党的军队、国家的军队、人民的军队的高度统一。

---

[1]《邓小平文选》第3卷，人民出版社1993年版，第334页。
[2]《邓小平文选》第2卷，人民出版社1994年版，第1页。

设立国家中央军事委员会，是国家政治体制和军事领导体制的一项重大改革，对推进中国特色军事领导制度的改革和发展具有重要意义。1989 年 9 月，邓小平在辞去中央军委主席职务前夕再次强调："党要管军队，因为军队始终是党领导的。"①

继承和发扬人民解放军的光荣传统。邓小平从拨乱反正、继往开来的高度，十分关注恢复和发扬人民解放军的优良传统。1975 年 1 月，邓小平担任中央军委领导工作第一次发表讲话时就指出："我们这个军队有好传统"，强调"优良传统要恢复"。继承和发扬人民解放军的优良传统，成为新时期军队建设特别是军队政治工作的重要任务。邓小平在新时期反复强调，我们的传统是军队听党的话，不能搞小集团，不能搞小圈子，军队不能打自己的旗帜，要始终不渝地坚持党对军队的绝对领导；要坚持官兵一致的原则，实行政治、经济、军事三大民主，增强军队内部团结；军民一致这个原则不能变，要根据新的历史条件进一步密切军政、军民关系；要加强作风培养，军队的作风要做个好样子，发扬谦虚谨慎、戒骄戒躁、艰苦奋斗、雷厉风行的作风。在经历了 1989 年国内政治风波的考验后，邓小平充分肯定说："这个军队还是我们的老红军的传统。"②

加强和改进军队政治工作。1978 年，邓小平在新时期召开的第一次全军政治工作会上指出："我们政治工作的根本的任务、根本的内容没有变，我们的优良传统也还是那一些。但是，时间不同了，条件不同了，对象不同了，因此解决问题的方法也不同。" 1981 年 9 月，邓小平在检阅华北军事演习时强调指出："我们一定要坚持四项基本原则，加强政治思想建设，努力使部队成为贯彻执行党的路线、方针、政策的模范。"③ 军队各级党委、各级政治机关和政治干部，根据新的历史条件，努力转变"突出政治"的错误观念，紧紧围绕

---

① 《邓小平文选》第 3 卷，人民出版社 1993 年版，第 317 页。
② 同上书，第 304 页。
③ 《邓小平文选》第 2 卷，人民出版社 1994 年版，第 119、395 页。

提高部队战斗力发挥政治工作的服务和保证作用；着眼于培养有理想、有道德、有文化、有纪律的新一代革命军人，全面提高官兵素质；加强科学文化教育，培养军地两用人才；开展军民共建精神文明活动，密切军政军民关系；健全和完善政治工作制度，充分发挥政策制度的保证作用，使政治工作不断地适应新时期军队建设的要求。

培养和选拔好军队领导班子。邓小平强调，培养和选拔接班人是关系军队建设和未来反侵略战争的大局，关系党和国家长远利益的大问题。他在1977年12月中央军委全会上提出："要选那些认真学习马列主义、毛泽东思想，在斗争中经得起考验的人；要选那些党性强，能团结人，不信邪的人；要选那些艰苦朴素，实事求是，说老实话，办老实事，做老实人，作风正派的人；要选那些努力工作，联系群众，关心群众疾苦，有魄力，有实际经验，能够办事的人。"① 后来，他进一步提出：要坚持任人唯贤的路线，按照德才兼备的原则，依据革命化、年轻化、知识化、专业化的标准，选用和培养人才；要把各级领导班子，尤其是高层领导班子选配好，使枪杆子真正掌握在忠于党和人民事业的人手里；要加强干部制度的改革和建设，建立和健全干部选拔、培训、考核、升降、交流、退役等制度。军队领导班子和干部队伍建设的发展，为坚持人民军队的性质和建设现代化正规化的革命军队提供了人才保证。

邓小平曾指出："不管如何更新换代，我们这个军队永远是党领导下的军队，永远是国家的捍卫者，永远是社会主义的捍卫者，永远是人民利益的捍卫者，是最可爱的人！"② 中国人民解放军按照邓小平的殷殷嘱托，在中共中央、中央军委的正确领导下，坚持解放思想、实事求是、与时俱进，不断丰富和发展邓小平新时期军队建设思想，使人民解放军沿着中国特色精兵之路不断开拓前进。特别

---

① 《邓小平文选》第2卷，人民出版社1994年版，第75页。
② 《邓小平文选》第3卷，人民出版社1993年版，第304页。

是中共十八大以来，以习近平为主席的中央军委准确把握世界军事发展趋势和国家安全态势，强调要以坚决听党指挥作为强军之魂，以能打仗、打胜仗作为强军之要，以依法治军、从严治军作为强军之基，提出了实现"强军梦"的目标，为进一步开拓中国特色精兵之路指出了新的目标和方向。

（作者单位：中国社会科学院当代中国研究所）